LOS RETOS ACTUALES DEL ESTADO SOCIAL ANTE LAS CRISIS ECONÓMICAS Y SANITARIAS

LOS RETOS ACTUALES DEL ESTADO SOCIAL ANTE LAS CRISIS ECONÓMICAS Y SANITARIAS

1.ª EDICIÓN

Manuel Cabanas Veiga

COLEX 2021

Calle Costa Rica, número 5, 3º B (local comercial)
A Coruña, C.P. 15004
info@colex.es
www.colex.es

I.S.B.N.: 978-84-1359-161-2
Depósito legal: C 94-2021

UNAM, Programa de Becas Posdoctorales de la UNAM, Becario del Instituto de Investigaciones Jurídicas y asesorado por el Doctor. Daniel A. Barceló Rojas.

A mi madre, María Jesús Veiga,

Por educarme en los mejores valores morales,

Y a mi Maestro, Javier Ruipérez,

Por ayudarme a afianzarlos

SUMARIO

PRÓLOGO

Con gran satisfacción redacto el presente prólogo al libro del Doctor Manuel Cabanas Veiga que, bajo el título *Los retos actuales del Estado social ante las crisis económicas y sanitarias*, viene a profundizar en los aspectos que abordó de manera excelente en su tesis doctoral (la cual se encuentra asimismo en el origen de otra monografía), dirigida magistralmente por el Profesor Ruipérez Alamillo, y en cuya defensa pública en la Universidad de A Coruña en septiembre de 2017 tuve el honor de participar, constituyendo por lo demás un merecido acto de homenaje al Maestro Pedro De Vega. Me cumplió entonces presidir el tribunal evaluador (integrado asimismo por la Dra. Carolina León Bastos y el Dr. Manuel Fondevila Marón) gracias a la propuesta del autor y su director, no pudiendo dejar ahora de expresar también a ambos mi gratitud por distinguirme como prologuista de la obra.

En este sentido, el reconocimiento que me merece el Doctor Cabanas (no únicamente por la obtención de la máxima calificación de "Sobresaliente Cum Laude" en su Tesis Doctoral, sino asimismo por su gran trayectoria académica y su indiscutible vocación universitaria), o mi afecto y admiración hacia el Profesor Ruipérez, no son óbice para prologar con objetividad una monografía que considero crucial para robustecer la vigencia de nuestro Estado social ante los desafíos actuales más acuciantes a los que se enfrenta. Si acaso, se me antoja que la única subjetividad susceptible de condicionar estas líneas prologares, compartida con Manuel Cabanas y con Javier Ruipérez, y reflejada en el libro, radica cabalmente en la postura, al tiempo epistemológica y vital, de aproximarse al Estado social con objetividad (a través de una brillante explicación de las principales aportaciones doctrinales e hitos histórico-evolutivos que lo han ido perfilando, esto es, analizando con minuciosidad la historia de los conceptos jurídicos asociados al Estado social y la situación sociológica en la que surgen y por la que han transitado hasta nuestros días), pero sin neutralidad (pues difícilmente cabe hablar del Estado social sin defenderlo o, lo que es lo mismo, extrañamente puede abordarse la Constitución sin apostar por la defensa del constitucionalismo social y, en nuestro caso, del calificativo "social" de la fórmula estatal que sirve de pórtico a la Carta Magna española de 1978).

Con semejante filosofía, la militancia a favor del Estado social de que hace gala Manuel Cabanas en la presente obra no está reñida, sino todo lo contrario, con su bagaje investigador en dicho ámbito, que actualmente sigue cultivando en México en el prestigioso Instituto de Investigaciones Jurídicas de la UNAM contando con la valiosa asesoría del Profesor Barceló Rojas en estrecha colaboración con el insigne maestro "español mexicano" que es el Profesor Ruipérez Alamillo. De hecho, como antesala de la obra prologada, el Doctor Cabanas ha esgrimido en una de sus últimas contribuciones (titulada "el papel de la militancia juvenil en el sistema democrático español", publicada en la obra colectiva *Juventud y Constitución*, Zaragoza, Fundación Manual Giménez Abad, 2018) que el problema del actual Estado social es la necesidad de compaginar los intereses generales con los intereses particulares de los mercados, lo cual se intentará resolver tanto a través de la democracia participativa (que desembocará en el concepto de "Gobernanza"), como por medio de los grupos de interés o *lobbies* (los cuales actúan al margen de los partidos políticos, pero influyendo sobre ellos, con la finalidad de lograr unos fines concretos, aunque carezcan de apoyo social).

Por otra parte, el propio Manuel Cabanas ha ubicado acertadamente en otra aportación reciente la problemática actual del Estado social en el contexto de "la protección de los derechos sociales a nivel internacional" (título de su capítulo publicado en el volumen colectivo *Derechos humanos desde la interdisciplinariedad en Ciencias Sociales y Humanidades*, Madrid, Dykinson, 2020). Sobre este punto, la nueva monografía del Doctor Cabanas Veiga ofrece elementos de gran interés para seguir profundizando en el Estado social como elemento axiológico de orden internacional, con esa proyección "mundializadora" del Derecho Constitucional que hace años nos avanzó magistralmente el Profesor De Vega.

En estas coordenadas, en la parte introductoria de la obra prologada, el Doctor Cabanas advierte con tino que la pandemia de COVID-19 ha venido a trastocar, aún más, y una vez más, la maltrecha economía española, ya tocada y hundida por la crisis económica del 2008. Sin embargo, prosigue el autor, ambas crisis han puesto de manifiesto la relevancia del papel del Estado para hacerles frente, permitiendo tanto reactivar la economía de aquellos Estados que entraron en una profunda recesión como poner freno a la propagación de enfermedades. Con tales premisas, Manuel Cabanas se centra en desentrañar cuáles son los principales focos de la realidad política que le restan a la cláusula social del Estado su principal virtualidad jurídica, así como en ponderar los factores más influyentes en dicho déficit. De tal suerte, esa imbricación de la norma y la realidad imbuye ostensible y transversalmente el conjunto del libro, en la línea postulada con tenacidad y acierto por el Profesor Ruipérez acerca del papel del constitucionalista consistente en solucionar los problemas reales de la vida del Estado antes de que sea demasiado tarde.

A tal efecto, a la introducción siguen unas páginas insoslayables sobre "el concepto de la Estado social" en las que se examina en sentido diacrónico la constitucionalización del Estado social español y la interrelación de los tres elementos que, en tensión dialéctica pero inexorablemente constructiva, componen la fórmula del Estado social y democrático de Derecho. Con tales mimbres, Manuel Cabanas discierne la envergadura y largo alcance del Estado social con respecto al más restrictivo Estado de beneficencia que se limita a paliar los casos más extremos de miseria de una sociedad cuya ética es incompatible con su visibilización, puesto que el afán que caracteriza al segundo consiste en alejar de la visión de la población las consecuencias más nefastas del capitalismo. Y, por descontado, esa diferenciación debe alejar al Estado social del Estado totalitario; ahora bien, obsérvese que la pandemia de COVID-19 está provocando derivas o, cuando menos, tentaciones autoritarias nada desdeñables que, bajo el pretexto de salvaguardar el Estado social, ponen correlativamente en jaque los pilares de la democracia y del Estado de Derecho con el recurso (uso y abuso) a medidas excepcionales reservadas en principio para circunstancias de anormalidad constitucional.

Con dichos parámetros, el tercer y más sustancial bloque de la obra acomete con toda solvencia los retos actuales del Estado social, partiendo de los fundamentos constitucionales que determinan que dicho Estado pueda denominarse como tal y, con ello, marcar distancia respecto a otros regímenes políticos y al modo en que los gobernantes se sienten o no vinculados jurídicamente. Por tal razón, a la hora de abordar esos desafíos presentes, nos interpela a reparar en el impacto del modelo neoliberal en la actualidad y sus consecuencias sobre el mantenimiento del Estado social, así como su condicionamiento en la educación y el papel de ésta como pieza clave de una verdadera ciudadanía democrática que logre un sistema de representación eficaz e idóneo para forjar una ciudadanía y una participación política verdaderamente democráticas, lo cual es catalogado por nuestro autor como "otro fundamento imprescindible para la existencia del Estado social"; un vector que a su vez le lleva a analizar la problemática del sistema actual de partidos y su conciliación con las nuevas formas de organización de los intereses políticos.

En congruencia con lo expuesto, Manuel Cabanas enfoca la crisis del Estado social y sus principales oposiciones en las circunstancias críticas actuales, que cifra en factores como el surgimiento del neoliberalismo político (con nuevas privatizaciones de los servicios sociales o riesgos tangibles de exclusión política de la ciudadanía, al ponerse el punto de mira otra vez en la eficiencia como "nuevo mito del neoliberalismo" y ponerse en entredicho paralelamente la redistribución de la riqueza como elemento socializante catalizador, sin olvidar la emergencia de nuevas formas de organización territorial que derivan de la economía globalizada y se adaptan "al ritmo de las compañías multinacionales" abocando al Estado a funcionar como una empresa más), el mismo "tumultuoso nacimiento" del Estado social español en el escenario de la transición política a la democracia, o la creciente pujanza del positivismo jurídico como instrumento legitimador de los intereses del neoliberalismo. Todo ello provoca que el autor nos alerte sobre las consecuencias del abandono del Estado social, tomando en consideración que los tiempos que se avecinan van a estar marcados por una incertidumbre generalizada en todos los ámbitos sociales.

Ciertamente, sobre no resultar sencillo ni factible hallar un antídoto infalible ante esa inseguridad, el énfasis que el Doctor Cabanas pone en el papel de la educación en el Estado social supone seguramente la mejor opción, al erigirse en instrumento de progreso social, tanto individual como colectivamente. Esa necesaria educación democrática, como bien estudia el autor, se ha configurado como instrumento liberador y medio de alcanzar la felicidad a lo largo de la Historia, como herramienta crítica que tiene en cuenta la necesidad de la ética en la valoración de las decisiones políticas, como cordón de contención frente a las dudosas actuaciones políticas de los gobernantes y como elemento de igualdad social frente a una selección social estratificadora.

Al hilo de esto último, el autor no desconoce que la política fiscal en el Estado social constituye asimismo un instrumento de igualación de la ciudadanía. Por tal motivo, se adentra en el examen del nacimiento de la fiscalidad social y el modo en que ha evolucionado el acopio de fondos por parte del Estado para facilitar el acceso a los derechos sociales generando al tiempo conciencia ciudadana acerca del deber de pagar impuestos "y vivir como buen ciudadano que busca aumentar el bienestar de la comunidad". El problema se complica cuando el imperativo de una buena ciudadanía no se ve acompañada por la exigencia de un buen gobierno, lo que lleva al Doctor Cabanas a criticar el hecho de que el Estado sociabilice los costes sociales privatizando al tiempo los beneficios sociales, de los cuales se beneficiaría únicamente el sector privado causando un perverso desequilibrio presupuestario y, en último término, la crisis fiscal del Estado. Se plantea entonces, consecuentemente, cuál sería la posible solución a esa crisis fiscal; y la respuesta no es fácil (por la complejidad derivada de un sistema que distribuya correctamente la riqueza en términos de carga fiscal para las empresas, índices de adaptación de los salarios, etc.), porque el problema de fondo de las deficiencias del Estado social no se reconduce tanto a la incoherencia económica, sino a la pusilanimidad política.

No obstante, el autor puntualiza que esa pusilanimidad deriva, no del sistema democrático como tal, sino más bien de los despropósitos causados por los partidos políticos en su incapacidad para consensuar un modelo de formación de la voluntad estatal. Se cuestiona consiguientemente el papel de los partidos políticos en el Estado social español, si los partidos están ejerciendo o no una auténtica representación ciudadana, la influencia de las nuevas formas de representación de los intereses particulares (incluidas las formas de presión del poder económico para ejercer el poder político) y la capacidad de la ciudadanía para obligar a los partidos políticos a dotar de contenido a la cláusula del Estado social. Ante tales interrogantes, el Doctor Cabanas nos sitúa críticamente en la perspectiva del nacimiento y crisis del parlamentarismo, en las mutaciones y disfunciones sufridas por el mandato representativo frente al mandato imperativo y la partidocracia o en el "peligro democrático" de los grupos de interés, diagnosticando que la crisis no atañe esencialmente a la Democracia, ni como sistema ni como ideología, sino a una técnica parlamentaria y a un modelo capitalista (con un parlamentarismo corporativo que sustituye, en lugar de complementar, al primordial parlamentarismo político) inadaptados a las nuevas realidades. En suma, la gobernanza como alternativa al sistema democrático resultará una quimera si se vincula su vigencia con una "gobernanza global" en donde la gestión política sea definida por las empresas transnacionales y por órganos carentes de control ciudadano, lo cual abocará a finiquitar el Estado social a nivel internacional.

Llegados a este punto, Manuel Cabanas nos brinda unas constructivas conclusiones en las que, lejos de limitarse a constatar las crisis (económicas y sanitarias) a las que el Estado social se ha ido enfrentando en los últimos años o a comprobar estadísticamente el índice de satisfacción y contribución del Estado social a la mejora del nivel de vida ciudadano, nos ofrece más bien una visión global y sistematizada de las diversas dificultades que halla el Estado social para lograr consolidarse plenamente, de los diferentes mecanismos constitucionales de los que dispone para implementar dicha tarea y de las perniciosas consecuencias que su abandono acarrea. En coherencia con ello, nos hace partícipes de su cabal entendimiento del Estado social, como "aquel Estado fundado y organizado desde la legitimidad democrática a través de una Constitución rígida en la práctica, que establezca la división de poderes y una declaración de derechos, sociales e individuales, y de libre competencia, mediante la cual se lleve a cabo la prestación de los servicios sociales que respondan a las necesidades de la ciudadanía mediante la participación activa de la misma en su determinación y en la distribución territorial de la renta, buscando la homogeneidad social y creando una capacidad crítica de sus ciudadanos que sirva como criterio de progreso social y fomente la vigilia de la actuación constitucional de sus gobernantes, garantizando el sometimiento a la Constitución. Ello permite diferenciarlo del Estado de beneficencia y del totalitario, en los cuales el gobernante no está sometido a su cumplimiento".

Por añadidura, con análoga congruencia deduce de tal entendimiento que, aunque España se constituya como un verdadero Estado social, éste no queda garantizado, lo que implica la necesidad de garantías constitucionales que permitan reaccionar frente a su incumplimiento. Con ese objetivo en mente, nos advierte acerca de una serie *de facto*res disfuncionales, tales como el neoliberalismo generador de imposición del poder económico con merma de participación ciudadana en las decisiones políticas y reducción de las políticas sociales; el positivismo jurídico provocador de interés procedimental en lugar de vigencia sustancial de los derechos sociales; las nuevas tecnologías de la información y la comunicación (NTICS) forjadoras de unos "nativos digitales" que difícilmente adquieren competencias y habilidades críticas para tener un vivencia real del sistema democrático frente a un despotismo enmascarado; o la deriva de unos partidos políticos que, lejos de convertirse en plataformas ciudadanas, construyen aparatos con férrea disciplina en unos militantes que han sido educados en la absorción acrítica de dogmas.

Para contrarrestar el peso de esos factores, el autor lógicamente concluye que la pandemia de COVID-19 nos ha demostrado que es menester mayor democratización y que el Estado social sigue siendo una herramienta fundamental para hacer frente a los retos que la globalización nos depara. De la misma forma, en situaciones de crisis como la actual, se torna más necesario un poder político fuerte que tenga acceso al control de una economía internacionalizada que intenta difuminar el papel del Estado y de los instrumentos sociales con los que él cuenta. Para satisfacer dicha necesidad, toda insistencia en el papel fundamental de una educación humanista que coloque a la sociedad en una posición crítica frente tendencias totalitarias del sigo político que sea, será bienvenida. Al contrario, concluye lapidariamente el Doctor Cabanas Veiga, si la salud democrática del sistema político se salda con un fracaso, "un hipotético suspenso acarrearía la pérdida de libertad de todos los ciudadanos del Estado afectado"; y a renglón seguido hace gala de la militancia constitucional en clave de democracia social (y de su deseo de empatizar con un lector de conciencia crítica) a que aludí más arriba: "es preciso hacer una defensa del Estado social español frente a los albures que lo amenazan, no sólo porque así lo establece el constituyente, sino porque es la única manera de lograr mantener el Estado democrático que tanto hemos deseado".

Finalmente, esas mismas reflexiones expuestas por Manuel Cabanas con brillantez en la obra se revelan absolutamente pertinentes para apuntalar el modelo social europeo y, más ampliamente, un constitucionalismo social que tenga presentes a escala mundial los Objetivos de Desarrollo Sostenible. Pues, efectivamente, la pandemia de COVID-19 muestra el carácter global de una crisis sanitaria que, al margen de ahondar en la ya crítica situación económica y financiera de la última década, debe concienciarnos de la necesidad de evitar que se convierta en una crisis de valores y de derechos humanos. Si los valores constitucionales (incluido el Estado social) y los derechos fundamentales (también los sociales) valen tanto como sus garantías (constitucionales e internacionales), y las garantías tanto como la voluntad positiva de ponerlas en práctica, ese espíritu se ve alimentado con creces en la monografía del Doctor Cabanas, a quien reitero mi reconocimiento y gratitud, por propiciarme nuevos momentos de reflexión y aprendizaje al conferirme el honor de ser su prologuista. Y, por supuesto, auguro una salida editorial exitosa al libro, que por las razones expuestas constituye una herramienta de lectura y apoyo ineludibles para mejorar la defensa y optimización de nuestro Estado social.

Valencia, octubre de 2020.

Luis Jimena Quesada

Catedrático de Derecho constitucional (Universidad de Valencia)
Doctor Honoris Causa (Universidad Nacional de la Plata)
Ex Presidente del Comité Europeo de Derechos Sociales

1. INTRODUCCIÓN

No ha existido ni existe trabajo o investigación, al menos que merezca la pena ser objeto de mención, cuyo origen no se debiera a una subjetiva decisión de su autor de centrarse en un sólo tema, abandonando la infinidad de los que le restan, por algún tipo de relevancia personal, científica o ideológica, que despertase en su persona una determinada materia[1], pensando, como "muchas veces ocurre en la vida que a uno le preocupa un problema, quizás modesto, de tipo minúsculo, y cree de buena fe, objetivando lo subjetivo, que a todos les va a ocurrir igual y les va a interesar lo mismo[2]", como muy bien expresó Pérez Serrano. Y esto es precisamente lo que sucede con el Estado social, pues todo jurista que resida en España verá diariamente como la realidad jurídica relativa a los derechos sociales mantiene un cierto distanciamiento con la realidad política, incluso en época de crisis social, económica o sanitaria.

Y en modo alguno es osado afirmar la vinculación personal y científica al tema que estamos tratando pues, como afirma Heller, "todo conocimiento sobre el Estado tiene que partir del supuesto de que la vida estatal influye siempre al que investiga; éste pertenece a ella de modo y existencia y no puede nunca abandonarla[3]". Sin embargo, cada vez cobra mayor fuerza la idea de que el jurista debe prescindir de cualquier tipo de subjetivismo, incluso del principio democrático, única base viable para poder construir cualquier tipo de esquema constitucional. Por ello, como sostiene este autor, "en ningún caso le está permitido a la doctrina legitimar, a través de sus conceptos, las aspiraciones o resentimientos de las fuerzas sociales[4]". El investigador no investiga un objeto extraño a él, sino que se produce una identidad dialéctica entre el sujeto, el que investiga, y el objeto, el Estado. No se puede separar la Teoría del Estado, como ciencia teórica y valora-

---

1 Cfr., De Vega García, P., "En torno al concepto político de Constitución", *El constitucionalismo en la crisis del estado social*, coord. por Miguel Ángel García Herrera, 1997, pp. 702-704 y "Ciencia Política e ideología", *Boletín Informativo de Ciencia Política*, 1970, pp. 139-142.

2 Pérez Serrano, N., "Tres lecciones sobre la Ley Fundamental de Bonn", *Escritos de Derecho Político II*, Instituto de estudios de Administración Local, Madrid, 1984, cit., p. 554.

3 Heller, H., *Teoría del Estado* (1934), Fondo de cultura económica, México, 1985, cit., p. 41.

4 Heller, H., *La soberanía: contribución a la teoría del Derecho estatal y del Derecho internacional*, Estudio preliminar de Mario de La Cueva, Fondo de Cultura económica, México, 1995, cit., pp. 264-265.

tiva, de la Política, como ciencia práctica de valoración, pues ello supone separar al sujeto del objeto, lo teórico de lo práctico, ya que el investigador también forma parte de la realidad que investiga. Pero tampoco puede reducirse dicho análisis a Filosofía Política, pues también se necesita de la política[5], ya que como sostiene Bell, "Las exigencias de la duda deben ser antes que las de la fe[6]". De este modo, a la hora de elegir la investigación de unos temas y no de otros, dicha decisión radica en razones de índole subjetivo y condicionadas por la propia visión del mundo del sujeto investigador, por lo que el positivista no va a poder mantener una pura objetividad, aunque lo intente[7]. Y por esta misma razón, no es posible negar la influencia ideológica en una Constitución[8], como obra humana. Por ello, no es factible el estudio constitucional al margen de la ideología del constitucionalismo; sería como interpretar una jugada del ajedrez al margen de sus reglas de juego.

"Hegel dice en alguna parte que todos los grandes hechos y personajes de la Historia universal aparecen, como si dijéramos, dos veces, Pero se olvidó agregar: una vez como tragedia y la otra como farsa[9]", en palabras de Marx. Y esto es precisamente lo que sucede con el Estado social actual. Apareció como tragedia, en el tumultuoso periodo de entreguerras, y renació como farsa, como táctica temporal neoliberalista. Sin embargo, la crisis económica de la que todavía no hemos salido en la actualidad y la derivada de la crisis sanitaria que estamos viviendo provocaron una conmoción que hizo replantear, a nivel internacional, no sólo la virtualidad económica del Estado social, sino también su virtualidad política, así como la de todos los elementos sobre los que el mismo se sustenta. De este modo, las crisis han provocado un cambio de mentalidad política, pues el Estado social, al que antes se veía en crisis, ahora vuelve a resurgir como solución a las mismas, aunque los diferentes factores que arremeten contra él, los cuales son el principal objeto de investigación de este trabajo, se esfuerzan por contener su avance. "Pero mientras la Historia fluye, no es Historia para nosotros[10]", como afirma Hayek.

La pandemia del COVID-19 ha venido a trastocar, aún más, y una vez más, la maltrecha economía española, ya tocada y hundida por la crisis económica del 2008. Sin embargo, ambas crisis han puesto de manifiesto la relevancia del papel del Estado para hacerles frente, permitiendo tanto reactivar la economía de aque-

---

5 Cfr., HELLER, H., *Teoría del Estado, op.cit.,* pp. 68-69 y 73.

6 BELL, D., *El fin de las ideologías. Sobre el agotamiento de las ideas políticas en los años cincuenta (1960)*, Ministerio de Trabajo y Seguridad Social, Edición española: Joaquín Abellán, España, 1992, cit., p. 19.

7 Cfr., RUIPÉREZ ALAMILLO, J., "La nueva reivindicación de la secesión de Cataluña en el contexto normativo de la Constitución española de 1978 y el Tratado de Lisboa", *Teoría y Realidad Constitucional*, núm. 31, 2013, p. 97.

8 Cfr., RUIPÉREZ ALAMILLO, J., *La Constitución del Estado de las Autonomías. Teoría constitucional y práctica política en el "federalising process" español,* Ed. Biblioteca Nueva S. L., Madrid, 2003, p. 121.

9 MARX K., *El 18 brumario de Luis Bonaparte* (1869), Fundación Federico Engels, 2003, cit., p. 13.

10 HAYEK, *Camino de servidumbre* (1944), Alianza Editorial, (3° Ed.), 2011, p. 39.

llos Estados que entraron en una profunda recesión como poner freno a la propagación de enfermedades. Ahora bien, al constituirse España como un Estado social, democrático y de Derecho, cuya definición analizaremos, no se permite otra alternativa al poder público que enfrentar cualquier crisis que se le presente sin descuidar la protección de sus ciudadanos, en todas sus facetas vitales. Pero, como más adelante tendremos ocasión de explicar, no enumeraremos las diversas competencias esenciales del Estado social que se han ido erosionando a lo largo del tiempo, sino los principales factores que contribuyen a mermar su legitimidad y las consecuencias que de ello se derivan. No intentaremos, de este modo, al menos en este trabajo, aportar datos acerca de la evolución de los citados derechos a lo largo de la historia de nuestro país, sino cuáles son los principales focos de la realidad política que le restan a la cláusula social del Estado su principal virtualidad jurídica. Por tanto, no nos centraremos en demostrar que se da tal disparidad, por lo demás innegable para cualquier ciudadano, sino en los factores que dan lugar a la misma.

Y para ello, de más debería estar ponerlo de manifiesto, es necesario acudir a la historia de tal institución ya que "para conocer la política y la interacción de los diferentes factores reales del poder que la sistematizan es indispensable tener un conocimiento razonable de la historia[11]", como defiende Ayllón González. Por tanto, será preciso examinar el origen del Estado social para conocer las causas que dieron lugar a su nacimiento y las circunstancias históricas concretas en las que se produjo su aparición. Y es que los conceptos jurídicos no se pueden estudiar de forma autónoma, sino que es necesario abordar su Historia y la situación sociológica en la que surgen[12]. Todos los sistemas políticos son el reflejo natural de su entorno histórico, pues, en palabras de Laski, "No ha existido ninguna obra política relevante que no sea, en esencia, la autobiografía de su tiempo[13]".

Pero no hay identidades absolutas entre Estados o instituciones, sino analogías. Por ello, no es posible hacer abstracciones, ya que en los fenómenos sociales no existe lo idéntico sino lo análogo, a diferencia de lo que sucede en las ciencias naturales, aunque, al igual que en éstas, se debe estudiar lo individual sin perder de vista lo general. Además, el Estado debe analizarse teniendo en cuenta sus relaciones pasadas y presentes con otros Estados y la evolución de sus instituciones[14]. De esta forma, será preciso entender que las manifestaciones concretas del fenómeno estatal no nacen de forma aislada, sino que son una construcción histórica condicionada tanto por sus relaciones con otros Estados como por la Historia de la comunidad donde se asienta. De este modo, se hace necesario estudiar

11 AYLLÓN GONZÁLEZ, M. E., *Manual de Derecho constitucional mexicano*, Editorial Porrúa, México, 2014, cit., p. 9.

12 Cfr., HELLER, H., *Teoría del Estado, op.cit.,* p. 63.

13 LASKI H.J, "La *vindiciae* en su contexto histórico" en BRUTUS J.S.: *Vindiciae contra Tyrannos*, Editorial Tecnos, Madrid, 2008, cit., p. 215.

14 Cfr., JELLINEK, G., *Teoría General del Estado*, (1911, 2ª Edición), Prólogo de Fernando de los Ríos, Ed. Fondo de Cultura económica, 2000, pp. 74-78.

el germen ideológico del Estado social, ya que "Cuando se tiene amor sincero a las ideas, hasta el punto de mirarlas como un tesoro, el alma agradecida guarda siempre recuerdo de la procedencia de cada una[15]", en palabras de Pérez Serrano. Por tanto, habrá que buscar los orígenes del pensamiento del constitucionalismo social en la Historia no sólo "Porque en toda generación hay un amplio grupo de Hombres cuyo entusiasmo por la reforma depende en buena medida del grado en que aquella pueda ser enlazada con la antigüedad[16]", como sostiene Laski, sino porque es el único método científico que permitirá conocer la esencia constitucional del Estado social.

Ahora bien, la estructura social que existe en una determinada estructura jurídica es inaplicable para otra situación política, en otro acontecimiento histórico o en otro lugar, ya que la Historia del Estado es un proceso que no admite regresión ni deslocalización. Por eso, afirma Heller "es absolutamente ineludible que la Teoría del Estado busque en lo devenido, lo que deviene, las tendencias de la evolución de la estructura del Estado[17]". Así, para Pérez Serrano, no se debe considerar que a una institución jurídica se llega a través de una determinada evolución política, ya que no es correcto hacer generalizaciones en las ciencias sociales[18]. Por ello, no se pueden entender las relaciones políticas del pasado desde los conceptos políticos actuales[19], ya que, en esa época, se consideraban como jurídicas[20], pues como afirma Ruipérez, "los sucesos políticos históricos y pretéritos han de ser enjuiciados, no desde criterios legitimadores y vertebradores del Estado actual, sino desde los que operaban en aquel momento[21]", por lo que se deberá estudiar la función del Estado dentro de la realidad histórica concreta en la que se inserta[22]. Esto deviene en la necesidad de conocer el Estado como comunidad política para entender en toda su plenitud el problema del Estado social.

En Grecia y Roma no existía un método y objeto claros en el estudio del Estado, porque ética y política estaban unidas. Y al no llegar a crear una doctrina dogmático-jurídica de la Comunidad Política, no pudieron hacer una Teoría General del

15 Pérez Serrano, N., "Función presidencial y poder moderados", *Escritos de Derecho Político I*, Instituto de estudios de Administración Local, Madrid, 1984, cit., p. 147.

16 Laski H.J, "La *vindiciae* en su contexto histórico" op.cit., cit., p. 255.

17 Heller, H., *Teoría del Estado, op.cit.,* cit., p. 68.

18 Cfr., Pérez Serrano, N., "Estudio acerca del concepto, método, fuentes y programa del Derecho político español, comparado con el extranjero", *Escritos de Derecho Político I*, Instituto de estudios de Administración Local, Madrid, 1984, pp. 45-46.

19 Cfr., Heller, H., *Teoría del Estado, op.cit.,* p. 141.

20 Cfr., Jellinek, G., *Teoría General del Estado, op.cit.,* p. 328.

21 Ruipérez Alamillo, J., "La Constitución y su estudio. Un episodio en la forja del Derecho Constitucional europeo: Método jurídico y régimen político en la llamada Teoría Constitucional de Weimar", en C. León Bastos y V. A. Wong Meraz (coords.) y otros, *Teoría de la Constitución. Estudios jurídicos en homenaje al Dr. Jorge Carpizo en Madrid*, México, 2010, cit., p. 886.

22 Cfr., Heller, H., *Teoría del Estado, op.cit.,* p. 123.

Estado[23]. Así, para Cicerón, el Derecho debe estudiarse desde la filosofía, no desde el Derecho positivo[24]. Por eso, Rousseau alaba a Montesquieu como el único de su tiempo que pudo crear algo de Derecho político, pues no trata de principios generales, sino del Derecho positivo de los gobiernos[25], al estilo aristotélico. Sin embargo, será precisamente Rousseau el que destaque por elaborar una construcción jurídica partiendo de concepciones filosóficas y de Derecho natural. Jellinek, en cambio, defiende que el Derecho político sólo puede usar el método jurídico, que consiste en extraer normas de los fenómenos jurídicos y deducir de ellos sus consecuencias. Por ello, en la investigación jurídica de la doctrina del Estado, en consideración de este autor germano, sólo tiene valor lo que se puede juzgar jurídicamente. Ahora bien, es consciente de que no se pueden aplicar leyes jurídicas a las ciencias sociales porque cambian constantemente, a diferencia de las naturales, que son fijas[26]. Y en dicha labor, el jurista debe prescindir de cualquier planteamiento contrafáctico, ya que "lo que es imposible políticamente, no puede ser seriamente objeto de investigación jurídica[27]", en palabras del autor.

Por eso Jellinek critica el uso de un "tipo ideal", que es aquel que usa una pauta para medir el Estado y sus instituciones. Así, diferencia dos tipos ideales: el que se construye a través de utopías o fantasías y el que se construye tomando Estados reales o instituciones de esos Estados. Ambos, considera, son expresiones de luchas políticas o de un partido, por lo que no deben ser estudiados por la ciencia teórica, pues ésta ha de ocuparse del Ser, no del Deber Ser[28]. Así, en palabras del autor, "Los "tipos ideales" son objeto ya no del saber, sino del creer[29]". En contraposición, el tipo empírico se usa para unificar las notas de los diferentes fenómenos para proceder, posteriormente, a ordenarlos. Se trata de una abstracción que busca obtener por inducción lo general a partir de lo particular, comparando Estados. Ahora bien, esa inducción no debe llevarse demasiado lejos, ya que se corre el riesgo de perder de vista lo particular[30]. Así, el tipo empírico ha de buscarse en Estados que compartan una Historia y una cultura común; nunca en épocas pasadas[31]. Y ello no supone otra cosa que seguir el tan conocido como útil "estilo aristotélico", que consiste en argumentar pasando de lo general a lo particular, de lo teórico a lo práctico y de lo abstracto a las prácticas institucionalizadas[32].

---

23 Cfr., *Ibidem,* pp. 29-30.

24 Cfr., D' Ors, A., *Introducción*, en Cicerón, M.T, "Las Leyes", Traducción, introducción y notas por Álvaro D' Ors, Instituto de estudios políticos, 1970, p. 65.

25 Cfr., Rousseau, J.J.: *Emilio o de la educación, (1762),* Editorial EDAF, 1985, p. 529.

26 Cfr., Jellinek, G., *Teoría General del Estado, op.cit.,* pp. 58 y 93.

27 *Ibidem*, cit., p. 66.

28 Cfr., *Ibidem,* pp. 79-80.

29 *Ibidem,* cit., cit., p. 80.

30 Cfr., *Ibidem,* p. 81.

31 Cfr., *Ibidem,* p. 82.

32 Cfr., García Gual, C., "Introducción", Aristóteles, *Política*, Editorial Austral, 2011, p. 23.

Además, es necesario conocer también tanto el tipo permanente, es decir, aquello que siempre se mantiene invariable en el Estado, como el tipo evolutivo, es decir, lo que cambia, lo que no permanece. Por ello, sólo las investigaciones científicas juzgan la realidad desde el Derecho positivo mientras que las ideales lo hacen desde el tipo ideal de Estado[33], "pero una ciencia que concediera valor especial a la exigencia de los partidos y racionalizase cualquier tipo empírico del Estado y le atribuyese un valor universal, faltaría a su objetivo; no convencería a los que están convencidos, y en vez de aprobación suscitaría una oposición que no habría deseado. De aquí que la justificación del Estado sólo deba atender al Estado presente y futuro[34]", en palabras de Jellinek. Los cambios que sufre el Estado no pueden explicarse empíricamente, pues no es posible limitarse a describir los cambios sociales, sino que es preciso analizarlos[35]. Por eso la Teoría del Estado necesita tanto los conceptos genéricos, es decir, los elementos por los que está formado el Estado, como los conceptos individuales, que son elementos particulares de cada Estado concreto, existentes porque tienen vida propia y determinan esa forma a través de los actos de la comunidad humana que alberga. Ambos han de servir para entender al Estado como conexión real que actúa en el mundo histórico, como forma[36]. Así, en palabras de Heller, "Política es conformación consciente de la sociedad orientada a un fin, actividad asimismo consciente dirigida a la ordenación de las relaciones humanas de reciprocidad[37]".

Así, la Historia del Derecho constitucional no es más que la historia de las transformaciones habidas en el ámbito jurídico y político para lograr que los individuos gocen del mayor grado de libertad posible, ya que todas las constituciones de la Historia de la humanidad, englobando todas ellas tanto como las verdaderas como aquellas que se limitaron a ser meros instrumentos de gobierno, cuya diferenciación abordaremos, han tratado de hacer reales y efectivas las ideas puras de "Democracia", "Libertad" e "Igualdad"[38]. De esta forma, como afirma De Vega, prescindir del Estado social en la Teoría del Estado sería una huida de la realidad histórica[39]. Y es que el tratamiento de los derechos sociales trasciende de la pura

33 Cfr., Jellinek, G., *Teoría General del Estado, op.cit.,* pp. 83 y 162.

34 *Ibidem*, cit., p. 232.

35 Cfr., *Ibidem*, pp. 58-59.

36 Cfr., Heller, H., *Teoría del Estado, op.cit.,* p. 82.

37 Heller, H., "Socialismo y Nación", *Escritos políticos*, prólogo y selección de Antonio, López Pina, Alianza editorial, Madrid, 1985, cit., p. 193.

38 Cfr., Ruipérez Alamillo, J., "El derecho constitucional a la vivienda y la problemática de su arrendamiento en el Estado social (un estudio de Teoría del Estado y de la Constitución como ciencia conceptual y ciencia práctica)", Colina Garea, Rafael (Dir.) y otros, *La protección del arrendador como instrumento para dinamizar el mercado de alquiler de viviendas*, Ed. Thomson Reuters, Pamplona, 2014, p. 11.

39 Cfr., De Vega García, P., "Estado social y Estado de partidos. La problemática de la legitimidad", *Problemas actuales del derecho constitucional. Estudios en Homenaje a Jorge Carpizo*, Instituto de Investigaciones Jurídicas, México, 1994, p. 392.

lógica jurídico-normativa, por lo que su análisis deberá realizarse desde el ámbito ideológico-político de la legitimidad del Estado constitucional[40]. Así, como los fines del Estado se han ido progresivamente reconociendo en las Constituciones, según Jellinek[41], es necesario estudiar el Estado social, establecido en nuestra Norma Fundamental, como un fin conquistado paulatinamente, consolidado constitucionalmente, legitimado socialmente y en crisis política y económica, fácticamente. Y es que una misma organización política puede tener un mismo origen y transformarse de diversos modos[42].

Las instituciones evolucionan cuando acentúan su poder o cuando las mismas son más permanentes o más amplias; de lo contrario solo cambian, se transforman, pero no evolucionan. Si mudan sus fines por otros nuevos, simplemente cambian. Así, aunque las instituciones se crean por voluntad humana, sus objetivos mudan por hechos históricos, ajenos a la misma, por lo que se hace necesario conocer las razones que han dado lugar a su trasformación, aunque sólo habrá que centrarse en aquellas estrictamente relacionadas con ella[43]. Por ello, someteremos el Estado social a dicha metodología analítica para conocer las razones históricas y humanas que han condicionado su evolución, con el fin de saber si el mismo se ha transformado o solamente ha cambiado, y si dicha circunstancia responde o bien a la voluntad de la ciudadanía o bien a razones ajenas.

Pues mucho se ha escrito, y desde muy diferentes posiciones, acerca del concepto del Estado social mediante la enumeración, con más o menos generalidad, de las obligaciones que dicho reconocimiento implicaba para el Estado, variando su parecer en función del punto de vista del autor. Y es que, como defiende De los Ríos, "La virtualidad inmanente a una concepción científica se mide por su virtualidad para engendrar posiciones varias[44]". Por ello, será preciso analizar si podemos enunciar un concepto de Estado social unitario y válido para todo tiempo y lugar, por lo que este estudio se propone encontrar una definición de la cláusula social desde un punto de vista jurídico, enumerando sólo aquellas instituciones constitucionales que permitan definirlo como tal y diferenciarlo de las manifestaciones estatales análogas o contrapuestas al mismo. Ello lo creemos conveniente en la medida en que "Lo que es preciso (...) para alcanzar en la Historia la posición eterna, es hallar la unidad sintética que pueda servir de principio explicativo o normativo a un contenido o experiencia[45]", según De los Ríos, por lo que buscaremos dotar al Estado social de una definición jurídica que responda a esos parámetros.

---

40 Cfr., RUIPÉREZ ALAMILLO, J., "El derecho constitucional a la vivienda ...", *op.cit.*, p. 17.

41 Cfr., JELLINEK, G., *Teoría General del Estado*, *op.cit.*, pp. 239-240.

42 Cfr., HELLER, H., *Teoría del Estado, op.cit.,* p. 44.

43 Cfr., *Ibidem*, pp. 86-91.

44 DE LOS RÍOS, F., "Prólogo del traductor", JELLINEK, G.: *Teoría General del Estado*, (1911, 2ª Edición), Prólogo de Fernando de los Ríos, Ed. Fondo de Cultura económica, 2000, cit., p. 18.

45 *Ibidem*, cit., p. 17.

Por tanto, no se trata sólo de admitir la existencia de la cláusula del Estado social, sino que será importante averiguar cuál es la estructura constitucional que debe revestir la misma y que obligaciones derivan de dicho reconocimiento constitucional para el legislador. "Si el Derecho político, como acontece en la teoría dominante, no puede hacer sino reconocer la existencia de los principios jurídicos constitucionales sin poder rebasar estos términos para indagar su significación, es cuestión de preguntarse qué valor tiene para el conocimiento jurídico una ciencia que, cuando se trata de los problemas fundamentales, sólo puede abordarlos desde un punto de vista estadístico[46]", como bien expresa Jellinek. Y es que en el lenguaje legislativo no puede haber palabras ociosas, sino que todo vocablo ha de responder a una realidad y toda palabra ha de ser pródiga en consecuencias[47]. Una Constitución no es un programa político que busque, a través del estilo literario ampuloso propio de los panfletos propagandísticos, engañar a la gente acerca de su situación política, sino que en la misma se expresa la organización política por la que ha optado la ciudadanía. En la misma no predomina la función poética sino la fáctica, dirigida a sus lectores, no para agradarles, sino a que la cumplan. Por tanto, al encontrarse el Estado social definido en nuestra Constitución, ello implica necesariamente obligaciones a todos los poderes públicos que trataremos a lo largo de este trabajo.

Y una vez definido jurídicamente el Estado social, no sólo podremos plantearnos si el Estado español puede definirse realmente como tal, sino si éste es aplicado realmente por el legislador y, en caso negativo, cuáles son las consecuencias para el mismo. Por tanto, la finalidad de dicha investigación no reside únicamente en una merca descripción analítica de las características del Estado social español, sino que se aspira a que el mismo sea una realidad política indiscutible, es decir, que vincule de tal manera a todos los poderes públicos que no les quede más remedio que aplicarlo dentro de unos determinados márgenes. Así, en relación al Estado social, al igual que Cicerón, "todo nuestro discurso se endereza a robustecer las repúblicas, consolidar las constituciones de las ciudades y salvaguardar los Pueblos[48]". Del éxito o el fracaso de dicho objetivo, que debiera ser perseguido por todos los constitucionalistas, dependerá que el Estado social español alcance la posición que le corresponde o, simplemente, quede relegado a la arqueología constitucional, pues como defiende López Pina "la Historia no redime a los convocados que fracasan en dar respuesta cumplida a problemas decisivos[49]".

---

46 JELLINEK, G., *Teoría General del Estado*, *op.cit.*, cit., p. 524.

47 Cfr., PÉREZ SERRANO, N., "El estilo de las lenguas", *Escritos de Derecho Político I*, Instituto de estudios de Administración Local, Madrid, 1984, p. 238.

48 CICERÓN, M.T., *Las Leyes*, Traducción, introducción y notas por Álvaro D' Ors, Instituto de estudios políticos, 1970, cit., p. 85.

49 LÓPEZ PINA, A., "Epílogo: Hermann Heller y España", en HELLER, H., "¿Estado de derecho o dictadura?", *Escritos políticos*, prólogo y selección de Antonio, López Pina, Alianza editorial, Madrid, 1985, cit., p. 382.

Para Aristóteles, el primer deber del Hombre de Estado es buscar la constitución que proporcione un gobierno más perfecto, que se pueda aplicar a la mayor parte de las ciudades y que pueda ser ejecutada teniendo en cuenta la situación de los Estados actuales. También consiste en saber mejorar la organización de un gobierno ya constituido, para lo cual se necesita conocer las diversas formas de gobierno[50]. "Es necesario, con todo, que sea preferida en nuestro amor aquella patria por la que la ciudad entera tiene el nombre de república. Morir por ella, entregarnos plenamente a ella, poner en ella todo lo nuestro y casi diría, consagrarnos a ella[51]", en palabras de Cicerón. Y es que, en nuestra opinión, siempre digna de crítica y buen juicio, no existe mayor satisfacción personal y espiritual que poder encomendarse al estudio de las instituciones políticas, en la medida en que sólo a través del mismo es posible velar por la garantía de la Libertad y la Igualdad de todas las ciudadanas y los ciudadanos de un Estado, pues, al igual que para Cicerón, creemos que "la más bella ocupación es la que busca la salvación de la patria[52]". Y es que como defiende Jellinek, la función del jurista no se limita a la explicación de las fuentes del Derecho, sino que "La ciencia del Derecho abandonaría una de sus funciones más nobles si redujese su obra a hacer aplicaciones al pasado y no tratase de favorecer a las fuerzas que ayudan a abrir el camino hacia el futuro[53]".

Así, dedicados al noble oficio que tiene por objeto la artesanía de las leyes en pro de la Libertad de nuestros semejantes, será preciso indagar en aquellas formulaciones que permitan hacerla real y efectiva pues, como dijo el romano, "Ese pienso que es el nobilísimo cometido de la sabiduría, la más grande prueba y la mayor función de la virtud[54]". Y es que el que cultiva las ciencias humanas sabe que el conocimiento no debe buscarse por la riqueza, sino por el propio provecho, por la autoafirmación que se logra buscando el progreso de otro[55]. Por ello, sin hacer mención expresa a ninguno de ellos, es importante destacar la impagable e irreconocida labor de aquellos juristas y politólogos que, sin haber trascendido en la política, prestaron un mayor servicio a la patria que otros que gozaron de honor y fama reconocida, precisamente, por mantenerse firmes en sus convicciones frente aquellos gobernantes que buscaban someter la voluntad de sus ciudadanos a través de la violación de la Constitución, usando sólo como punzante arma la palabra verdadera que porta todo aquel al que se le pueda llamar virtuoso. "Yo pienso de ellos [los sabios] que, aunque muchos no tomaron parte en la administración del Estado,

50 Cfr., ARISTÓTELES, *Política*, Editorial Austral, 2011, p. 198.

51 CICERÓN, M.T., *Las Leyes*, *op.cit.,* cit., p. 117.

52 CICERÓN, M. T., *Sobre la República*, Editorial Tecnos, 1992, cit., p. 136.

53 *Ibidem*, cit., pp. 67-68.

54 *Ibidem*, p. 27.

55 Cfr., HÖFFE, O., *Ciudadano económico, ciudadano del Estado, ciudadano del mundo. Ético Política en la era de la globalización*, Kazt Editores, 2007, p. 310.

sin embargo, ya que investigaron y escribieron en torno al gobierno de la República, participan de alguna manera en el gobierno de la patria[56]", como enuncia Cicerón.

Así, Pérez Serrano distingue entre personas que hacen política grande y generosa, en la cual se busca el bien del país, aunque ello le suponga incomodidades personales, entre las cuales adscribe al juez Marshall, y aquellas que hacen la menuda y mezquina, buscando la tranquilidad personal y el ascenso político, obedeciendo a sus superiores, lo cual causa un grave daño al país[57], pues "lo que está vetado al juez es la política insignificante y concupiscente, nunca la colaboración generosa y abnegada para una tarea de rango nacional[58]". Por ello, Hipódamo de Mileto defendía que debían premiarse las innovaciones legislativas en Derecho público, ya que ello suponía un beneficio para la ciudad[59]. De este modo, en los periodos de libertad, la función del jurista no se agota sólo en la interpretación de la ley vigente, sino que también se valora la crítica innovadora[60].

De este modo, el jurista también debe estudiar la relación de los partidos políticos, la Nación y la economía con el Estado. La evolución constitucional está unida a la vida económica, siendo el Estado el órgano supremo de la economía colectiva. Así, éste influye en ésta y ella en el Estado, por lo que en el estudio jurídico también hay que tenerla en cuenta. Por ello, Jellinek también considera necesario estudiar como la desigualdad económica ha influido en la formación de instituciones del Estado y en el Estado mismo[61]."Esta desigualdad es una de las causas más importantes de las relaciones jurídicas y de Derecho público, y por eso precisamente esta parte de la sociedad se encuentra en íntima relación con la doctrina del Estado[62]", en palabras del autor. Por tanto, para él, aislar el objeto de estudio de las ciencias del Estado de los otros saberes relacionados produce un resultado incompleto, por lo que ninguna ciencia social puede prescindir totalmente de las demás[63].

La Ciencia del Estado y la Ciencia del Derecho, para él, están en total conexión, absorbiendo la primera a la segunda, ya que el Derecho es fruto de toda comunidad organizada. No se puede conocer un Estado sin conocer su Derecho, por lo que la Ciencia del Derecho es una disciplina exclusivamente jurídica. La Ciencia del Estado se ocupa de la investigación relativa al Estado y sus elementos, por lo que en ella sólo se estudiarán otros órdenes sociales en función de las relaciones

---

56 Cicerón, M. T., *Sobre la República*, *op.cit.*, cit., p. 10.

57 Cfr., Pérez Serrano, N., "La gran obra política de un gran juez (Juan Marshall)", *Escritos de Derecho Político II*, Instituto de estudios de Administración Local, Madrid, 1984, p. 776.

58 *Ibidem*, cit., p. 777.

59 Cfr., Aristóteles, *Política*, *op.cit.*, p. 83.

60 Cfr., Pérez Serrano, N., "Estudio acerca del concepto, método...", *op.cit.*, pp. 30-31.

61 Cfr., Jellinek, G., *Teoría General del Estado*, *op.cit.*, cit., p. 136-147.

62 *Ibidem*, cit., p. 136.

63 Cfr., *Ibidem*, pp. 107-108.

que tengan con el Estado. Se trata, por tanto, de una ciencia explicativa y descriptiva, ya que su conocimiento se basa en los fenómenos del Estado desde su existencia, describiendo sus notas distintivas y la forma de sus fenómenos. Dicha ciencia se divide en doctrina general del Estado, la cual lo estudia en general, así como a las formas que tuvo a lo largo de la Historia, y doctrina particular, que estudia las instituciones propias de los Estados de una época con el fin de conocer o bien los caracteres del Estado de un período concreto o bien sus instituciones[64].

La política es el estudio de los modos que tiene el Estado para alcanzar determinados fines, juzgando los hechos y relacionándolos. Se trata de la ciencia práctica del Estado. Así, la política debe ser usada para estudiar las relaciones entre la doctrina jurídica y el Estado, es decir, la teoría de la justificación y de los fines del Estado. Por eso, la doctrina social y jurídica necesita de la política para ser explicada, pues toda acción social y jurídica persigue unos fines que no pueden estudiarse en abstracto. Pues como afirma Pérez Serrano, "sin ideales no hay política, como no hay combustión sin oxígeno[65]". Así, la doctrina sociológica del Estado estudia el Ser (examen de los hechos de lo histórico) y la doctrina jurídica estudia el Deber Ser (análisis de las normas jurídicas que se hacen reales). Ésta puede contribuir a mejorar el Estado, pero no a estudiarlo científicamente partiendo del tipo ideal[66].

Así, en palabras de Jellinek, "Tener principios políticos no quiere decir otra cosa que poseer puntos de vista determinados sobre las relaciones concretas ocasionales del Estado y sobre los fines intermedios y últimos de los mismos[67]". De este modo, si lo que se busca es explicar el Estado, como comunidad política, desde un punto de vista de la antropología jurídica, las ideologías sólo servirán para entorpecer nuestra labor. Por el contrario, si lo que queremos es explicar una de las manifestaciones concretas del Estado, prescindir de las ideologías que la justifican y legitiman conducirá indefectiblemente o bien a desconocer una parte importante del objeto de estudio o bien a dogmatizar realidades políticas como realidades naturales. No se trata de llevar a cabo nuestro estudio partiendo de determinadas ideologías políticas, sino siendo conscientes de que las tenemos a la hora de proceder en nuestra labor.

Para Kelsen, la política como ciencia, como un sistema de conocimientos expresados en juicios, tiene que ser una disciplina distinta de la Teoría General del Estado. La teoría busca el Ser del Estado y la política el Deber Ser, es decir, sus mejores posibilidades, siendo una parte constructiva de la ética[68]. Por ello, la cien-

64 Cfr., *Ibidem,* p. 57-60.

65 Pérez Serrano, N., "Cien años de Derecho político", *Escritos de Derecho Político II*, Instituto de estudios de Administración Local, Madrid, 1984, cit., p. 925.

66 Cfr., Jellinek, G., *Teoría General del Estado, op.cit.,* pp. 62-71 y 132.

67 *Ibidem,* cit., p. 239.

68 Cfr., Kelsen, H., *Teoría General del Estado*, Editorial Comares, 2002, Granada, p. 43.

cia jurídica no puede asumir un valor social y excluir otro sin examinar los medios idóneos para su realización. Ella solo debe determinar los medios para lograr el fin, pero determinar ese fin queda fuera de la ciencia[69]. De este modo, no corresponde al jurista determinar si el Estado español debe ser social o dejar de serlo, por ser el objeto que nos ocupa, ya que esa labor corresponde exclusivamente a la ciencia política. La función esencial del jurista es proponer los medios idóneos para que ese Estado social sea efectivo. Pero dicha labor siempre estará condicionada por la estructura jurídica de la organización del momento[70]. Por ello, el objeto de la ciencia del Derecho debe ser o la totalidad del orden jurídico o un orden jurídico parcial. Pero el Estado no puede ser sometido a normas jurídicas, a diferencia de lo que sucede con el resto de la realidad jurídica, como tampoco será objeto de la ciencia jurídica el Hombre sino la persona[71].

Para Kelsen, la ciencia política tiene como función descubrir aquellas ideas que, de alguna manera, sirven a los intereses de todos los miembros, entendiéndose como verdaderas y obligatorias en un determinado tiempo y lugar, estudiando cómo van cambiando las instituciones y sus diferencias histórico-sociales. Por ello, la ciencia política sólo podrá aportar verdades obligatorias si puede mostrar que, a pesar del cambio histórico-social, hay ciertas verdades idénticas, pues ello explica que todavía se usen las teorías políticas como las griegas, de Hobbes o de Marx. De esta forma, la Historia no es un conglomerado de situaciones momentáneas que se dan dependiendo de las circunstancias políticas, sino que, a pesar de que las normas y las concepciones políticas dependen del tiempo, existen unas constantes idénticas en el acontecer político[72]. "Los problemas jurídicos solo interesan a la ciencia política en cuanto el Derecho, como orden social escrito o no escrito, venga a legitimar, fundamentar o limitar, de modo efectivo, el poder político, y en cuanto ordene, de modo real, las relaciones de poder de los órganos estatales entre sí y con los habitantes del territorio o con otros Estados[73]", según Heller. Por tanto, la Política debe describir, interpretar y criticar los fenómenos políticos[74].

Para Bell, en cambio, es el modo concreto de distribución de los recursos e implica una lucha de poder entre grupos organizados para determinar quien ejerce la situación de privilegio. Pero esto no supone que la política se reduzca simplemente a ser la lucha por el poder, ya que en toda acción social se da una tensión inevitable entre ética y política. Por tanto, en el afán por lograr la cúspide directiva de una organización también se encuentran detrás motivos ideológicos. Si las ideologías encuentran en la política un medio de realizar sus ideas, se suaviza la violencia en la política.

69 Cfr., Kelsen, H., "Los fundamentos de la democracia", *Escritos sobre la democracia y el socialismo*, Editorial Debate, Madrid, 1988, p. 260.

70 Cfr., Kelsen, H., *Teoría General del Estado*, *op.cit.*, pp. 382-383.

71 Cfr., *Ibidem*., pp. 10-11 y 104.

72 Cfr., Heller, H., *Teoría del Estado, op.cit.,* pp. 21, 25-26.

73 *Ibidem,* cit., p. 39.

74 Cfr., *Ibidem*, p. 27.

Sin embargo, entenderla como un fin, es decir, como la consecución de un objetivo, y no como un límite, según el cual se permite una actuación dentro de unos márgenes, la cual sólo es posible cuando existe consenso entre los grupos sociales de continuar en la sociedad, hace que la política se convierta en una batalla de todo o nada[75]. Y ello hará preciso distinguir entre aquellas instancias que realmente toman las decisiones de los meros órganos que gozan únicamente de legitimidad decisoria, los cuales quedan reducidos, muchas veces, a ser meros ratificadores de las decisiones de los primeros, ya que de lo contrario olvidaremos la verdadera forma de gobierno que se esconde tras lo establecido en una constitución, para someternos a la facticidad, al Ser, en lugar de obligar a que se cumpla la juridicidad, el Deber Ser.

Por ello, Heller critica que el dogmatismo jurídico sólo puede explicar el Derecho y el Estado moderno, es decir, sólo puede explicar el fenómeno estatal desde que éste se hizo con el monopolio del poder coactivo y creó un sistema jurídico unitario, ya que pretende explicar el Derecho como una unidad temporal y sistemática; como un sistema jurídico cerrado y sin lagunas. Pero concebir el sistema como algo unitario es una ficción, pues siempre es el resultado de una pluralidad de voluntades que dan, necesariamente, como resultado, una pluralidad de lagunas. Además, no es autónomo, como defienden, pues su método no pretende explicar el Derecho sólo de forma inmanente, sino metajurídicamente, pues se pone al servicio de la continuidad histórica de la constitución real, apelando a la constitución lógico-hipotética, lo que le lleva a concebir la normatividad como eterna[76]. Así, para los positivistas, el Estado es una abstracción formada por individuos, la cual no debe basarse en valores, ya que éstos son personales y subjetivos, sino en una teoría positivista. Ello provocó la crisis del Estado en Europa, ya que al convertir al Estado en algo irreal y abstracto, sin contenidos, se tambaleó incluso la cultura occidental[77].

Así, la creencia únicamente en las leyes formales lleva a la disolución de los contenidos políticamente integradores, como la ética y la política, dejando paso a los intereses políticos disgregadores, es decir, a los intereses económicos[78]. Por tanto, el positivismo acaba separando la realidad jurídica de la política, las cuales no tienen por qué coincidir, centrándose en la primera y renunciando a comprender los cambios que tienen lugar en el interior del Estado por razones políticas o ideológicas[79]. Y de esta forma, el positivismo jurídico puede llevar a contraponer la constitución lógica, como si fuese una nueva norma de Derecho natural, tan odiado por Kelsen, a la propia Constitución, lo que acaba por desvirtuar una realidad que se buscaba exponer. Por ello, para Heller, el jurista debe explicar las relaciones reales de poder que existen en la comunidad y su evolución, tratando de influir en la misma. Pero, para ello, es necesario prescindir de valoraciones éticas y políticas al estudiar el Derecho, aunque,

75 Cfr., Bell, D., *El fin de las ideologías... op.cit.*, pp. 58 y 310-311.

76 Cfr., Heller, H., *Teoría del Estado, op.cit.*, pp. 283-287.

77 Cfr., Heller, H., *Europa y el fascismo*, Editorial Comares, Granada, 2006, pp. 10-11.

78 Cfr., *Ibidem,* pp. 16-17.

79 Cfr., Ruipérez Alamillo, J., "La Constitución y su estudio...", *op.cit.*, pp. 745-750.

admite, éste no se puede estudiar en abstracto, sino que es preciso hacerlo práctico. No se trata de renunciar a lo político para explicar lo jurídico, sino de diferenciar lo jurídico de lo político, es decir, distinguir en donde empiezan los resultados de la teoría y donde comienzan las opiniones personales del autor[80]. Pero el jurista sólo puede llegar a la objetividad auténtica en la medida en la que adquiera conciencia de sus propias valoraciones, ya que nunca la alcanzará si se centra en su propia creencia o en intentar que los demás piensen que sus investigaciones carecen de excepciones[81].

Y al vaciar de contenido a las normas del Estado, acabamos incurriendo, inevitablemente, en una vacía nomocracia, en la que el Estado de Derecho es posible con independencia del contenido que se les dé a las normas, siempre y cuando se respeten los procedimientos regulados para su creación[82]. Así, las teorías positivistas defienden que las normas constitucionales sólo tienen valor si se encuentran desarrolladas por leyes, lo cual favorecía a los totalitarismos, pues se privaba a los ciudadanos de sus derechos a través de los procedimientos establecidos[83]. Por ello, afirma Heller que "Puede que la teoría nomocrática del Estado no incurra nunca en contradicciones lógicas, pero políticamente será siempre, quizás involuntariamente, el auxiliar más eficaz de la dictadura[84]". Así, como sostiene Ruipérez, según el positivismo jurídico radical, la constitución es una estructura lógica del ordenamiento jurídico, por lo que sería posible que la misma fuese establecida por un usurpador o por una oligarquía, tanto a través de la mutación como de la reforma constitucional, como por medio de un simple golpe de Estado, estableciendo otra constitución que instaure una dictadura política o económica[85].

Por tanto, para Heller, el formalismo abstracto de Kelsen puede dar lugar a situaciones autocráticas, ya que este último defiende un Estado de Derecho entendido como una Democracia ideal donde no hay jefes, sino que en su interior reinan solamente unas normas acabadas y perfectas, aplicadas sin subjetividad ni voluntad particular[86], por lo que, en palabras de Ruipérez, "a lo que el positivismo jurídico formalista conducía era a la forja de un Derecho constitucional que, falsificando en sus presupuestos centrales y basilares, y evadido de la realidad y de la Historia, acaba presentándose como un verdadero absurdo y esperpéntico complejo conceptual, destinado a teorizar y justificar un constitucionalismo ficticio que terminaba no siendo constitutivo de nada, ni siquiera del Estado, y con el que, en última instancia, únicamente se pretendía ocultar las relaciones reales de poder en la comunidad política[87]".

---

80 Cfr., PÉREZ SERRANO, N., "Estudio acerca del concepto, método...", *op.cit.*, pp. 28-29 y 41.

81 Cfr., HELLER, H., *La soberanía..., op.cit.*, p. 309.

82 Cfr., RUIPÉREZ ALAMILLO, J., *Reforma vs. Revolución. Consideraciones desde la Teoría del Estado y de la Constitución sobre los límites materiales a la revisión constitucional*, Porrúa, México, 2013, p. 139.

83 Cfr., RUIPÉREZ ALAMILLO, J., "La Constitución y su estudio...", *op.cit.*, pp. 738-740.

84 HELLER, H., *Europa y el fascismo*, *op.cit.*, cit., p. 58.

85 Cfr., RUIPÉREZ ALAMILLO, J., *Reforma vs. Revolución. op.cit*, pp. 147-148.

86 Cfr., HELLER, H., *Europa y el fascismo*, *op.cit.*, p. 124.

87 RUIPÉREZ ALAMILLO, J., "La Constitución y su estudio...", *op.cit.*, cit., p. 790.

De este modo, el formalismo, al vaciar al Estado de valores y principios, lo endiosa, pudiendo dominar fácilmente el dictador a través de los cauces formales establecidos[88]. Así, el positivismo abandona la realidad voluntariamente, convirtiendo a la ciencia jurídica en un mero sistema justificador de los hechos consumados de la realidad política[89], aunque ello sólo otorga al autócrata cobertura legal, pero no legitimidad[90]. De esta forma, podemos afirmar, sin miedo a equivocarnos, que todo aquel gobernante que busca vaciar a la Constitución de su contenido, lo cual es la voluntad del Pueblo, comienza a perder su legitimidad democrática, y automáticamente adquiere rasgos del gobernante autocrático.

En el positivismo, el constitucionalista queda reducido a un papel justificador de las decisiones del gobernante, sin poder ejercer la crítica[91]. Por ello, la Escuela Alemana de Derecho Público exigía neutralidad ideológica a sus miembros, prescindiendo de cualquier cuestión valorativa o política, con la finalidad de lograr la pureza científica[92]. Pero esta afirmación de la neutralidad ideológica y política del positivismo es una farsa[93], ya que, a través del mismo, se procede a la violación de la Constitución al tiempo que se afirma su absoluta vigencia, lo que sirve para enmascarar totalitarismos[94]. De este modo, esta corriente metodológica negaba al estudioso de las Ciencias del Derecho y del Estado legitimación para hacer juicios de valor sobre las materias que debía estudiar, buscando alejar el estudio del Derecho de cualquier ideología o moral, lo que convertía el método positivista en legitimador de los actos de los gobernantes a través de la legalidad vigente, con independencia del contenido de las normas[95]. Esto hacía que, en múltiples ocasiones, se produjese un claro distanciamiento entre la realidad jurídica y política; pero, en este caso, tanto peor para la realidad política[96].

Así, como sostiene Pérez Serrano, "El régimen despótico (...) pide a sus escuelas que le preparen juristas que sean *ejecutores*, no críticos, que *apliquen* las leyes, pero no las juzguen[97]". Pero el conocimiento del jurista no debe quedar reducido al aprendizaje memorístico de los preceptos constitucionales o al conocimiento

88 Cfr., *Ibidem*, pp. 745-749.

89 Cfr., Ruipérez Alamillo, J., *El constitucionalismo democrático en los tiempos de la globalización: Reflexiones rousseaunianas en defensa del Estado constitucional democrático y social*, Universidad Nacional Autónoma de México, México, 2005, p. 52.

90 Cfr., Ruipérez Alamillo, J., "La Constitución y su estudio...", *op.cit.*, p. 790.

91 Cfr., Ruipérez Alamillo, J., "La nueva reivindicación de la secesión de Cataluña...", *op.cit.*, p. 96.

92 Cfr., Ruipérez Alamillo, J., *La Constitución del Estado de las Autonomías...op.cit.*, p. 121 y *Reforma vs. Revolución. op.cit*, p. 139.

93 Cfr., Ruipérez Alamillo, J., *El constitucionalismo democrático ...op.cit*, p. 53.

94 Cfr., Ruipérez Alamillo, J., "La nueva reivindicación de la secesión de Cataluña...", *op.cit.*, p. 130.

95 Cfr., Ruipérez Alamillo, J., "El derecho constitucional a la vivienda ...", *op.cit.*, pp. 77-78.

96 Cfr., Ruipérez Alamillo, J., *El constitucionalismo democrático ...op.cit*, p. 38.

97 Pérez Serrano, N., "Estudio acerca del concepto, método...", *op.cit.*, cit., p. 30.

acrítico de los pronunciamientos jurisprudenciales del Tribunal Constitucional[98]. Por tanto, en un régimen democrático no se debe enseñar el Derecho político para formar a gobernantes, es decir, políticos prácticos[99], ya que, en palabras de Ruipérez, "una enseñanza del Derecho limitada al conocimiento acrítico de normas jurídicas y sentencias, habrá de acabar privando al "jurista", como ciudadano y como profesional del Derecho, la política y el Estado, de toda capacidad de enjuiciamiento sobre la vida pública de la comunidad política donde le toca vivir y desarrollar su tarea profesional[100]".

Así, se usan las ideas del formalismo positivista para aniquilar el Derecho constitucional y justificar el autoritarismo, favorecido por la neutralidad y objetividad de sus teorías, lo que termina convirtiendo a sus autores en involuntarios colaboradores de los totalitarismos[101]. Y "Convertido el Derecho constitucional en un mero instrumento técnico al servicio del poder al que, por quedar al margen (...) de la crítica y el juicio valorativo referido a los principios y valores, podría hacérsele decir cualquier cosa, los totalitarismos fascistas encontraban en el llamado método jurídico puro un excelente aliado para llevar a cabo sus fines[102]", en palabras de Ruipérez. Pero Kelsen, en realidad, buscaba separar nítidamente Derecho y política, renunciando a defender exigencias políticas en nombre de la ciencia jurídica, evitando así buscar la creación de un Derecho "justo[103]". En definitiva, con su teoría buscaba evitar que el poder usase la ciencia jurídica como un instrumento para legitimar sus arbitrios[104]. Y curiosamente fue el poder autoritario quien se valió de su teoría para legitimar sus actos, al sostener que todo Estado es un Estado de Derecho[105].

Y es que la estricta aplicación del régimen de Kelsen conduciría a entender que el régimen soviético era una verdadera democracia, por lo que este autor, precisamente por este motivo, acaba abandonando, parcialmente, al final de su vida académica, su propio método para la investigación científica. Para Kelsen, la teoría política debe analizar las diversas formas del orden estatal (democracia o autocracia) de forma imparcial, sin hacer juicios de valor, ya que éstos sólo son válidos para el sujeto que los emite y sólo en la política está permitido valorar, lo que es necesario para determinar la acción a llevar a cabo. Pero la ciencia jurídica

---

98 Cfr., Ruipérez Alamillo, J., *Reforma vs. Revolución. op.cit*, p. 87.

99 Cfr., Pérez Serrano, N., "Estudio acerca del concepto, método...", *op.cit.*, p. 16.

100 Ruipérez Alamillo, J., "La Constitución y su estudio...", *op.cit.*, cit., p. 690.

101 Cfr., Ruipérez Alamillo, J., "La Constitución y su estudio...", *op.cit.*, p. 728.

102 Ruipérez Alamillo, J., ""La Constitución y su estudio...", *op.cit.*, cit., p. 791.

103 Monereo Pérez, J. L., "Estudio preliminar", en Kelsen, H.: *Teoría General del Estado*, Editorial Comares, 2002, Granada, cit., p. XXXV.

104 Cfr., Monereo Pérez, J. L., "Estudio preliminar", *op.cit.*, p. XXXV.

105 Cfr., Villar Borda, L.: "Estado de Derecho y Estado social de Derecho", *Revista de Derecho del Estado*, Nº 20, diciembre, 2007, p. 82.

debe separarse de la política para mantenerse pura[106]. Por ello, defiende estudiar la ciencia del Derecho separado de la ciencia política y de la sociología, pero no que sea totalmente posible una ciencia absolutamente pura de la ideología. Es decir, defiende que se estudie el Derecho sin juzgarlo como bueno o malo, sin juzgar si se acomoda a un valor subjetivo presupuesto[107]. Pero no se opone, sin embargo, a analizar si un determinado acto se acomoda a un presupuesto jurídico.

De este modo, el Kelsen ciudadano está comprometido con la Democracia mientras que el Kelsen científico está comprometido solamente con su método científico, el positivismo jurídico, el cual, llevado a sus extremos, permite justificar la validez de las normas autoritarias[108]. Así, aunque se mantuviese políticamente neutral, era un verdadero demócrata[109], y su obra y la defensa de la justicia constitucional sólo pueden interpretarse desde los esquemas del principio democrático[110]. Hayek no se avergonzó tampoco de haber abandonado la ciencia puramente económica para escribir una obra que llama abiertamente política, pues usar sus conocimientos para ofrecer una visión de la política socialista le ha permitido crear esa gran obra[111]. Y aunque se le reprocha a Kelsen haber contribuido al ascenso de los regímenes totalitarios, en realidad su mayor contribución fue a la defensa de la Democracia[112]. Además, aunque la teoría de Kelsen buscaba ser descriptiva y no prescriptiva, no puede renunciar a defender un tipo de ciencia jurídica y una visión del mundo. Así, tras muchos argumentos confusos, admitirá que, tras el Derecho, se encuentra el poder, abandonando así su teoría pura, y que, tras un Derecho ficticio, se esconde un poder ficticio[113]. Por ello, no estudiaremos las teorías totalitarias porque niegan los principios y valores sobre los que se fundamenta el Estado constitucional[114]. Sin embargo, las mismas nos servirán para perfilar y entender la relevancia del Estado social.

Por tanto, Kelsen no defendía que el jurista debiera limitar su actividad al conocimiento puro del Derecho, pues él mismo llevó a cabo, al final de su vida, una tarea interdisciplinar y reconoció la necesidad de defender ciertos valores[115]. Cuando habla de los valores democráticos, rompe con el rechazo al contenido de las normas, pues considera que son necesarios ciertos valores democráticos superiores consagrados

---

106 Cfr., Kelsen, H., "La teoría política del Bolchevismo. Un análisis crítico", *Escritos sobre la democracia y el socialismo*, Editorial Debate, Madrid, 1988, pp. 161-162.

107 Cfr., Monereo Pérez, J. L., "Estudio preliminar", *op.cit.*, p. XXII.

108 Cfr., Ruipérez Alamillo, J., *Reforma vs. Revolución. op.cit*, pp. 142-143.

109 Cfr., Ruipérez Alamillo, J *La Constitución del Estado de las Autonomías...op.cit.*, p. 55.

110 Cfr., Ruipérez Alamillo, J., "La Constitución y su estudio...", *op.cit.*, pp. 776 y 906.

111 Cfr., Hayek, F.A., "Prefacio", en *Camino de servidumbre*, *op.cit.*, pp. 35-37.

112 Cfr., Monereo Pérez, J. L., "Estudio preliminar", *op.cit.*, pp. LXVI-LXVII.

113 Cfr., *Ibidem*, pp. XXXIV-XL.

114 Cfr., Ruipérez Alamillo, J., "La Constitución y su estudio...", *op.cit.*, pp. 754-755.

115 Cfr., Monereo Pérez, J. L., "Estudio preliminar", *op.cit.*, pp. XCVIII-XCIX.

en la constitución jurídica[116]. Así, el jurista no puede valorar si la Democracia es justa o injusta, o si es la mejor forma de gobierno, por ejemplo, pues ello corresponde a la política. Pero si puede, y de hecho debe, analizar en que consiste la ideología democrática y si un ordenamiento se acomoda a la misma. Por tanto, siguiendo esta metodología, no valoraremos si el Estado social es la mejor forma de Estado, sino cuáles son sus fines y los medios constitucionales de los que se dispone para lograrlo, desde los cuales juzgar si el legislador respeta la cláusula social constitucional.

Pero la doctrina española ha pretendido forjar un Derecho constitucional como una construcción técnica y avalorativa, ajena a la fundamentación y legitimidad de la estructura social, renunciando al pensamiento crítico y preocupándose más por los temas que por los problemas en sí[117]. De este modo, "La ciencia del Derecho constitucional, por mor de ese doctrinarismo tecnocrático, queda reducida exclusivamente a dos contenidos: por un lado, la glosa avalorativa y acrítica, de las sentencias del Tribunal Constitucional, y por otro, el limitarse a ofrecer (...) soluciones puntuales que se planteen en la práctica política diaria. Quien pretenda hacer otra cosa será (...) expulsado de manera inmediata de la consideración de "jurista[118]"", en palabras de Ruipérez. Por tanto, en el positivismo, el constitucionalista queda reducido a un papel justificador de las decisiones del gobernante, sin poder ejercer la crítica[119]. De este modo, la diferencia entre los juristas honrados y los juristas acomodados, para De Vega, es que "de igual manera que la misión del médico es curar la enfermedad y no ocultarla, la misión del jurista no puede ser otra que la de, recurriendo al razonamiento crítico, denunciar los problemas que la realidad presenta, y no disolverlos en ejercicios de tecnicismos inocuos para ignorarlos[120]". Por ello, el científico de las Ciencias del Estado y de la Constitución debe realizar dichos juicios y valoraciones, incluso sobre las Sentencias del Tribunal Constitucional, pues de lo contrario acabará legitimando cualquier acto contrario al ordenamiento constitucional, lo que beneficiaría al gobernante autócrata.

Por todo ello, Pérez Serrano defendió, ya en su momento, que es preciso seguir el método jurídico, el cual permite obtener soluciones a problemas concretos, usando lo empírico para explicar lo jurídico, pero sin partir de conceptos abstractos de los que deducir los resultados, pues ello sería político[121] aunque, admite, el jurista no puede prescindir de las convicciones políticas[122]. Así, mientras que el formalismo trabaja con abstracciones que buscan inmovilizar el Derecho ante

---

116 Cfr., *Ibidem*, p. LXIV.

117 Cfr., De Vega García, P., "En torno al concepto político de Constitución", *op.cit.* pp. 702-703.

118 Ruipérez Alamillo, J., *La Constitución del Estado de las Autonomías...op.cit.*, cit., pp. 117-118, *Reforma vs. Revolución. op.cit*, p. 9 y *El constitucionalismo democrático ...op.cit*, p. 47.

119 Cfr., Ruipérez Alamillo, J., "La nueva reivindicación de la secesión de Cataluña...", *op.cit.*, p. 96.

120 De Vega García, P., "En torno al concepto político de Constitución", *op.cit.* cit., pp. 703-704.

121 Cfr., Pérez Serrano, N., "Estudio acerca del concepto, método...", *op.cit.*, pp. 40-43.

122 Cfr., Pérez Serrano, N., "Prólogo al libro de Adolfo González posada: La idea pura del Estado", *Escritos de Derecho Político I*, Instituto de estudios de Administración Local, Madrid, 1984, p. 212.

las circunstancias cambiantes, el pragmatismo busca explicar la vida política a través de casos concretos que cambian a lo largo de la Historia, rompiendo con las abstracciones y primando el Derecho sobre la Ciencia del Derecho y la práctica sobre la teoría[123]. Por ello, en opinión de Ruipérez, sólo podrá realizarse un estudio correcto de la ley constitucional si se tiene en cuenta la realidad social, política y económica existente, pues de ello depende que la primera tenga fuerza normativa[124]. Sin embargo, hoy en día, en lugar de entender la Democracia como proceso, partiendo de los principios democráticos, de los contenidos y de los valores, se usan más concepciones formalistas de las democracias, relacionadas con los procesos de creación y reforma legislativa; en definitiva, relacionadas con las reglas del juego[125]. Pero "Sólo cuando la democracia se entiende como un proceso que se realiza en la Historia, es cuando cabe evaluar sus resultados y, sobre todo, plantear y comprender correctamente sus problemas[126]", según De Vega.

El investigador o político teórico debe conocer cuáles son los valores y voluntades que existen en el Estado, y según las diferentes opciones factibles disponibles (reaccionarios, conservadores, revolucionarios...), debe señalar una de ellas como válida, como el poder de voluntad que formará el futuro, ya que el Estado está en constante cambio. Y elegir cual será, de entre todas las posibilidades de evolución, aquella que se impondrá al resto, es una valoración sobre cómo se cree que se ha de conformar el futuro, sin entrar a valorar si la misma es buena o es mala[127]. Así, para Cicerón, el objetivo de la ciencia política es ver el camino y las desviaciones de los Estados para saber, según hacia donde se inclinen, frenar su marcha o prevenirla[128]. Por eso, ésta debe descubrir, dentro del conjunto de voluntades de la realidad social, cual debe considerarse como posible en la evolución, para lo cual han de tenerse en cuenta los objetivos de la conciencia humana de los diferentes individuos y las condiciones naturales y culturales que puedan llevar a esa evolución[129].

El Ser del Estado depende de la lucha política entre los poderes reales, ante los cuales no es posible que el sujeto de conocimiento mantenga una absoluta neutralidad, ya que no es viable separar al sujeto del objeto[130]. "Toda teoría o elaboración jurídica de los fenómenos Estado y Derecho tiene que contener, indefectiblemente, una valoración política, ante todo, porque cada teoría o elaboración jurídica de aquellos fenómenos debe referirse efectivamente a la unidad decisoria territorial.

123 Cfr., De los Ríos, F., "Prólogo del traductor", *op.cit.*, pp. 24-25.

124 Cfr., Ruipérez Alamillo, J., "La Constitución y su estudio...", *op.cit.*, p. 744.

125 Cfr., De Vega García, P., "La Democracia como proceso. Algunas reflexiones desde el presente del republicanismo de Maquiavelo", Eds: A. Guerra y J.F. Y otros. *Alternativas para el siglo XXI. I Encuentro en Salamanca*, Sistema, Madrid, 2003, p.462.

126 *Ibidem*, p. 466.

127 Cfr., Heller, H., *Teoría del Estado, op.cit.,* p. 74.

128 Cfr., Cicerón, M. T., *Sobre la República*, *op.cit.*, p. 69.

129 Cfr., Heller, H., *Teoría del Estado, op.cit.,* p. 120.

130 Cfr., *Ibidem*, p. 71.

Todo intento para disolver esta relación conduce a un espejismo y desemboca en una Teoría del Estado y del Derecho sin Estado y sin Derecho[131]", en palabras de Heller. El sujeto, como parte de la lucha, abordará siempre el estudio desde sus concepciones ideológicas acerca del Estado concreto. Por ello, analizaremos el Estado social desde sus orígenes y examinaremos todas las posturas políticas y tendencias actuales en relación al mismo para poder vaticinar el posible transcurrir de los acontecimientos, al menos desde el punto de vista jurídico y político.

La Historia de cada país depende de los que están en el poder, por lo que para analizar las decisiones políticas futuras no sólo habría que tener en cuenta las fuerzas políticas en juego y sus equilibrios, así como sus posibilidades racionales de elección, sino que también sería necesario contar con los componentes irracionales de las personas que ejercen la política a la hora de tomar una decisión, como la ira o el resentimiento. Debe explicarse combinando la teoría de las fuerzas sociales abstractas, que se convertían en hechos tangibles con los actores individuales, con la teoría psicológica, que la explica a través del temperamento de las grandes personalidades. Por ello, Bell defiende que en política hay que saber quiénes componen un grupo dirigente, cómo llega ese grupo a una decisión y cómo se acogen y juzgan las peticiones de los grupos subordinados, aunque no pueden extraerse hipótesis serias acerca de los cambios políticos que puede sufrir un país en función de quien ascienda o descienda en el poder[132]. Un claro ejemplo de ello nos lo cuenta Bell en una anécdota de 1920 que tiene lugar entre dos comunistas que discutían acerca del futuro de la política soviética: "«La situación objetiva –decía uno– exige que Trotsky haga esto y aquello y de esta manera». "«Mira –le contestó el otro– tú sabes lo que debe hacer Trotsky y yo sé lo que debe hacer Trotsky, pero ¿y lo sabe Trotsky[133]?»". Por tanto, aunque la sociología sirve para explicar los cambios sociales, no lo es para hacerlo con las decisiones políticas[134].

Pero el jurista no debe utilizar el conocimiento como un instrumento de dominación política, a diferencia del político práctico, que lo usa para el logro de un fin, sino que dicha investigación supondrá para él una significación intelectual que le permita conservar su autonomía política a pesar de las cambiantes situaciones de poder. Y como tampoco es posible que el investigador pueda separarse de su tiempo y lugar, es necesario acotar la investigación a un terreno concreto[135], ya que, como afirma Heller, "Dado que no consideramos posible una olímpica emancipación de nuestro conocer científico respeto a la realidad histórico-social, tenemos que establecer, por motivos tanto teórico como prácticos, una expresa

131 HELLER, H., *La soberanía..., op.cit.*, cit., p. 309.

132 Cfr., BELL, D., *El fin de las ideologías... op.cit.*, pp. 371-382.

133 *Ibidem*, cit., p. 386.

134 Cfr., *Ibidem*, p. 385.

135 Cfr., HELLER, H., *Teoría del Estado, op.cit.,* p. 43 y 69.

limitación espacial y temporal de nuestro estudio[136]". Y por esta misma razón, Jellinek también decidió centrar su obra en el Estado occidental, ya que no tenía conocimiento suficiente de los demás Estados del mundo[137]. Por ello, este estudio, aunque parte de unos presupuestos generales del Estado social, se centrará en el Estado español, ante la necesidad de ser más rigurosos en nuestros planteamientos. Así, al igual que el Oráculo de Delfos dijo a Sócrates que para conocer al Hombre es necesario conocerse a uno mismo[138], será preciso conocer al Estado social en general para conocer en su plenitud al Estado social español.

Por tanto, el Derecho constitucional debe ofrecer una comprensión global del conjunto del sistema constitucional, lo que sólo puede lograrse explicando, en términos jurídicos, las relaciones reales de poder existentes en una determinada Comunidad Política y en un concreto momento histórico, tratando de averiguar en lo devenido lo que está por devenir, con la finalidad de conocer su evolución e influir en el desarrollo de la realidad jurídica y política[139], por lo que "nunca haremos Teoría del Estado por amor a la teoría. No puede haber en nuestra ciencia cuestiones fecundas ni respuestas sustanciales si la investigación no tiene un último propósito de carácter práctico[140]" en palabras de Heller. Por ello, la ciencia jurídica constitucional es una materia estrechamente relacionada con la política, ya que el Derecho constitucional es Derecho político, un Derecho sobre la política, que tiene por objeto procedimientos de la formación de la voluntad política, de las fuerzas políticas y de sus objetivos[141]. Ahora bien, en Derecho constitucional, la práctica es inútil si no se conoce la Teoría[142], ya que sólo con la Teoría del Estado se podrán responder las cuestiones constitucionales que se plantean en la práctica[143], pues como sostiene Heller "La teoría del Estado es ciencia de la realidad[144]". Y es que las soluciones técnicas o basadas en experiencias históricas, para Pérez Serrano, que buscan explicar la idea pura del Derecho, se vuelven perecederas con el tiempo[145], ya que, según Althusio, "El entendimiento político pleno lo constituye la doctrina y la práctica[146]".

---

136 *Ibidem*, cit., p. 43.

137 Cfr., Jellinek, G., *Teoría General del Estado*, *op.cit.*, p. 70.

138 Cfr., Cicerón, M.T., *Las Leyes*, *op.cit.*, p. 107.

139 Cfr., Ruipérez Alamillo, J., "El derecho constitucional a la vivienda ...", *op.cit.*, pp. 128-129.

140 Heller, H., *Teoría del Estado, op.cit.*, cit., p. 42.

141 Cfr., Schneider, H. P., "La Constitución: función y estructura", *Constitución y Democracia*, Centro de Estudios Constitucionales, Madrid, 1991, p. 43.

142 Cfr., Ruipérez Alamillo, J., "La Constitución y su estudio...", *op.cit.*, p. 690 y *La necesidad de constitucionalizar como "fundamentales" algunos derechos atinentes a la dignidad de la persona: el derecho a una vivienda digna*, Editorial Andavira, 2017, pp. 40-49.

143 Cfr., López Pina, A., "Epílogo: Hermann Heller y España", *op.cit.*, p. 382.

144 Heller, H., *Teoría del Estado, op.cit.*, cit., p. 76.

145 Cfr., Pérez Serrano, N., "Prólogo al libro de Adolfo González posada...", *op.cit.*, p. 214.

146 Althusius, J., *La política metódicamente concebida e ilustrada con ejemplos sagrados y profanos*, Centro de Estudios Constitucionales, Madrid, 1990, cit., p. 274.

Así, para Ruipérez, el constitucionalista debe alejarse del positivismo e intentar mejorar la situación política, económica y social, como ya vimos que defendía Jellinek o Heller[147]. Debe intentar solucionar los problemas reales de la vida del Estado antes de que sea demasiado tarde[148]. Sin embargo, éste no puede poner en cuestión el principio de legitimidad sobre el que se edifica el ordenamiento constitucional que estudia[149], ya que "los juristas se encuentran vinculados a un Derecho constituido, y en ese sentido es absurdo que en ocasiones se les dirija el reproche de conservadores, ya que tienen que atenerse a un Derecho creado, como tal, histórico, y, por tanto, inadecuado acaso[150]", en palabras de Pérez Serrano. No puede hacer la revolución, sino limitarse a denunciar el incumplimiento no sólo de la Constitución sino de cualquiera de los principios del constitucionalismo. Ningún profesor universitario puede posicionarse sobre la conveniencia de cambiar la Constitución en un sentido que vaya más allá de la técnica jurídica ni cuestionar el principio de legitimidad, sino que debe limitarse a denunciar la existencia de realidades inconstitucionales, por lo que lo que no puede hacer es la revolución[151]. Los estudiosos del Derecho, la política y el Estado, han de mantenerse siempre dentro de la crítica inmanente y nunca poner en cuestión el principio de legitimidad sobre el que descansa el sistema constitucional[152]. De esta forma, ante la imposibilidad de estudiar, como ya se ha demostrado, una manifestación estatal concreta sin acudir a sus principios legitimadores, partiremos de los mismos para estudiar el Estado social y analizar cómo se llevaría a cabo su aplicación en las mencionadas crisis económicas y sanitarias.

Los constitucionalistas no podemos ocultar los problemas de la vida constitucional, haciendo de ellos un misterio, sino que, ante la realidad, debemos debe ser críticos[153]. Así, "el jurista de Derecho público no puede vivir aislado del material político que le rodea, y con el cual ha de contar para sus estudios, so pena de volver las espaldas a la realidad y moverse en la región serena, aunque ineficaz, de las puras nebulosas conceptuales, o más bien, fantasmagóricas[154]", como sostiene Pérez Serrano. La materia con la que debe trabajar el constitucionalista es la realidad jurídica y política del Estado en el que desempeña su oficio, debiendo denunciar la realidad inconstitucional[155] y, en opinión de Höffe, protestar contra las

---

147 Cfr., Ruipérez Alamillo, J., "El derecho constitucional a la vivienda ...", *op.cit.*, p. 78.

148 Cfr., Ruipérez Alamillo, J., "La Constitución y su estudio...", *op.cit.*, p. 910.

149 Cfr., Ruipérez Alamillo, J., "La nueva reivindicación de la secesión de Cataluña...", *op.cit.*, p. 99.

150 Pérez Serrano, N., "Función presidencial y poder moderador", *Escritos de Derecho Político I*, Instituto de estudios de Administración Local, Madrid, 1984, cit., p. 148.

151 Cfr., Ruipérez Alamillo, J., "La Constitución y su estudio...", *op.cit.*, p. 759 y *Reforma vs. Revolución. op.cit*, p. 184.

152 Cfr., Ruipérez Alamillo, J., "El derecho constitucional a la vivienda ...", *op.cit.*, p. 70.

153 Cfr., De Vega García, P., "En torno al concepto político de Constitución", *op.cit.* p. 719.

154 Pérez Serrano, N., "Prólogo al libro de Adolfo González posada...", *op.cit.*, cit., p. 212.

155 Cfr., Ruipérez Alamillo, J., "La nueva reivindicación de la secesión de Cataluña...", *op.cit.*, pp. 92 y 95.

desigualdades[156]. Pero la ciencia del Derecho no ha establecido técnicas de garantía de los derechos sociales tan eficaces como los recogidos para los derechos de libertad, por lo que, para resolver los posibles incumplimientos de cualquiera de las normas constitucionales, la ciencia del Derecho confiere al jurista un papel crítico y proyectivo, tanto mediante la propuesta de correcciones como a través de la elaboración, desde fuera, de nuevas formas de garantía aptas para reforzar los mecanismos de autocorrección[157], pues, como sostiene Tony Judt, si pensamos que algo está mal, hay que cambiarlo, transformarlo[158]. Por ello, el Derecho constitucional tiene también, aunque no sólo, carácter propagandístico, pues debe ganarse el apoyo de los ciudadanos a través de su validez[159].

Así, Ferrajoli defiende que la Democracia no se reduce a un plano formal, sino que, en la teoría política, también abarca un plano sustancial. De igual forma, en la teoría del Derecho, ambos planos implican la distinción entre validez y vigencia en relación a las formas y contenidos. Y en cuanto a la ciencia jurídica, conlleva no reducir su función a una mera descripción de los hechos, sino que ésta debe ser crítica y proyectiva, en relación con un objeto. Por tanto, el constitucionalista no sólo debe a limitarse a constatar que todo acto legislativo o de reforma respeta la Constitución, sino también debe observar que se respeten los principios del constitucionalismo, incluso en la adecuación de un proceso constituyente. Es decir, un constitucionalista no ha de velar tanto por la Constitución, sino por el respeto de aquellos principios y valores sobre los que la misma se sustenta. "Triste sería el oficio del constitucionalista si el entusiasmo en los comienzos de un régimen democrático se transforma luego en silencios culposos de sus problemas, para terminar –como en ocasiones ha ocurrido– constatando con exaltación su final[160]", en palabras de De Vega.

Por tanto, el deber inexcusable del constitucionalista es, como ya mencionamos anteriormente, velar por el mantenimiento de la Libertad de los ciudadanos y ciudadanas de un Estado, no sólo corroborando que se han cumplido las formas y los procedimientos establecidos en la Constitución para la elaboración legislativa, sino manteniendo una crítica desvelada contra toda aquella realidad social, económica o política que trasforme a las instituciones reconocidas en la misma en una ficción, actuando como aquel vigilante incansable que toma como criterio referencial para examinar la constitucionalidad de la realidad política no sólo la Norma Fundamental, sino también los principios del constitucionalismo. Así, como defiende De la Boëtie[161], "son los que teniendo su cabeza bien hecha y habiéndola pulido por el estudio y el saber, aun cuando la libertad estuviera entera-

156 Cfr., Höffe, O., *Ciudadano económico, ciudadano del Estado, ciudadano del mundo...op.cit.*, p. 221.

157 Cfr., Ferrajoli, L., "El Derecho como sistema de garantías", *Derechos y garantías de la Ley del más débil*, Prólogo de Perfecto Andrés Ibáñez, Editorial Trotta, Quinta edición, 2006, pp. 29-30.

158 Cfr., Judt, T., *Algo va mal*, Santillana Ediciones Generales, 2010, pp. 209-210.

159 Cfr., Schneider, H. P., "La Constitución: función y estructura", *op.cit.*, p. 48.

160 De Vega García, P., "En torno al concepto político de Constitución", *op.cit.* cit., p. 719.

161 Cfr., De la Boëtie, E., *Discurso de la servidumbre voluntaria o el contra Uno (1576)*, Estudio preliminar, traducción y notas de Hernández Rubio, J. M., 3ª Ed., 2007, pp. 20-55.

mente perdida y totalmente fuera del mundo, ellos, imaginándola y sintiéndola en su espíritu y saboreándola aún, consideran que la servidumbre no es nunca digna de su aprecio, por bien que se la adorne".

Por ello, lejos de plegarnos a los designios de la realidad globalizadora que pregona la muerte del Estado social y su inoperancia, nos centraremos, precisamente, en la necesidad de hacerlo efectivo, no por considerar que éste sea la mejor o la peor forma de Estado, o que a través del mismo se puede alcanzar mejor o peor la Libertad y la Igualdad de los ciudadanos, y mucho menos por ser la convicción, que lo es, de quienes a ustedes se dirige, sino por la sencilla razón de que así lo ha querido el Pueblo español a través de su Poder Constituyente. Y el deber del constitucionalista, al igual que el de todo gobernante, es someterse a la Constitución, el segundo para cumplirla y el primero para velar por su cumplimiento. Por ello, la clase política española no sólo debe requerir la opinión y participación de los profesionales académicos españoles en las decisiones políticas, sino también, ejerciendo la virtud política, seguir sus consejos[162]. Sin embargo, actualmente interesan más soluciones puntuales a problemas concretos que, además, satisfagan los intereses coyunturales de las fuerzas políticas mayoritarias, sin importar si las mismas violan o contradicen contenidos constitucionales[163]. "Y puesto que nos sentimos atraídos a incrementar el patrimonio de la humanidad y deseamos hacer más segura y robusta la vida de los hombres, y ya que la naturaleza misma nos impulsa a esta satisfacción, mantengamos este camino que siguieron siempre los Hombres mejores, y no prestemos oídos a quienes dan señal de retirada con la intención de hacer retroceder a los que ya van delante[164]", en palabras de Cicerón.

De este modo, quisiera agradecer a todos aquellos lectores que van a dedicar parte de su tiempo a llevar a cabo la lectura de dicha obra, si llegados a este punto finalmente así lo deciden y, como dice Juan de Salisbiry, "A todos los que de palabra o de obra me salen al encuentro en la disputa los considero mis clientes y, lo que es más importante, los reclamo para que me sirvan, de modo que con sus enseñanzas se pongan ellos mismos en mi lugar contra las lenguas de mis detractores. También los alabo como maestros[165]". De este modo, desde la conciencia de la imperfección de cualquier obra humana, es preciso reconocer, desde un inicio, que la misma no se presenta como perfecta y acabada, sino que toda investigación jurídica aspira a su mejora a lo largo del tiempo pues, como defiende Laski, "En la rivalidad de la plaza del mercado, los sistemas son corregidos por los hechos, y ello hace posible su aplicación práctica[166]".

---

162 Cfr., RUIPÉREZ ALAMILLO, J., "El derecho constitucional a la vivienda ...", *op.cit.*, p. 183.

163 Cfr., RUIPÉREZ ALAMILLO, J., *La Constitución del Estado de las Autonomías...op.cit.*, p. 119.

164 CICERÓN, M. T., *Sobre la República*, *op.cit.*, cit., p. 6.

165 DE SALISBURY, J., *Policraticus o de las frivolidades de los cortesanos y de los vestigios de los filósofos, Libros I-IV*, Servicio de publicaciones e Intercambio científico, Universidad de Málaga, Málaga, 2008, cit., p. 40.

166 LASKI H.J, "La *vindiciae* en su contexto histórico" op.cit., cit., p. 216.

Tampoco defendemos que nuestro método sea el más correcto ni nuestros planteamientos sean perfectos ya que, como sostiene Guillén, "si una escuela tuviera el acierto de presentarse como la más perfecta en todas sus partes, no harían falta otras escuelas; así, en política, si unos principios fueran de resultados indefectibles para conseguir la paz, el bien común, la prosperidad y el bienestar general de todos los ciudadanos, no habría que pensar en otras fórmulas. Pero no hay escuelas filosóficas perfectas, ni instituciones políticas infalibles[167]". Además, en las Ciencias Sociales no es posible dar por solucionada una cuestión ya que éstas cambian con la mutabilidad de las ideas y las aspiraciones de los Hombres[168]. Por ello, expongo aquí el resultado de una humilde evolución intelectual que se ha ido configurando desde que comencé mi vida académica hasta día de hoy. Ruego al lector que tenga en buena estima este trabajo, entendiendo el mismo como aquella pequeña aportación que, al igual que mis antecesores y en un grado muchísimo menor, contribuyese a hacer real y efectiva la Libertad y la Igualdad de los hombres y mujeres que residen no sólo en España, sino en el mundo entero.

167 Guillén, J., "Estudio preliminar", en Cicerón, M. T., *Sobre la República*, Editorial Tecnos, 1992, cit., p. 13.

168 Cfr., Heller, H., *Teoría del Estado, op.cit.,* p. 45.

2. CONCEPTO DEL ESTADO SOCIAL

2.1. Breve historia de la constitucionalización del Estado social español

Las ideas de Libertad e Igualdad son las bases ético-políticas de la comunidad política occidental en las que descansa la legitimidad del poder político. Y la lucha que dominó entre el siglo XIX y las tres primeras décadas del XX fue entre el principio de Libertad y el principio de Igualdad[169]. Así, al igual que el cristianismo se desencadenó por un judío, Jesús de Nazaret, como un movimiento religioso de los desposeídos, hace dos mil años, y que golpeó la hegemonía mundial grecorromana, el marxismo, como una religión terrenal de los desposeídos, desencadenada también por otro judío, Karl Marx, hace menos de dos siglos, amenazó el poder político, organizado en el moderno sistema estatal capitalista[170]. Por ello, será necesario comprobar como casan dichas ideas con los fundamentos del Estado social pues, en palabras de Forsthoff, "Los intentos de conferir al Estado de Derecho contenidos sociales, es decir, de otorgar un soporte constitucional a la *fraternité*, al lado de la *liberté* y *egalité*, llegan hasta los orígenes mismos del Estado de Derecho[171]". Y es que para que todos sean libres en Democracia y no estén unos sometidos a otros, debe existir Igualdad, no sólo formal, sino también material. Y no es óbice esgrimir como argumento que la igualdad material no ha tenido lugar todavía, ya que lo que caracteriza al orden social es su adaptabilidad al mundo de los humanos, por lo que el uso del mismo supone una falacia (argumento ad antiquitatem), ya que el mismo fue usado hace, desgraciadamente, poco tiempo, para defender el mantenimiento de la esclavitud, consistiendo su defensa en que su existencia se remontaba al origen de los tiempos. Pero al igual que es posible tanto una sociedad esclavista como una sociedad sin esclavitud, es posible tanto una sociedad socialmente desigual como igualitaria.

---

169 Cfr., VILLAR BORDA, L., "Estado de Derecho y Estado social de Derecho", *op.cit.*, p. 85.

170 Cfr., KELSEN, H., "Teoría política del socialismo", *Escritos sobre la democracia y el socialismo*, Editorial Debate, Madrid, 1988, pp. 63-64.

171 FORSTHOFF, E., "Concepto y esencia del Estado social de Derecho", en ABENDROTH, W., FORSTHOFF, E. y DOEHRING, *El Estado social,* Centro de Estudios Constitucionales, Madrid, 1986, cit., p. 74.

Podríamos remontarnos a la Antigüedad clásica, donde comenzó a defenderse un gobierno aristocrático de base democrática basada en una fuerte homogeneidad social de una clase media, hasta pasar a la extensión cristiana de la dignidad humana a todo ser humano, o incluso la defensa monarcómana de la separación de poderes y el poder popular. Podríamos incluso volver a retomar la defensa liberal de la Razón como justificación de la representación burguesa de sus intereses, de la propiedad privada y la abstención del Estado. Pero creemos conveniente empezar nuestra Historia en un punto del Estado social no siempre tan tratado: La Revolución francesa de 1848.

Así, tras el triunfo de esta Revolución en Francia, el gobierno se presentó como provisional, hasta que se convocó la Asamblea Constituyente. Como apenas existió resistencia a la monarquía, la república pareció una evidencia por sí misma. Y como la revolución arrancó con el proletariado en armas, se proclamó que era una República social. Pero, aunque aparentaba existir un consenso generalizado entre las diversas tendencias políticas, en realidad existían fuertes discrepancias. La Constitución de 1848 se proclamaba como la Constitución más revolucionaria hasta la fecha, como es habitual, pero los derechos y libertades quedaban reducidos a leyes orgánicas que los dejaban sin aplicación, lo que suponía, en la práctica, volver a la Carta Constitucional de 1830, que no dejaba de ser una carta otorgada. De esta forma, se proclamaba la libertad al mismo tiempo que se la asesinaba.

Los monárquicos se oponían a los republicanos y éstos, al mismo tiempo, rechazaban a los socialistas; y el campo, como no, se oponía a París. Así, finalmente, se buscó reducir la revolución al rasero burgués, lo que supuso pasar del dominio de una parte de la burguesía, la más alta, la aristocracia, que compartía el poder con el Rey Luis Felipe, al dominio de toda la burguesía, con la república, que dominará en nombre del Pueblo. De este modo, los republicanos formales establecieron una dictadura burguesa en Francia. Con ello se buscaba poner fin a las reivindicaciones sociales del proletariado de París, lo que implicó una lucha de éstos contra los campesinos, la burguesía, los obreros al servicio de la guardia, el clero y los nobles. Por ello, tras una revuelta obrera, los trabajadores terminaron siendo reducidos finalmente por la fuerza entre el 23 y el 26 de junio de 1848, resultando condenados a muerte 3000 insurrectos y deportando a 15000. Ello llevó a las asociaciones obreras, en ese momento, a renunciar a trasformar el viejo mundo. Y todos los partidos políticos se unieron contra el socialismo[172].

Esta derrota supuso que en Europa ya no se discutiese entre monarquía o república sino entre socialismo y capitalismo, y puso de manifiesto que una república burguesa equivalía a un despotismo ilimitado de una monarquía absoluta. Pero también supuso la división de la burguesía en la Asamblea nacional Constituyente. De este modo, los republicanos formales, aquellos que sólo querían pasar de una dominación burguesa monárquica a una dominación burguesa republicana, llegaron al poder no apoyados por el Pueblo frente a la monarquía, lo que constituía su anhelo romántico, sino luchando contra el mismo Pueblo, sofocando una insurrección popular.

172 Cfr., Marx K., *El 18 brumario de Luis Bonaparte, op.cit.*, pp. 19- 23.

Y es en este momento cuando se crea el partido del orden, formado por dos corrientes monárquicas: los legitimistas, cuyo apoyo social eran los terratenientes, y los orleanistas, constituido por industriales. Éstos van a desplazar a los republicanos formales convenciendo a la población de disolver la Asamblea Constituyente. Y para ello estigmatizaron el poder parlamentario, con la finalidad de desplazarlo y ser ellos quienes diesen contenidos a las leyes orgánicas, buscando evitar, con ello, excesos de libertad[173]. De este modo, al entender los liberales los derechos fundamentales como algo anterior, superior y ajeno al poder del Estado, que no se incorporaba a las Constituciones sino que se mantenían paralelas a las mismas, lejos de garantizar su cumplimiento, provocó que los mismos no gozasen de verdadera fuerza normativa, disolviéndose en la retórica y en las buenas intenciones, ya que se hacía depender la eficacia de las declaraciones de derechos de la voluntad de los poderes constituidos, frente a los cuales se crearon, precisamente, los derechos fundamentales, lo cual supone una contradicción[174]. De esta forma, si en 1848 la pequeña burguesía, en calidad de Guardia Nacional, dispersó al proletariado, el 13 de junio de 1849 la pequeña burguesía desapareció de la Guardia Nacional, y Bonaparte, figura que surge en este momento, muy relevante, como veremos y sabemos, visto por la burguesía como un puente hacia sus intereses y por el proletariado como un azote a la burguesía, lo que le llevará al Ejecutivo. se limitó a disolverla. Y desde este momento, todo pensamiento progresista se relacionó con el socialismo. Así, la burguesía aceptó perder su poder político, representado en la Asamblea Nacional, para mantener su poder económico.

La Montaña, el partido socialdemócrata francés, se va a contentar con resistir los golpes a la espera de victorias futuras, contando con un tercio de la Asamblea, frente a la mayoría realista. Se presentó como el defensor de la República y de los derechos humanos, frente a la reacción absolutista y nació derivada de la coalición entre burgueses y obreros: cuando los pequeños burgueses vieron en peligro sus intereses por la contrarrevolución, comenzó su acercamiento a los obreros, lo que le hizo ganar la popularidad perdida tras la dictadura de los republicanos formales. Así, las reivindicaciones sociales redujeron su carácter revolucionario y se hicieron más democráticas, y las reivindicaciones burguesas dejaron de ser solo políticas y pasaron al ámbito social[175].

De este modo, "el carácter peculiar de la socialdemocracia consiste en exigir instituciones democráticas republicanas, no para abolir a la par los dos extremos, capital y trabajo asalariado, sino para atenuar su antítesis y convertirla en armonía. Por mucho que difieran las medidas propuestas para alcanzar este fin, por mucho que se adorne con concepciones más o menos revolucionarias, el conte-

---

173 Cfr., *Ibidem*, pp. 24-38.

174 Cfr., Ruipérez Alamillo, J., *Libertad civil e ideología democrática*, Universidad Nacional Autónoma de México, México, 2008, pp. 87-91.

175 Cfr., Marx K., *El 18 brumario de Luis Bonaparte, op.cit.*, pp. 39-45.

nido es siempre el mismo[176]", decía Marx. Pero la Montaña cometió el error de caer en la provocación emitida desde el partido del orden: el Bombardeo a Roma, calificado por la Montaña como ilegal, por ser contrario a la Constitución. Ello los llevó a proclamar la resistencia del Pueblo en armas contra la opresión, pero no tuvo el apoyo esperado, y ello llevó a los socialdemócratas al exilio. Sin embargo, en las elecciones parciales de 1850, llevadas a cabo para elegir a los diputados socialdemócratas expulsados, como venganza, se volvió a elegir a diputados socialdemócratas. Pero estos se replegaron a aceptar como revolucionarias las medidas contrarrevolucionarias del partido del orden, como la eliminación del sufragio universal, que era la forma de imposición burguesa tradicional para vencer en la lucha de clases[177] y que, finalmente, fue aceptado también por la socialdemocracia.

Bonaparte, habiendo logrado tener en sus manos el Poder Ejecutivo, intentó ganar popularidad a base de proponer a la Asamblea nacional medidas populistas a sabiendas de que ésta la rechazaría, con la intención de fomentar el descontento de la población contra el Parlamento. Exigió que le subieran el sueldo de 600000 francos a 1200000, y lo logró. Con él, invitó a los oficiales del ejército a champán y a salchichón, como parodia Marx, para lograr su apoyo, que finalmente logró, dividiendo al Ejército entre los que lo apoyaban y los que no. Además, fundó una sociedad secreta, que organizaba a lo que Marx llama lumpenproletariado[178], bajo el pretexto de crear una sociedad de beneficencia, en 1849, conocida como Sociedad del 10 de diciembre, siendo sus miembros conocidos como los *decembristas*. Dicha sociedad se constituyó como una fuerza de combate que gritaba "Viva el emperador" por la calle y apaleaba a los republicanos, bajo la protección de la policía. Así, Bonaparte se limitó a enunciar las mismas proclamas que el partido del orden había realizado contra el Parlamento y sus miembros cuando éstos eran republicanos formales, sólo que ahora lo ocupaban los miembros del partido del orden, los cuales fueron objetos de las críticas que ellos mismos crearon.

Ante su influencia y el peso de sus propias proclamas contra ellos, tuvieron que resignarse y aceptar la pérdida de poder del Parlamento. Sin embargo, Bonaparte no podía volver a ser reelegido Presidente de la República, por lo que buscó dar el golpe de Estado el 10 de octubre de 1851, lo cual fue apoyado por la burguesía, que defendía a Bonaparte al considerar que las luchas políticas estaban afectando a la economía del país, pero lo cierto es que en dicho momento se producía una crisis económica mundial que poca relación tenían con la situación política de

176 *Ibidem,* cit., p. 45.

177 Cfr., *Ibidem,* p. 45-64.

178 Pese a la consideración elitista que suele atribuirse al lumpenproletariado, formado por las clases más bajas de la sociedad (prostitutas, ladrones, traficantes, jugadores...) es importante tener en consideración que se trata de una lucha de clase desorganizada. Son individuos que aceptan el sistema social en el que nacieron, pero no la condición que se les asignó, por lo que van a incumplir la Ley como medio para lograr sus fines, es decir, el ascenso social, lo que facilita que sean idóneos como base para un gobernante autoritario.

Francia[179]. Y será Bonaparte, como Jefe del Ejecutivo, quien disolverá la Asamblea, formada por los realistas, con el apoyo del ejército. Así, su poder se basó en mantener el equilibrio de todas las clases sociales mediante su atracción y humillación, poniéndolas por igual en su contra, pero manteniéndolas contentas y tranquilas. Además, se dio a los *decembristas* puestos en la Administración, la cual funcionaba a través de sobornos y corrupción, dando lugar a su extensión a todas las instituciones del Estado[180]. Así, el 29 de enero de 1849 Bonaparte hizo desfilar al ejército por las Tullerías para demostrar su poder militar. De esta forma, mientras que en la Revolución Francesa de 1789 un grupo revolucionario desplazó a otro más contrarrevolucionario, en su homónima de 1848 es la contrarrevolución quien desplaza a la revolución. Y, de algún modo, Bonaparte ponía la primera piedra, sin saberlo, en la táctica fascista.

Por tanto, las conquistas sociales logradas en 1848 tuvieron una escasa duración, pues, como afirma Pérez Serrano "a todo movimiento de signo avanzado sucede una etapa de reacción en sentido contrario[181]". La Revolución de 1848 surgió como reacción a la ausencia de un verdadero constitucionalismo y de unos derechos y libertades realmente eficaces. Y aunque estas demandas sociales fueron temporalmente breves, espiritualmente habían enraizado ya en la conciencia política europea. Así, a pesar de esta etapa de reacción, el movimiento revolucionario de 1848 dejó enterradas unas ideas y recuerdos que volverán a surgir en el futuro. Además, ancló el sistema constitucional en algunos Estados europeos, modeló la forma política de otros y aumentó el sufragio, lo que facilitará que, más adelante, se vuelvan a reivindicar los derechos sociales anhelados por las masas obreras.

Así, será en este momento cuando se crea la Constitución suiza, que proporcionó al constitucionalismo europeo la votación popular, la iniciativa legislativa popular y la revocación de mandato, aunque de forma colectiva[182]. Su Constitución de 1848 fue producto de esa época de reivindicación de los derechos democráticos y los derechos territoriales frente a la centralización que estaba sufriendo el país helvético[183], incorporando derechos desconocidos hasta entonces en las constituciones europeas. También surgirá la Comuna de París de 1871, que fue creada mediante sufragio universal, siendo los funcionarios electivos, responsables e igualmente revocables que en las democracias capitalistas[184]. De esta forma, paulatinamente en Europa, van reapareciendo Estados de régimen

179 Cfr., Marx K., *El 18 brumario de Luis Bonaparte, op.cit.*, pp. 65-102.

180 Cfr., *Ibidem*, pp. 103-135.

181 Pérez Serrano, N., "La crisis política de 1848: aspecto político", *Escritos de Derecho Político I*, Instituto de estudios de Administración Local, Madrid, 1984, cit., pp. 411-412.

182 Cfr., Pérez Serrano, N., "El constitucionalismo europeo", *Escritos de Derecho Político I*, Instituto de estudios de Administración Local, Madrid, 1984, p. 379.

183 Cfr., Pérez Serrano, N., "La crisis política de 1848: Aspecto político", *op.cit.*, p. 406.

184 Cfr., Kelsen, H., "La teoría política del Bolchevismo...", *op.cit.*, p. 186.

liberal, y aunque predominando las monarquías, irá desapareciendo definitivamente toda estructura social y política absolutista. También será en esta época, en Alemania, con Bismarck, cuando surgió el intervencionismo estatal en beneficio de los productores, regulando la producción y estableciendo una legislación laboral. Pero ésta no surgió como un fin del Estado sino como una concesión graciosa del Kaiser, con la finalidad de contentar las demandas de los sectores políticos progresistas y a las masas obreras y evitar su revolución, aunque ello supuso un precedente de intervencionismo estatal[185].

Por su parte, en México, durante la dictadura de Porfirio Díaz, los derechos estaban reconocidos en la Carta, pero carecían de eficacia[186]. Además, aunque no se prohibieron las asociaciones profesionales, no ocurrió lo mismo con las huelgas de trabajadores, que incluso eran penadas. No obstante, fue en esta época cuando se creó una ley que regulaba los accidentes de trabajo y enfermedades, pero solo de obreros industriales[187]. Por lo que se refiere a España, los socialistas estuvieron en contra de los republicanos hasta 1918 ya que, según ellos, perseguían a los obreros y obligaban a los trabajadores a ir a las guerras imperialistas por causas ajenas a sus intereses. Pero debido al sistema canovista de falseamiento electoral, la presencia socialista en el Parlamento era escasa[188], por lo que se aliaron con los republicanos para conseguir la representación de Pablo Iglesias, aunque consideraban que éstos defendían los intereses obreros sólo para ganar votos, pero no creían en ellos.

La primera Ley laboral española fue aquella que prohibía el trabajo de los menores de 10 años (1873), seguida de aquella otra que prohibía a los niños menores de 15 años los trabajos insalubres y peligrosos (1878), como son los de torero, domador de fieras, buzo, etc. Pero fue con Sagasta, en 1881, cuando se legalizaron los partidos y asociaciones obreras, así como la despenalización de la huelga. Posteriormente, en 1900, se creó un reglamento que prohibía trabajar a los menores de 10 años y reglamentaba la jornada de mujeres y niños, seguido de la ley de Descanso Dominical y la conocida vulgarmente como la "Ley de la silla", que se promulgó en 1912, por cierto, no derogada, y que obligaba al empresario a facilitar en todos los establecimientos no fabriles un asiento individual a las trabajadoras. Además, se permitía, a través de las Juntas de Reforma Social, supervisar a los trabajadores para que las empresas cumplieran con las condiciones de trabajo impuestas, pudiendo imponerse sanciones en caso de incumplimiento, aunque su eficacia era bastante precaria[189].

---

185 Cfr., BURGOA, I., "Las garantías sociales", *Las garantías individuales* (1944), Editorial Porrúa, México, 2002 (34 Ed), pp. 694 y 698.

186 Cfr., AYLLÓN GONZÁLEZ, M. E., *Manual de Derecho constitucional mexicano*, *op.cit.*, p. 107.

187 Cfr., BURGOA, I., "Las garantías sociales", *op.cit.,* p. 700.

188 Cfr., BREY, G., *Pablo Iglesias, los socialistas y el movimiento obrero en Galicia (1890-1910),* Palacio Municipal de exposiciones Kiosco Alfonso, Mazaira Grafismo S.*L., 2001., op.cit.*, p. 25.

189 Cfr., *Ibídem*, pp. 26 y 30-32.

En esta época tiene lugar la proletarización de toda la población, al reducirse la producción del trabajo artesanal y el debilitamiento de los vínculos comunitarios y familiares, lo que condujo a los trabajadores a buscar en el Estado los medios de subsistencia[190]. Y es que antes de la creación de la legislación laboral, la existencia del obrero y la de su familia se basaba en el contrato formalmente libre. Si no se cumplía, el obrero se veía sometido a la inanición o forzado a acudir a la beneficencia[191]. De este modo, la situación de los obreros alemanes, equivalente a la de cualquier obrero europeo, era precaria y miserable[192]. Por ello, el trabajador sólo podía oponerse al empresario a través de la acción común[193]. Además, durante el periodo de entreguerras comenzó a defenderse por la clase dirigente y por los partidos laboristas de izquierdas, la nacionalización de empresas, fruto del consenso socialdemócrata existente en el momento, produciéndose un periodo de descontento popular hacia el capital privado. De este modo, tanto conservadores como progresistas veían en la nacionalización el instrumento para lograr la estabilidad del orden social y económico, aunque tras la II Guerra Mundial, solo los partidos de izquierda van a defender la nacionalización[194]. Así, Heller destaca que, en su época, las reformas hacia el Estado socialista avanzaban con rapidez, con progresos como la negociación laboral colectiva, la legislación laboral y la nacionalización de ciertos medios de producción[195].

De esta forma, aun sometiendo a los ciudadanos a las mismas leyes, se sigue defendiendo la desigualdad social, ya no basada en honores por razón de nacimiento ni en la Ley Divina, sino en la divinización de la Razón. Los ciudadanos con mayor formación intelectual, que siempre coincidía con los que lograban conseguir o mantener mayor riqueza, por sí mismos o por herencia, debían ser quienes se encargasen de la política. Un buen ejemplo de ello, que permite apreciar la esencia de lo que se conoce como "Democracia de la Razón", será la afirmación del Diputado en Cortes el sr. Calderón Collantes, según el cual "la pobreza, señores, es signo de estupidez[196]". Ahora la desigualdad política ya no procede del nacimiento, como en época feudal, sino de los méritos de cada individuo.

Los individuos pueden ascender y descender en la escala social sin obstáculos jurídicos y políticos que se lo impidan, a diferencia de lo que sucedía en el Antiguo Régimen. Sin embargo, es más que cuestionable que los ciudadanos económicamente más desfavorecidos pudieran acceder a los medios educativos

190 Cfr., O´Connor, J., *La Crisis fiscal del Estado*, Ediciones península, 1994, p. 29.

191 Cfr., Heller, H., *Las ideas políticas contemporáneas, op.cit.*, p. 136.

192 Para conocer más acerca de la situación de los obreros en Alemania Vid., Heller, H., *Las ideas políticas contemporáneas, op.cit.*, pp. 136-137.

193 Cfr., *Ibidem*, p. 140.

194 Cfr., O´Connor, J., *La Crisis fiscal del Estado, op.cit.*, p. 230.

195 Cfr., Heller, H., *Las ideas políticas contemporáneas, op.cit.*, pp. 149-151.

196 Diario de Sesiones del Congreso de los Diputados de Los Estados Unidos Mexicanos del 25 de noviembre de 1844.

que permitiesen alcanzar el ascenso social. Se entendía que la riqueza era signo de inteligencia, pero no todas las personas inteligentes, por falta de medios, tenían acceso a formación intelectual. Por tanto, se va a defender una idea de Igualdad que sirva sólo a las pretensiones de ascenso social de la burguesía, pero bloqueando el ascenso social del proletariado. Se tendieron puentes de plata para el ascenso de los burgueses, pero puentes de espinos para el ascenso del proletariado. Así, mientras que fueron las revoluciones liberal-burguesas las que defendieron el principio democrático para llevar a cabo los levantamientos que encumbrase a los burgueses en el poder, fueron sus homónimas obreras las que lo pusieron en práctica.

Así, los liberales comenzaron a aplicar la doctrina de Montesquieu, al considerar como un elemento esencial de todas las Constituciones la división de poderes, necesaria para garantizar la libertad de los ciudadanos. La Libertad era entendida como la participación de los ciudadanos en la elaboración de las Leyes, pero sólo de aquellos con cierto grado de riqueza, reduciendo la Igualdad al ámbito formal. Por ello será, precisamente, con la consolidación del Estado liberal cuando se hicieron patentes sus contradicciones, que comenzarían con las rebeliones de la pequeña burguesía y del proletariado, al tiempo que se producía una ampliación del electorado a través del sufragio universal[197]. De esta forma, al no poder mantener ni en la teoría ni en la práctica el sufragio censitario, el principio democrático pasa de la teoría a la práctica[198]. La realidad política democrática conformó la idea de que no se puede concebir la idea de gobierno del Pueblo sin gobierno para el Pueblo, lo cual se acepta en la retórica política universal, actualmente, como indiscutible. Así, mientras que la Democracia liberal legitima la gobernación política por la mejor parte del Pueblo, es decir, la inteligencia y la propiedad, la Democracia social se justifica por la participación del Pueblo en su totalidad[199]. De este modo, los demócratas descendieron la idea de Libertad y Democracia de la metafísica de la Razón y la devolvieron al Pueblo, al entender que eliminar el sufragio universal da lugar a la esclavitud política y que un gobierno por y para el Pueblo no era, en sí, un peligro social[200]. Dicha ampliación se debió a razones fiscales, pues era preciso aumentar los ingresos presupuestarios del Estado, por lo que primero se gravó a la pequeña burguesía y luego ya al conjunto del proletariado[201], pero bajo la defensa del principio liberal de que "No hay tributación sin representación", se hizo necesario extender el sufragio. Siendo tan difícil sostener la representación abstracta de la Nación o del Pueblo realizada por los liberales a través del sufragio censitario, surge entonces el sufragio universal, que dará lugar a una deslocalización de

197 Cfr., De Vega García, P., "La Democracia como proceso. ...", *op.cit.*, p. 492 y Ruipérez Alamillo, J., *El constitucionalismo democrático ...op.cit*, pp. 152-154.

198 Cfr., De Vega García, P., "En torno al concepto político de Constitución", *op.cit.* p. 713.

199 Cfr., Heller, H., *Las ideas políticas contemporáneas, op.cit.*, p. 117.

200 Cfr., De Vega García, P., "La Democracia como proceso. ...", *op.cit.*, p. 485.

201 Cfr., Ruipérez Alamillo, J., *El constitucionalismo democrático ...op.cit*, p. 158.

la política, pues ya no serán los Parlamentos o los Gobiernos quienes tomen las decisiones, sino los comités ejecutivos de los partidos políticos. Nace así, con el sufragio universal, el Estado de partidos[202].

No cabe dudar, por tanto, que fue el ascenso de las fuerzas democráticas al poder lo que permitió el nacimiento del Estado social, ya que éstas buscaban una reforma fiscal progresiva y directa, la constitucionalización de los derechos sociales, la limitación de la propiedad privada para reducir las desigualdades y la intervención del Estado, para que, de esta forma, se entendiese la Democracia como Libertad e Igualdad[203]. Así, los demócratas defienden un concepto de propiedad privada entendida como un derecho fundamental pero limitado y limitable por el bien común. Comprenden que la Propiedad Privada sólo puede existir dentro del Estado, interpretando la Igualdad como la realización efectiva de los derechos a todos los ciudadanos y la Libertad como un control directo de los gobernados sobre los gobernantes[204]. Pues mientras que "La libertad liberal es el derecho de los ciudadanos de vivir a su libre albedrío, la libertad democrática supone la participación del ciudadano en el gobierno[205]", en expresión de Heller.

De este modo, se pasa de la libertad liberal, que es una libertad económica, cuya titularidad pertenece a la burguesía, a una libertad democrática, basada en la igualdad, cuyos titulares son todos los ciudadanos[206]. Así, en palabras de Heller, "En su función política, la democracia liberal supone la emancipación de la burguesía, y la democracia social, la emancipación del proletariado[207]". Pero Heller considera que el liberalismo puro se ha quedado atrasado[208]: "Las revoluciones políticas de la burguesía suprimen sólo los privilegios de clase; la revolución social proletaria suprime toda dominación de clases[209]". Así, el constitucionalismo social y democrático de entreguerras logró establecer el sufragio universal, y al estar todas las clases sociales representadas en el Parlamento, la Ley se convertía en el fruto de la discusión y del debate de los diferentes intereses sociales, volviendo a resurgir el constitucionalismo, tras la II Guerra Mundial, con más fuerza que la arrebatada por el fascismo.

Por tanto, se pasó de una primacía del Derecho civil sobre el Derecho público a la invasión del Derecho público en el Derecho civil, a través de ideas asistenciales

---

202 Cfr., De Vega García, P., "En torno a la crisis de las ideas de representación...", *op.cit.*, pp. 23-25.

203 Cfr., Ruipérez Alamillo, J., "La Constitución y su estudio...", *op.cit.*, pp. 858-859.

204 Cfr., Pérez Serrano, N., "El principio de separación de poderes: antecedentes del problema", *Escritos de Derecho Político II*, Instituto de estudios de Administración Local, Madrid, 1984, p. 640 y Ruipérez Alamillo, J., *Libertad civil e ideología democrática, op.cit.*, pp. 82-84 y "El derecho constitucional a la vivienda ...", *op.cit.*, pp. 168-170.

205 Heller, H., *Las ideas políticas contemporáneas, op.cit.*, cit., p. 71.

206 Cfr., Ruipérez Alamillo, J., "La Constitución y su estudio...", *op.cit.*, pp. 857-858.

207 Heller, H., *Las ideas políticas contemporáneas, op.cit.*, cit., p. 71.

208 Cfr., *Ibidem*, p. 89.

209 *Ibidem*, cit., p. 126.

e innovadoras y limitando la libertad económica a aquellos espacios en los que la ley no ha regulado los servicios públicos[210]. Por tanto, en la primera mitad del siglo XX se va ampliando el sufragio, tanto en electores como en el reconocimiento de los nuevos sistemas de democracia semidirecta. El mundo se democratiza. Toda la vida del Estado queda afectada por el sufragio como la solución a todos sus problemas, dejando de verse el Estado como un medio para lograr la debida gobernación a verse como un fin para ganar votos, lo que supuso en esa época grandes costes en campañas electorales que buscaban el desprecio y descrédito del contrario. Ello hizo que, poco a poco, se fuese perdiendo el entusiasmo que se tenía en el sufragio universal. Por tanto, curiosamente, el máximo apogeo del sufragio coincide con su declive.

El constitucionalismo pierde ya vigor, pues las libertades conquistadas, los derechos sociales, dan paso a un gobierno que se excede; el sufragio universal, tanto tiempo reivindicado, da lugar a una gran abstención; el Parlamento se hace más lento y menos eficaz; los partidos políticos frenan la acción del gobierno y comienza a hablarse de crisis del Estado; y se pasó del individuo, que sólo tiene relevancia como sujeto de derechos en la medida en que forme parte de un grupo, a dar preferencia a los grupos sociales, como en la Edad Media. De este modo, será en el siglo XX cuando aparecerán instituciones que no eran concebidas en el siglo XIX y desaparecerán otras que parecían permanentes[211]. En esta época hay ya más repúblicas que monarquías y en 1958, EEUU gobierna el mundo a través de un imperialismo basado en la expansión del capital bancario y monopolista, sometiendo económicamente a los países, no militarmente, ya que la doctrina norteamericana buscaba, así, un globalismo avasallador. Por tanto, en cien años, el orden mundial, los principios legitimadores y los instrumentos de poder han mudado radicalmente.

De este modo, ya a finales del siglo XIX y principios del XX, y tras la obra de Adam Smith "La Riqueza de las Naciones", se fomentó la idea de que los Estados debían potenciar y expandir su comercio para crecer. El liberalismo buscaba establecer un sistema de libre comercio mundial que crease una economía universal. Y la expansión nacional de cada Estado buscaba acaparar todos los mercados mediante las conquistas. De esta forma, el Imperialismo fue el resultado de la unión de los intereses del poder político con el poder económico, de tal manera que cuando se vean amenazados los intereses económicos mediante la libre competencia internacional, cuando se trate de importar, o mediante aranceles, cuando se trate de exportar, el Estado los protegerá, bien mediante aduanas o la expansión, respectivamente. Así, el poder económico participará en las ganancias del Estado, obteniendo los recursos naturales y los mercados conquistados, y los ciudadanos en sus pérdidas, a través de sus contiendas, tanto humanas como económicas. Por tanto, lejos de excluir la intervención del Estado en la economía, el

210 Cfr., Pérez Serrano, N., "Cien años de Derecho político", *op.cit.*, pp. 919-920.

211 Cfr., *Ibídem*, pp. 877-915.

liberalismo, que había defendido un papel del Estado de mero guardián, la potenciará. Así, debemos entender que este conflicto internacional es el resultado de la competición entre las clases hegemónicas capitalistas dentro de un área cultural que buscaba expandirse[212].

Sin embargo, la libertad de comercio, que habría de provocar un equilibrio entre los intereses nacionales y los internacionales, realizar la ciudadanía universal y eliminar la violencia de la vida de los Pueblos, llevó a unos resultados diametralmente opuestos. Ante las numerosas trabas aduaneras por las políticas proteccionistas del momento, además de los factores políticos (como la búsqueda del prestigio del país), económicos (buscando nuevas superficies de explotación y nuevos mercados), demográficas (intentando reducir el exceso de población derivado del aumento de la esperanza de vida) e ideológicos (que sostenía la superioridad de la raza blanca), los Estados comenzaron una política imperialista que les llevó a ocupar gran parte de los continentes africano y asiático. Así, en España, durante las guerras coloniales contra Cuba, el socialismo defendía, "o todos a Cuba o ninguno", reclamando que no sólo fuesen los hijos de los pobres a la guerra, como sucedía hasta ese momento[213].

A pesar de la certeza de los liberales de que la expansión desregulada del mercado sólo podría traer la paz, ya que una guerra supondría grandes costes económicos[214], se produjo lo que hasta esa fecha fuera el mayor conflicto de la Humanidad: La I Guerra Mundial. Y la solidaridad internacional entre los obreros europeos se rompió. De esta forma, antes de la I Guerra Mundial, la internacionalización del mercado hacía pensar que era impensable una guerra fronteriza, y mucho menos mundial, por los elevados costes de la misma. Pero ésta condujo al odio al liberalismo decimonónico y al racionalismo, lo que provocó una confusa juventud burguesa europea anticapitalista, resultado de las crisis económicas internacionales, defensora de que era posible conciliar el socialismo con el nacionalismo burgués[215]. Así, dicho conflicto provocó una era de inseguridad que finalizó después de la II Guerra Mundial con los sistemas de seguridad social estatales, cuya finalidad era precisamente proporcionar seguridad a los ciudadanos[216].

Así, la I Guerra Mundial hizo que se pusieran a prueba las formulaciones teóricas de la organización del Estado, dándole más importancia a la eficacia que a la Democracia, lo que repercutió en las teorías políticas. La contienda provocó que se revisasen todas las instituciones políticas del momento y, a su término, se consolidó la soberanía popular en todos los países europeos, dándose preferencia

212 Cfr., Heller, H., "Socialismo y Nación", *op.cit.*, pp. 206-208.

213 Cfr., Brey, G., *Pablo Iglesias, los socialistas y el movimiento obrero en Galicia (1890-1910)*, *op.cit.*, pp. 28-29.

214 Cfr., Judt, T., *Algo va mal*, *op.cit.*, p. 181.

215 Cfr., Heller, H., "Socialismo y Nación", *op.cit.*, p. 203.

216 Cfr., Judt, T., *Algo va mal*, *op.cit.*, pp. 181-182.

a la república sobre la monarquía, como forma de gobierno. De esta forma, fue con el ascenso de las fuerzas progresistas y democráticas al poder lo que permitió la comprensión de la Libertad como Democracia e Igualdad, dando lugar al Estado social[217]; fue la socialdemocracia y no el comunismo quien asumió la reivindicación en Europa del papel del Estado social [218]. Por ello, Ruipérez considera que fue la izquierda democrática la que supo rescatar el papel del Estado como instrumento de liberación de los Hombres, con el Estado social[219]. De este modo, al consolidarse el principio de la supremacía constitucional en Europa, aunque los derechos sociales no gozasen de amparo constitucional, sí que van a vincular directamente al legislador a la hora de legislar. De este modo, no cabe dudar de que la evolución del Estado hacia el Estado social no se debió a la Historia ni a los gobernantes, sino a la acción de los trabajadores[220].

Forsthoff acertó en decir que la idea del Estado prestacional nació antes de la República de Weimar, pero, falló al situarlo en lugar y tiempo, pues no se originó defendido por el neofeudalismo de la monarquía constitucional, sino con Rousseau y sus jacobinos, con cuyas obras se comienza a hablar del Estado interventor[221]. De esta forma, aunque Rousseau teorizó sobre ello, defendiendo una organización política que prestase servicios a sus ciudadanos, como facilitar el acceso a la cultura y a una educación pública, igual, laica y libre, cuyas bases fueron asumidas por el Estado constitucional, no será hasta la I República francesa, inspirada en sus teorías, cuando se cree el primer Estado prestacional, como la semilla del primer Estado social.

Así, ya en la segunda mitad del siglo XIX se producía una honda transformación política que afectó a los fines del Estado[222], al intervenir éste en los intereses de los grupos sociales y al llevar a cabo la administración de ciertas actividades que antes tenía vetadas pero que, sin embargo, actualmente, se estiman vitales[223]. El paso del Estado de Derecho formal al Estado de Derecho material se produce en Alemania a través de las políticas interventoras de Bismark, después de la derrota sufrida por el liberalismo en la Revolución de 1848. De este modo, aunque el liberalismo constitucional decimonónico abandonó la idea de solidaridad, atomizando el individuo, la crisis que sufrió en el siglo XX le obligará a recuperarla, volviendo a otorgarle a dicho principio un lugar central en la arquitectura constitucional, lo que supuso la creación

217 Cfr., Ruipérez Alamillo, J., "La Constitución y su estudio...", *op.cit.*, p. 858.

218 Cfr., Abendroth, W., "El Estado de Derecho democrático y social como proyecto político", en Abendroth, W., Forsthoff, E. y Doehring, *El Estado social,* Centro de Estudios Constitucionales, Madrid, 1986, pp. 22-23.

219 Cfr., Ruipérez Alamillo, J., "La Constitución y su estudio...", *op.cit.*, p. 854 y "El derecho constitucional a la vivienda ...", *op.cit.*, p. 106.

220 Cfr., Heller, H., "Socialismo y Nación", *op.cit.*, p. 184.

221 Cfr., Ruipérez Alamillo, J., "El derecho constitucional a la vivienda ...", *op.cit.*, p. 155.

222 Cfr., Jellinek, G., *Teoría General del Estado*, *op.cit.,* p. 251.

223 Cfr., De los Ríos, F., "Prólogo del traductor", *op.cit.*, cit., p. 51.

del Estado social[224]. Así, los derechos sociales nacieron con el desarrollo industrial y la aparición de la clase trabajadora[225] y el capitalismo sólo se salvó gracias a éstas[226].

Así, la aprobación de la Constitución mexicana de Querétaro de 1917 y de la Constitución de Weimar de 1919 supusieron una transformación en la aplicación de los derechos fundamentales, ejerciendo gran influencia en las declaraciones de derechos de las Constituciones de entreguerras, ya que, además de los derechos individuales, el constitucionalismo social y democrático reconoció también derechos de participación en la vida política, sustituyendo un Estado abstencionista por un Estado prestador de servicios[227]. Así, una de las novedades de estas Constituciones fue su división entre "libertades clásicas" y "problemas modernos[228]", lo que suponía conjugar el individualismo y el universalismo[229]. Además, las declaraciones de derechos pasaron de afectar a la actividad jurídica del Estado a afectar a su actividad social[230] y pasaron de estar garantizados frente a lesiones del Estado a estarlo también frente a lesiones llevadas a cabo por particulares[231]. De esta forma, nacían los primeros Estados sociales, y con ello, se positivizan las que fueran las propuestas de Robespierre y los principios políticos de la revolución de 1848, pasando de una fórmula política a una fórmula jurídica.

Tras el devastador conflicto internacional y el aumento del sufragio, comienzan a surgir en Europa algunas Constituciones democráticas que, rompiendo con el constitucionalismo decimonónico, y siguiendo el ejemplo mexicano, establecen un constitucionalismo rígido con una carta de derechos y libertades directamente aplicables, sin necesidad de desarrollo legislativo, lo que los dotó de eficacia jurídica efectivamente vinculante[232], así como de formas de democracia directa (referéndum, iniciativa popular...). Además, se incorporan normas sociales y económicas a las Constituciones, lo que supuso un carácter intervencionista del Estado. No obstante, estos derechos sociales, surgidos en esta etapa, aunque reconocidos en las Constituciones, no van a adquirir la posición que sus homónimos tardaron tanto tiempo en lograr. Es decir, los derechos sociales todavía no alcanzarán, como sucede todavía a

---

224 Cfr., TAJADURA TEJADA, J., "El principio de solidaridad en el Estado autonómico", *Cuadernos de Derecho Público*, núm. 32 (septiembre-diciembre 2007), p. 70.

225 Cfr., VILLAR BORDA, L., "Estado de Derecho y Estado social de Derecho", *op.cit.*, p. 83.

226 Cfr., JUDT, T., *Algo va mal*, *op.cit.*, p. 54.

227 Cfr., PÉREZ SERRANO, N., "La evolución de las declaraciones de derechos", *Escritos de Derecho Político I*, Instituto de estudios de Administración Local, Madrid, 1984, pp. 500-502 y RUIPÉREZ ALAMILLO, J., "El derecho constitucional a la vivienda ...", *op.cit.*, p. 65.

228 Cfr., PÉREZ SERRANO, N., "El proyecto de Constitución portuguesa", *Escritos de Derecho Político I*, Instituto de estudios de Administración Local, Madrid, 1984, p. 83.

229 Cfr., PÉREZ SERRANO, N., "El constitucionalismo europeo", *op.cit.*, p. 391.

230 Cfr., PÉREZ SERRANO, N., "La evolución de las declaraciones de derechos", *op.cit*, p. 474.

231 Cfr., RUIPÉREZ ALAMILLO, J., "La Constitución y su estudio...", *op.cit.*, pp. 751-753.

232 Algunos autores llaman a esta etapa neoconstitucionalismo. Cfr., PÉREZ SERRANO, N., "El constitucionalismo europeo", *op.cit.*, cit., p. 387.

día de hoy en la mayoría de los Estados occidentales, la consideración de derechos fundamentales de primera o, al menos, cuya aplicación sea vinculante directamente para los gobernantes. De este modo, el periodo de entreguerras fue el más rico en la forja del Derecho constitucional[233], pues durante el mismo se consolida en Europa el constitucionalismo rígido, dejándose de equiparar la Ley constitucional a la Ley ordinaria, lo que permitirá consolidar el constitucionalismo democrático, al proteger la voluntad popular frente a la voluntad de los gobernantes[234]. Sin embargo, el constitucionalismo democrático y social, que comenzó tras la I Guerra Mundial y se consolidó con la II, considera que los preceptos constitucionales declarativos de derechos son normas jurídicas obligatorias y vinculantes, que no precisan ulterior desarrollo. Por tanto, ningún acto o norma de un poder constituido puede ser contrario a la declaración de derechos, que pasan a formar parte de la Constitución, adquiriendo, de este modo, la naturaleza de normas constitucionales que obligan por igual a gobernantes y a gobernados[235]. De este modo, aunque los preceptos no son directamente vinculantes, si lo son indirectamente[236], como veremos.

De esta forma, la Constitución se convierte en la fuente suprema, tanto del Derecho público como del Derecho privado, estableciendo procedimientos especiales para elaborar normas que afectan directamente a la libertad[237]. Pero con el Estado social se buscaba consagrar en el más alto nivel normativo una serie de soluciones que permitieran hacer reales y efectivas las ideas de Libertad y Democracia[238]. Así, produjo, de esta forma, una variación cualitativa y cuantitativa de las declaraciones de derechos, pues se constitucionalizaron los derechos sociales al tiempo que los derechos fundamentales dejaron de ser de mera abstención y se convirtieron en derechos de participación y prestación por parte del Estado. Con ello, se aseguró la participación en la Libertad y la Igualdad de todos los ciudadanos en la vida política. Y, por tanto, las Constituciones se convirtieron en verdaderas fuentes de derechos, dejando de ser meras normas programáticas[239].

No cabe duda, por tanto, de que fue en la Constitución de Weimar donde aparecen los grandes institutos y conceptos constitucionales, consolidados después de la II Guerra Mundial y en los que se inspirarán las actuales Constituciones[240]. En

233 Cfr., De Vega García, P., "Supuestos históricos, bases sociales y principios políticos en el derecho constitucional democrático", *Anuario Jurídico*, IX, Memoria del III Congreso Iberoamericano de Derecho Constitucional, 1982, pp. 717-718 y Ruipérez Alamillo, J., "La Constitución y su estudio…", *op.cit.*, p. 909 y *Reforma vs. Revolución. op.cit*, pp. 135-136.

234 Cfr., Pérez Royo, F. J., "La reforma de la constitución". *Revista de derecho político,* Nº 22, 1986, pp. 34-35 y Ruipérez Alamillo, J., "La Constitución y su estudio…", *op.cit.*, p. 694 y 700-701.

235 Cfr., Ruipérez Alamillo, J., *Libertad civil e ideología democrática, op.cit.*, p. 92.

236 Cfr., Ferrajoli, L., "El Derecho como sistema de garantías", *op.cit.*, p. 18.

237 Cfr., Ruipérez Alamillo, J., *El constitucionalismo democrático …op.cit*, p. 167.

238 Cfr., Ruipérez Alamillo, J., "La Constitución y su estudio…", *op.cit.*, pp. 855-856.

239 Cfr. Ruipérez Alamillo, J., *La Constitución europea …, op.cit.*, p. 87.

240 Cfr., Ruipérez Alamillo, J., "La Constitución y su estudio…", *op.cit.*, pp. 864 y 868-869 y "El derecho constitucional a la vivienda …", *op.cit.*, p. 34.

dicha Constitución, al establecer el Estado de Derecho democrático y social, cobra por primera vez entidad el principio democrático, al establecerse definitivamente el constitucionalismo rígido, ya que la Constitución deja de entenderse como una Ley ordinaria a entenderse como una verdadera Constitución, aplicándose directamente todos sus preceptos, especialmente los derechos fundamentales, por lo que éstos dejan de ser normas retóricas y adquieren eficacia, tanto frente a gobernantes, incluidos jueces y tribunales, como a gobernados[241]. Desde este momento, en Europa, comienzan a aparecer las primeras Constituciones que establecen verdaderos Estados constitucionales, democráticos y sociales, aunque no pudieron llevarse a cabo por la crisis en la que se encontraba el continente tras el conflicto bélico. De esta forma, el Estado social nace tras la I Guerra Mundial y se consolida tras la segunda; pero en dicho tránsito se producirá una honda crisis que permitirá su conceptualización y demarcación. Se desarrolló sin problemas al principio[242] pero rápidamente encontró obstáculos.

Efectivamente, los primeros sistemas constitucionales que establecieron las bases del Estado de Bienestar surgieron en un contexto económico social nada favorable, ya que se erigieron en las ruinas del viejo Estado liberal[243], tras una guerra mundial, por lo que carecían de recursos para llevar a cabo todos los derechos sociales establecidos en las Constituciones[244]. En Alemania, durante la vigencia de la Constitución de Weimar, se buscó llevar a la práctica medidas que contribuyesen a otorgar mayor libertad al ciudadano, pero debido a la crisis económica del momento, derivada de las cenizas del Estado liberal y de las consecuencias de la I Guerra Mundial, no pudieron desarrollarse con eficacia las medidas y derechos sociales establecidas en dicha Constitución[245]. Así, aunque las soluciones jurídico-políticas contribuyeron a una situación de conformismo de los ciudadanos, la incapacidad demostrada por los gobernantes para solucionar los problemas sociales y económicos de la sociedad hizo que el individuo quedase insatisfecho de sus necesidades personales, y se frustrase[246]. Todo ello tuvo consecuencias nefastas para los trabajadores, ya que los llevó a adoptar posturas radicales en contra de la democracia y en defensa de la dictadura, fascista o proletaria. Y es que cuando el individuo no sabe localizar la fuente de frustración, se orienta a movimientos antisistema[247]. Y un sistema democrático sin demócratas que lo defiendan está condenado[248].

241 Cfr., Ruipérez Alamillo, J., "La Constitución y su estudio...", *op.cit.*, pp. 701, 750-751 y 855 y "El derecho constitucional a la vivienda ...", *op.cit.*, pp. 36-38.

242 Cfr., Ruipérez Alamillo, J., *La Constitución del Estado de las Autonomías...op.cit.*, pp. 152-153.

243 Cfr., Ruipérez Alamillo, J., "La Constitución y su estudio...", *op.cit.*, p. 854.

244 Cfr., Ruipérez Alamillo, J., "El derecho constitucional a la vivienda ...", *op.cit.*, pp. 36-38; y "La Constitución y su estudio...", *op.cit.*, pp. 824-825.

245 Cfr., Ruipérez Alamillo, J., "El derecho constitucional a la vivienda ...", *op.cit.*, pp. 164-165.

246 Cfr., Ruipérez Alamillo, J., "La Constitución y su estudio...", *op.cit.*, p. 831.

247 Cfr., *Ibidem* p. 832.

248 Cfr., *Ibidem*, p. 830.

Además, al estar representados ahora en el Parlamento los intereses de las clases obreras, con mayor representación que antes de la I Guerra Mundial, comienza una desafección democrática por parte de las clases poderosas, junto con la oposición al sistema liberal derivado del conflicto internacional, por lo que las clases burguesas abandonarán la defensa del liberalismo y abrazarán sistemas autoritarios que les permitan mantener el orden social burgués[249]. Al mismo tiempo, las asociaciones obreras radicalizaron sus posturas al considerar escasas las reformas llevabas a cabo por los gobiernos de los Estados sociales. Así, tras la revuelta de *los espartaquistas*, los partidos socialistas alemanes fueron cada vez más apartados y, en contra de lo que establecía la Constitución, se fue configurando la República de Weimar como un Estado liberal.

De este modo, dicha Constitución planteó el problema de si una norma social constitucional debe tener aplicación inmediata o ser una simple regla programática que sólo vincula al legislador. Por ello, autores como Forsthoff consideran que un error de esta Constitución fue anclarla, al mismo tiempo, en el Estado de Derecho y en el Estado social, ya que ello chocó con realidades constitucionales y provocó problemas prácticos[250]. Y otros, como Schneider, entienden que la Constitución de Weimar consideraba a los derechos fundamentales como algo programático, ajeno a la Constitución[251]. Sin embargo, Heller defendía que la Constitución de Weimar debía de caracterizarse por la forma de "Estado de Derecho democrático y social", debiendo la Ciencia Jurídica y la clase trabajadora exigir la realización de ese mandato constitucional. En ella se establecía el derecho a la Seguridad Social en su art. 161 (hasta ahora sólo existía el seguro por enfermedad); la obligación del Estado de crear legislación laboral en el art. 162; la obligación del legislador de establecer un subsidio por desempleo, el desarrollo de políticas que promoviesen el pleno empleo en el art. 163 y la participación de los trabajadores en la economía a través de consejos, en el art. 165, pero sin sustituir al Parlamento, a diferencia de lo que defendieron los fascistas. Por tanto, la Constitución de Weimar, en opinión de Heller, permitía llevar a cabo un Estado socialista sin necesidad de cambiar ni un solo artículo de la misma. Lo único que se precisaba era que el socialismo alcanzase el poder[252]. Así, aunque la Constitución sólo recogía ideas sociales, al prever la sociabilización de la propiedad privada, posibilitaba el socialismo en los arts. 165 y 166.

Además, en relación a las concepciones capitalistas y socialistas que contenía la misma, defendía que las posibles controversias que surgiesen en torno a las mismas deberían resolverse por consenso y no a través de la dictadura.

---

249 Cfr., HELLER, H. *Europa y el fascismo*, *op.cit.*, pp. 121-125.

250 Cfr., FORSTHOFF, E., "Concepto y esencia del Estado social de Derecho", *op.cit.*, p. 77.

251 Cfr., SCHNEIDER, H. P., "Problemas actuales del Derecho constitucional", *Constitución y Democracia*, Centro de Estudios Constitucionales, Madrid, 1991, pp. 16-17.

252 Cfr., HELLER, H., "Estado, Nación y Socialdemocracia", *Escritos políticos*, prólogo y selección de Antonio, López Pina, Alianza editorial, Madrid, 1985, p. 232.

Sin embargo, Heller considera que mientras que las ideas liberales se han llevado a la práctica, el socialismo se ha quedado en la ideología, por lo que critica que la Constitución de Weimar contenga proposiciones programáticas sin fuerza jurídica para obligar[253]. Por ello, Heller critica que, a pesar de los avances, en su tiempo no se configurase una verdadera democracia social[254]. Y es que la jurisprudencia constitucional fue transformando las exigencias de contenido social en fórmulas programáticas carentes de significación que no vinculaban al legislador ordinario, transformando paulatinamente a un Estado social en uno liberal[255]. "La jurisprudencia de la República de Weimar transformó muy pronto en meras fórmulas vacías las exigencias de contenido social estereotipadas en la Constitución al afirmar que se trataba de fórmulas programáticas, que carecían de significación concreta y que no tenían carácter vinculante alguno para el legislador del Reich[256]", en palabras de Abendroth. Todo ello hará que los Estados sociales existentes en ese momento se vayan reestructurando progresivamente hacia un liberalismo radical que apuesta por la desregulación del mercado; y en aquellos en los que no existía un sistema social, el liberalismo económico se hará más pronunciado.

Y es en este contexto cuando nace en España uno de los regímenes más democráticos de nuestro país, la II República española, la primera Constitución en España en establecer derechos sociales, inspirándose, en este punto, como en tanto otros, en la Constitución de Weimar. Así, el art. 1 de la Constitución de 1931 establecía que "España es una República democrática de trabajadores de toda clase, que se organiza en régimen de Libertad y de Justicia". Ello suponía positivizar aquella idea rousseauniana según la cual debe eliminarse aquella forma de vida que consista en disfrutar herencias o de rentas, de forma parasitaria, sin aportar trabajo de ninguna especie a la comunidad. Pero, como hemos visto, durante el periodo de entreguerras, cuando España establece una verdadera Democracia, Europa vivía una época de crisis del Estado democrático, por lo que la experiencia de esta etapa democrática será breve y convulsa[257]. Así, la II República española buscó la intervención económica del Estado para generar empleo, pero, al estar el Estado arruinado, tuvieron que aplazar sus proyectos[258]. Sin embargo, para Bell, el Frente Popular de la II República española, representante de la España democrática del momento, fue en realidad una estrategia de Moscú para alcanzar el poder,

253 Cfr., HELLER, H., "El Derecho constitucional de la República de Weimar. Derechos y deberes fundamentales", *Escritos políticos*, prólogo y selección de Antonio, López Pina, Alianza editorial, Madrid, 1985, pp. 271-273.

254 Cfr., HELLER, H., *Europa y el fascismo*, *op.cit.*, p. 1.

255 Cfr., ABENDROTH, W., "El Estado de Derecho democrático y social como proyecto político", *op. cit.*, p. 19.

256 *Ibidem*, cit., p. 19.

257 Cfr., PÉREZ ROYO, F. J., "La reforma de la constitución". *op.cit.*, p. 45.

258 Cfr., RUIPÉREZ ALAMILLO, J., "La Constitución y su estudio...", *op.cit.*, pp. 828-829.

ya que su apariencia liberal servía para obtener apoyo internacional, pues hasta el momento los comunistas eran rechazados en muchos sectores[259]. Sin embargo, la Historia ha demostrado la falsedad de dichas afirmaciones.

Ante dicha situación, en un contexto social de decadencia y desilusión política, surgieron los fascismos. Y es que como defiende un Pérez Serrano sometido a la censura franquista, "La historia demuestra como la anarquía nacida de un abuso de libertad se responde con una afirmación vigorosa de autoridad[260]". Así, ante la desafección de las clases medias del sistema democrático, se dieron unas condiciones sociales que hacían inviable el mantenimiento de cualquier sistema constitucional[261], produciéndose una crisis del Estado de Derecho[262]. Los socialistas alemanes de la etapa de entreguerras se preocuparon más por equilibrar el presupuesto y obtener acumulación de capital que por dar ayudas a los parados. Hitler, en cambio, vio que una intervención estatal en la economía, a través de obras públicas y unas finanzas deficitarias, podría anular el paro. Además, los comunistas vieron a los socialdemócratas como mayores enemigos que los fascistas, uniéndose en varias ocasiones a los nacionalsocialistas para derrocar la República de Weimar, como en 1930[263]. Como se dijo, una etapa caótica y convulsa.

Por tanto, "el fascismo nació y se nutrió [...] de una situación desesperada del espíritu[264]", en palabras de Heller, quien ya parecía anticipar la justificación del Estado social cuando en 1929, en su célebre obra *¿Estado de Derecho o dictadura?* afirmaba que la solución para que se acepte el Estado de Derecho y se evite el fascismo consiste en ordenar al Estado y a la sociedad de tal manera que puedan incorporarse abnegadamente burgueses y proletarios a ella, a través de los vínculos que supongan la voluntad civil[265]. Defendía un Estado prestacional, fuerte, interventor y redistribuidor de la riqueza, que hiciese efectiva la homogeneidad social. No defendía la destrucción del Estado, sino que lo reafirmaba y defendía como una nueva manifestación estructural: el Estado social, frente al Estado abstencionista burgués, que sólo garantiza la libertad económica. Así, una de las finalidades esenciales del Estado social es recuperar la idea material del Estado de Derecho, de la que el positivismo jurídico la había despojado, lo que supone que los gobernantes no sólo deben ceñirse a los procedimientos constitucionales sino también a sus contenidos. Y es que los preceptos relativos a la intervención social en la economía contribuyen a una distribución más justa de los recursos en lugar de implicar la lucha de clases. Así, Heller, inspirándose en las ideas de Rousseau, fue el formulador del Estado social. Por tanto, aunque la idea del Estado social es tributaria de Rousseau, el concepto es de Héller.

259 Cfr., Bell, D., *El fin de las ideologías... op.cit.*, p. 330.

260 Pérez Serrano, N., "El constitucionalismo europeo", *op.cit.*, cit., p. 389.

261 Cfr., Judt, T., *Algo va mal, op.cit.*, p. 60.

262 Cfr., Heller, H., *Europa y el fascismo, op.cit.*, p. 53.

263 Cfr., Bell, D., *El fin de las ideologías... op.cit.*, pp. 86-87 y 328.

264 Heller, H., "¿Estado de Derecho o dictadura?", *op.cit.*, cit., p. 256.

265 Cfr., *Ibidem*, p. 33.

Además, la II Guerra Mundial acostumbró a la gente a la intervención económica, de la cual no se podrá prescindir fácilmente en el futuro[266]. Por ello, tras el conflicto internacional, se aceptó por todos los sectores, incluso por los conservadores, la intervención estatal, la tributación progresiva (como una redistribución moderada que favorece a todos), el debate político en términos morales y la regulación del mercado, reduciéndose considerablemente la desigualdad entre ricos y pobres[267] por las necesidades que imperaban en la época[268]. El elevado gasto en servicios sociales estaba bien visto y se aceptó en todo Occidente que el mercado no era adecuado para satisfacer los objetivos colectivos, comenzando a primar la meritocracia, pues todas las instituciones elitistas se abrieron a una masa de aspirantes gracias a la aportación del erario público[269]. Así, tanto los partidos socialistas como los conservadores se fueron transformando paulatinamente y comenzaron a defender una economía mixta, haciéndose menos extrema la oposición entre ambos, especialmente tras la creación del Estado de bienestar[270].

De esta forma, tras los años postbélicos, en Occidente se defendió que una política civil reemplazase a una política ideológica, que no se podía hacer una organización de la sociedad según un proyecto previamente diseñado y que no se podían llevar a cabo cambios sociales y de vida fundamentales sin evaluar los costes humanos y sociales, especialmente si posteriormente no es posible dar marcha atrás. Es lo que se llama pragmatismo en política o prudencia en filosofía. Por ello, para Bell, en el mundo occidental existe un consenso general sobre un sistema de economía mixta y de aceptación del Estado social[271], y su realización supone el fin de las ideologías, entendidas como el fin de los dogmatismos políticos irreflexivos y violentos[272]. De este modo, desde el siglo XIX hasta 1970, las democracias de Occidente se volvieron cada vez menos desiguales por la tributación progresiva, pues se produce un aumento de la intolerancia a la desigualdad. Pero, como afirma Bell, "Lo que quedó después de los acontecimientos de 1968 fue una generación en busca de la ideología[273]".

Tras la contienda bélica y la derrota del fascismo, se produce un cambio político y social hacia posturas socialistas en las estructuras políticas. Así, después de 1945 se quiso conectar el Derecho constitucional del momento con el forjado

266 Cfr., Hayek, F.A., *Camino de servidumbre, op.cit.,* pp. 289-290.

267 Cfr., Judt, T., *Algo va mal, op.cit.*, pp. 58-59 y 67-68.

268 Cfr., Forsthoff, E., "Concepto y esencia del Estado social de Derecho", *op.cit.*, p. 80.

269 Cfr., Judt, T., *Algo va mal, op.cit.*, pp. 61-66 y 83.

270 Cfr., Bottomore, T., "Ciudadanía y clase social, 40 años después", en Marshall, T. H., *Ciudadanía y clase social*, Alianza Editorial, 1998, p. 132.

271 Cfr., Bell, D., *El fin de las ideologías... op.cit.*, p. 449.

272 Cfr., Bell, D., "Epílogo de 1988: Revisión del fin de las ideologías", *El fin de las ideologías. Sobre el agotamiento de las ideas políticas en los años cincuenta (1960)*, Ministerio de Trabajo y Seguridad Social, Edición española: Joaquín Abellán, España, 1992, p. 465.

273 Bell, D.," Epílogo de 1988: ...", *op.cit.*, cit., p. 480.

durante la época de Weimar. De este modo, la fórmula "Estado de Derecho democrático y social" es recuperada por los *Länder* en sus constituciones, tanto en la zona soviética como en la occidental. Tanto los *Länder*, como los socialdemócratas y los sindicatos cristianos alemanes reclamaban la socialización de los medios de producción, pero la intervención americana hizo que la Constitución federal alemana abandonase esa idea, volviendo a las viejas relaciones de propiedad y abrazando el neoliberalismo. No obstante, la influencia de las fuerzas alemanas socialdemócratas obligó a aceptar la fórmula de "Estado de Derecho democrático y social" a cambio de reconocer al Estado liberal y los derechos y libertades burguesas[274]. Así, tal y como se recogía en el Programa de la Resistencia Francesa, se buscaba "la instauración de una verdadera democracia económica y social, que implique la evicción de las grandes feudalidades económicas y financieras de la dirección de la economía".

De este modo, nace en Alemania la Ley Fundamental de Bonn. Ésta, a pesar de establecer el reconocimiento del Estado social, no recogía derechos sociales, salvo la función social de la propiedad, en el art. 14, y la posibilidad de sociabilización del suelo, de los recursos naturales y de los medios de producción, previa indemnización, en su art. 15. Además, el art. 20.1 de la Ley Fundamental de Bonn (Ley Fundamental de la República Federal alemana) y el art. 28.1 consideran al "Estado democrático y social" y al "Estado de Derecho republicano democrático y social", respectivamente, como el núcleo esencial de la Constitución, no pudiendo ser modificados constitucionalmente a través del poder de reforma, por lo establecido en el art. 79, que funciona como una cláusula de intangibilidad, por lo que, en opinión de Abendroth, además, no puede ser interpretada por el Tribunal Constitucional de forma diferente al sentido que le dio el Consejo parlamentario, el cual recogía la idea de Heller[275]. Y aunque la Norma Fundamental de 1919 no contuviese el término "Estado democrático y social", sí que contenía numerosos derechos sociales indirectamente vinculantes, por lo que nos remitimos a ella como la primera Constitución social europea y la segunda mundial, después de la de Querétaro. Pero la Constitución federal alemana, a diferencia de la de Weimar, sí estableció al Estado social como un mandato constitucional expreso dirigido al legislador ordinario, condicionando la interpretación de todas las leyes a todos los preceptos constitucionales, especialmente lo atinente a los derechos fundamentales, para que fuese el Pueblo alemán el que decidiese la estructura social y económica del país. Así, se evitó la fórmula de la Constitución de Weimar por miedo a volver al III Reich[276].

Por ello, podemos decir, junto con Schneider, que la Ley Fundamental de Bonn, a diferencia de la de Weimar, les dio a todos los derechos fundamentales vinculación

274 Cfr., Abendroth, W., "El Estado de Derecho democrático y social como proyecto político", *op. cit.*, pp. 20-25.

275 Cfr., *Ibidem*, p. 12.

276 Cfr., *Ibidem*, p. 25.

jurídica, siendo llamada "la Constitución de los derechos fundamentales[277], ya que la Ley Fundamental de Bonn, a diferencia de la Constitución de Weimar, establece expresamente en su art. 19 la efectiva garantía de los derechos fundamentales, al permitir acudir a los tribunales en caso de que los mismos fuesen lesionados. Lo que no establece es un modelo económico determinado, sino que el único límite que recoge es el respeto a los derechos fundamentales, lo que permite establecer en Alemania una economía planificada, aunque su intervención, en opinión de Doehring, debe ser exclusivamente auxiliar; sólo debe intervenir para prevenir los excesos de la libre concurrencia. En su opinión, la ausencia de libre concurrencia es incompatible con el Estado social, así como cualquier cartel, como por ejemplo los sindicatos[278]. Además, no permite al Presidente ninguna potestad reglamentaria autónoma, pues anteriormente podía asumirlas según el decreto de urgencia, lo que sirvió al ascenso del nazismo, aunque otorga más poder al Canciller que la anterior[279]. Sin embargo, también compartimos con Pérez Serrano que la Constitución de Weimar es mejor que la Ley Fundamental de Bonn, ya que ésta es precaria[280] y no recogía derechos sociales, pues con ella se buscaba corregir a la primera, a la que se culpaba de favorecer el ascenso del fascismo[281].

Por su parte, la Constitución francesa de 1946 añadía fórmulas de feminismo, derecho a la huelga, problemática social, libertad de enseñanza...intentando imitar a la Constitución de Weimar. Y la Constitución italiana de 1948, la cual distingue entre derechos que gozan de aplicación inmediata y aquellos que necesitan desarrollo posterior, además de en las anteriores, también está influida por la Constitución española de 1931. Y curiosamente, será la Constitución italiana, influida por nuestra Constitución republicana de 1931, la que ejercerá mayor influencia en el modelo territorial de la Constitución española de 1978.

Así, en España, tras haber sido derrocada la República mediante un golpe de Estado fallido y una posterior guerra civil, que derivó en una larga dictadura, vuelve a nacer, en 1978, un régimen democrático inspirado, en relación al establecimiento del Estado social, en la Ley Fundamental de Bonn. Además de los derechos sociales, la vigente Constitución permite llevar a cabo formas de economía socialista: el art. 128 establece la subordinación de la riqueza del país, sea cual sea su titularidad, al interés general; el art. 131.1 establece la posibilidad de

---

277 Cfr., Schneider, H. P., "Problemas actuales del Derecho constitucional", *op.cit.*, pp. 16-17.

278 Cfr., Doehring, "Estado social, Estado de Derecho y orden democrático", en Abendroth, W., Forsthoff, E. y Doehring: *El Estado social*, Centro de Estudios Constitucionales, Madrid, 1986, pp. 176-190.

279 Cfr., Schneider, H. P., "El Gobierno como parte del poder ejecutivo en la República Federal de Alemania", *Constitución y Democracia*, Centro de Estudios Constitucionales, Madrid, 1991, pp. 154 y 162.

280 La misma reconoce que no es una verdadera Constitución en su art. 146, al recoger una disimulada provisionalidad, ya que establece que perderá su vigencia el día que entre en vigor una Constitución aprobada por el Pueblo alemán mediante libre decisión.

281 Cfr., Pérez Serrano, N., "Tres Lecciones sobre la Ley Fundamental de Bonn", *op.cit.,* pp. 617-618.

planificar la economía; el art. 33.3 establece la función social de la propiedad y el art. 149.1.13 de la Constitución atribuye al Estado la competencia de planificar la economía. Además, como afirma Ruipérez, el derecho a la vivienda digna debe ser puesto en relación con el contenido del art. 1 de la Constitución (El Estado social, democrático de Derecho) y el art. 9.2, según el cual el Estado debe promover las medidas necesarias para hacer reales y efectivas las ideas de Libertad e Igualdad[282].

Sin embargo, siguiendo a Pérez Serrano, "copiar externamente instituciones resulta fácil y expedito; asimilar su contenido es mucho más arduo[283]". Y esto es, en definitiva, como veremos más adelante, lo que sucede con el Estado social en nuestro país. Así, en una línea muy similar a la española, la Constitución colombiana establece, por un lado, la denominación del Estado social y el establecimiento de los derechos sociales y, por otro lado, un cuadro normativo propicio para la formulación de un modelo económico y social neoliberal[284]. Sin embargo, a diferencia de España, la jurisprudencia sí defiende el carácter vinculante del Estado social frente a la actuación de los gobernantes[285].

Como se puede fácilmente comprobar, las declaraciones de derechos de esta época sufrieron cambios relevantes en tres dimensiones esenciales, con respecto a la etapa anterior: longitud (ya que cada vez las Constituciones son más extensas), latitud (pues cada vez abarcan más países) y profundidad (pues que han dejado de ser dogmas, contando ya con garantías eficaces[286]), aunque, en la actualidad, los derechos más debatidos actualmente son los sociales[287]. Así, éstos nacieron como resultado de las preocupaciones sociales y económicas de una época determinada, y los mismos servirán para explicar, en parte, a las generaciones futuras, las preocupaciones y las ideologías de un tiempo, ni tan pretérito ni tan futuro, al que nos ha tocado vivir. El problema es que se va a considerar que los derechos de libertad son un a priori válido por sí mismo mientras que los derechos sociales son una creación estatal, lo que supone que ni los derechos de libertad van a recibir una fundamentación coherente, al entender que proceden de un orden natural, ni los derechos sociales son traducidos a la realidad. Por ello, los derechos de libertad y los derechos sociales deben de tener la misma fuerza normativa[288].

---

282 Cfr., RUIPÉREZ ALAMILLO, J., "El derecho constitucional a la vivienda ...", *op.cit.*, p. 43.

283 PÉREZ SERRANO, N., "Cien años de Derecho político", *op.cit.*, cit., p. 894.

284 Cfr., VILLAR BORDA, L., "Estado de Derecho y Estado social de Derecho", *op.cit.*, p. 93.

285 La sentencia No. C-566/95 de la Corte Constitucional colombiana establece el carácter vinculante de las disposiciones del Estado social para el poder público. Y la sentencia del 9 de julio de 1992 de la Corte Constitucional colombiana establece que la denominación del Estado como social supone unas funciones sociales que no son accesorias sino la esencia misma de esa forma de Estado.

286 Cfr., PÉREZ SERRANO, N., "La evolución de las declaraciones de derechos", *op.cit.*, p. 466.

287 Cfr., BOTTOMORE, T., "Ciudadanía y clase social, 40 años después", *op.cit.*, p. 130.

288 Cfr., DE VEGA GARCÍA, P., "En torno al concepto político de Constitución", *op.cit.* pp. 717-718.

Los derechos sociales no buscan únicamente acabar con la miseria de las capas más bajas de la sociedad, sino transformar el modelo global de la desigualdad social, eliminando las barreras que se alzan entre los derechos civiles y su ejercicio[289]. La extensión de los servicios sociales no es un medio para igualar las rentas, sino para reducir el riesgo y la inseguridad de los ciudadanos, homogeneizando todos los niveles entre los menos y los más afortunados, en la medida de lo posible. Sin embargo, la consideración de unos derechos como especies diferentes de otros no se debe sólo a la defensa de la protección jurídica de unos frentes otros, sino que se busca que los derechos sociales no sean efectivos para que los de libertad no sean iguales para todos los ciudadanos[290]. Y cuando los derechos no son iguales para todos, se convierten en privilegios. Por tanto, los derechos sociales no son un factor de igualdad material, pues si se atribuyen a todos, se convierten en un factor de igualdad formal[291] y no pueden ser negociables, ya que ello sería como negociar el derecho de voto. Se trata de conseguir con ellos una igualdad de estatus[292].

Y por lo que a nuestro objeto de estudio se refiere, al igual que De Vega, entendemos que el Estado social es el majestuoso intento de recuperar la herencia del humanismo renacentista, recobrando de nuevo la Libertad protegida por el *vívere civile* de Maquiavelo (la participación). Es la manifestación más lograda de la idea maquiavelista de República, al integrarse, sin confrontación, las ideas de Libertad y Democracia[293]. Así, el constitucionalismo de entreguerras, el cual se caracteriza por vigorizar el Estado de Derecho, añade libertades sociales y garantías institucionales[294], vinculándolo a la socialdemocracia, por lo que el mismo surge para solucionar los problemas del constitucionalismo clásico liberal, incapaz de adaptarse a los nuevos dogmas (trabajo, sindicatos...) y a las nuevas formas de democracia semidirecta (referéndum, iniciativa popular[295]...).

En Europa, durante esta época, a diferencia de lo que sucede en EEUU, apenas hay oposición a los impuestos altos, según O´Connor, por la elevada evasión fiscal, pues la clase trabajadora ya está acostumbrada a ello, por los altos niveles de gasto social y por la mayor flexibilidad de los gobiernos europeos para asignar los ingresos fiscales[296]. Así, en la Europa continental, los Estados socialdemócratas se centraron en garantizar el empleo por la implicación política que suponía

289 Cfr., Marshall, T. H., *Ciudadanía y clase social, op.cit.*, p. 52.

290 Cfr., Ruipérez Alamillo, J., *La necesidad de constitucionalizar... op.cit.*, pp. 40-45.

291 Cfr., Ferrajoli, L., "De los derechos del ciudadano a los derechos de la persona", *Derechos y garantías de la Ley del más débil*, Prólogo de Perfecto Andrés Ibáñez, Editorial Trotta, Quinta edición, 2006, pp. 122-123.

292 Cfr., Marshall, T. H., *Ciudadanía y clase social, op.cit.*, pp. 59 y 69.

293 Cfr., De Vega García, P., "La Democracia como proceso. ...", *op.cit.*, pp. 492-493.

294 Cfr., Pérez Serrano, N., "El constitucionalismo europeo", *op.cit.*, p. 387.

295 Cfr., Pérez Serrano, N., "Cien años de Derecho político", *op.cit.*, p. 891.

296 Cfr., O´Connor, J., *La Crisis fiscal del Estado, op.cit.*, p. 288.

que miles de personas quedasen sin trabajo[297]. La socialdemocracia alemana optó por la evolución en lugar de por la revolución[298], la democracia social francesa se basaba en la Igualdad[299] y en Escandinavia, el Estado del Bienestar fue obra de los socialdemócratas. En Gran Bretaña, sin embargo, el Estado de Bienestar fue una obra programática que buscaba aliviar las condiciones de los más desfavorecidos y reducir la extrema pobreza[300]. Por ello, haciendo nuestras las palabras de Tony Judt, "Numerosos países europeos practican algo parecido a la socialdemocracia, pero se han olvidado como defenderla[301]".

En EEUU, en cambio, tiene poca aceptación la socialdemocracia, especialmente porque se tiene una concepción negativa del socialismo, vinculándolo al comunismo, por lo que se busca desmantelar las buenas políticas y legislaciones que a lo largo del siglo XX se conquistaron, en nombre de la eficiencia y del menor gobierno. Por esta razón, no puede exportarse el modelo europeo socialdemócrata a EEUU porque no existe la misma homogeneidad que en Europa[302]: en EEUU domina el tradeunionismo, que defiende la mejora social y el bienestar del trabajador, pero se rechaza a las ideologías socialistas y radicales[303].

Además, los economistas van a entender que el progreso económico está relacionado con el PIB, pero está demostrado que no hay relación entre su crecimiento y la mejora de la salud, educación o libertad política sin distribución de la riqueza ni sin igualdad social[304]. Y es que cuando se produce crecimiento económico, éste no se traduce necesariamente en una distribución de esa prosperidad a la población, salvo que exista distribución por parte del Estado[305]. Así, en palabras del americano: "Un incremento general de la riqueza agregada oculta disparidades distributivas[306]". El desarrollo capitalista se logra a expensas del empobrecimiento económico. Por ello, el Estado ha de corregir ese desequilibrio para no poner en peligro su función legitimadora: la garantía la igualdad de derechos[307]. De este modo podemos afirmar que la prosperidad no destruye las tensiones sociales sin un Estado social[308].

---

297 Cfr., Judt, T., *Algo va mal*, *op.cit.*, pp. 81-82.

298 Cfr., Kelsen, H., "La teoría política del Bolchevismo...", *op.cit.*, p. 166.

299 Cfr., Hayek, F.A., *Camino de servidumbre*, *op.cit.*, p. 268.

300 Cfr., Judt, T., *Algo va mal*, *op.cit.*, p. 59.

301 *Ibidem*, cit., p. 21.

302 Cfr., *Ibídem*, pp. 21, 75-76 y 212.

303 Cfr., Bell, D., *El fin de las ideologías... op.cit.*, p. 234.

304 Cfr., Nussbaum, M. C, *Sin fines de lucro, por qué la democracia necesita de las humanidades*, Katz Editores, Primera edición, 2010, pp. 34-36.

305 Cfr., Judt, T., *Algo va mal*, *op.cit.*, p. 35.

306 *Idem*, cit.

307 Cfr., Murillo Ferrol, F., "Prólogo", O'Connor, J., *La Crisis fiscal del Estado*, Ediciones península, 1994, p. 11.

308 Cfr., Bell, D., *El fin de las ideologías... op.cit.*, p. 115.

Así, el Estado capitalista, como afirma O'Connor, debe satisfacer dos funciones básicas y contradictorias: acumulación (debiendo generar un excedente sobre los que gravar los impuestos) y legitimidad (no pudiendo servir para que una clase acumule capital a expensas de otra). Por ello, el Estado busca burocratizar los conflictos sociales para legitimarse, como el arbitraje y la conciliación laboral, así como la relación entre el pequeño y el gran capital, en el que el primero recibe subvenciones y el segundo las mantiene. De esta forma, el Estado logra el control de las masas mediante la cooperación de los líderes sindicales con las grandes empresas, logrando subidas de salarios y la reducción del desempleo, a costa de aumentar la asistencia social. Los gastos asistenciales serían, de este modo, un mecanismo del capitalismo para compensar las desigualdades generadas. La seguridad Social busca permitir y legitimar la acumulación de capital y aumentar la producción, manteniendo las relaciones laborales pacíficas. Se trata, por tanto, de un seguro más para los capitalistas que para los trabajadores[309]. Por tanto, sin un Estado social, el capitalismo desaparecería, al no poder afrontar sus propias contradicciones. No obstante, no se puede ver esto desde una perspectiva negativa, ya que, aunque el capitalismo actual no puede sobrevivir sin el Estado social, como instrumento compensatorio de las desigualdades sociales, no existe otro modelo económico y político que, dadas las circunstancias actuales, pueda garantizar los derechos sociales con la misma eficacia que lo hace el Estado social, como veremos. Y es que un modelo no es más socialista en la medida en que perjudique a los empresarios, sino en la medida en que favorezca a los trabajadores. De esta forma, siguiendo la opinión de Heller, el socialismo que sólo busca perjudicar a la burguesía es odio reprimido a los capitalistas[310].

Pero la defensa del socialismo, para Heller, no es una mera cuestión de situación económica ("De estómago y de masas") sino que es una cuestión de ética, como muestran los grandes pensadores marxistas burgueses. Pues, a diferencia del liberalismo, el socialismo no busca hartura, sino desarrollo humano. Y tampoco el Estado social, en opinión de Heller, se creó para beneficio de la burguesía, ya que supone un gravamen para la misma. Y aún en el caso de que así lo fuese, no importaría mientras beneficie a los obreros[311]. Además, la democracia social debe descansar sobre un fondo común de valores. Si no hay contenidos comunes y existen diferencias económicas relevantes entre los ciudadanos, los gobernados confundirán a la ley con los gobernantes, sintiendo que la política es algo abstracto sin Libertad ni Igualdad[312] y, por tanto, carente de legitimidad.

La conciencia de libertad es la conciencia de la desigualdad social y conciencia política de poder, la cual no se deja reprimir mucho tiempo por la fuerza, lo que impide formar una verdadera unidad política. Por ello, para que exista democracia

309 Cfr., O'Connor, J., *La Crisis fiscal del Estado*, *op.cit.*, pp. 26, 98-99 y 176 y 180.

310 Cfr., Heller, H., "Socialismo y Nación", *op.cit.*, p. 185.

311 Cfr., *Ibidem*, pp. 139-140 y 184-185.

312 Cfr., Heller, H., *Europa y el fascismo*, *op.cit.*, p. 2.

es necesaria la homogeneidad social. Se trata de un estado socio-psicológico en el que la conciencia del "nosotros" es una voluntad de comunidad, apareciendo reconciliados los antagonismos y luchas de intereses. Y es el progreso en la conciencia de libertad lo que amenaza la formación de la unidad democrática. Sin esa homogeneidad en la estratificación social no es posible respetar al adversario. Así, cuando no existe homogeneidad social, nadie se identifica con los símbolos ni con los representantes del Estado, por lo que desaparece la unidad, lo que aproxima al país, peligrosamente, a la guerra civil[313]. Sin embargo, si hay fe en la existencia de la homogeneidad social, es posible debatir con el adversario, renunciar a la coacción física y a imponer un poder dictatorial[314], por lo que la misma es necesaria para un sistema democrático[315]. Así, como afirma Tony Judt, "La pobreza es una abstracción, incluso para los pobres. Pero los síntomas del empobrecimiento colectivo están a nuestro alrededor[316]".

Por ello, para Heller, una Nación o comunidad no puede pervivir mucho tiempo si la mayoría de sus individuos carecen de educación y bienes, y unos pocos lo tienen casi todo, existiendo, por tanto, grandes diferencias de clase[317], ya que, como afirma De Vega, "el mantener como valor absoluto el sagrado principio de la igualdad ante la ley, por ejemplo, tratando igual formalmente lo que es desigual en la realidad, es el mejor camino para institucionalizar social y políticamente la desigualdad[318]". Así, ésta no es sólo económica, sino sobre todo psíquico-social[319]. Por ello afirma Heller que "Sin homogeneidad social, la más radical igualdad formal se torna la más radical desigualdad y la democracia formal, Dictadura de la clase dominante[320]". No obstante, la desigualdad económica también puede mitigarse sencillamente con una cierta homogeneidad en las convenciones sociales (lugares de ocio, vestimenta, círculos sociales...).

Por tanto, el principal fin del Estado debe ser reducir la desigualdad, pues ésta provoca la pérdida de cohesión social. No solo es inmoral, sino también ineficaz, pues las poblaciones desiguales necesitan códigos penales muy punitivos, mientras que las sociedades igualitarias tienen más felicidad y seguridad[321]. "Cuanto mayor es la distancia entre la minoría acomodada y la masa empobrecida, más se agravan los problemas sociales, lo que parece cierto tanto para los países ricos como

313 Cfr., HELLER, H., "Democracia política y Homogeneidad", *Escritos políticos*, prólogo y selección de Antonio, López Pina, Alianza editorial, Madrid, 1985, p. 262.

314 Cfr., *Ibidem*, pp. 262-265.

315 Cfr., MONEREO PÉREZ, J. L., "Estudio preliminar", *op.cit.*, p. CLVIII.

316 JUDT, T., *Algo va mal*, *op.cit.*, cit., p. 26.

317 Cfr., HELLER, H., *Las ideas políticas contemporáneas, op.cit.*, p. 116.

318 DE VEGA GARCÍA, P., "En torno al concepto político de Constitución", *op.cit.* cit., p. 718.

319 Cfr., HELLER, H., "Democracia política y Homogeneidad", *op.cit.*, p. 266.

320 *Ibidem*, cit., p. 265.

321 Cfr., JUDT, T., *Algo va mal*, *op.cit.*, pp. 175-177.

para los pobres. No importa lo rico que sea un país, sino lo desigual que sea[322]", como afirma Tony Judt. Para que exista una comunidad es necesario que exista confianza entre los ciudadanos de que se tomarán decisiones que beneficiarán a todos, pues la confianza es necesaria para el buen funcionamiento de la sociedad[323] ya que, según sus palabras, "Cuanto más igualitaria es una sociedad, más confianza reina en ella[324]". Así, para este autor, la función del Estado es regular la economía y reconstruirla cuando cae en una economía mal regulada, así como evitar unas ganancias inmoderadas, a través del reparto de riqueza[325]. Y es que en los países en los que se produce una distribución equitativa en el aumento de la renta nacional, no surge el resentimiento[326].

Así, la solidaridad se da en toda comunidad política, pero es en el Estado nacional donde la solidaridad alcanza mayor fuerza y cohesión. Sin embargo, el Estado social impone como una obligación jurídica dicha solidaridad, de forma expresa o implícita, que aparece en todos sus textos constitucionales. De esta forma, la solidaridad pasa de ser un deber moral a un deber jurídico, a través del Poder Constituyente que lo consagra[327]. Por ello afirma Tajadura que "En los orígenes del constitucionalismo contemporáneo (...) la solidaridad se presentaba como la traducción jurídica en forma de deber de un valor moral[328]". Es decir, el Estado social es la positivización del principio ético político de la solidaridad, existente en la conciencia social, para darle una garantía de la que carecía hasta el momento. Así, la solidaridad es, por un lado, el fundamento de la Constitución, desde el punto de vista político, y, por otro, un deber general del que emanan obligaciones concretas de hacer y no hacer, a cuyo incumplimiento debe corresponder una sanción, desde el punto de vista jurídico. Pero también es, al tiempo, una finalidad del Estado, desde el punto de vista económico, así como la dimensión material de su unidad. De esta forma, el principio de solidaridad es a la vez un elemento estructural del Estado y un fin que éste debe garantizar, aunque no se determinan los medios para ello. Así, la facultad del Estado social es la realización de la solidaridad como intervención correctiva de las desigualdades generadas por el sistema capitalista[329]. Por tanto, en palabras del autor, "El Estado constitucional es el marco jurídico-político en el que el principio de solidaridad ha descendido del limbo de las ideas y de los buenos propósitos para alcanzar una operatividad real y desplegar eficacia jurídica[330]".

---

322 *Ibidem*, cit., p. 33.

323 Cfr., *Ibidem*, pp. 72-73.

324 *Ibidem*, cit., p. 73.

325 Cfr., *Ibidem*, p. 192.

326 Cfr., Bell, D., *El fin de las ideologías... op.cit.*, pp. 35-36.

327 Tajadura Tejada, J., "El principio de solidaridad en el Estado autonómico", *op.cit.*, cit. p. 72-73.

328 *Ibidem*, cit., p. 70.

329 Cfr., *Ibidem*, pp. 75, 82, 96 y 100.

330 *Ibidem*, cit., p. 74.

Pero Ferrajoli considera que el socialismo burocrático y el liberalismo burgués defendían el mismo modelo de desigualdad, el de homologación jurídica de las diferencias, negando las desigualdades existentes a través de una igualdad abstracta, haciendo que dicha igualdad fuese ineficaz[331], ya que no se trata de actuar como si no existieran diferencias sino, precisamente, de actuar para que las mismas sean eliminadas. Por esta razón, Hayek aclara, en el "Prefacio" a la edición de 1976 de su libro *Camino de servidumbre*, que el socialismo significaba, en un inicio, la nacionalización de los medios de producción y la planificación de la economía mientras que, actualmente, el socialismo significa una profunda redistribución de las rentas a través de los impuestos y de las instituciones del Estado benéfico, por lo que, concluye, que no todo socialismo conduce al totalitarismo[332].

Por ello, la legitimidad del Estado social únicamente debe buscarse en la sociedad[333] aunque su justificación sea jurídica. Así, optar por la defensa de la socialdemocracia no es solamente una posición política, sino que es la opción constitucionalmente elegida por el legislador constituyente español, por lo que debe respetarse y profundizarse, al igual que se aceptan y respetan los principios del liberalismo. Pero en esa imposición jurídica se dan un amplio abanico de combinaciones entre ambas formas de economía de Estado que pueden desarrollarse: Estado social y Estado liberal. De esta forma, como afirma Forsthoff, "El Estado moderno se concibe a sí mismo como un Estado social[334]" ya que "La política económica moderna es, a la vez, política social[335]", en expresión de Doehring, por lo que no es de extrañar que Monereo cuestione que la democracia pueda ser real si ésta no cumple con el principio de igualdad en la esfera de lo económico[336] al defender que el Estado social es la materialización de la democracia[337]. Por ello, no lo debemos analizar como una tendencia ideológica constitucional de un colectivo, sino como el carácter esencial del Estado constitucional español actual. Y para poder llevar a cabo el estudio de su desarrollo y evolución será preciso, en primer lugar, fijar el concepto de Estado social.

De este modo, cabe comenzar definiendo al Estado social como un instrumento de compensación que se fundamentó científicamente desde Keynes y que era necesario para el funcionamiento de la sociedad capitalista[338], como

331 Cfr., Ferrajoli, L., "Igualdad y diferencia", *Derechos y garantías de la Ley del más débil,* Prólogo de Perfecto Andrés Ibáñez, Editorial Trotta, Quinta edición, 2006, p. 75.

332 Cfr., Hayek, F.A., "Prefacio", *Camino de servidumbre*, *op.cit.,* pp. 36-37.

333 Cfr., De Vega García, P., "Estado social y Estado de partidos...", *op.cit*, p. 395.

334 Forsthoff, E., "Problemas constitucionales del Estado social", Abendroth, W., Forsthoff, E. y Doehring: *El Estado social*, Centro de Estudios Constitucionales, Madrid, 1986 cit., p. 46.

335 *Ibidem*, cit., p. 49.

336 Cfr., Monereo Pérez, J. L., "Estudio preliminar", *op.cit.*, pp. CII-CIII.

337 Cfr., *Ibidem*, p. XCII.

338 Cfr., Abendroth, W., "El Estado de Derecho democrático y social como proyecto político", *op. cit.*, p. 32.

ya hemos tenido ocasión de demostrar. Keynes transformó el capitalismo para darle certidumbre, tomando la idea del Estado interventor totalitario, que podría hacer sentir añoranza a las masas, pues tras la I Guerra Mundial la gente se acostumbró a una fuerte intervención estatal[339]. Sin embargo, a diferencia de Heller, Keynes no defendía una sociabilización de los medios de producción sino la sociabilización de las inversiones, con la finalidad de garantizar el pleno empleo[340]. Así, mientras que el socialismo busca acabar con la anarquía económica, en el liberalismo, sin embargo, la anarquía económica goza de cierta legitimidad[341]. Por ello, Héller afirma que "Socialismo no quiere decir sino señorío de la autoridad comunitaria sobre la economía[342]". "El Estado socialista se caracteriza por la soberanía sobre la economía, no por una economía de Estado, y mucho menos por la disolución del Estado en la economía[343]". El socialismo busca transformar el orden jurídico privado del trabajo y del capital en un orden jurídico público[344]. Pues, en su opinión, "Sólo así, apropiándose la comunidad política de una fuerza económica y de monopolios públicos, puede contrarrestarse eficazmente el monopolio de lo privado, que se deriva de la fuerza económica privada, resultante de la libertad de comercio y de la industria[345]". El pensamiento socialista defiende un concepto de sociedad histórico, dinámico, que acabe con las diferencias de clase y de poder[346].

Kelsen entiende que el marxismo no es científico, sino una religión, ahora que el cristianismo está en declive[347], por lo que, en una línea similar, el "fin de las ideologías", para Bell, supone el fin de las fórmulas fáciles de la izquierda para llevar a cabo el cambio social y el fin de los retóricos. No es el fin de la utopía, sino que sólo si somos conscientes de las trampas de la ideología, podemos debatir cómo alcanzar esa utopía. Por tanto, una utopía no puede ser una escalera de fe, sino que debe ser empírica: debe especificar a donde se quiere llegar, como se quiere llegar hasta allí, los costes que ello supondrá y quien debe pagarlos[348]. Pero con ello, aclara, no pretende llevar a cabo una defensa ideológica del pensamiento tecnocrático o del statu quo del momento, ni tampoco supone un ataque al papel de los ideales en la política, sino que defiende que todos los cambios políticos y sociales avancen hacia la socialdemocracia.

---

339 Cfr., JUDT, T., *Algo va mal, op.cit.*, pp.54 y 62-63.

340 Cfr., BELL, D., *El fin de las ideologías... op.cit.*, p. 86.

341 HELLER, H., "Socialismo y Nación", *op.cit.*, cit., p. 182.

342 *Ibidem*, cit., p. 139.

343 Cfr., *Ibidem*, pp. 182-183.

344 Cfr., HELLER, H., *Las ideas políticas contemporáneas, op.cit.*, p. 142.

345 *Ibidem,* cit., p. 150.

346 Cfr., HELLER, H., *Teoría del Estado, op.cit.,* pp. 125-126.

347 Cfr., KELSEN, H., "Teoría política del socialismo", *op.cit.*, p. 64.

348 Cfr., BELL, D., *El fin de las ideologías... op.cit.*, pp. 452-453.

Así, tras la II Guerra Mundial, los socialistas aprendieron que la democracia y los derechos fundamentales son necesarios para una sociedad decente, debiendo priorizarse la libertad, incluso frente al socialismo[349]. Igualmente, el comunismo fracasó en EEUU por rechazar el "toma y daca" político y el capitalismo, por lo que se convirtió en su enemigo, limitándose a criticar el triunfo del movimiento laborista en EEUU por haber aceptado la sociedad capitalista y buscar transformarla desde dentro[350]. De esta forma, Bell defiende que el socialismo ha dejado de ser relevante para los problemas de la sociedad industrial occidental[351]; sostiene que fue un sueño ilimitado en el que se hacían promesas que no se podían cumplir por ser demasiado ambiciosas[352], por lo que los socialistas de su tiempo ya no defienden la revolución sino la reforma, desde dentro del Estado[353].

Los Estados socialdemócratas no buscaban la colectivización de la propiedad, ya que se acepta el capitalismo, la democracia parlamentaria y se realiza una protección colectiva mediante un elevado sistema impositivo progresivo, a diferencia del comunismo, que desplaza los dos primeros[354] ya que "los socialdemócratas propugnan por la tributación progresiva a fin de financiar los servicios públicos y otros bienes sociales que los individuos no pueden conseguir por sí solos. (...), una visión socialdemócrata de la buena sociedad entraña desde el comienzo un mayor papel para el Estado y el sector público[355]", en palabras de Tony Judt. "La reivindicación por el proletariado de una democracia social no significa otra cosa que la extensión de la idea del Estado material del Derecho al orden del trabajo y de las mercancías[356]", en palabras de Heller. Sin embargo, es preciso tener en cuenta que, para este autor, el Estado social es una fase transitoria hacia el socialismo, el cual consistía en la dominación de la clase trabajadora a través del Estado de Derecho, sometiendo la Economía a la Política[357]. En los sistemas comunistas, sin embargo, la propiedad privada se prohíbe y la representación se hace mediante fórmulas asamblearias[358]. Así, la reivindicación de una democracia social supone la extensión del Estado de Derecho material al orden del trabajo y de las mercancías[359]. No busca destruir el Estado, sino sólo transformarlo, por lo que afirma

349 Cfr., Bell, D., "Epílogo de 1988: ...", *op.cit.*, cit., pp. 455, 469 y 494.

350 Cfr., Bell, D., *El fin de las ideologías... op.cit.*, pp. 309-310.

351 Cfr., Bell, D.," Epílogo de 1988: ...", *op.cit.*, cit., p. 468.

352 Cfr., Bell, D., *El fin de las ideologías... op.cit.*, pp. 305-306.

353 Cfr., Bell, D., "Epílogo de 1988: ...", *op.cit.*, cit., p. 463.

354 Cfr., Judt, T., *Algo va mal*, *op.cit.*, pp. 212-213.

355 *Ibidem*, cit., p. 20.

356 Heller, H., *Europa y el fascismo*, *op.cit.*, cit., p. 124.

357 Cfr., López Pina, A., "Prólogo" *op.cit.,* p. 17.

358 Cfr., Judt, T., *Algo va mal*, *op.cit.*, p. 80.

359 Cfr., Heller, H., "¿Estado de Derecho o dictadura?", *op.cit.*, p. 290.

Heller que "El núcleo de las ideas políticas del socialismo (...) es, sistemáticamente, idéntico al núcleo de las ideas políticas de la Democracia social[360]".

Heller defendió, por tanto, el Estado social como aquella comunidad que, recuperando el contenido material del Estado de Derecho e impregnándolo de democracia social, busca logar la mayor homogeneidad social, para lo que se configura como un Estado interventor, prestacional y redistribuidor de la riqueza. "Socialismo es democracia económica[361]", afirmará. En su opinión, la socialdemocracia es una asociación de lucha política que quiere establecer un orden de economía comunitaria en sustitución de la capitalista, racionalizar la producción para aumentar las mercancías y sociabilizar para lograr una justa distribución[362]. Por ello, el Estado social debe buscar, como última meta, transformar la sociedad y sustituir la economía de mercado por una economía parcialmente planificada, en interés de la sociedad, con elementos de la libre empresa, así como democratizar la elaboración de un plan económico desde los trabajadores de cada industria hasta los sectores empresariales[363].

Pero no basta con que el Estado tenga un poder económico propio que pueda contraponerse a la propiedad privada, sino que, además, es necesario que los trabajadores puedan participar en el Estado[364]. Así, para Tony Judt, la socialdemocracia es un híbrido entre el respeto por la individualidad y los derechos individuales, junto con la acción colectiva; un híbrido entre las ideas socialistas y las capitalistas[365]. Y para Bell, la socialdemocracia entendió el poder como la necesidad de adoptar decisiones sociales basadas en la reconciliación de intereses diversos mediante el compromiso y el consenso[366]. La socialdemocracia y el Estado de Bienestar fueron los que vincularon la clase media a las instituciones liberales, lo que supuso mayor seguridad, ya que fue la desafección de éstas al sistema liberal lo que dio lugar al fascismo[367]. Así, "La seguridad del bienestar que se vivía y la futura prosperidad suavizaron las injusticias naturales del capitalismo[368]", en palabras del autor.

Así, la teoría del Estado social no sólo sirve para satisfacer la procura existencial, sino que ha de buscar la defensa de las clases más desfavorecidas[369]. El Estado

360 Heller, H., *Las ideas políticas contemporáneas, op.cit.*, cit., p. 117.

361 Heller, H., "El Derecho constitucional de la República de Weimar. Derechos y deberes fundamentales", *op.cit.*, cit., p. 279.

362 Cfr., Heller, H., "Estado, Nación y Socialdemocracia", *op.cit.*, p. 228.

363 Cfr., Abendroth, W., "El Estado de Derecho democrático y social como proyecto político", *op.cit.*, p. 41.

364 Cfr., Heller, H., "Socialismo y Nación", *op.cit.*, p. 139.

365 Cfr., Judt, T., *Algo va mal, op.cit.*, pp. 20-21 y 78.

366 Cfr., Bell, D., *El fin de las ideologías... op.cit.*, p. 326.

367 Cfr., Judt, T., *Algo va mal, op.cit.*, p. 60.

368 Judt, T., *Algo va mal, op.cit.*, cit., p. 58.

369 Cfr., Ruipérez Alamillo, J., "El derecho constitucional a la vivienda ...", *op.cit.*, p. 150.

deja de garantizar la libertad burguesa, como libertad económica, y se convierte en un Estado fuerte y libre, siendo un Estado empresario, prestador de servicios y planificador de la vida económica de la sociedad[370]. Mientras que el Estado abstencionista da lugar a la miseria y a la injusticia social, el Estado social es un Estado que interviene en la economía, tanto como propietario de los medios de producción como corrector de los efectos derivados del capitalismo puro, lo que contribuye a elevar el nivel de vida de los ciudadanos, sin limitarse sólo a la defensa de las clases más necesitadas[371].

Así, según Ruipérez, el Estado constitucional social ha de ser un Estado interventor y prestacional, controlando el mercado, proporcionando cada vez mayor grado de bienestar y garantizando un mínimo nivel de vida que no ha de relacionarse con la subsistencia, para corregir las desigualdades económicas, a través de una política fiscal progresiva, frente al espíritu neoliberal, que busca reducir el Estado a su mínima expresión, permite el libre juego económico y las diferencias sociales derivadas de la propiedad [372]. Busca someter la economía y los poderes privados a la voluntad del Pueblo, único soberano posible y legítimo en el Estado constitucional, con el fin de corregir el capitalismo, pero sin lesionar la libertad de contratación establecida en la Constitución. Se caracteriza, por tanto, por tres características: distribuidor de riqueza, prestacional e interventor[373]. Por ello, podemos afirmar, junto con Ruipérez, retomando las ideas de Heller, que el Estado social es el más perfecto y acabado instrumento de liberación de los Hombres, donde las Ideas de Libertad, Democracia e Igualdad han adquirido auténtica entidad, configurando ese Estado de libertad total al que aspira el Estado constitucional. Así para De Vega, el Estado social no es una ampliación del Estado liberal, limitándose a añadir los derechos sociales, sino que supone una realidad estatal diferente[374]. Por algo Roosevelt calificó en su momento las reformas sociales del New Deal como la imposición de los derechos humanos sobre la propiedad[375].

Por tanto, el Estado de Bienestar es un agente igualador, un sistema progresivo sobre la renta y la riqueza, que necesita de medidas socialistas para su desarrollo sobre la propiedad pública de ciertas áreas vitales de la economía[376], pues la intervención económica, a través de las ayudas sociales, permite reajustar la economía cuando se va a producir alguna crisis[377]. Así, el Estado social y democrático de

370 Cfr., Ruipérez Alamillo, J., *El constitucionalismo democrático ...op.cit*, p. 161.

371 Cfr., Ruipérez Alamillo, J., "El derecho constitucional a la vivienda ...", *op.cit.*, p. 164.

372 Cfr., Ruipérez Alamillo, J., *La Constitución del Estado de las Autonomías...op.cit.*, pp. 362-363.

373 Cfr., Ruipérez Alamillo, J., "El derecho constitucional a la vivienda...", *op.cit.*, pp. 162, 176 y 179.

374 Cfr., De Vega García, P., "En torno al concepto político de Constitución", *op.cit.* p. 714.

375 Cfr., Bell, D., *El fin de las ideologías... op.cit.*, p. 76.

376 Cfr., Bottomore, T., "Ciudadanía y clase social, 40 años después", *op.cit.*, p. 131.

377 Cfr., Bell, D., *El fin de las ideologías... op.cit.*, pp. 101-102.

Derecho busca resolver las cuestiones sociales del capitalismo avanzado[378] con el apoyo de la intervención del Estado[379]. Pero como afirma Marshall, "La norma del servicio social no es la compra del servicio, sino la provisión del mismo[380]". Por tanto, el servicio social tiene como finalidad atender las cada vez mayores demandas de bienestar de sus ciudadanos, aunque la procura existencial varía en función del tiempo y del lugar, añadiéndose nuevos servicios sociales o suprimiéndose otros a medida que se desarrolla el Estado social[381].

"Como Estado social se define aquél que acepta e incorpora al orden jurídico, a partir de la propia constitución, derechos sociales fundamentales junto a los clásicos derechos políticos y civiles[382]", en palabras de Villar Borda, el cual establece taxativamente los derechos sociales que caracterizan al Estado social, aunque admite que su establecimiento no configura de por sí al mismo, pues también los regímenes fascistas tenían derechos sociales. Para que un Estado sea social, dice, además de contener derechos sociales, la legislación ordinaria del Estado debe estar inspirada en la idea del Estado social, aunque luego dice lo contrario. Así, para él, el Estado social será lo que el legislador, el ejecutivo, la participación ciudadana y la interpretación constitucional quieran, lo que contribuirá a hacer realidad esos preceptos[383].

No obstante, desde una posición siempre digna de la mejor crítica, debemos oponernos a dicha interpretación en la medida en que, en primer lugar, es un error enumerar los derechos sociales como característicos del Estado social pues no todos los países tienen las mismas necesidades vitales, y las que parecen comunes y necesarias actualmente, en el futuro podrían no serlo. Por ello, no es posible establecer, como acertadamente enuncia Forsthoff, un concepto general de Estado social, pues cualquier intento de establecerlo carecería de utilidad, ya que las demandas sociales cambian de un lugar físico o histórico a otro[384]. Por ello, no vamos a entrar en todos los servicios sociales que debe prestar el Estado social ni en qué modo, sino exclusivamente en los pilares esenciales del mismo. Así, mientras que, en México, por ejemplo, la calefacción es innecesaria en gran parte del país, en los países del norte de Europa es un bien esencial para la vida, durante el invierno. En cuanto a la obsolescencia de algunos derechos, el derecho de portar armas en EEUU, por ejemplo, se vio como un símbolo de dignidad ciudadana frente al absolutismo, en el que sólo los nobles podían portar armas. Sin embargo, hoy en día ese derecho está obsoleto.

---

378 Cfr., Monereo Pérez, J. L., "Estudio preliminar", *op.cit.*, p. CXLI.

379 Cfr., *Ibidem*, p. XCI.

380 Marshall, T. H., *Ciudadanía y clase social*, *op.cit*, cit., pp. 60-61.

381 Cfr., Ruipérez Alamillo, J., "El derecho constitucional a la vivienda...", *op.cit.*, p. 159.

382 Villar Borda, L., "Estado de Derecho y Estado social de Derecho", *op.cit.*, cit., p. 82.

383 Cfr., *Ibidem*, pp. 83-95.

384 Cfr., Forsthoff, E., "Problemas constitucionales del Estado social", *op.cit.*, p. 46.

En segundo lugar, también comete el error, en nuestra opinión, de someter el carácter social de una Constitución a lo desarrollado por los poderes constituidos. Así, el Estado social no puede quedar reducido, como veremos, a la voluntad del gobernante, sino que debe existir un contenido y unas directrices a los que los gobernantes queden sometidos, o de lo contrario se estaría convirtiendo a la Constitución en un instrumento técnico de poder carente de verdadero contenido jurídico con el que justificar y legitimar los actos políticos. Por tanto, no es posible anular el Estado social a través de las leyes ordinarias, pues ello sería un falseamiento constitucional, al llevar a cabo, a través de los mismos, mutaciones contrarias a la Constitución. Así, las interpretaciones constitucionales del Estado social deben permitir cambios de los modos de funcionamiento de las normas constitucionales, adaptando la aplicación de los derechos sociales a cada momento histórico, pero no pueden hacer adicciones que los contradigan o los hagan desaparecer[385].

De este modo, para Forsthoff, el adjetivo social es inservible para formar nociones jurídicas[386]. Así, en palabras del autor, "La fórmula de Estado social de Derecho no es un concepto jurídico en el sentido de que designe una categoría especial del Estado de Derecho, con características específicas y contenido material propio. De esta fórmula no pueden deducirse derechos ni instituciones (como la cogestión[387])". Por ello, entiende que el Estado social no vincula al legislador. "Ningún término es tan ambiguo ni más susceptible de abusos que el término social. Ningún Estado corre mayor peligro de ser instrumentalizado al servicio de los poderosos del momento que el Estado social[388]", afirma el autor. En una línea similar. Hayek entiende que toda política dirigida a buscar la justicia redistributiva supone una destrucción del Estado de Derecho[389], el cual, admite, produce desigualdades económicas, pero dichas desigualdades no se dirigen a individuos determinados[390]. Cuando todo el mundo puede alcanzar un bien, entienden, porque se lo aseguran las leyes, aunque sólo algunos puedan alcanzarlo materialmente, ello no supone un privilegio[391]. El privilegio sería que los mismos se concediesen a personas determinadas. Así, la igualdad formal de la Ley es incompatible con la búsqueda del Estado de la igualdad material de los individuos, ya que se estarían aplicando normas diferentes según el estatus. De esta forma, siguiendo a Aristóteles, afirma que dar diferente trato a personas iguales supone tratarlas injustamente[392].

385 Cfr., Forsthoff, E., "Concepto y esencia del Estado social de Derecho", *op.cit.*, p. 72.

386 Cfr., *Ibidem*, p. 97.

387 *Idem*, cit.

388 Forsthoff, E., "Problemas constitucionales del Estado social", *op.cit.*, cit., p. 65.

389 Cfr., Hayek, F.A., *Camino de servidumbre*, *op.cit.*, p. 141.

390 Cfr., *Ibidem*, pp. 141-142.

391 Cfr., *Ibidem*, p. 143.

392 Cfr., *Ibidem*, p. 141.

Doehring, por su parte, considera un error entender que lo "social" es algo evidente que no necesita definición por el peligro que supone para la restricción de la libertad individual. Se opone a la igualdad social o solidaridad absoluta, ya que existen capacidades diferentes que poseen los diversos individuos de la sociedad. Así, entiende que la libertad y la igualdad están en contradicción, ya que, si se da preferencia a la igualdad, se limita la libertad, y la proyección de libertad conduce a la desigualdad, ya que no todos los individuos la tendrán por igual, lo cual sólo puede resolver la fraternidad, ya que ésta supone la renuncia a la libertad y a la igualdad sin matices. Por ello, considera que debe existir solidaridad, pero entendida como la libertad de que todos los ciudadanos tengan las mismas oportunidades, mientras que la igualdad supone que todos tengan derecho al mismo grado de libertad[393]. Pero esto es, en nuestra opinión, siempre discutible, una definición vacua de igualdad, ya que, si la libertad no es igual para todos, los que tengan menos libertad, realmente no serán libres. También rechazamos la idea de Pérez Serrano según la cual "La idea de Libertad, creadora de diferencias personales, ha sido sustituida por la igualdad, Homogeneizadora[394]", ya que es el Estado social el que logra conciliar las ideas de Libertad e Igualdad.

De este modo, para Höffe, en la Edad moderna se ha democratizado el trabajo, pues todos necesitan trabajar, viéndose el empleo como una oportunidad de autorrealización, lo que ha permitido lograr la igualdad defendida por los trabajadores. Al mismo tiempo, el trabajo es un factor de control social, ya que, para él, la ociosidad es la madre de todos los vicios y dirige a los jóvenes hacia los fundamentalismos, lo que pone en riesgo a las sociedades[395]. Sin embargo, los trabajadores no buscaban con el Estado social democratizar el trabajo, sino dignificarlo, dotándolo de derechos y de garantías para que pueda llevarse a cabo en condiciones dignas y de salubridad. Posteriormente, una vez logrado relativamente este objetivo, la lucha se centrará en el progreso social, a través de la educación de los hijos, y en la obtención de un estatus, vinculado más al ocio y al oficio que a la riqueza. Así, la búsqueda del progreso social, en sustitución al progreso laboral, provoca que se reduzca el radicalismo entre los obreros.

El obrero occidental no está dominado por la disciplina de la maquinaria fordista, sino por la sociedad de consumo, por la oportunidad de vivir mejor con su salario y por la posibilidad de obtener un crédito fácil, hipotecando su futuro[396]. Por ello, Marshall dice que, en la actualidad, ya no se busca ganar mucho dinero sino hacer algo interesante, prefiriendo la estabilidad a las ventajas monetarias, encaminando los esfuerzos a la obtención de un estatus[397]. Así, como afirma Bell,

---

393 Cfr., Doehring, "Estado social, Estado de Derecho y orden democrático", *op.cit.*, pp. 112-120.

394 Pérez Serrano, N., "Cien años de Derecho político", *op.cit.*, cit., p. 916.

395 Cfr., Höffe, O., *Ciudadano económico, ciudadano del Estado, ciudadano del mundo...op.cit.*, pp. 24-28.

396 Cfr., Bell, D., *El fin de las ideologías... op.cit.*, pp. 281-282.

397 Cfr., Marshall, T. H., *Ciudadanía y clase social, op.cit.*, p. 80.

"Las tensiones sociales de los últimos diez años *no* se han centrado sobre la propiedad, sino sobre la posición[398]". Se sustituye el "proletarial" por el "salarial", al aumentar la productividad y la demanda de nuevos servicios de entretenimiento, recreo e investigación de la nueva clase media. Pero el problema de estos nuevos grupos es que carecen de conciencia de clase[399]. Por tanto, es preciso tener en cuenta que la sociedad actual no puede ser analizada desde la sociedad de clases, sino desde la sociedad de estatus. Ya no se trata tanto del dinero que gana una persona o su pertenencia a una familia acomodada, sino que los círculos sociales varían según su formación y el prestigio del puesto que ocupa. Además, al disfrutar la mayor parte de la población de las mismas actividades de ocio, se refuerza el sentimiento de pertenencia a una misma comunidad.

Pero el Estado social no sólo debe limitarse a paliar las desigualdades, sino que debe buscar eliminarlas desde su origen, como defiende Bottomore. Así, no se trata de prestar únicamente servicios sociales sino también societales (cambios en la estructura social). De este modo, la igualdad no se logra aumentando los servicios asistenciales sino a través de la planificación y de la propiedad pública[400]. Por tanto, la esencia del Estado social se basa en el sometimiento de toda la riqueza del Estado al interés general rousseauniano, como instrumento de liberación de los Hombres[401]. Supone, además, la inclusión de cuestiones de tipo económico en la Constitución, desapareciendo, al mismo tiempo, la clara distinción entre Derecho público y privado y entre Estado y Sociedad civil[402]. Así, en el Estado social, a diferencia de lo que ocurría en el Estado feudal y en el Estado liberal, tanto la política como la economía son públicas[403].

Por tanto, es con el Estado social cuando las ideas de Libertad e Igualdad se funden en una estrecha interdependencia, a diferencia de lo que sucedía en épocas históricas pasadas. Por tanto, para que exista Igualdad, es necesario que exista Libertad, siendo el Estado social la igualación de los niveles de libertad de los ciudadanos. Y una vez garantizadas las ideas de Libertad e Igualdad, nace necesariamente, en una cultura donde existe una Historia común, el principio de Fraternidad, al encontrarse enraizada entre los ciudadanos una mutua solidaridad sobre la situación económica y social de sus iguales. Así, en el Estado social, todos los ciudadanos tienen aseguradas una serie de garantías sociales que permiten el disfrute de todos sus derechos individuales, colectivos y políticos, en igualdad de condiciones, con independencia de su origen social. Con el Estado social, la idea liberal de Nación fuerte vuelve a cobrar sentido pleno en la conciencia de sus ciu-

398 Bell, D., *El fin de las ideologías... op.cit.*, cit., p. 108.

399 Cfr., *Ibidem*, pp. 244-246.

400 Cfr., Bottomore, T., "Ciudadanía y clase social, 40 años después", *op.cit.*, pp. 130-132.

401 Cfr., Ruipérez Alamillo, J., "El derecho constitucional a la vivienda...", *op.cit.*, pp. 30-31.

402 Cfr., Ruipérez Alamillo, J., *El constitucionalismo democrático ...op.cit*, pp. 162-165.

403 Cfr., Heller, H., *Las ideas políticas contemporáneas, op.cit.*, p. 143.

dadanos. Así, se retoman, nuevamente, las conquistas que habían sido propuestas en la Revolución francesa, exigidas en 1848, conquistadas tras la Primera Guerra Mundial y afianzadas después de la Segunda. Y en estas circunstancias, cuando las Ideas de Libertad, Igualdad y Fraternidad vuelven a resurgir. Pero para que esas garantías sean realmente efectivas y respondan a las necesidades actuales de los ciudadanos, el Estado debe asegurar una participación política verdaderamente democrática, a todos los niveles, que permita afirmar la correspondencia real entre representantes y representados. Por tanto, el Estado social surgió como una reinterpretación del Estado liberal, para superar sus deficiencias[404].

Sin embargo, a pesar de que todos estos conceptos del Estado social que hemos analizado se aproximan, en gran medida, a su esencia, creemos que son incompletos y necesitan sintetizarse. Por ello, será preciso proceder a su concreción y precisión para evitar que determinados sistemas sean equiparados erróneamente con nuestro objeto de estudio para conocer en qué medida son compatibles, incompatibles, complementarios o imprescindibles entre sí, con la finalidad de definir un verdadero Estado social y que éste exista en su plenitud. Y en función de los resultados, poder conocer las consecuencias que se deben extraer del funcionamiento de cada uno de ellos.

2.2. La fórmula del Estado social democrático de Derecho: una matización innecesaria

Se ha discutido mucho acerca de la contradicción entre el Estado de Derecho (en el cual los poderes constituidos no deben intervenir en la esfera jurídica individual de los ciudadanos, para asegurar su libertad, salvo mediante limitaciones y prohibiciones generales y abstractas) y el Estado social (en el cual los poderes constituidos deben intervenir en la vida de los ciudadanos a través de prestaciones positivas concretas). De este modo, el Estado social ha provocado una inflación legislativa derivada de la presión de los intereses sectoriales, lo cual implica la pérdida de generalidad y abstracción de la Ley, dando lugar a Leyes-acto[405]. Así, se sostiene que el Estado social ha puesto en crisis al Estado de Derecho, al regular la vida económica y social de la población y renunciando al concepto de ley como norma general, pues en la esfera prestacional eran necesarias regulaciones específicas[406]. No obstante, como trataremos de demostrar, aunque es posible separar las tres concepciones de Estado de Derecho, democrático y social, sólo lo es de forma dialéctica, para estudiar en qué consisten por separado el elemento liberal, el elemento democrático y el elemento social, pero no en la realidad, ya que, sin esos tres elementos, no puede existir el Estado social.

404 Cfr., Forsthoff, E., "Problemas constitucionales del Estado social", *op.cit.*, p. 74.

405 Cfr., Ferrajoli, L., "El Derecho como sistema de garantías", *op.cit.*, p. 16.

406 Cfr., Monereo Pérez, J. L., "Estudio preliminar", *op.cit.*, p. CLVII.

Por esta razón, los socialistas moderados criticaron, durante la República de Weimar, la concepción formal del Estado de Derecho, ya que consideraban que servía para consolidar y reforzar el poder de la burguesía, por lo que defendieron que el Estado debería completarse con derechos sociales, homogeneidad social e igualación material, pero no uniformidad. Así, el Estado social de Derecho se entendió como la fusión del Estado social y el Estado de Derecho. Se trataba de una superación del Estado de Derecho que creaba unos presupuestos económicos y sociales de libertad para todos que reducirían la desigualdad[407]. Sin embargo, durante la vigencia de dicha Constitución fue ampliamente discutida la directa aplicación de los derechos sociales de la misma, tanto por la Ciencia Jurídica como por la jurisprudencia[408], como ya se ha mencionado. Y de nuevo, con el nacimiento de la Ley Fundamental de Bonn, los debates acerca de las consecuencias de la aplicación directa del Estado social volvieron a resurgir. Así, el art. 20 de la ley de la Ley Fundamental de Bonn establece que "La República Federal Alemana es un Estado federal, democrático y social. Todos los poderes políticos emanan del Pueblo". No incluye, sin embargo, que la misma es un Estado de Derecho, pero se entiende que éste es necesario para que sea democrático y social.

De esta forma, para Doehring, sin embargo, el Estado de Derecho se relaciona con la seguridad jurídica, garantizando el cumplimiento de los procedimientos procesales, como medio para garantizar la libertad, mientras que el Estado social se relaciona con el reparto de bienes materiales o derechos. No obstante, Doehring considera que existe una contradicción entre el Estado de Derecho y el Estado social de Derecho, si entendemos que el Estado de Derecho protege los derechos de propiedad para conseguir seguridad jurídica y el Estado social reparte la propiedad, para lograr la igualdad. Pero dicha contradicción no se daría si se entiende que la noción de Estado de Derecho incluye los elementos de Justicia material, la cual es perfeccionada por el Estado social. Si se parte de que el legislador puede determinar en todo momento lo que debe entenderse por "social" no habría oposición con el concepto de democracia, pero si se entiende que el "mandato social" vincula al legislador, será necesario fijar un contenido material del Estado social. De esta forma, las interpretaciones han de ceñirse al texto constitucional, de modo y manera que no puedan ser ilimitadas[409].

Dar preferencia a lo social para llevar a cabo la repartición de bienes puede dar lugar al socialismo y dar preferencia al Estado de Derecho para proteger los derechos ya adquiridos puede llevar a la congelación de los cambios sociales. Por tanto, para él, la contradicción entre el Estado de Derecho y el Estado social se supera abandonando el concepto de Estado social. Así, éste, al aplicar la Justicia material, no puede ir en contra de los principios del Estado de Derecho, ni primando sus valores sobre los derechos fundamentales ni contradiciéndolos, bajo el pretexto de

407 Cfr., *Ibidem*, p. XVIII.

408 Cfr., Forsthoff, E., "Concepto y esencia del Estado social de Derecho", *op.cit.*, p. 88.

409 Cfr., Doehring, "Estado social, Estado de Derecho y orden democrático", *op.cit.*, pp. 116-127.

que suponen justicia material. Por tanto, el Estado de Derecho y el Estado social se armonizan porque el Estado de Derecho protege la seguridad jurídica y el Estado social garantiza el libre desarrollo individual a través de ayudas públicas. Así, en su opinión, la justicia material, como el establecimiento de un sistema de propiedad en beneficio del interés común, sólo puede realizarse si la Constitución lo reconoce expresamente. Al considerar este autor que el Estado social no se basa en ayudas sociales[410], defiende que no debe entenderse el concepto de lo social como un deber del Estado para eliminar la necesidad material de los grupos no privilegiados o para mejorar las condiciones de vida de los pobres, pues dicha función del Estado sólo debe prestarse de manera subsidiaria, ya que la necesidad de ayuda no es una configuración del Estado o de la sociedad, sino un fracaso.

Lo social es el establecimiento del libre desarrollo del ciudadano en sociedad y no sólo la ayuda social, pero entiende que no debe vincularse a la igualdad absoluta sino a la igualdad de oportunidades. Por ello, defiende que los derechos fundamentales son garantías procesales y formales del ciudadano frente al poder, por lo que el legislador no puede modificar su contenido a través de la noción del Estado social para que encajen en él, sino que los tiene que respetar, debiendo el Estado social adaptarse a los mismos. Así, el Estado sólo debe intervenir para eliminar los obstáculos que impidan el desarrollo de la igualdad, como igualdad de oportunidades, ya que la ayuda social sólo tiene sentido para aquellos *que no han tenido éxito.* Considera, por tanto, que el principio de igualdad no es el fundamento del Estado social porque para él, este principio no se basa en la igualdad en oportunidades retributivas y en idénticas relaciones económicas, en el cual todos se hayan sometidos al Estado, como en los países comunistas, sino en igualdad de oportunidades, pudiendo cada individuo adoptar comportamientos sociales distintos, que cada uno asume personalmente. Se trata de que cada uno pueda dedicarse profesionalmente a lo que quiera y que nadie se lo impida, debiendo el Estado eliminar los obstáculos materiales[411].

De esta forma, en las democracias occidentales, la igualdad que se persigue consiste en igualar la libertad, es decir, que todos los individuos puedan gozar del mismo grado de libertad. Por ello, la libertad individual debe primar sobre los derechos colectivos, es decir, la Libertad debe primar sobre la Igualdad, pudiendo darse desigualdades que no sean arbitrarias. Sin embargo, reconoce que sólo es posible limitar la libertad en beneficio de intereses comunitarios si, al favorecelos, aumenta la libertad del individuo, pues la limitación de la libertad es un medio para garantizarla, no un fin[412], ya que, en palabras del autor, "Puesto que la libertad sin límite se destruye a sí misma, la limitación a la libertad es un elemento integrante de esa misma libertad[413]". Si un derecho fundamental es entendido como parte integrante de la noción de Estado de

410 Cfr., *Ibidem*, pp. 123-131, 161 y 197.

411 Cfr., *Ibidem*, pp. 128, 161-168, 187-188.

412 Cfr., *Ibidem*, pp. 132-172.

413 *Ibidem*, cit., p. 141.

Derecho, su contenido es inmediatamente apartado de toda modificación en virtud del cambio social, pero si es entendido como parte integrante del Estado social, ese derecho se hace manipulable. Así, aunque considera que el derecho de propiedad no forma parte del contenido irreformable del Estado de Derecho, sino del Estado social, y que, aunque debe ser protegida, es el Estado el que debe configurar su contenido, los valores comunitarios, como la función social de la propiedad, encuentran su límite en la libertad individual. Por tanto, la propiedad privada y su garantía nacen por la función social que cumplen[414].

De igual forma, la Ley Fundamental de Bonn, entiende Forsthoff, contiene Derecho legal que no necesita una integración material a través de normas programáticas[415] Considera que el Estado de Derecho y el Estado social son incompatibles en el plano constitucional, por lo que la Constitución que la contenga debe ser interpretada necesariamente como liberal si quiere conservar su esencia. Pero no puede ignorar que la cláusula del Estado social es una realidad jurídica y fáctica, incluida en la Constitución, de la que traen causa muchas leyes y estructuras estatales[416]. Y es que ninguna Constitución democrática puede separarse en la vida jurídica de las instituciones del liberalismo clásico[417]. Así, en palabras del autor, "El Estado de Derecho y el Estado social son dos componentes concretos de nuestra vida política que se han desarrollado en dos planos diferentes de las formas jurídicas[418]", ya que "no se consigue el Estado social de Derecho con medio Estado social y medio Estado de Derecho[419]".

A su modo de ver, el Estado de Derecho se puede encuadrar en órdenes políticos y sociales distintos a los que se creó, por lo que no necesita cambiarse para actualizarse, ya que si se aseguran sus elementos estructurales, como son la división de poderes o los derechos fundamentales, se asegura su funcionamiento. Pero la adaptación a las realidades sociales actuales debe hacerse de forma distinta a las soluciones dadas por el Estado social, por lo que no se puede configurar este modelo dentro del Estado de Derecho, ya que las orientaciones sociales son artículos programáticos y proclamaciones de fe a los que no es posible darles carácter directamente aplicable. Así, el Estado social no ha podido ser absorbido por el Estado de Derecho porque no se ha logrado configurar al Estado como algo meramente técnico, ya que toda Constitución necesita completarse con contenido material[420]. Por ello, la abstracción de las normas sociales provoca que no puedan ser directamente aplicables, sino que su aplicación debe corresponder al Legislativo o al Ejecutivo[421].

414 Cfr., *Ibidem*, pp. 128-145.

415 Cfr., Forsthoff, E., "Concepto y esencia del Estado social de Derecho", *op.cit.*, p. 77.

416 Cfr., Forsthoff, E., "Problemas constitucionales del Estado social", *op.cit.*, pp. 45-46.

417 Cfr., Forsthoff, E., "Concepto y esencia del Estado social de Derecho", *op.cit.*, p. 78.

418 *Ibidem*, cit., p. 80.

419 *Ibidem*, cit., p. 80.

420 Cfr., Forsthoff, E., "Concepto y esencia del Estado social de Derecho", *op.cit.*, p. 103.

421 Cfr., *Ibidem*, pp. 83-88 y 101-103.

Así, la aplicación directa de la Constitución llevaría a la desaparición de la división de poderes entre el Ejecutivo y el Legislativo, ya que cuando el Legislativo no haya desarrollado los conceptos sociales, será el Ejecutivo, a través de la administración, quien se encargue de aplicarlos directamente. Así, al hacer directamente aplicables determinadas normas constitucionales sin evaluar si pueden serlo o no, sin necesidad de su desarrollo por una Ley, corresponderá su aplicación directamente al Poder Ejecutivo, perturbando la división de poderes entre éste y el Poder Legislativo. Por ello, defiende que el Estado de Derecho debe primar sobre el Estado social, lo cual se deduce, en su opinión, de los art. 20 y 70 de la Ley Fundamental de Bonn[422]. Entiende que, si se hace prevalecer el Estado social sobre el Estado de Derecho, el gobierno ejercerá su misión en todo aquello que se entienda por social, lo cual daría lugar a discriminaciones y expolios, poniendo fin al Estado de Derecho. Pero si se hace prevalecer el Estado de Derecho y se aplica la noción menos polémica del Estado social, no habrá contradicción entre el Estado social y el Estado de Derecho. Diferencia, por tanto, entre una noción polémica de Estado social, que supone llevar a cabo un reparto de bienes más justo que el existente, y una no polémica, que implica la aceptación del reparto de bienes que se ha ido desarrollando hasta la actualidad. Entiende, por tanto, que un concepto amplio de Estado social, que se relaciona con el reparto de la riqueza, puede conducir a un aumento ilimitado del poder del Estado[423].

De este modo, la Constitución del Estado de Derecho es una constitución de garantías, entendidas como límites al Estado, donde las prestaciones sociales sólo pueden garantizarse mediante Ley, siendo desarrolladas por el Legislativo. Sin embargo, el Estado social se relaciona con la participación, distribución, adjudicación y una relación diferente entre Estado e individuo, más allá de la mera garantía de derechos, al ayudar directamente a los ciudadanos en situación de necesidad, a través del Ejecutivo, sin que medie una Ley. Así, el concepto de Estado social no puede ser usado para interpretar derechos que tienen naturaleza social. Por tanto, para Forsthoff, sólo deben tener aplicación directa los derechos fundamentales clásicos, debiendo los restantes tener sólo carácter meramente programático. Por otro lado, el autor considera que en el Estado social sólo puede ser tal si las garantías sociales son vinculantes, bien sea frente al Ejecutivo o frente al Legislativo. Por tanto, en su opinión, no hay fusión entre el Estado de Derecho y el Estado social en el plano constitucional, sino sólo cuando se relaciona con la legislación y la administración[424].

De este modo, Forsthoff finalmente termina admitiendo que el Estado puede asumir tareas sociales, las cuales entiende que son actualmente necesarias, mientras quede garantizado el Estado de Derecho, como la libertad, la división de poderes y los derechos fundamentales. Así, las ordenaciones sociales, configuradas por la Ley y aplicadas por la administración, se sitúan formalmente bajo las nor-

422 Cfr., *Ibidem*, pp. 80-84, 89-90 y 98.

423 Cfr., *Ibidem*, pp. 94-99 y 104.

424 Cfr., *Ibidem*, pp. 85-101.

mas constitucionales del Estado de Derecho[425], por lo que concluye el autor que "No se opone, pues, la Constitución del Estado de Derecho al Estado social[426]". Y es que, considera que, si el Estado social se usa como abuso, se renuncia al Estado de Derecho y se pasa al Estado de Administración, en el cual ésta asume el Poder Legislativo y el Poder Ejecutivo[427]. Así, en sus palabras, "El Estado social y el Estado de Derecho se encuentran en una recíproca relación de complementariedad a la que no falta el momento de tensión, y esto es bueno[428]", ya que deben ser los juristas, políticos y tribunales quienes deben preocuparse de buscar el equilibrio entre el Estado de Derecho y el Estado social[429].

Abendroth critica, y nosotros nos sumamos a esta crítica, que Forsthoff habla del Estado social, pero no del Estado social democrático[430], sino totalitario, el cual es contrario al Estado social como veremos. Sin embargo, esto ya fuera criticado por Kelsen, el cual cuestiona que el Estado social haya mermado la fuerza de la Ley, sino que ésta sigue teniendo la misma fuerza, puesto que, aunque el Poder Ejecutivo goce de mayor arbitrariedad, debe encontrarse siempre sometido a la Ley. Por ello, una característica del Estado de Derecho es que la autoridad administrativa sólo puede emplear los medios autorizados por un orden jurídico vigente. Así, el Estado de Derecho exige que el legislador establezca normas claras para evitar tanto la arbitrariedad como las interpretaciones abusivas, provengan tanto del Ejecutivo como del Legislativo[431]. El Estado social supone un aumento de los fines del Estado, pero no la absorción de la Sociedad por el Estado, como sucede en el totalitarismo[432]. Además, entendemos que esta noción de Forsthoff no garantiza que los derechos sociales se apliquen siempre si el legislador interpreta que las necesidades sociales no precisan de la aplicación de ciertas prestaciones demandadas por la sociedad. De esta forma, el autor no define un verdadero Estado social, ya que hace depender su eficacia de la voluntad del legislador ordinario.

Así, ni Forsthoff ni Doehring cuestionan que el Estado social vincule al legislador, sino que solamente ponen en duda que el Estado social tenga aplicación directa y se encuentre en pie de igualdad con el Estado de Derecho. Y dado que defendemos que el Estado social vincula al legislador, por no ser la Constitución un texto meramente retórico, será preciso determinar cuál es ese contenido material mínimo al que se encuentra vinculado. Así, Pérez Serrano no se opone a que

---

425 Cfr., *Ibidem*, pp. 105-106.

426 *Ibidem*, cit., p. 105.

427 Cfr., *Ibidem*, p. 106.

428 *Idem*, cit.,

429 Cfr., *Idem*.

430 Cfr., Abendroth, W., "El Estado de Derecho democrático y social como proyecto político", *op. cit.*, p. 30.

431 Cfr., Villar Borda, L., "Estado de Derecho y Estado social de Derecho", *op.cit.*, pp. 76 y 80.

432 Cfr., Monereo Pérez, J. L., "Estudio preliminar", *op.cit.*, p. CLXVII.

se ensanchen los fines del Estado y sus actividades, siempre y cuando se concilien con la libertad y la seguridad jurídica, pues si se usa esa ampliación como una excusa para restringir dichos conceptos, desparece el Estado de Derecho, el cual tiene lugar cuando los poderes constituidos se someten a límites jurídicos y no sólo cuando el mismo da cumplimiento a la Ley[433] o, en palabras del autor, "cabe ensanchar la actividad estatal y no prescindir del Derecho; cabe que el viejo *Estado burgués de Derecho* se convierta en *Estado social de Derecho*; cabe conciliar la difusión de goces con el respeto a los imperativos jurídicos[434]".

En una línea similar, para Schneider, los derechos de participación y el Estado de servicios hacen que el ciudadano no esté sometido, indefenso, al poder del Estado, sino que, en un Estado democrático, los ciudadanos también participan de las decisiones del Estado[435]. Así, los objetivos democráticos, los propios del Estado de Derecho y los inherentes al Estado social no se contraponen, sino que se complementan[436]. Sin embargo, en su opinión, pueden existir derechos fundamentales sin Estado de Derecho, pero no Estado de Derecho sin derechos fundamentales. No obstante, debemos rechazar, siempre con la humilde imperfección de la crítica, esta opinión porque, como llevamos viendo hasta ahora, no es posible que los derechos fundamentales puedan ser tal dentro de un sistema que no permita controlar la arbitrariedad de los poderes constituidos. Sin embargo, si coincidimos con Schneider cuando admite que es posible que pueda existir la seguridad social sin Estado social pero que no puede existir el Estado social sin la seguridad social[437], al menos actualmente.

Los derechos sociales no nacieron como un complemento de los derechos liberales garantizados jurídicamente, sino como una premisa indispensable para la realización de éstos. Por ello, De Vega critica a Forsthoff ya que, en su opinión, no existe incompatibilidad entre los derechos liberales y los sociales, sino que éstos buscan subsanar los defectos e inconvenientes de aquellos, permitiendo que los principios y valores del Estado liberal sean plenamente efectivos[438]. Así, considera que la diferencia entre el Estado liberal y el Estado social radica en el principio democrático, ya que "la negación del principio democrático da origen a un fenómeno que bien pudiéramos calificar de *extrañamiento constitucional*, conforme al cual, las constituciones dejaban de ser obra del Pueblo, para pasar a ser creación de un Poder Constituyente apócrifo y misterioso[439]". Por tanto, el Estado social

---

433 Cfr., Pérez Serrano, N., "Cien años de Derecho político", *op.cit.*, pp. 921-923.

434 *Ibidem*, cit., p. 923. Las cursivas son del autor.

435 Cfr., Schneider, H. P., "La Constitución: función y estructura", *op.cit.*, pp. 19-20.

436 Cfr., *Ibidem*, p. 47.

437 Cfr., Schneider, H. P., "Peculiaridad y función de los derechos fundamentales en el Estado constitucional democrático", *Constitución y Democracia*, Centro de Estudios Constitucionales, Madrid, 1991, p. 136.

438 Cfr., De Vega García, P., "Estado social y Estado de partidos...", *op.cit.*, p. 405.

439 De Vega García, P., "En torno al concepto político de Constitución", *op.cit.* cit., p. 715.

no supone renunciar ni a una Constitución ni a los derechos fundamentales[440], sino hacerlos verdaderamente efectivos. Siguiendo a su Maestro, Ruipérez, por su parte, considera que el Estado social no nació como una evolución del Estado liberal, sino que se produjo una ruptura frontal y radical con el modelo anterior pues "ocurre que la naturaleza y profundidad de estas transformaciones es tal que, en realidad, habría que entender que el Estado constitucional, democrático y social se erige sobre las ruinas, o cenizas, del viejo edificio liberal[441]". Supuso, por tanto, una ruptura radical y absoluta con el modelo jurídico y político anterior. Y lo mismo sostiene Monereo[442], para quien la expansión de los principios democráticos en los distintos sectores de la sociedad (economía, trabajo, educación...) no contradice la configuración institucional del sistema democrático, ya que éstos deben funcionar con arreglo a principios que garanticen la participación del mayor número posible de personas, sino que la complementa, como sostiene Villar Borda[443].

Por tanto, debemos concluir que el Estado social no necesita la coletilla "de Derecho", pues esta característica debe darse por supuesta, ya que no puede existir un Estado en el que los ciudadanos tengan garantizados unos derechos sociales cuando éstos no vinculan al legislador mediante una Constitución rígida que establece una división de poderes. De esta forma, no existiría un verdadero Estado social cuando se atribuyesen en precario unos derechos sociales a favor de los ciudadanos, quedando su aplicación al arbitrio de la voluntad del legislador. Así, es posible que exista un Estado liberal con instituciones escasamente democráticas (como en Inglaterra, que se mantiene la clasificación social en la participación política), y un país democrático y escasamente liberal (en el que todos los ciudadanos participan políticamente, pero socialmente existen diferencias por razones de raza[444]). Sin embargo, aunque es posible un Estado de Derecho que no sea democrático, al menos en la teoría, no puede existir la Democracia sin Estado de Derecho, ya que es una ficción que se garanticen las libertades democráticas en un Estado autoritario.

Tampoco necesita la muletilla "democrático", pues no es posible hablar de un verdadero Estado social que no esté fundamentado en la legitimidad de sus ciudadanos ni en donde las decisiones se tomen a espaldas de los mismos, ya que no se podría mantener la supremacía constitucional si los poderes constituidos pudieran modificar la Norma Suprema a su antojo ni garantizar adecuadamente las necesidades demandadas por los ciudadanos si se prescinde de cauces participativos adecuados para conocer sus necesidades en la toma de decisiones. Se trataría de una especie de paternalismo antidemocrático que satisfaría únicamente los intere-

---

440 Cfr., De Vega García, P., "En torno al concepto político de Constitución", *op.cit.* p. 714.

441 Ruipérez Alamillo, J., "La Constitución y su estudio...", *op.cit.*, cit., p. 854.

442 Cfr., Monereo Pérez, J. L., "Estudio preliminar", *op.cit.*, p. CLXXXV.

443 Cfr., Villar Borda, L., "Estado de Derecho y Estado social de Derecho", *op.cit.*, p. 89.

444 Cfr., Pérez Serrano, N., "El principio de separación de poderes: antecedentes del problema", *op.cit.*, pp. 640-641.

ses del grupo social privilegiado, pero no al conjunto de la ciudadanía. Se trataría, por tanto, de una élite que controlaría la distribución de los recursos del Estado, o bien en beneficio propio o bien, desde una bienintencionada soberbia paternalista, arrogándose el conocimiento supremo del bien común, prescindiendo de las garantías necesarias para ello. Así, como afirma Ruipérez, sin el principio democrático, el Estado social y de Derecho carece de sentido[445]. Por tanto, el Estado de Derecho supone la columna vertebral del sistema constitucional, el cual, sin los elementos democrático y social, actualmente, no es más que eso: un esqueleto; un muerto viviente que camina inconscientemente hacia su propia destrucción. Y un Estado social que no sea democrático no serviría como instrumento liberador sino como instrumento opresor; en definitiva: sería, sencillamente, un Estado totalitario.

Por tanto, podemos definir al Estado social como aquel Estado fundado y organizado desde la legitimidad democrática a través de una Constitución rígida en la práctica, que establezca división de poderes y una declaración de derechos sociales e individuales, respetando la libre competencia, mediante la cual se lleve a cabo la prestación de los servicios sociales que respondan a las necesidades de la ciudadanía mediante la participación activa de la misma en su determinación y en la distribución territorial de la renta, buscando la homogeneidad social y creando una capacidad crítica de sus ciudadanos que sirva como criterio de progreso social, fomentando la vigilia de la actuación constitucional de sus gobernantes y garantizando el sometimiento a la misma. Y dicha definición nos servirá tanto para diferenciar al Estado social de otras figuras similares como para analizar los principales obstáculos a su actual desarrollo.

2.3. Estado social y Estado de beneficencia

Así, en primer lugar, será preciso diferenciar al Estado social de aquel Estado que se limita a paliar los casos más extremos de miseria de una sociedad cuya ética es incompatible con su visibilización. De esta forma, lo que caracteriza a este tipo de Estado, aunque no es su elemento jurídico definitorio, es el afán por alejar de la visión de la población las consecuencias más nefastas del capitalismo. Por ello, podemos denominar Estado benéfico o de beneficencia a aquel que se limita a prestar una ayuda social a través de entidades privadas, laicas o religiosas, y en el caso de que existan ayudas públicas, las mismas son escasas y dependen de la voluntad del gobernante. Por tanto, el individuo que recibe la ayuda no la percibe como una compensación por la cual soportar un sistema económico que conduce de forma inevitable a la obligada miseria de algunos individuos de la sociedad sino como una caridad procedente de la bondad de los ciudadanos beneficiados precisamente por el mismo sistema que a ellos les condena. Así, el Estado de beneficencia se encuentra caricaturizado por Juan de Iriarte, en sus famosos *Epigramas*, diciendo así: "El señor don Juan de Robres/ con caridad sin igual/ hizo este santo hospital.../

445 Cfr., Ruipérez Alamillo, J., "El derecho constitucional a la vivienda...", *op.cit.,* p. 160.

y también hizo los pobres". Por tanto, no se percibe como un derecho de ciudadano, sino que, muy al contrario, su recepción es la condición que relega la condición civil a una categoría de segunda. Se trata de buscar la estética social de las calles, para evitar ver a los mendigos recoger comida de los contenedores, desplazando los comedores sociales a zonas menos transitadas de la ciudad.

Ya durante la Edad Media, el Estado se encargaba de los orfanatos y algunos hospitales, cuyo mantenimiento compartía con la Iglesia. A la obtención de dicha ayuda acudían los considerados *miserables*, es decir, viudas, enfermos, ancianos... quedando estos marcados por la sociedad, como todavía sucede a día de hoy, como ciudadanos de segunda. Así, ya algunos teóricos bajo-medievales hablaban tanto de la necesidad de un salario familiar suficiente para mantener a la familia como de la relevancia de la beneficencia, como ayuda social privada. Por ejemplo, para Althusio, el magistrado debe procurar que los súbditos tengan los víveres suficientes para subsistir, así como también crear leyes para el cuidado de los miserables. Sin embargo, considera que es necesario obligar a los mendigos a trabajar, debiéndose cargar al Pueblo de trabajo para que piensen más en trabajar que en su libertad[446]. Así, en sus palabras, "Es la mendicidad común un enorme mal de la República, que hace también a los hombres ociosos y trae consigo todo género de delitos, los fomenta y alimenta, y por ello es también causa de sediciones; por todos los medios honestos y lícitos debe desterrarse de una ciudad y república de buenas costumbres[447]".

Montesquieu, por su parte, se opone a que se les den socorros a los obreros necesitados por parte del Estado, pues ello los hará menos industriosos y bajará el comercio, aunque, sin embargo, si defiende la beneficencia[448]. De esta forma, de la condición social y de la percepción de la beneficencia se deriva la pérdida de todo derecho a la dignidad como persona. Por tanto, hasta el siglo XIX, la asistencia social por parte del Estado se reducía a la beneficencia[449]. Sin embargo, será Rousseau quien se aparte decisivamente del Estado benéfico y defienda, como vimos, el Estado redistribuidor de la riqueza. De este modo, el ginebrino se opondrá a que la distribución de la riqueza dependa de la voluntad privada de los particulares, realizada a través de las limosnas, convirtiendo la desigualdad social en algo inevitable en este mundo, al defender que "El lujo puede ser necesario para dar pan a los pobres, pero si no hubiese lujo, no habría pobres[450]". Por ello, concluye diciendo que "El lujo (...) es el peor de todos los males en cualquier Estado[451]".

446 Cfr., ALTHUSIUS, J., *La política metódicamente concebida e ilustrada... op.cit.*, pp. 415-447 y 558.

447 *Ibidem*, cit., p. 110.

448 Cfr., MONTESQUIEU, *Del espíritu de las leyes*, (1748), traducido por Pedro de Vega y Mercedes Blázquez Polo, Editorial Tecnos, Madrid, 1985pp. 299-300.

449 Cfr., O´CONNOR, J., *La Crisis fiscal del Estado*, *op.cit.*, p. 187.

450 ROUSSEAU, J.J., *Discurso sobre el origen y los fundamentos de la desigualdad entre los hombres y otros escritos, (1753),* Editorial Tecnos, Madrid, 1987, cit., p. 73.

451 *Ibidem*, cit., pp. 218-219.

De este modo, debemos oponernos a la opinión de Abendroth según la cual ese carácter social del Estado ya existía desde la época Guillermina, ya que con ello confunde el Estado prestacional con el Estado benéfico. Así, como afirma Tony Judt que "El *ethos* liberal predominante en la Europa y Norteamérica decimonónicas favorecía una legislación social de no intervención, que en general debía limitarse a regular las injusticias y riesgos más clamorosos del industrialismo competitivo y la especulación financiera[452]".

Derivado de lo anterior, como un sistema mixto entre el Estado social y el Estado benéfico, se estableció en el siglo XX el sistema del capitalismo benefactor, el cual fracasó porque ninguna industria consiguió financiar, por sí sola, un método que mantuviese la armonía social y política[453]. Además, en 1935, al inicio, se pensaba que la asistencia social era contraria al liberalismo y que terminaría por socavar el mecanismo salarial y la disciplina social, temiendo que esa ayuda social, finalmente, fuese controlada por los pobres. Con su consolidación, la cual se logró, se buscaba, de esta forma, que las clases trabajadoras no conquistasen el derecho a las prestaciones sociales por parte del Estado. Pero en los años 60 se acabó reconociendo que dicha asistencia no era sólo temporal, acotada a épocas de recesión, sino una característica permanente de la economía capitalista moderna[454]. Así, tanto en Europa como en América se entendía que los impuestos elevados beneficiaban a la sociedad. Y entre 1955 y 1970, se produjo un aumento del gasto destinado a la educación, sanidad y defensa en la mayoría de los países occidentales[455].

Teorizando sobre el Estado benéfico o de beneficencia nos encontramos a Doehring, el cual considera que la obligación del Estado de prestar ayuda a los más necesitados no se debe a que éste se declare social, sino a que de por sí el Estado tiene la obligación, como principio no escrito socialmente aceptado, de mantener una existencia digna y libre a todos sus ciudadanos. Si no existe esa deficiencia, la cláusula social no se aplica. Por dicha razón, entiende que el Estado sólo debe actuar cuando la sociedad no pueda llevar a cabo las compensaciones por sí sola. Sin embargo, aclara que el Estado social no se reduce a garantizar un mínimo existencial a cada ciudadano, sino que debe buscar el libre desarrollo personal del individuo en igualdad de condiciones[456]. Asímismo, para Forsthoff, si se les consigue proporcionar a los individuos ámbitos suficientes de dominio, independientes del Estado, el Estado social no será necesario[457]. Por tanto, entienden que el Estado social no es necesario cuando el Estado benéfico o de beneficencia cumpla

452 Judt, T., *Algo va mal, op.cit.,* cit., pp. 62-63.

453 Cfr., O´Connor, J., *La Crisis fiscal del Estado*, *op.cit.*, p. 187.

454 Cfr., *Ibidem*, pp. 207-210 y "Apéndice: La lucha de clases y la crisis fiscal en la década de los ochenta" *La Crisis fiscal del Estado*, Ediciones península, 1994, p. 324.

455 Cfr., O´Connor, J., *La Crisis fiscal del Estado*, *op.cit.*, pp. 127-129 y 288.

456 Cfr., Doehring, "Estado social, Estado de Derecho y orden democrático", *op.cit.*, pp. 138-168.

457 Cfr., Forsthoff, E., Problemas constitucionales del Estado social", *op.cit.*, p. 66.

su función. Así, podemos denominar como Estados de beneficencia los gobiernos de Franco y los gobiernos democráticos españoles a partir de 1991, en opinión de Ruipérez, ya que ambos defendían que el sector público sólo debe intervenir en el sector económico para cubrir aquello que el sector privado no puede atender[458]. Cabía esperar que el gobierno de Franco, por no ser un Estado social, como veremos posteriormente, no hiciese eficaces los derechos sociales, pero no es justificable que el gobierno español, a día de hoy, ante la obligación constitucional de desarrollar un Estado social, se limite a mantener un Estado benéfico.

De esta forma, es preciso marcar la diferencia entre el Estado de beneficencia, como el Estado paliador de las miserias sociales con la finalidad de seguir manteniendo las diferencias civiles de la población, y el Estado social, como el Estado redistribuidor de la riqueza, cuya finalidad es acabar con ellas. Por tanto, la diferencia radica en dos elementos: la positividad de la obligación y la finalidad de la misma. Así, el Estado social supone una obligación jurídica para el legislador, a diferencia del Estado de beneficencia, cuya obligación es meramente ética. En cuanto a la finalidad, mientras que el Estado benéfico o de beneficencia se basa en la caridad, cuya prestación implica una relación de superioridad económica y moral del que otorga la ayuda frente al que la recibe, el cual queda sometido a una relación de humillante agradecimiento, la Solidaridad o, en el caso de que se dé entre territorios, Fraternidad, implica una relación de igualdad entre el que presta los recursos, el cual no obtiene reconocimiento alguno por cumplir una obligación ciudadana, y el que los recibe, en concepto de paliativo temporal para superar la situación por la que atraviesa, siendo el Estado, en el que ambos se encuentran representados, el que ejecuta la prestación de la ayuda.

Además, otro de los elementos necesarios para que nos encontremos ante un Estado social es que las prestaciones sociales obliguen al legislador mediante una Constitución rígida. Así, es lógico que Jellinek afirme que el cuidado de los pobres, la sanidad, educación...es una consecuencia de la propia actividad del Estado, a favor del individuo, pero no suponen un derecho en sí. En su opinión, los servicios que los individuos pueden exigir del Estado no es algo a lo que se tiene derecho, sino que se establecen como una compensación por los sacrificios realizados[459]. Y es que, en este caso, Jellinek habla del Estado de beneficencia. Por ello, según Tony Judt, a diferencia de EEUU, en Reino Unido las personas con bajo nivel de renta cuentan con una cobertura social garantizada[460]. Podríamos pensar que ni Reino Unido ni EEUU serían Estados sociales en la medida en que el primero cuenta con una Constitución flexible y el segundo no se declara social en su Constitución ni la misma recoge derechos sociales, residiendo la diferencia en un carácter meramente cuantitativo de las prestaciones sociales. Sin embargo, en la medida en que Reino Unido cuenta con una Constitución flexible que, a todos los

458 Cfr., Ruipérez Alamillo, J., "El derecho constitucional a la vivienda...", *op.cit.*, pp. 29-30.

459 Cfr., Jellinek, G., *Teoría General del Estado*, *op.cit.*, pp. 389-390.

460 Cfr., Judt, T., *Algo va mal*, *op.cit.*, p. 41.

efectos, funciona con una Constitución rígida, y al conformar los derechos sociales parte de la conciencia social y política inglesa, creemos que no hay motivos para que no podamos considerar a Reino Unido, al menos desde nuestro punto de vista, siempre criticable, como un verdadero Estado social, con la consiguiente obligación jurídica del legislador de someterse a su contenido.

El Estado social supone que los órganos estatales consigan en el presente una relativa compensación de los diversos intereses y necesidades, según criterios inspirados en la justicia social, "y prescindiendo de todo igualitarismo utopista proyectado hacia el futuro[461]" en expresión de Schneider. Así, los derechos a prestaciones sociales suponen tanto la puesta en marcha de la actividad general del Estado, asegurando el mínimo vital, como la pretensión de aprovechar instalaciones ya existentes o prestar servicios ya implantados. Así, los derechos fundamentales, como directrices constitucionales, suponen la obligación de una determinada puesta en marcha de la actividad estatal[462]. Por ello, el problema de la pobreza no radica en la necesidad de encontrar trabajo, sino en que dicho trabajo proporcione a las familias pobres salarios adecuados. De esta forma, de nada vale la formación profesional si los puestos a los que se destinan están mal remunerados[463].

Ahora bien, aunque hasta ahora hemos tratado ambos conceptos como iguales, porque ambos comparten elementos comunes, hay diferenciar el Estado benéfico del Estado mendigo[464]. Así, el primero puede dar lugar al segundo cuando un Estado benéfico, como aquél cuyas prestaciones sociales, que no buscan acabar con las desigualdades económicas de la población, sean prestadas dependiendo de la voluntad del gobernante, y éste, de conformidad con dicha forma de Estado, se desatienda de dichas obligaciones, o bien ocupándose únicamente de las miserias más moralmente intolerables de una sociedad, o bien las traspase al sector privado, mediante la caridad. Así, podremos afirmar que un Estado será mendigo, total o parcialmente, cuando la caridad privada atienda prestaciones sociales que le corresponderían a él.

Por tanto, una vez analizado todo ello, podemos precisar con más claridad en que consiste un Estado benéfico o de beneficencia. Así, dicho Estado no sólo se limita a una época pasada, sino que debemos considerar, todavía a día de hoy, como tal, a aquel Estado cuya prestación de los servicios sociales no se deriven de un mandato expreso de la Constitución, sino que la misma, en caso de existir, ni los impida ni los prohíba, por lo que su prestación dependa de la voluntad del gobernante, sea legislador o Gobierno, el cual los presta, no con la intención de fomentar la homogeneidad social, eliminando las grandes diferencias sociales, sino buscando aliviar, de alguna manera, las conciencias de aquellos beneficiados por el sistema de libre mercado.

---

461 Schneider, H. P., "Peculiaridad y función de los derechos fundamentales ...", *op.cit*, cit., p. 144.

462 Cfr., *Ibidem*, pp. 145-146.

463 Cfr., O'Connor, J., *La Crisis fiscal del Estado*, *op.cit.*, pp. 210-211.

464 Cfr., Murillo Ferrol, F., "Prólogo", *op.cit.*, p. 13.

2.4. Estado social y Estado totalitario

Por otro lado, siguiendo a Monereo, también es preciso diferenciar entre Estado social y Estado totalitario[465]. Y entendemos que es preciso hacer esta diferenciación en la medida en que todas las mal llamadas constituciones fascistas buscaban, precisamente, diferenciarse de las liberales en el establecimiento de derechos sociales. Para que una Constitución sea verdadera y, por tanto, no sea un mero instrumento de gobierno sino que busque garantizar la Libertad y la Igualdad de todos las ciudadanas y los ciudadanos que la ratificaron, debe ser un documento escrito formal y solemne que sea elaborado por un Poder Constituyente para plasmar de forma técnica los valores y sensibilidades del Pueblo, estableciendo como garantías los principios de *Lex Superior* (estando el resto del ordenamiento jurídico sometido a la misma), rigidez (estableciendo un procedimiento más agravado para su reforma) y los principios liberales de la declaración de derechos y la separación de poderes[466]. De esta forma, si entendemos que un Estado social lo es simplemente por el hecho de que éstos, los derechos sociales, se recojan en una Constitución, entendida ésta no en el sentido liberal, sino como instrumento de gobierno, estaremos confundiendo la esencia del Estado social. Así, para realizar dicho análisis, será preciso conocer cómo surgió el totalitarismo en Europa, pues hasta la I Guerra Mundial nadie discutía el Estado de Derecho como parte del acervo común europeo[467]. Pero con el surgimiento de los fascismos y el bolchevismo, el compromiso al que había llegado la democracia liberal y la democracia socialista se rompe, decantándose la sociedad o bien hacia la derecha reaccionaria o bien hacia la izquierda radical, coincidiendo ambas en concederle un menor valor a la Constitución[468].

Así, Alemania se convirtió en nacionalsocialista, según Hayek, por despreciar el liberalismo y abrazar la colectivización, defendida por los socialistas como inevitable. Los nacionalsocialistas presentaban las ideas liberales como obsoletas y decimonónicas, considerando que resistirse al socialismo es resistirse a la Historia. Y como vieron que no era posible el colectivismo en democracia, socialistas y fascistas rechazaron todo lo liberal. De este modo, el desarrollo del totalitarismo en el continente europeo se debió al resentimiento de una clase media desposeída por la redistribución de la riqueza. Para él, el fascismo es un socialismo de clase media, la cual vio empeorada sus condiciones en relación a los trabajadores manuales, por lo que sintieron la necesidad de tomar el poder,

---

465 Cfr., Monereo Pérez, J. L., "Estudio preliminar", *op.cit.*, pp. CXLII-CXLIII.

466 Cfr., De Vega García, P., "Constitución y Democracia", *La Constitución de la Monarquía Parlamentaria*, Ed. A. López Pina, FCE, Madrid, 1983 y en *Obras escogidas de Pedro de Vega García*, Centro de Estudios Políticos y Constitucionales, Madrid, 2017, pp. 211-217 y Ruipérez Alamillo, J., *Reforma vs. Revolución. op.cit*, pp. 42-65 y "Montesquieu en el Estado de Partidos", *Poderes tradicionales y órganos constitucionales autónomos*, Universidad Nacional Autónoma de México, México, 2020, pp. 104-105.

467 Cfr., Heller, H., "¿Estado de Derecho o dictadura?", *op.cit.*, p. 283.

468 Cfr., Pérez Royo, F. J., "La reforma de la constitución". *op.cit.*, pp. 43-44.

ya que mientras que el socialismo beneficiaba a unos trabajadores, y a otros no, no buscando la igualdad de rentas sino la homogeneidad social, el fascismo beneficiaba especialmente a la clase media.

Por tanto, no fue la burguesía sino la ausencia de una fuerte burguesía lo que permitió que el nacionalsocialismo alcanzase el poder. La lucha entre la izquierda comunista y la derecha nacionalsocialista, para Hayek, surgió como un conflicto entre facciones socialistas rivales, por lo que el fascismo y el nazismo no nacieron como una reacción contra las tendencias socialistas sino, precisamente, como el producto inevitable de aquellas tendencias. En su opinión, los nacionalsocialistas aceptaban el socialismo, pero rechazaban sus elementos internacionalistas y democráticos. Por ello, los fascistas alemanes e italianos comenzaron como socialistas, ya que es fácil pasar de un bando a otro, para el autor, pues comparten muchas características. Si rivalizaron fue simplemente porque competían por la misma mentalidad, por el mismo sector de votantes, pues nunca podrían convencer al viejo liberal[469]. De esta forma, a su entender, el socialismo puso las bases ideológicas al nacionalsocialismo pues, como defiende el autor "cuando Hitler llegó al poder, el liberalismo había muerto virtualmente en Alemania. Y fue el socialismo quien lo mató[470]".

Sin embargo, matiza, los viejos socialistas eran demócratas y se negaron a llevar a cabo medidas totalitarias por su moral, pese a contar con una organización militar basada en un grupo de voluntarios. Pero los fascistas, aprovechando este tipo de organización, impusieron el totalitarismo[471]. Sin embargo, entendemos, desde una opinión siempre digna de revisión, que este autor confunde la creación de los partidos de masas con el fascismo, pues el funcionamiento de dichos partidos continúa en la actualidad, si bien es cierto que, con mucho menos auge, sin que necesariamente desencadene en el fascismo. Además, en ocasiones dice que el socialismo no es democrático para posteriormente afirmar que es en el elemento democrático donde distan con los fascistas, por lo que termina por contradecirse. Y cuando describe a los socialistas como totalitarios, se olvida de los socialistas demócratas alemanes, como Heller, que defendía que los trabajadores deben realizar la lucha de clases de forma pacífica[472].

Pero el radicalismo surge, en opinión de Bell, en las sociedades en las que existe conciencia de las diferencias de clase y las esperanzas de mejora social van más allá de las posibilidades reales. Por tanto, no es la sociedad de masas la que da lugar a los movimientos extremistas sino la ineptitud de cualquier sociedad para hacer frente a las aspiraciones de las masas populares[473]. "Lo que conduce a las masas

469 Cfr., Hayek, F.A., *Camino de servidumbre, op.cit.,* pp. 42-310.

470 *Ibidem,* cit., p. 77.

471 Cfr., *Ibidem*, p. 217.

472 Cfr., Heller, H., "Socialismo y Nación", *op.cit.*, p. 164.

473 Cfr., Bell, D., *El fin de las ideologías... op.cit.*, pp. 35-36.

populares no es la pobreza *per se*; la miseria lleva más bien a una situación de fatalismo y desesperación y a un confiar, a través de una estructura de prácticas rituales y supersticiosas, en la ayuda sobrenatural. *Las tensiones sociales son una manifestación de esperanzas incumplidas*. Y sólo cuando estas esperanzas han tomado cuerpo es cuando puede encontrar algún apoyo el radicalismo[474]" en palabras del autor. De esta forma, la juventud perdió la fe en el liberalismo en una época en la cual el problema económico de las clases era palpitante. Así, el fascismo se decía superador del racionalismo burgués del Estado de Derecho, pero ha quedado por debajo de éste, volviendo a etapas anteriores[475]. Forsthoff, en cambio, considera que lo que hace que el individuo se entregue en manos del Estado es que aquél tiene cada vez menos reservas existenciales para vivir y subsistir, a diferencia de lo que ocurría en el siglo XIX, donde las personas gozaban de medios propios para ello, los cuales se redujeron progresivamente, a medida que avanza el siglo XX, como consecuencia del libre mercado. Por ello, el Estado pronto se dio cuenta de la necesidad de adoptar medidas que permitiesen subsistir a los ciudadanos más necesitados. Pero ese aumento de la dependencia del individuo al Estado dará lugar a un aumento del poder de dominación del mismo sobre el individuo, por lo que el disfrute de las prestaciones sociales por parte de éste dependerá en gran medida de que el individuo realice un comportamiento que sea del gusto del Estado, lo cual amenaza su libertad y su propia existencia vital[476], por lo que afirma que "el Hombre moderno no solamente vive en el Estado sino del Estado[477]".

También será en este preciso momento cuando se malversarán las teorías de Rousseau para vaciarlas de contenido. Este autor, defensor de un Estado fuerte que permitiese acabar con las desigualdades sociales mediante un sistema democrático y social, será reducido, por quienes lo mal interpretan, a ser un mero defensor de un Estado fuerte, privándole a su teoría estatal del cariz democrático y social. Pero como se verá, y en parte hemos adelantado, un Estado social que usa su poder para ejercer el dominio sobre los individuos, se vuelve totalitario. Por tanto, mientras que el Estado social es el instrumento de liberación de los miembros de un Estado de las relaciones de desigualdad social, el Estado fascista es el instrumento de la burguesía para someter a los trabajadores a dichas relaciones de desigualdad social y el Estado comunista es el instrumento de los obreros para someter a la burguesía a las condiciones de trabajo de los obreros. Por tanto, siguiendo la opinión de López Castellón, Rousseau, al defender que el Estado esté por encima de los derechos individuales, no defiende los totalitarismos[478], ya que los individuos recuperan esos derechos cuando pasan a formar parte del pacto social. Si la Ley es voluntad de todos para que nadie pueda

474 *Ibidem*, cit., p. 35.

475 Cfr., Heller, H., *Europa y el fascismo*, *op.cit.*, pp. 50 y 70-71.

476 Cfr., Forsthoff, E., "Problemas constitucionales del Estado social", *op.cit.*, pp. 48-51.

477 *Ibidem*, p. 50.

478 Cfr., Ruipérez Alamillo, J., *Libertad civil e ideología democrática, op.cit.*, pp. 32-84

someter a otro a su voluntad, no es posible que se comprometan los derechos y libertades de ningún individuo[479]. Por ello, siguiendo a López Castellón "Como no podía ser de otra manera, las condenas de Rousseau habrían de arreciar con el ascenso de cualquier forma absolutista de poder[480]".

En Alemania, antes de la II Guerra Mundial, se producía la paradójica situación de que la burguesía, que por esencia estaba ligada al Estado de Derecho, ahora renegaba de él[481]. De esta forma, para Heller, el fascismo nació porque en ese momento mucha gente se sentía vacía y se primó la servidumbre al Estado a la inseguridad existente[482]. Por ello, afirma que "El fascismo nació y se nutrió (...) de una "situación desesperada del espíritu"[483]". Surgió en aquellos países que tenían un problema común: Parlamentos de acción desbordante, falta de responsabilidad de los parlamentarios y la falta de estabilidad de los gobiernos le restó autoridad, afectando al orden público[484]. Así, las causas del ascenso del fascismo coinciden con las causas de la crisis del Estado de Derecho en la Europa de ese tiempo[485].

El promotor del fascismo era, precisamente, la burguesía y, en opinión de Heller, también lo fueron los círculos literarios anarcosindicalistas, en relación a la defensa de la violencia, [486] y no tanto, aunque también en cierto modo, por el proletariado. De este modo, tanto el fascismo como el nacionalsocialismo buscaban defender intereses pequeño-burgueses y proletarios con la finalidad de unir a todos los descontentos que quisiesen solucionar su despecho a través de la violencia. Pero una vez que tomaron el poder, abandonaron la lucha de clases[487] y solo sirvieron para favorecer los intereses de las clases poderosas. Así, en palabras de autor, "La pretendida síntesis del nacionalismo y socialismo por el fascismo consiste en que el socialismo desaparece de la ideología fascista y se sustituye por la 'generalización del capitalismo[488]'". El Estado de Derecho sólo era defendido por el democratismo radical o por la socialdemocracia[489]. Sin embargo, el comunismo alemán era apoyado por una mucha menor base social burguesa de lo que lo era el fascismo.

479 Cfr., López Castellón, E., *Prólogo, El contrato social,* (1762), Ediciones P. P. P., Madrid, 1985 pp. 36-40.

480 *Ibidem*, cit., p. 25.

481 Cfr., Heller, H., "Estado, Nación y Socialdemocracia", *op.cit.*, p. 242.

482 Cfr., Heller, H., *Europa y el fascismo*, *op.cit.*, pp. 43-44.

483 *Ibidem*, cit., p. 33.

484 Cfr., Pérez Serrano, N., "El constitucionalismo europeo", *op.cit.*, p. 389.

485 Cfr., Heller, H., *Europa y el fascismo*, *op.cit.*, p. 53.

486 Cfr., *Ibidem*, p. 251.

487 Cfr., Heller, H., "Socialismo y Nación", *op.cit.*, pp. 202-203.

488 Heller, H., *Europa y el fascismo*, *op.cit.*, cit., p. 91.

489 Cfr., Heller, H., "Ciudadano y burgués", *Escritos políticos*, prólogo y selección de Antonio, López Pina, Alianza editorial, Madrid, 1985, p. 242.

La certeza de libertad, con seguridad económica, división de poderes e influencia en la legislación, respondían a las esperanzas de una burguesía robustecida. Pero con el desarrollo del capitalismo y los partidos obreros, va a aparecer el poder legislativo del Pueblo, que la burguesía había defendido y que ahora no podía negar sino quería negar sus propios fundamentos. no siendo ya no posible concebir el Estado de Derecho sin sufragio universal. Así, la influencia del proletariado en la legislación, al obligar a los económicamente más fuertes a mayores prestaciones sociales o a privarlos de su propiedad, hace que éstos sientan amenazada su influencia en el poder legislativo. Y este aumento de la influencia del proletariado provocó que la burguesía rechazase el Estado de Derecho, renegando con ello de su esencia espiritual, lo que los llevó a entregarse, de este modo, a los brazos de un feudalismo irracionalista. Así, se produce un kafkiano sentimiento antiburgués por parte de la burguesía[490]. Y, como vimos, ya desde Napoleón III se había pretendido dar apariencia heroica al ideal de dictadura que garantiza la seguridad burguesa[491].

Por ello, siguiendo a Heller, "el fascismo no puede considerarse como una nueva forma del Estado, sino como la forma de dictadura que corresponde a la sociedad capitalista[492]". Es una política de oposición, pues sólo busca lograr el poder y conservarlo, pero carece de fundamentos y normas cuando supera esa oposición, pues su programa se basa en las cosas que rechaza, pero carece de un contenido positivo[493]. Así, los fascistas estigmatizan el Estado social de Derecho como la dominación de los inferiores, los trabajadores (aunque digan defender sus intereses), sobre los superiores, los propietarios de capital. También se oponen al cristianismo por las ideas que representa, equiparándolas al comunismo, pero no al catolicismo, al que consideran adecuado como aparato de dominación de masas[494].

Por tanto, fue, curiosamente, el ascenso de las fuerzas democráticas al poder lo que agravó la situación de las democracias europeas, pues las masas burguesas comenzaron a acercarse a posturas antidemócratas. Así, fue precisamente el afán de la burguesía por asegurar sus intereses lo que favoreció el ascenso del fascismo. De este modo, se van a relacionar las libertades fundamentales con el Estado de Derecho para tacharlas de burguesas, criticarlas y destruirlas[495]. Y se va a criticar al proceso electoral como antidemocrático, sustituyéndolo por el plebiscito y la aclamación popular, lo que implica que no pueden superar la Democracia como fundamento legitimador del Estado, aunque fuese lo que pretendieran. Así, en el Estado totalitario, las únicas leyes válidas son las que obedecen la voluntad del dictador, lo que supone que se produce el surgimiento de un Estado de

490 Cfr., HELLER, H., "¿Estado de Derecho o dictadura?", *op.cit.*, pp. 286-290.

491 Cfr., HELLER, H., "Ciudadano y burgués", *op.cit.*, p. 247.

492 HELLER, H., *Europa y el fascismo*, *op.cit.*, cit., p. 102.

493 Cfr., *Ibidem*, pp. 50-53.

494 Cfr., HELLER, H., "¿Estado de Derecho o dictadura?", *op.cit.*, pp. 292-295.

495 Cfr., HELLER, H., *Europa y el fascismo*, *op.cit.*, p. 131.

Derecho formal, basado en una concepción técnico formalista del Derecho, lo que supone entender la Ley como el conjunto de normas necesarias para su creación, pero teniendo libertad para darles el contenido que el Jefe de Estado desease[496].

Así, toda dictadura niega el Estado de Derecho, pues éste supone la sumisión de todos a una Ley superior que permita la calculabilidad de los actos de los gobernantes[497]. Por ello, los fascistas encontraron en el positivismo jurídico un aliado perfecto para legitimarse como representantes democráticos, siendo esta metodología premiada con el reconocimiento como Escuela Oficial del Régimen y convirtiéndose, así, en el método monopolista de las Ciencia Jurídica y Política, tanto en el ámbito académico como en el práctico. Estas abstracciones de pensamiento nomocrático permiten presentar las leyes como normas sin voluntad, carentes de intereses económicos o sociales de un determinado grupo social, lo que potencia las dictaduras[498], ya que permiten presentar normas aprobadas al margen, o incluso en contra, de la mayoría de la población. Así, estas teorías, al conceder el ejercicio de la soberanía al Jefe del Estado, partían de que era un representante del Estado[499].

De esta forma, el fascismo encontró en el positivimo argumentos para negar la soberanía popular y llevar a cabo falseamientos de la Constitución, a través de mutaciones constitucionales[500] contrarias a la misma, imponiendo, como defendía el ideario fascista, la Política al Derecho[501], el Acto a la Norma. Y es que uno de los Principios que el Partido Fascista defendía era que los actos políticos no pueden estar constreñidos a normas previas, y lo sintetizaban afirmando que "El acto precede siempre a la norma[502]", por lo que este sistema político se caracterizó por comenzar gobernando a través de decretos-ley. Así, mientras que en el Estado de Derecho el poder supremo es el legislativo, en el Estado fascista lo es el poder Ejecutivo. De esta forma, tomando ideas sofistas, se apostó por primar el acto sobre la norma, defendiendo que ninguna Constitución ni Declaración de Derechos pueden poner coto a la acción de un verdadero Hombre de Estado, por lo que el gobierno ideal para el pensamiento fascista se basará en aquel que se lleve a cabo a través de Decretos-Ley[503]. En el Estado de Derecho, sin embargo, el orden jurí-

---

496 Cfr., HELLER, H., "¿Estado de Derecho o dictadura?", *op.cit.*, pp. 287-297.

497 Cfr., HELLER, H., *Europa y el fascismo, op.cit.*, p. 119.

498 Cfr., HELLER, H., "¿Estado de Derecho o dictadura?", *op.cit.*, p. 290.

499 Cfr., RUIPÉREZ ALAMILLO, J., "La Constitución y su estudio...", *op.cit.*, pp. 769-782.

500 Mientras que la mutación constitucional supone una interpretación del tenor literal de la Constitución sin alterar la literalidad de su texto, el falseamiento implica que, de entre todas las posibles interpretaciones, se opta por aquellas que son manifiestamente contrarias a la Constitución. Cfr., DE VEGA GARCÍA, P., *La reforma constitucional y la problemática del Poder Constituyente*, Ed. Tecnos, Madrid, 2011., pp. 137-234

501 Cfr., *Ibidem*, *op.cit.*, pp. 779-780.

502 HELLER, H., *Europa y el fascismo*, *op.cit.*, cit., p. 33.

503 Cfr., *Ibidem*, *op.cit.*, pp. 22-58.

dico es producido por los mismos a los que se dirige y a cuyos mandatos quedan sometidos, por lo que su forma es la Democracia[504]. Por tanto, según Heller, sólo se puede entender que el Estado fascista es un Estado de Derecho si se entiende que todo Estado es un Estado de Derecho[505]. Es decir, si no cabe un Estado que no se base en el Derecho, es decir, en un ordenamiento jurídico colmado por los principios éticos políticos, decir que todo Estado es un Estado de Derecho es un epíteto. Por tanto, sólo debe entenderse como Estado de Derecho aquel Estado basado en una declaración de Derechos, división de poderes y, por necesidad, principio democrático, como concepto que se opone y contrapone directamente al Estado autoritario.

La dictadura, bien sea por vía revolucionaria o respetando los procedimientos legales, supone siempre una ruptura con el procedimiento democrático. Y aunque formalmente, como defendía Kelsen, se mantenga el proceso de formación jurídica parlamentario, materialmente es una ruptura[506].Y es que, como sostiene Heller, "El sentido de dictadura soberana consiste en hacer posible una constitución que parezca una verdadera Constitución[507]". De este modo, el fascismo atacó la Constitución italiana desde las instituciones del Estado de Derecho, primero derogando algunos artículos que no consideraba deseables para, posteriormente derogarla por completo, eliminando de la misma los fundamentos esenciales del Estado de Derecho y quedando reunidos todos los poderes bajo el Jefe de Gobierno[508], suprimiendo, por tanto, la Constitución, pero eso sí, "desde el respeto formal a la legalidad, aunque abiertamente enfrentados a la legitimidad[509]" en palabras de Ruipérez. Además, aunque conservó el Parlamento por decoración democrática, le privó de toda su fuerza. Así, primero lo dejó sin competencias y después defendió que el Parlamento no tenía utilidad alguna[510]. De esta forma, ha sido siempre una táctica muy recurrida del gobernante autócrata, cuando busca eliminar una institución que le es molesta, privarla primero de competencias y reducir sus presupuestos y, cuando ésta ya se convierte en inoperante, eliminarla definitivamente.

Por ello, el fascismo dirigió una fuerte crítica al Estado de Derecho, basado en lo rancio y apático que supone que un Hombre de acción deba someter sus impulsos e instintos a unas leyes prefijadas. Así, el neofeudalismo es la defensa que hace el fascismo de que el Hombre fuerte no debe someterse a las normas, pero defiende el mito de la Nación o de la religión para someter a las masas[511]. Por esta razón,

504 Cfr., Kelsen, H., *Teoría General del Estado, op.cit.*, p. 529.

505 Cfr., Heller, H., *Europa y el fascismo, op.cit.*, p. 58.

506 Cfr., Kelsen, H., *Teoría General del Estado, op.cit.*, p. 594.

507 Heller, H., *Las ideas políticas contemporáneas, op.cit.*, cit., p. 68.

508 Cfr., Heller, H., *Europa y el fascismo, op.cit.*, pp. 57, 70 y 79.

509 Ruipérez Alamillo, J., "La Constitución y su estudio...", *op.cit.*, cit., p. 832.

510 Cfr., Heller, H., *Europa y el fascismo, op.cit.*, pp. 65-66.

511 Cfr., Heller, H., "¿Estado de Derecho o dictadura?", *op.cit.*, p. 291.

según Heller, el fascismo sostendrá que la Constitución es un pacto entre el soberano y el Pueblo, en una renovación de las teorías cosoberanistas. En realidad, como bien explica el autor, con ello se quiere sustituir la soberanía del Pueblo por la soberanía del Estado, el cual está representado por el Jefe del Estado, quien acaba siendo el verdadero soberano. Se busca, al igual que cuando se elaboró dicha teoría por la Escuela de Derecho Público Alemana, ocultar la contradicción palpable entre la forma democrática y la absolutista. Ello sirve al dictador para justificar su dictadura, despojando al Pueblo de su soberanía, que pasa, en su totalidad, al autócrata[512].

De este modo, el fascismo buscó que la sociedad fuese absorbida por el Estado, excluyendo la libertad como valor esencial[513]. En la misma línea, Doehring entiende que en los Estados socialistas se identifica Estado y Sociedad mientras que en los Estados democráticos se separan, lo que es una garantía para la Libertad[514]. Por ello, como afirma Heller, "No les queda, pues, otro recurso que superar con la democracia a la democracia, afirmándola de palabra una y otra vez, para acabar aniquilándola en su contenido real[515]". Así, como más adelante caricaturizaría Orwell en su famoso libro 1984, lo que obligaban a hacer estos partidos totalitarios era "creer que la democracia era imposible y que el Partido era el garante de la democracia[516]".

Y es que, para el fascismo, Gobierno, Estado, Nación y Partido es lo mismo[517]. La Nación se convierte en un mito[518], que es un legitimador de la dictadura, similar a la idea de "soberanía de la Razón" que usaban los liberales franceses del periodo revolucionario para prescindir de la soberanía popular con la que el Pueblo se equiparaba al Partido, como representantes de la Nación, el Partido al Gobierno y éste, a su vez, al Estado[519]. Así, siempre que se apela a la Nación, como mito, los gobernantes buscan ocultar los verdaderos problemas del Estado, unificando las clases sociales bajo el palio de la Nación y tapando los verdaderos problemas de clase con falsos problemas nacionales contra los extranjeros[520]. Se trata, por tanto, de intentar sustituir la división entre trabajadores y empresarios por la de naciona-

---

512 Cfr., Heller, H., *Europa y el fascismo*, *op.cit.*, p. 38.

513 Cfr., *Ibidem*, pp. 50-51.

514 Cfr., Doehring, "Estado social, Estado de Derecho y orden democrático", *op.cit.*, p. 151.

515 Heller, H., "¿Estado de Derecho o dictadura?", *op.cit.*, cit., p. 296

516 Orwell, G., *1984*, (fecha de publicación en 1949), Penguin Random House Grupo Editorial España, Madrid, 2013, cit., p. 43.

517 Cfr., Heller, H., *Europa y el fascismo*, *op.cit.*, p. 36.

518 Cfr., *Ibidem*, p. 37.

519 Cfr., Pérez Serrano, N., "El proyecto de Constitución portuguesa", *op.cit.*, p. 78.

520 Cfr., De Vega García, P., "El carácter burgués de la ideología nacionalista, *Revista Sistema*, núm 16, Madrid, 1976 y en *Obras escogidas de Pedro de Vega García*, Centro de Estudios Políticos y Constitucionales, Madrid, 2017, pp. 21-33 y Ruipérez Alamillo, J., "La nueva reivindicación de la secesión de Cataluña...", *op.cit.*, pp. 99-101.

les y extranjeros, con la finalidad de eludir la lucha de clases y de lograr el apoyo social al sometimiento de los trabajadores a unas condiciones sociales nada ventajosas. De esta forma, el fascismo buscó someter a todas las ideologías al mito de la Nación, para cuyo engrandecimiento no existían límites morales ni políticos, lo que les permitía llevar a cabo toda clase de atrocidades. El fascismo busca, de este modo, que, a través de la unidad nacional, se olviden las diferencias de clase existentes, uniéndose los ciudadanos del Estado frente al individuo extranjero[521].

Así, lo característico del Mito, sea de la naturaleza que sea, es que busca crear un sentimiento de pertenencia a un colectivo tan fuerte que el individuo haga primar su idea frente tanto a sus propios intereses personales como frente a otros colectivos, a los que va a rechazar, bien por razones de raza, riqueza o de religión, sin importarle si comparte intereses más estrechos con los mismos, bien porque son trabajadores, empresarios, o bien porque tienen aficiones comunes o incluso, porque son sus vecinos. Por tanto, todo totalitarismo, para Hayek, necesita la idea de enemigo, ya que esta ideología, como se dijo, no es un programa positivo, sino que se basa en el odio[522]. En una línea similar, el bolchevismo, según Bell, no puede coexistir con las democracias, ya que éste siempre necesita un rival, por lo que le es imposible coexistir pacíficamente[523].

Tomando las teorías racistas basadas en la superioridad de la raza aria, y siguiendo el pensamiento aristotélico del imperialismo griego fundamentado en la esclavitud conforme a naturaleza, justificaron tanto el expansionismo alemán como la "solución final" en la que miles de seres humanos de diferentes etnias e ideologías perdieron la vida. Así, en el fascismo no impera la ideología democrática sino un ideario aristocrático-autocrático, de élite y caudillo[524]. En él, las leyes deben favorecer a la élite fascista, siendo los demás ciudadanos de segunda. Sin embargo, el concepto de élite fascista es un término ambiguo, ya que se define como una "democracia sin jefes", un principio estético. En realidad, se trata de una excusa para que los representantes no sean designados por el Pueblo. Y, claro está, sólo serán de la élite los más audaces, los superiores; los que tengan menos escrúpulos, en definitiva[525]. Y esto se relaciona con el modelo corporativo de elección y la opción de los técnicos expertos en economía que, como veremos, defiende el neoliberalismo.

De esta forma, aunque el fascismo rechaza todas las teorías legitimadoras democráticas, acaba haciendo uso de las mismas para legitimarse. Buscó imponerse a la Democracia, pero no ha sabido superarla[526]. Los fascistas se creyeron superadores de la democracia, pero no pudieron prescindir de la misma para legitimar su

521 Cfr., KELSEN, H., *Teoría General del Estado*, *op.cit.*, p. 595.

522 Cfr., HAYEK, F. A., *Camino de servidumbre*, *op.cit.*, p. 219.

523 Cfr., BELL, D., *El fin de las ideologías... op.cit.*, p. 365.

524 Cfr., KELSEN, H., *Teoría General del Estado*, *op.cit.*, p. 596.

525 Cfr., HELLER, H., *Europa y el fascismo*, *op.cit.*, pp. 40-41 y 73-75.

526 Cfr., *Ibidem*, pp. 38-40, 67 y 130.

poder[527]. Así, afirmará Kelsen que "Este *sacrificum intelectus* [pretender superar los valores del pasado pero recurriendo al principio democrático] puede explicarse por el hecho de que ni siquiera la más revolucionaria filosofía de la vida puede ignorar el indestructible deseo de libertad del Hombre; deseo que si no puede ser satisfecho mediante acciones debe serlo al menos mediante palabras[528] (...) Parece que el símbolo de la democracia ha asumido un valor tan generalmente reconocido que la sustancia de la democracia no puede ser abandonada sin mantener su símbolo[529]". Así, el fascismo necesita prohibir la libertad de prensa y de pensamiento, pues éstas sólo podrían ser compatibles con la dictadura en un país de analfabetos. Sin embargo, lo relevante es que los sistemas totalitarios no pudieron, ni pueden, dejar de lado la proclamación de los derechos sociales, ante el enorme calado espiritual que los mismos habían tenido en la conciencia social. Así, para Kelsen, el fascismo llevó a cabo reformas sociales para privar al socialismo de sus argumentos[530]. Sin embargo, éstos, al igual que los derechos y libertades individuales, tuvieron una eficacia aparente. De esta forma, en adelante, ningún Estado, para legitimar el poder del Gobierno, tanto democrático como autoritario, podrá prescindir de los derechos sociales, aunque éstos sean meramente semánticos y su ejecución sea una sencilla virtualidad.

Un ejemplo de constitución cuasi-fascista es la constitución portuguesa de 1932, impuesta por el dictador Méndez Cabeças, el cual llegó al poder en 1926, derogando la Constitución aprobada por el Pueblo portugués en 1911. Primero se elaboró el proyecto de constitución, luego se celebró el plebiscito y, posteriormente, fue la Asamblea nacional, con poderes constituyentes, quien elaboró la Constitución. Pero ésta no se pronunció sobre quien era el titular de la soberanía ni los fines del Estado, limitándose solamente a decir que la Nación es el titular de hecho de la misma, pero sin aclarar a quien corresponde su ejercicio. Además, en la misma no existía la división de poderes, teniendo el Presidente de la República, el cual no era elegido por sufragio universal, más facultades que un monarca constitucional. Por otra parte, la eficacia de los derechos fundamentales dependía del ulterior desarrollo de los mismos por leyes ordinarias, no existía ningún instituto de participación democrática directa, como el referéndum o la iniciativa popular y la participación del Pueblo en política era escasa. Se trataba, además, de una constitución flexible, ya que el procedimiento de reforma era similar al procedimiento ordinario. Así, como afirma Pérez Serrano, los autores de esta constitución ocultan la vuelta a ideologías pasadas amparándose en renovaciones[531].

---

527 Cfr., HELLER, H., *Las ideas políticas contemporáneas, op.cit.*, pp. 40, 50, 63, 67, 130. Así afirma: "No les queda, pues, otro recurso que superar con la democracia a la democracia, afirmándola de palabra una y otra vez, para acabar aniquilándola en su contenido".

528 KELSEN, H., "Los fundamentos de la democracia", *op.cit.*, cit., p. 202.

529 *Ibidem*, cit., p. 208.

530 Cfr., KELSEN, H., *Teoría General del Estado*, *op.cit.*, pp. 555 y 599.

531 Cfr., PÉREZ SERRANO, N., "El proyecto de Constitución portuguesa", *op.cit.*, pp. 70-95

Otra constitución de corte fascista fue la que nació en Argentina como consecuencia de la reforma constitucional llevada a cabo en 1949 durante el mandato de Perón. Así, esta constitución incorporó, respecto a la de 1853, derechos sociales y económicos, como la función social de la propiedad, sometida al interés general (art. 38), declarando que el capital debe estar sometido al servicio de la economía nacional, teniendo como objetivo el bienestar de la Nación (art. 34), la posibilidad de sociabilizar la tierra y los bancos (art. 68), el derecho al trabajo, a una retribución justa, preservación a la salud, seguridad social... (art. 37), así como derechos de educación, cultura, familia o ancianidad. Sin embargo, y siguiendo la opinión de Pérez Serrano, consideramos que la misma limitaba fuertemente los derechos liberales, al delegar su desarrollo en la Ley, la cual controlaba el dictador[532]. También, el Fuero de los Españoles de 1945 reconocía derechos sociales, laborales (arts. 24 a 28), culturales y de enseñanza (art. 5), además de derechos individuales, como la igualdad ante la Ley (art. 6), la libertad de emisión de pensamiento (art. 12), la inviolabilidad del domicilio (art. 15), los derechos de reunión y asociación (art. 16), entre otros, aunque carecían de eficacia, por los mismos motivos mencionados.

También, de 1917 a 1918, Rusia fue verdaderamente una sociedad de obreros, pero luego se centralizó la producción de forma dictatorial con medios disciplinarios, dando lugar a un Estado totalitario. De esta forma, en la URSS eran los burócratas tecnificados quienes ejercían el poder mientras que los obreros obedecían. Así, la defensa del control obrero fue un medio para socavar el poder económico de la clase empresarial y un medio para alcanzar el poder por la oligarquía intelectual pujante, pero no una técnica de democratización de la administración de la industria, como pretendía el ideario socialista. "Y así, un movimiento que brotó en nombre del Control de los Trabajadores controla ahora a los trabajadores, final extraño y melancólico para un viaje tan largo por el camino descendiente que partía Marx[533]", en palabras de Bell. De esta forma, el control de la economía por los sindicatos supuso cambiar una forma de dominación por otra y el problema del control obrero de las empresas implicó que nadie asumiese, de manera eficiente, la responsabilidad sobre las mismas[534]. Se trató, en su opinión, de una revolución obrera sin apoyo de la clase obrera, hecha a través de la disciplina de partido para anular a la oposición, ya que en unas elecciones libres habrían perdido, por lo que necesitaban sistemas dictatoriales[535]. Sin embargo, Heller rechaza el hablar de dictadura bolchevique porque en Rusia nunca llegaron a conocer el Estado de Derecho, asumiendo cualquier Gobierno ruso, tradicionalmente, la forma de gobierno de Pedro el Grande[536]. Por todo ello,

532 Cfr., Pérez Serrano, N., "La nueva Constitución argentina", *Escritos de Derecho Político I*, Instituto de estudios de Administración Local, Madrid, 1984, p. 435.

533 Bell, D., *El fin de las ideologías... op.cit.*, cit., p. 430.

534 Cfr., *Ibidem*, pp. 422-433.

535 Cfr., *Ibidem*, p. 357.

536 Cfr., Heller, H., "¿Estado de Derecho o dictadura?", *op.cit.*, p. 284.

se escribieron más obras de la Revolución rusa que de la Revolución francesa[537], pues como decía Rousseau, "La Historia nunca habla de los buenos Estados, sino de los malos[538]".

Para Kelsen, el marxismo y el anarquismo confunden el Ser del Estado con el Deber Ser, la realidad social y política con lo que se busca lograr mediante las normas, entendiendo que existe un orden natural que conducirá al fin del Estado de forma mecánica[539]. Es decir, en su opinión, comunistas y anarquistas confunden su mundo ideal de mando con el único mundo posible, calificando al sistema actual como contrario a la a naturaleza y esperando a que el paso de uno a otro llegue de forma milagrosa. Y es precisamente el mito el que permite, según Bell, al socialismo y al anarquismo, como al fascismo, mantener unidas a las masas. Pero ese mito es inalcanzable, idílico. Así, ambos pensamientos echan sus raíces en el anabaptismo y mileniarismo, al identificar un grupo oprimido y su esperanza de alcanzar pronto el conflicto final. Comunistas y anarquistas (y también fascistas) viven esperando que el mundo cambie por un rayo, que la Historia se dirija al fin por si sola. Así, es su compromiso con lo absoluto, con ese mito, lo que da al bolchevismo y al anarquismo su fortaleza religiosa.

Por ello, Kelsen criticó la Constitución soviética de 1936 entendiendo que presentaba una fachada democrática de partido único, aportando incluso porcentajes acerca de los resultados y la composición de los miembros de las Asambleas. Alaba a dicha Constitución como la más democrática de la época, sino fuera por el detalle de que no se aplica. Y es que un Estado de partido único no es una democracia, aunque su Constitución cumpla todos los demás requisitos, ya que, en Democracia, la pluralidad de partidos es esencial[540]. Así, acaba contraponiendo los sistemas democráticos de las normas constitucionales soviéticas con su efectividad real, para calificar a la Constitución soviética de 1936 de no democrática. Abandona su análisis avalorativo y acrítico, puramente formal, y se ve obligado a indagar en el campo de la realidad. De este modo, renuncia a su metodología analítica y entra en el campo de la eficiencia. Y al igual que ya había sido defendido por Heller, no entrará a valorar si un sistema es bueno o malo sino simplemente si el Ser se corresponde con el Deber Ser, es decir, si en ese Estado se obedece realmente la Constitución, para lo cual es necesario valorar. Y éste, como ya anunciamos al inicio, nos parece el único método adecuado para llevar a cabo una investigación por un constitucionalista, a saber: conocer si una Constitución es y se mantiene conforme a los principios del Constitucionalismo, y si los actos de los gobernantes son conformes a dicha Constitución.

537 Cfr., Bell, D., *El fin de las ideologías... op.cit.*, p. 349.

538 Rousseau, J.J., *Emilio o de la educación*, *op.cit.*, cit., p. 273.

539 Cfr., Kelsen, H., "Teoría política del socialismo", *op.cit.*, pp. 70-71.

540 Cfr., Kelsen, H., "La teoría política del Bolchevismo...", *op.cit.*, pp. 161 y 200-202.

No obstante, la crítica llevada a cabo contra marxistas y anarquistas no es ideológica, pues sólo critica su teoría política y jurídica[541]. Sin embargo, es preciso tener en cuenta que una de las razones por las que criticaba, muchas veces de forma injustificada, al sistema comunista soviético se debía a razones tácticas de guerra ideológica que tenían su igual en el otro bando. Y no podemos olvidar que al igual que Rusia se vio obligada, durante la Guerra Fría, a adoptar sistemas de represión y censura contra sus detractores, en EEUU, la Ley Schith, permitía elaborar una lista de las organizaciones subversivas para prevenir riesgos a la seguridad nacional, impedir que sus miembros obtuviesen empleos gubernamentales, crear un falso programa de lealtad que impedía a los individuos acusados de comunistas enfrentarse a sus acusadores por el que se obligaba al claustro de la enseñanza a hacer juramentos de lealtad y perseguir a los dirigentes comunistas[542]. Y aunque podemos entender la existencia y necesidad de dicha ley por las condiciones de amenaza en las que se hallaba el país, no podemos justificarla como democráticas, pero lo mismo cabe hacer, como siempre se hizo, con la URSS.

Y es en la década de 1930 cuando apareció en EEUU el comunista, como un soldado emboscado en una guerra contra la sociedad. De esta forma, mientras que el socialista participa en la responsabilidad de los problemas cotidianos, el comunista es ajeno a la sociedad, aunque viva en ella, usando las tácticas políticas únicamente para alcanzar su fin último, por lo que el bolchevique permanece fuera de este mundo[543]. Pero en EEUU no se pudo organizar el socialismo por no existir metas comunes entre la población y por la existencia de una desconfianza de ésta hacia el poder central, desde la llegada de los primeros colonos[544]. Por ello, en pocos años, el movimiento laboral se burocratizó y las políticas intelectuales fueron absorbidas por el New Deal[545].

Kelsen, no obstante, diferencia el socialismo, como un sistema económico caracterizado por la nacionalización y control público de los medios y procesos de producción y distribución, lo que supone la falta de libertad económica y la regularización positiva de la igualdad social[546], del capitalismo, como un sistema económico caracterizado por la propiedad privada de los medios de producción, la libre empresa y la competencia, en el cual existe libertad económica, al no intervenir el gobierno en la economía. Así, el bolchevismo sería una nueva forma de autocracia basada en la dictadura de un partido obrero sobre los demás partidos obreros y sobre todos los partidos burgueses, especialmente frente a cualquier forma de dic-

541 Cfr., Ruíz Manero, J., "Presentación: Teoría de la Democracia y crítica del Marxismo en Kelsen", en Kelsen, H., *Escritos sobre la democracia y el socialismo*, Editorial Debate, Madrid, 1988, p. 49.

542 Cfr., Bell, D., *El fin de las ideologías... op.cit.*, pp. 122-123.

543 Cfr., *Ibidem*, pp. 312-325.

544 Cfr., Judt, T., *Algo va mal*, *op.cit.*, p. 43.

545 Cfr., Bell, D., *El fin de las ideologías... op.cit.*, p. 337.

546 Cfr., Kelsen, H., "Los fundamentos de la democracia", *op.cit.*, p. 298.

tadura burguesa y el fascismo sería análogo al bolchevismo en estructura y nacimiento, aunque persiguiendo fines contrarios, ya que es la dictadura de un partido burgués sobre los demás partidos burgueses y sobre todos los partidos obreros, en radical oposición a la dictadura del proletariado. De esta forma, el bolchevismo y el fascismo son formas políticas opuestas adoptadas por los diferentes grupos en la lucha de clases.

Pero ambos se diferencian en su actitud ante la igualdad material, ya que el primero defiende un orden económico socialista y el segundo capitalista. Por tanto, el capitalismo no es un sistema político, sino una forma de vida económica, compatible tanto con dictaduras de derechas y de izquierdas, monarquías socialdemócratas y con dictaduras plutocráticas. Nada es necesario ni inevitable: ni el comunismo, ni el liberalismo ni el Estado de Bienestar tenían porque ocurrir[547]. Así, la ideología democrática queda desamparada tanto por la extrema izquierda como por la extrema derecha, pues ambas la rechazan en defensa de sistemas no democráticos[548].

Y la planificación tampoco es inevitable, en opinión de Hayek, sino que depende de la convicción social general en la misma, en un tiempo y un lugar determinados. Así, el avance tecnológico no hace imprescindible la dirección centralizada de la economía, sino que se da a elegir entre tener una ventaja particular por coacción o no tenerla. Por ello, existen intereses políticos que buscan crear una política planificadora, ya que ello refuerza el poder del Ejecutivo, pues el Parlamento sería inadecuado para llevar a cabo la planificación, al requerir una rápida capacidad de adaptación a los cambios y grandes acuerdos sobre cuestiones muy concretas. Como el Parlamento sólo adopta decisiones en las que es posible el acuerdo, y sobre los fines y los medios nunca existe acuerdo, sería preciso, para llevar a cabo la planificación económica, elegir a personas con un poder absoluto. Así, la delegación de la planificación económica, por parte del Parlamento, en técnicos, pone en cuestión el carácter democrático de tales decisiones, ya que se le estaría dando una facultad arbitraria a una persona en lugar de someterla a reglas generales, para lo que sí es legítimo tal delegación. La planificación económica requiere, por tanto, otorgar arbitrariedad al Ejecutivo, al no quedar éste sometido a la Ley del Parlamento. Y legalizar la norma arbitraria es pasar de la democracia al despotismo. De esta forma, el sistema se convertiría en una dictadura plebiscitaria en el que el Jefe de Gobierno se somete de vez en cuando al voto, asegurándose el apoyo popular a través de los poderes de los que dispone[549]. Y como en la URSS la economía estaba en manos del Estado, eran necesario técnicos que dirigieran las empresas de forma descentralizada, lo que convertía la lucha por los puestos técnicos en luchas por el poder[550].

547 Cfr., Judt, T., *Algo va mal*, *op.cit.*, pp. 141 y 148.

548 Cfr., Kelsen, H., *Teoría General del Estado*, *op.cit.*, pp. 595-599.

549 Cfr., Hayek, F.A., *Camino de servidumbre*, *op.cit.,* pp. 105-146.

550 Cfr., Bell, D., *El fin de las ideologías... op.cit.*, p. 378.

El Estado de Derecho elimina toda arbitrariedad de poder, al someter la acción del Estado a normas fijas y conocidas de antemano, aunque admite que esto es un ideal, por lo que acaba reduciendo su función a limitar al máximo la discrecionalidad del poder Ejecutivo. Se trata de fijar mediante normas las condiciones bajo las cuales se pueden usar los recursos disponibles, dejando a los individuos los fines y los medios de la producción. De este modo, el Gobierno debe limitarse a tomar decisiones según vayan surgiendo necesidades, dejando libertad al individuo para elegir sus fines y sus medios. Si el poder busca una meta que exige el uso de un poder que no puede guiarse por reglas fijas, tiene que convertirse en un poder arbitrario[551]. Así, un Estado libre se diferencia de uno autoritario por la observancia de los principios del Estado de Derecho[552].

Por último, el sometimiento a las fuerzas impersonales del mercado, para Hayek, es lo que ha permitido el desarrollo de la civilización occidental. El sistema de la competencia es el único dirigido a hacer mínimo el poder que los Hombres ejercen sobre otros Hombres. Pero sostiene que, en su tiempo, se produce la "econofobia", donde el Hombre odia fuerzas impersonales del mercado a las que se sometió en el pasado, revelándose ahora en contra de ellas porque han frustrado sus esfuerzos individuales, los cuales sigue buscando. Así, aunque es moralmente repugnante someterse a normas que no se comprenden, hay casos, en su opinión, como las leyes del mercado, en los que es necesario someterse, ya que la búsqueda del dominio de la economía por las fuerzas de la sociedad es el camino al totalitarismo y la destrucción de nuestra civilización[553].

Kelsen, en una crítica a Hayek, rechaza que la economía planificada no pueda dirigirse de manera democrática y que su funcionamiento necesite un cuerpo de expertos sometidos a un dictador, ya que también, en las democracias, la ejecución corresponde a la administración, la cual no es elegida democráticamente, y ello no la convierte en despótica[554]. Así, la administración poco democrática se usa tanto en el socialismo como en el capitalismo, no existiendo experiencia social para afirmar que un sistema socialista requiera de un poder discrecional para que la economía pueda ser eficaz. Por tanto, el sistema democrático es compatible con una administración burocrática formada por técnicos elegidos de por vida, lo cual supone un elemento autocrático[555]. La democracia también necesita cargos que, aunque elegidos democráticamente, adopten decisiones de forma autoritaria. Una administración dejada en manos de expertos es más técnica, pero no por ello más arbitraria, pues las normas generales, también en democracia, no pueden prever

551 Cfr., HAYEK, F.A., *Camino de servidumbre*, *op.cit.,* p. 131.

552 Cfr., *Ibidem*, pp. 132-138.

553 Cfr., *Ibidem* pp. 132-305.

554 Cfr., KELSEN, H., "Los fundamentos de la democracia", *op.cit.*, p. 307.

555 Cfr., KELSEN, H., *Teoría General del Estado*, *op.cit.*, pp. 532 y 587-589.

todos los aspectos y peculiaridades. De hecho, es más beneficioso, para salvar a la democracia, que la administración sea más eficaz que democrática[556].

Ahora bien, si bien es cierto que el bolchevismo no puede llevar a cabo una planificación económica pura, el capitalismo necesita de reformas sociales para poder subsistir[557]. Por esta razón, durante la guerra fría, ambos sistemas tuvieron que hacerse mixtos, y al igual que Bismark, en su tiempo, se vio obligado a llevar adelante políticas socialistas, los Estados capitalistas se vieron obligados a optar por esta vía y Lenin también tuvo que establecer medidas capitalistas. Y es en dichos márgenes entre ambos sistemas económicos en donde se consolida el Estado social.

Además, el Estado de Derecho no garantiza la libertad del individuo, ya que dicho sistema no se refiere a la relación del gobernante con el gobernado sino a las relaciones internas que se dan en el interior del Gobierno. Su finalidad no es buscar la Libertad sino la seguridad jurídica. Además, las reglas preestablecidas en el Estado de Derecho siempre dejan un cierto grado de discrecionalidad, teniendo el Parlamento un grado casi ilimitado. Así, el principio de "Rule of Law" (Estado de Derecho) es un componente de la Democracia, pero no se aplica a la economía, ni capitalista ni socialista[558]. Además, esa arbitrariedad de los técnicos no se critica ahora en los neoliberales, como veremos más adelante. Así, para evitar que el Estado de Derecho se convierta en un Estado legalista, según Schneider, de procedimientos y formas, o en un Estado legal pero injusto, el Estado debe contener metas y objetivos para formar la voluntad del Derecho (Estado de Derecho material). Por tanto, el Estado de Derecho es lo contrario a un orden autoritario. No legitima la actuación del poder estatal, sino que legitima al poder como tal, lo limita y lo racionaliza[559]. "Bajo "Estado de Derecho" la Ley Fundamental entiende un sistema de principios y reglas procesales según las cuales se crea y perfecciona el ordenamiento jurídico, se limita y controla el poder estatal y se protegen y se realizan los derechos del individuo a la libertad[560]", en opinión de Schneider. Y en relación a defensa del sometimiento a la impersonalidad de las normas, como ya hemos tenido ocasión de ver, ha sido utilizada, en la mayor parte de los casos, para establecer una autocracia antes que un verdadero Estado de Derecho.

Pero si el Estado controla los medios de producción, controla también los salarios y la elección del empleo, como sostiene Hayek, lo que elimina la libertad individual. De esta forma, la libertad económica liberal supone el derecho a ejercer nuestra libertad económica, con nuestras propias responsabilidades, haciéndola

556 Cfr., KELSEN, H., "Los fundamentos de la democracia", *op.cit.*, pp. 309-314.

557 Cfr., KELSEN, H., *Teoría General del Estado*, *op.cit.*, p. 599.

558 Cfr., *Ibidem*, p. 310-314.

559 Cfr., SCHNEIDER, H. P., "Peculiaridad y función de los derechos fundamentales ...", *op.cit*, pp. 137-139.

560 *Ibidem*, cit., p. 137.

depender de nuestros méritos, para alcanzar fortuna o desventaja en igualdad de condiciones. Además, si se garantiza siempre un salario en un sector, esa retribución no guardaría relación con la utilidad efectiva. Y sin incentivos ni sanciones económicas, la única disciplina posible para los trabajadores sería a través del castigo corporal. De este modo, todo colectivismo, al buscar organizar los recursos de la sociedad de forma unitaria, negando las esferas autónomas de decisión de los individuos, se convierte en un totalitarismo, por lo que todo poder económico o social se acaba convirtiendo, también, en un poder político[561], ya que, el Estado, a través de un grupo de personas, será quien decida quien alcanza fortuna o desventaja[562]. Por tanto, el colectivismo es incompatible con la libertad humana, por lo que se debe salvar el liberalismo para evitar caer en el totalitarismo[563].

Continúa Hayek sosteniendo que el colectivismo es contrario a la libertad y a los ideales de la revolución francesa, pues sin libertad económica no hay libertad personal ni política. La libertad económica, para él, fue el subproducto de la libertad política. Y la libertad política no puede existir sin la libertad económica. Una sociedad acostumbrada a la libertad difícilmente aceptaría la seguridad si tuviera que renunciar a aquélla. Se preferirá la libertad cuando se viese que el precio de la seguridad es convertirse en siervo del Estado. No obstante, aclara que el colectivismo no es toda economía planificada, ya que el liberalismo también necesita una mínima planificación económica para que la competencia sea efectiva y para regular los servicios públicos, sino sólo aquella que se realiza con fines redistributivos. Así, la libre competencia no es lo mismo que *laissez-faire*, ya que siempre se defendió una intervención del Estado. No obstante, aclara que sólo se puede planificar para mejorar la competencia, pero no para ir en su contra. Por tanto, para él, la planificación consiste en la organización deliberada de los esfuerzos de la sociedad en pro de un objetivo social determinado. De esta forma, para este autor, el Estado es esencial en todo sistema defendido racionalmente, pues éste siempre debe contar con unas mínimas competencias, debiendo suministrar los servicios que los individuos no pueden obtener por sí solos. Por tanto, el Estado podrá prestar servicios sociales mientras éstos no entren en conflicto con la libre competencia, pues no pueden coexistir, ya que son soluciones contrarias a un mismo problema. Así, el Estado puede garantizar un derecho a un sustento mínimo (seguridad limitada) sin poner en peligro el derecho a recibir una renta en función de la posición (seguridad absoluta), en una sociedad libre[564].

Por ello, denuncia que no se quiere asumir que alcanzar los más altos ideales ha tenido como consecuencia el Estado totalitario. El socialismo transformó el concepto de Libertad, ya que, en lugar de defenderla frente al poder autoritario, se

561 Cfr., HAYEK, F.A., *Camino de servidumbre*, *op.cit.*, pp. 169-203.

562 Cfr., *Ibidem*, p. 171.

563 Cfr., VERGARA, J., "Nota de autor", en HAYEK, *Camino de servidumbre* (1944), Alianza Editorial, (3° Ed.), 2011, pp. 14-15 y 18.

564 Cfr., HAYEK, F.A., *Camino de servidumbre*, *op.cit.*, pp. 88-197.

pasó hacerlo frente a la indigencia, suprimiendo las circunstancias que rompen la Igualdad, para lo que era necesario destruir el anterior sistema económico. Pero esa promesa de Camino de Libertad del socialismo es en realidad un Camino de Servidumbre, en palabras del autor pues, en su opinión, el socialismo conduce a la esclavitud. La pasión por satisfacer nuestras necesidades de forma colectiva prepara el camino para el totalitarismo, al educar a la gente a privarse de toda elección a favor de un plan. Y aunque considera que la libertad necesita de una cierta seguridad, sino su precio sería demasiado alto, ésta no puede ser sacrificada para lograrla. Así, el socialismo democrático es una utopía que no conduce a la libertad; el socialismo liberal es teoría, ya que en la práctica se vuelve totalitario. Por ello, defiende que la seguridad debe proporcionarse fuera del mercado, dejando que éste funcione sin obstáculos como medio para garantizar la libertad del individuo. Por tanto, la seguridad económica puede ser peligrosa para la libertad. Avanzar hacia el socialismo no sólo supone una ruptura con el pasado liberal sino también con la civilización occidental. Sostiene que se está abandonando el individualismo, entendido como el respeto a la esfera interior del individuo y no como egoísmo, aportado por el cristianismo y la filosofía de la Antigüedad clásica, y consolidada durante el Renacimiento. Por tanto, un poder económico centralizado conduciría a tal grado de dependencia que llevaría a la esclavitud[565].

Ante dichos argumentos esgrimidos, Kelsen considera que el colectivismo de los medios de producción no conduce al totalitarismo, ya que en todo orden social existe un grado de colectivización, siendo el socialismo su grado más alto, pues, como el propio Hayek acaba admitiendo, existen más grados. Por tanto, el derecho de libre disposición de los objetos necesarios (ajuar, vestido...) no es incompatibles con el sistema de propiedad colectiva. Al igual que el capitalismo no excluye completamente la propiedad colectiva, el socialismo no excluye completamente la propiedad privada[566]. Además, el castigo corporal no está vinculado al socialismo, sino que históricamente se relaciona con la explotación capitalista. Y la violencia y los trabajos forzados bolcheviques no se relacionaban con el comunismo sino con el carácter autoritario de Stalin[567].

Kelsen entiende que al igual que una dictadura puede tener un sistema económico socialista o capitalista, también una democracia puede tener un sistema económico socialista o capitalista, ya que el sistema político es el método de creación y de aplicación de un ordenamiento social y el sistema económico es parte del contenido de ese ordenamiento social[568]. La restricción de libertades no es algo necesario del socialismo, sino que éste es tan compatible con la democracia y con las libertades políticas, intelectuales y económicas como el capitalismo. De esta

565 Cfr., *Ibidem,* pp. 55-228.

566 Cfr., Kelsen, H., "Los fundamentos de la democracia", *op.cit.*, pp. 315-319 y 333.

567 Cfr., Bell, D., *El fin de las ideologías... op.cit.*, pp. 376-378.

568 Cfr., Kelsen, H., *Teoría General del Estado*, *op.cit.*, pp. 600-601 y "La teoría política del Bolchevismo...", *op.cit.*, pp. 193 y 298.

forma, no se puede sostener que ningún sistema económico contribuya a garantizar de forma más eficaz la democracia. Por tanto, el cambio de sistema económico (de capitalismo a socialismo, o a la inversa), no mejora necesariamente este sistema, pero cambiar violentamente un sistema económico en una democracia sí supone establecer una autocracia.

Concluye, de esta forma, que no existe experiencia suficiente para responder a la cuestión de si el capitalismo o el socialismo garantizan mejor la libertad, pues los intentos de demostrar la conexión entre libertad y propiedad o entre democracia y capitalismo, han fracasado. La Democracia, como sistema político, no está ligada, por tanto, a un determinado sistema económico[569]. Además, en realidad, la democracia capitalista y la democracia proletaria son iguales, aunque esta última se transformó por razones tácticas en una dictadura[570]. Es decir, el socialismo tampoco es capaz de superar el modelo democrático, y si llevó a cabo adaptaciones de estricta jerarquía fue por las necesidades de guerra. Pero no sería correcto entender que el socialismo supone primar el elemento socialista y prescindir de los elementos liberal y democrático, ya que no existe elemento socialista sin Estado democrático y de Derecho. Si ese elemento socialista existiese en tal Estado, sería en precario.

Por eso, la Democracia exige libertad intelectual[571]. La Democracia necesita los derechos de libertad y los derechos políticos, mientras que el mercado solo necesita los derechos patrimoniales. Una democracia puede subsistir sin derechos patrimoniales y el mercado puede subsistir sin derechos políticos. Las épocas fascistas y autoritarias prueban como los derechos de libertad no son necesarios para el mercado[572]. Además, el principio de libertad económica no puede incluirse dentro del concepto de Democracia, puesto que aquélla ha desaparecido del mundo en su forma pura sin que por ello se viese alterada la Democracia. Y un sistema de economía planificada tampoco necesita una autocracia, como ya se expuso anteriormente. Precisamente la desvalorización de la libertad y de los derechos burgueses por el marxismo se explica porque el liberalismo valora el derecho a la propiedad privada de igual forma que los derechos de libertad, como si fuera un verdadero derecho democrático[573], lo que condujo erróneamente a algunos socialistas a rechazar tanto el capitalismo como el liberalismo, bajo la creencia de que existía conexión entre ambas ideas.

Además, la hipótesis de Hayek persigue limitar al Estado a los estrechos límites liberales que ya resultaron obsoletos en su momento. Y se contradice al sostener

569 Cfr., Kelsen, H., "Los fundamentos de la democracia", *op.cit.*, pp. 226-333.

570 Cfr., Kelsen, H., "La teoría política del Bolchevismo...", *op.cit.*, pp. 186-187.

571 Cfr., Kelsen, H., *Teoría General del Estado*, *op.cit.*, pp. 596-598 y "Los fundamentos de la democracia", *op.cit.*, p. 315.

572 Cfr., Ferrajoli, L., "De los derechos del ciudadano a los derechos de la persona", *op.cit.*, pp. 102-103.

573 Cfr., Ferrajoli, L., "Derechos fundamentales", *Derechos y garantías de la Ley del más débil*, Prólogo de Perfecto Andrés Ibáñez, Editorial Trotta, Quinta edición, 2006, p. 45.

que el Estado puede intervenir en unas cosas y en otras no, ya que no aclara cual es el límite objetivo que determina hasta qué punto el Estado puede limitar esa libertad. Así, el anarquismo y el liberalismo tienen en común la consideración de que el Estado debe reducirse al mínimo, primando como valor esencial la Libertad. Sin embargo, para Kelsen, siempre es el Estado el que hace posible la verdadera Libertad[574]. De este modo, en Democracia, la planificación económica es necesaria para liberar a los ciudadanos del poder económico pues, de lo contrario, se condena la libertad política del individuo en favor de la libertad económica de las empresas. Por otro lado, es importante tener en cuenta que las empresas estatales no amenazan las leyes del mercado, sino que las refuerzan, al aumentar la competencia[575]. Además, Tony Judt admite que, aunque el socialismo falla en que se exige un conocimiento perfecto del presente y del futuro, lo mismo puede criticarse de los defensores del mercado[576].

Hayek también critica el uso de términos como "bien común" o "interés general" para llevar a cabo la planificación estatal de la economía, ya que ello supondría la existencia de un único código ético que aunase todos los valores existentes en la sociedad, por lo que dicho código estaría lleno de huecos. Sin embargo, no existen opiniones comunes sobre los fines ni sobre los medios, por lo que los regímenes totalitarios pervierten el significado de esas palabras, como la Libertad, que para el socialismo es la libertad de la mayoría sobre la minoría, en opinión del autor. Por ello, concluye, la planificación económica necesita eliminar la Libertad para inculcar unos ideales a través de la coerción. Así, siempre que se prometió una nueva Libertad, se destruyó una vieja. Si el Estado tomase decisiones sobre los fines y los medios de los individuos, estaría eliminando la libertad de los mismos, ya que estos deben poder buscar los fines y medios que deseen por sí mismos. Y aunque en toda sociedad existen fines sociales a los que debe someterse el individuo, éstos deben limitarse a ser medios para sus fines. Pues pese a que la planificación se reduzca sólo a la economía, al influir todas las cuestiones económicas en las cuestiones personales, el que lleve a cabo la planificación decidirá qué es decisión económica y cual no, los fines de los ciudadanos y sus medios, así como lo que deben amar, lo que deben odiar y demás aspectos de la vida (la elección del trabajo y, por tanto, donde vivir, el ocio, la familia...). Además, el planificador podrá discriminar a personas a su voluntad, decidiendo sobre su futuro. De esta forma, el Estado, en lugar de liberar al Hombre de ser un medio, lo convertiría en instrumento para los fines del Estado. Se elimina, de este modo, la libertad de elección del ciudadano, al no poder éste conocer lo que vale en dinero cada cosa. Pero el totalitarismo, como carece de un código ético aceptado por toda la sociedad para tomar decisiones, usa un mito aceptado por toda la población para justificar sus determinaciones.

574 Cfr., KELSEN, H., "Los fundamentos de la democracia", *op.cit.*, pp. 50-51, 72 y 314-315.

575 Cfr., O'CONNOR, J., *La Crisis fiscal del Estado*, *op.cit.*, p. 231.

576 Cfr., JUDT, T., *Algo va mal*, *op.cit.*, p. 47.

Así, el plan se aceptaría por adoctrinamiento, a través de la educación, no por convicción[577]. De esta forma, el socialismo, precursor también en este aspecto del fascismo, en opinión de Kelsen, busca dirigir las creencias y convicciones del individuo para controlar su actividad. Por ello, en los países totalitarios, la gente recibe unas creencias impuestas y las acepta como un credo[578], aunque este autor considera que es absurdo entender que quien controla la satisfacción de las necesidades económicas de los Hombres, controla también su mente[579].

Pero esto sirve tanto como crítica al socialismo en cuanto al control de los poderes económicos como a la propia teoría de Hayek. Entiende que quien posee los medios de producción, controla la mente de los consumidores, aunque luego reduce este hecho sólo a cuando el Estado posee los medios de producción, ya que cuando la propiedad es privada, dicho control no se da[580]. Así, en el socialismo los medios de producción los controla el Estado y en el capitalismo los particulares. Siguiendo la idea de Hayek, en el capitalismo serían los burgueses quienes controlarían el pensamiento de los demás. Por tanto, ese control puede darse en ambos sistemas. Pero el sometimiento a un plan no es exclusivo del capitalismo o del socialismo, sino del totalitarismo. El absolutismo político supone para el gobernado la renuncia total a la autodeterminación (incompatible con la igualdad), distinguiendo entre gobernantes y gobernados. El sujeto es ajeno al ordenamiento jurídico, limitándose simplemente a obedecerlo. Por razones obvias, usa el absolutismo filosófico, entendido como un dogmatismo político radical y violento, como instrumento ideológico para justificar su poder ilimitado, presentando al gobernante como poseedor de la verdad absoluta[581] y sacralizando algún fundamento (Nación, lucha de clases...) si no pueden recurrir directamente a la religión. Se excluye, de este modo, la paz, la igualdad y la libertad de los individuos, los cuales quedan sometidos a una obediencia ciega[582]. Así, la lucha entre democracia o autocracia no es sólo una lucha por un problema de técnica social, sino que se trata de una lucha entre una filosofía relativista y una filosofía absolutista. Se trata de una conexión entre filosofía, como visión del mundo, y política.

Así, mientras que los políticos prácticos son los que toman el camino para alcanzar el objetivo, los políticos mesiánicos no son verdaderos políticos, ya que carecen de la capacidad de desmenuzar los absolutos morales para aplicarlos y llegar a los

577 Cfr., Hayek, F.A., *Camino de servidumbre*, *op.cit.*, p. 130.

578 Cfr., *Ibidem*, pp. 113-244.

579 Cfr., Kelsen, H., "Los fundamentos de la democracia", *op.cit.*, p. 301.

580 Cfr., Hayek, F.A., *Camino de servidumbre*, *op.cit.*, p. 228.

581 Para Monereo es posible tanto justificar la democracia con teorías absolutas como justificar la tiranía con teorías relativistas. Pero no se trata de justificar la democracia con teorías relativistas, sino que, sólo si existe relativismo en la sociedad, es decir, si la sociedad tiene mentalidad relativista, en la cual no existe una única verdad, es posible que exista una verdadera democracia. Cfr., Monereo Pérez, J. L., "Estudio preliminar", *op.cit.*, p. CXIII.

582 Cfr., Kelsen, H., "Los fundamentos de la democracia", *op.cit.*, p. 242.

compromisos necesarios para alcanzar las metas propuestas, no implicándose en política[583]. De esta forma, los malos gobernantes surgen en el totalitarismo, ya que éstos deben elegir entre renunciar a la moral o fracasar, por lo que triunfarán sólo los faltos de escrúpulos. Un grupo de personas no puede obedecer ciegamente un plan si son honrados. Así, los que están en el poder, en el totalitarismo, deben de carecer de normas o principios morales para entregarse sin reservas a las órdenes del líder. Además, también son necesarios apoyos dóciles y crédulos, individuos carentes de convicciones propias. Es necesario que los individuos lo sacrifiquen todo por la comunidad, por lo que se necesita que no existan virtudes morales[584].

Una autocracia no se diferencia de una Democracia porque en la primera se ejerza el poder en interés propio y en el segundo en beneficio de los ciudadanos, porque es posible que la autocracia busque el beneficio de todos los súbditos y la Democracia puede buscar sólo el beneficio de los representantes[585]. Así, para Kelsen, se puede considerar que un gobierno sea para el Pueblo sin que sea necesariamente un gobierno del Pueblo, ya que la Democracia no es un gobierno para el Pueblo necesariamente. Tanto la Democracia como la autocracia pueden ser gobiernos para el Pueblo[586] pues como defendía Rousseau, "el pretexto del bien público es siempre el más peligroso azote del Pueblo[587]". Tampoco se diferencia, en su opinión, porque en la Democracia el gobernante se someta a Derecho. El despotismo tampoco es la ausencia de orden, pues ello sería la anarquía, sino que supone que el déspota puede dotar de contenido a las normas jurídicas con total libertad material. Así, aunque el déspota no esté sometido a sus propios preceptos, tiene que estar sometido a la Norma Fundamental, entendida como procedimientos formales de legitimidad jurídica, o a la moralidad religiosa del Estado en el que se encuentre[588].

Sin embargo, la diferencia radica en que mientras el gobernante democrático se somete a las normas jurídicas positivas del Estado de Derecho, al gobernante autocrático se somete a las normas jurídicas de la legitimidad, emanadas de los principios éticos políticos socialmente reconocidos. En Democracia, los representantes del Pueblo, como unidad de voluntad, son magistrados, no soberanos, pudiendo ser revocados por el Pueblo, siendo independiente su poder decisorio de su nombramiento, por lo que permanecen jurídicamente vinculados a la ciudadanía. Así, a diferencia de la representación meramente ética que corresponde al gobernante autoritario, la representación democrática es jurídica[589]. De esta forma,

583 Cfr., Bell, D., *El fin de las ideologías... op.cit.*, pp. 317-318.

584 Cfr., Hayek, F.A., *Camino de servidumbre, op.cit.,* pp. 212-235.

585 Cfr., Kelsen, H., *Teoría General del Estado, op.cit.*, p. 543.

586 Cfr., Kelsen, H., "Los fundamentos de la democracia", *op.cit.*, pp. 208-209.

587 Rousseau, J.J., *Discurso sobre la economía política (1755)*, Editorial Tecnos, 1985, cit., p. 27.

588 Cfr., Kelsen, H., *Teoría General del Estado, op.cit.*, pp. 543-544.

589 Cfr., Heller, H., "Democracia política y Homogeneidad", *op.cit.*, pp. 260-261.

el Presidente de una república goza de fuerza política, pero de debilidad jurídica, pues siempre ha de someter su responsabilidad al Pueblo, como representante, a diferencia del monarca o dictador.

Por ello, Kelsen critica reducir la Democracia a un "gobierno para el Pueblo" porque todo gobierno puede decir que actúa en interés del propio Pueblo. Así, entender que la democracia es un "gobierno para el Pueblo", con independencia del procedimiento de creación y aplicación de las normas estatales, puede dar lugar a que cuando el gobierno no se elija de forma democrática o éste no permita expresar la libertad política, en el momento en el que el interés del Pueblo difiera del interés del gobierno, será el Pueblo el que se equivoque. De esta forma, en las "democracias" de una "élite o líder carismático" sólo hay que desplazar el acento en la definición de democracia de "gobierno del Pueblo" a "gobierno para el Pueblo" para darle una inmerecida legitimidad democrática a un régimen autoritario. Por esta razón, tanto los nazis como los comunistas justificaron el abandono del "gobierno del Pueblo" por un "gobierno para el Pueblo". Por ello, como desarrollaremos más adelante, será incorrecto considerar que un gobierno que sea más eficaz y proporcione mejores resultados a los ciudadanos es más democrático, ya que sólo lo será si los gobernados participan de forma directa o indirecta en la creación del ordenamiento jurídico. Todo gobierno efectivo, bajo un ordenamiento jurídico, representa al Estado. Pero esa representación puede ser democrática o autocrática, según la participación de los gobernados. Por ello, no se puede confundir la representación que realizan los órganos del Estado, que es una representación jurídica, con la representación en sentido democrático, en la cual los individuos ejercen una influencia decisiva en la creación de esos órganos, siendo una representación jurídica, pues ello es usado para justificar que el partido único también representa al Pueblo como en las democracias lo hace el partido mayoritario o la coalición de partidos[590].

Ahora bien, no podemos estar de acuerdo con Monereo cuando afirma que Kelsen muestra indiferencia a que los derechos económicos, sociales y culturales sean esenciales para la existencia de la Democracia, considerándolos meros contenidos del ordenamiento social[591], ya que esto no es exactamente así, pues lo que sostiene Kelsen, y nosotros con él, es que no existe una relación necesaria entre Democracia, como forma de creación jurídica, con los derechos sociales, como contenidos del ordenamiento jurídico. Sin embargo, en según qué circunstancias políticas, un determinado sistema político puede conducir a la Democracia o a la autocracia. De esta forma, al igual que el liberalismo contribuyó al desarrollo de las libertades, el capitalismo desregulado necesita métodos cada vez más autocráticos para mantenerse. Por ello, el Estado social, en nuestra opinión, siempre sometida a mejor criterio, es el contenido del ordenamiento social que mejor se adapta a las demandas actuales. Cambiarlo en contra de la voluntad de gran parte

590 Cfr., KELSEN, H., "Los fundamentos de la democracia", *op.cit.*, pp. 212-222.

591 Cfr., MONEREO PÉREZ, J. L., "Estudio preliminar", *op.cit.*, p. CII.

de la población hacia los intereses de la menor parte de la misma, sin buscar el bien general de todos los ciudadanos, contribuirá necesariamente a imponer una autocracia, fascista o comunista, que permitiese someter a la mayoría de la población a los intereses de la minoría. De esta forma, una de las mayores virtualidades del Estado social es que evita el totalitarismo.

Así, "El Estado social, a diferencia del Estado autoritario y del Estado liberal de Derecho, es un Estado que garantiza la subsistencia y, por lo tanto, es Estado de prestaciones y de redistribución de riquezas[592]", en palabras de Forsthoff, ya que un Estado social es difícil que se transforme en autoritario si también es democrático y de Derecho, pues, en su opinión, "Función social y dominación se excluyen recíprocamente[593]". Añade además que "La dominación convertida en función social supone la más perfecta dominación que en las presentes circunstancias se pueda implantar. Pero un Estado que realice esta transformación deja de ser en todo caso social. (...) Un Estado que se aproveche de las necesidades sociales de sus súbditos para aumentar su poder de dominación es en realidad un Estado total, como no llegó a ser el Estado Nacionalsocialista[594]". Por ello, es preciso tener en cuenta que las funciones del Estado social se dirigen a conseguir una existencia digna para cada ciudadano, por lo que, si se transforman en un instrumento de poder, dejan de ser sociales, ya que ser un Estado social supone renunciar a usar las funciones sociales para ejercer la dominación sobre los individuos con la finalidad de beneficiar a los gobernantes de turno. Por tanto, Forsthoff acaba admitiendo que el Estado social no puede dar lugar al autoritarismo, pues a diferencia de éste, no busca someter a sus ciudadanos. Y un Estado que somete a sus ciudadanos no es, ni puede ser, Estado social. Por ello, no considera a la URSS un Estado social, ya que la misma usaba sus funciones sociales para ejercer dominación y sólo beneficiar a los de su partido[595]. En una línea similar, Doehring, entiende que el Estado social debe garantizar la Libertad del ciudadano, no pudiendo reducirla a imponer la Igualdad a través de la restructuración social, sino que debe buscarse la Igualdad política[596], pues, en palabras del autor, "Igualdad en la dependencia sería una contradicción con el principio fundamental de las democracias occidentales según el cual el poder del Estado tiene su origen en los ciudadanos libres que constituyen el Pueblo[597]". De este modo, ante la eventual necesidad de declarar un estado de excepcionalidad por una crisis sanitaria o de otra índole, el Estado no podrá valerse de sus funciones para someter a los ciudadanos, sino sólo para protegerlos, pues de lo contrario perderá su legitimidad.

---

592 FORSTHOFF, E., "Problemas constitucionales del Estado social", *op.cit.*, cit., p. 49.

593 *Ibidem,* cit., p. 52.

594 *Ibidem*, cit., p. 51.

595 Cfr., *Ibidem*, pp. 51-53.

596 Cfr., DOEHRING, "Estado social, Estado de Derecho y orden democrático", *op.cit.*, p. 129.

597 *Ibidem*, cit., p. 129.

Sin embargo, en el Estado social, la lucha por formar la voluntad del Estado se traduce en la lucha por disponer de los medios de distribución de la riqueza. Así, el peligro que tiene el Estado social, para Forsthoff es que, si una ideología autoritaria alcanza el poder, podrá ejercer un poder absoluto, pues la Constitución alemana no proporciona protección al individuo frente a ello. Por tanto, el peligro del Estado social es que éste pueda ser usado para la dominación del individuo y ser manipulado de la tal manera que cree la apariencia de un verdadero orden democrático. Además, debido a que, en realidad, son los grupos de interés los que promueven las decisiones políticas en el Estado social, no existe un verdadero derecho de participación en su interior y, al no existir una participación democrática, el Estado social enmascara, en realidad, y ello se deduce de sus premisas, un Estado autoritario. Por tanto, en su opinión, la cual compartimos plenamente, el Estado social sólo puede funcionar bien si se resuelve el problema de la formación de la voluntad del Estado[598].

Y es que, en cualquier modelo de Estado, si una ideología autoritaria sube al poder, no habrá nada que la frene, por lo que el Estado social es tan ineficaz para evitar el autoritarismo como el Estado liberal o democrático, ya que lo que se necesita es voluntad constitucional, tanto de representantes como de representados[599]. Y si el problema es la representación, debe buscarse solución a eso, pues tampoco será un Estado de Derecho si los que toman el poder son organismos no sometidos a fiscalización o control, como son los grupos de interés, y mucho menos un Estado democrático. De esta forma, cuando Forsthoff busca criticar y deslegitimar al Estado social, lo hace desde los mismos postulados que su Maestro Schmitt, por lo que acabará criticando todo el modelo liberal de forma encubierta para ensalzar, una vez más, al modelo autoritario. Y por esta razón, el autor va a defender, para Alemania, que sólo el Estado social monárquico puede cumplir la misión de situarse por encima de las fuerzas sociales para lograr defender la igualdad de derechos y socorrer a sus ciudadanos, en caso de desigualdad. Así, en su opinión, el fracaso de Weimar se debió a que los partidos políticos, cada vez más atomizados, se impusieron al Estado, abandonando el elemento neutral, pues el Presidente de la república cumplía sus funciones ajeno a los partidos políticos[600].

Pero es preciso tener en cuenta, no obstante, que este autor fue discípulo de Schmitt y creó una Teoría del Estado antidemocrática, por lo que estudia al Estado social desde posiciones antidemócratas y antiliberales, entendiéndolo como un peligro para la Libertad, lo que convierte su teoría en una crítica interesadamente ideológica[601], restándole objetividad. Sin embargo, entendemos, no es posible que

598 Cfr., Forsthoff, E., "Problemas constitucionales del Estado social", *op.cit.*, pp. 54-65.

599 Cfr., Ruipérez Alamillo, J., *En torno a la reforma constitucional y la fuerza normativa de la Constitución: consideraciones sobre la vigencia del texto de 27 de diciembre de 1978 en su 40 aniversario*, Tirant Lo Blanch, 2018, pp. 65-121.

600 Cfr., Forsthoff, E., "Problemas constitucionales del Estado social", *op.cit.*, pp. 60-62.

601 Cfr., Ruipérez Alamillo, J., "El derecho constitucional a la vivienda...", *op.cit.*, pp. 151-153.

el Estado social se vuelva autoritario si todos los ciudadanos participan en las decisiones sobre las prestaciones sociales, es decir, si es verdaderamente democrático, y si su ejecución está sometida a una fiscalización, es decir, si existe un verdadero Estado de Derecho que controle y fiscalice la acción de los gobernantes. De ahí que cuando nos aventuramos a definir al Estado social, recalcamos la necesidad de que sea realmente democrático, pues si sólo es aparente, se corre el peligro de que se use como instrumento de dominación y no de liberación, y termine cayendo en el totalitarismo.

Por ello, el Estado social no puede reducirse únicamente a establecer en su Constitución una serie de derechos sociales, ya que ello es mero contenido necesario en todo ordenamiento jurídico actual del mundo occidental. Así, como vemos, tanto un sistema democrático como uno autocrático pueden contener derechos sociales sin que por ello cambie su esencia, al igual que lo que sucede con un sistema democrático. No se trata tampoco de analizar la eficacia de los derechos sociales en ambos sistemas, ya que el autoritario puede garantizar con mayor eficacia los derechos sociales que el democrático. Lo que el Estado social necesita es contar con un sistema democrático en la creación de las normas jurídicas para que se tengan en cuenta todos los intereses sociales en cuanto a la decisión acerca de la prestación de los servicios sociales y de la redistribución de la riqueza, pues prescindir de uno o varios grupos sociales en dichas decisiones contribuiría a usar el Estado como un medio de dominación de unos grupos sobre otros, al obligar a que todos los miembros del Estado sirvan a los intereses de uno o varios grupos.

Además, un Estado social no puede prescindir de los derechos liberales, pues sin libertad de pensamiento, pero también sin libertad política ni derecho de asociación, entre otros, difícilmente pueden ser eficaces los derechos sociales, al no poder llevar a cabo un correcto sistema de control y fiscalización y, por tanto, prescindiendo de un verdadero Estado de Derecho. Tampoco puede considerarse social si no contiene la cláusula del Estado social o si no reconoce derechos sociales en su Constitución, ya que si sólo se recoge en leyes, éstas no sirven para someter al gobernante a ese mandato y, por tanto, no puede entenderse el Estado como social. Porque cuando hablamos de Estado social no buscamos describir a un Estado liberal con unas determinadas características de democracia social, sino que se trata de una nueva forma de Estado con fines y medios propios, diferentes al resto de formas de Estado. Por tanto, el Estado social se diferencia del Estado autoritario en ser un Estado de Derecho democrático, y se diferencia del Estado liberal en el que se reconocen derechos sociales jurídicamente vinculantes.

Nos distanciamos, en este punto, de Fernández-Miranda Campoamor[602] en la medida en que considera a los Estados fascistas como Estados sociales semánticos, ya que se trata de una forma de Estado completamente diferente. Podría existir un Estado de Derecho organizado desde el principio democrático y que establezca

602 Cfr., FERNÁNDEZ-MIRANDA CAMPOAMOR, A., "El Estado social", *Revista española de Derecho Constitucional*, N° 69, 2003, p. 142.

un régimen socialista de propiedad, en donde son inexistentes los derechos de propiedad privada (entiéndase, más allá del ajuar propio y la vivienda) y, por tanto, también los derechos de libre mercado, llevando a cabo el Estado la redistribución de la renta y la prestación de servicios sociales para crear unas condiciones sociales relativamente homogéneas. Pero no sería un verdadero Estado social, ya que éste mismo se caracteriza por establecer un sistema de economía mixta, con el reconocimiento de derechos que permitan la libre competencia. Distinto es si este sistema nos puede parecer más o menos deseable, pero en cualquier caso no podría considerarse un Estado social. Sin embargo, cabe plantearse cuál es la diferencia entre el reconocimiento de derechos sociales en un Estado liberal y el reconocimiento de derechos sociales en un Estado social cuando en ambos carecen de efectividad. Y la respuesta se encuentra en que en el primer caso el gobernante no incumple el ordenamiento jurídico y, por tanto, no deslegitima su poder, mientras que sí lo hace en el segundo caso.

3. RETOS ACTUALES DEL ESTADO SOCIAL

Ya conocemos cuáles son los fundamentos constitucionales que determinan que un Estado social pueda denominarse como tal y, al mismo tiempo, marcar distancia respecto a otros regímenes políticos, en función de la vinculación jurídica del gobernante al mismo. Sin embargo, existen unos factores, no siempre jurídicos, que son necesarios para el desarrollo del Estado social y que condicionan el pleno desarrollo del mismo. Así, será preciso examinar la importancia del modelo neoliberal en la actualidad y las consecuencias que el mismo ejerce sobre el mantenimiento del Estado social, así como su condicionamiento en la educación y el papel de ésta como pieza clave de una verdadera ciudadanía democrática que logre un sistema de representación eficaz que permita a los ciudadanos una participación política verdaderamente democrática, lo que es, como vimos, otro fundamento imprescindible para la existencia del Estado social, por lo será preciso analizar la problemática del sistema actual de partidos y su conciliación con las nuevas formas de organización de los intereses políticos. Además, como garantía de todo ello, será necesario contar con un sistema impositivo redistributivo, como elemento estructural básico del Estado social, en la medida en que sólo un determinado modelo fiscal es compatible con él, sin el cual no puede subsistir por mucho tiempo.

3.1. La crisis del Estado social y sus principales oposiciones actuales

El acuerdo de clase que se produjo tras la II Guerra Mundial y que dio lugar a la consolidación del Estado social permitió mantener el paralelo el crecimiento económico junto con la extensión de los derechos sociales, al menos hasta 1970. Se aceptaba el colectivismo como un medio para lograr fines individualistas, como la familia o el progreso educativo de los hijos. Así, el crecimiento económico de dicha época fue una consecuencia de la aplicación de políticas socialistas, al tiempo que se redujo la identidad de la clásica clase trabajadora debido a la innovación tecnológica, siendo sustituida ésta, en parte, por los llamados trabajadores "de cuello blanco". Este aumento de las posibilidades de movilidad social y de los derechos sociales supuso un crecimiento de la ciudadanía, lo que se tradujo en un ensanchamiento de la clase media y cambios en los comportamientos sociales y políticos, especialmente en relación a las demandas. Así, durante los años de 1940 y 1950, el Estado de Bienestar buscaba erradicar la pobreza, reduciendo el desempleo a gran escala y de larga duración, a través de generosos subsidios, lo cual tuvo muy buenos resultados, ya en la década de 1960.

Sin embargo, desde ese momento, especialmente a partir de la década de los 80, se produce un cambio en las políticas sociales, las cuales se ven reducidas, lo que ocasiona un aumento de la pobreza en toda Europa, salvo en Suecia y en Austria, las cuales mantenían gobiernos socialistas. De este modo, aunque el consenso se rompía ocasionalmente con el radicalismo de algunos grupos sociales, éste se mantuvo estable en torno a las demandas de las políticas de bienestar hasta que, finalmente, la clase media comenzó a abandonar su defensa. Así, entre los años 1960 y 1970, los trabajadores mejor cualificados, cuyo ascenso se debió a las políticas sociales educativas a las que sus padres no tuvieron acceso y que, por ello, demandaron, ahora abandonaban las demandas socialdemócratas y comenzaron a apoyar a los partidos liberales y conservadores, al centrarse sus preocupaciones en el nivel de vida individual y familiar, en el crédito al consumidor, la inflación...etc., y dejando de lado la preocupación por el sistema asistencial. Al mismo tiempo, los partidos socialistas abandonaron sus demandas en relación a la propiedad pública, a lograr una sociedad sin clases, al apoyo a la empresa pública y la condena al mercado libre, reduciéndolas, simplemente, a alcanzar la implementación de políticas de bienestar[603].

3.1.1. El nacimiento del neoliberalismo político

Al mismo tiempo, entre 1950 y 1973 el capitalismo pasó a de autorregularse a ser gestionado por el Estado, dando lugar a una economía mixta, con intervención de capital público y privado, naciendo así lo que se conoce como "corporativismo", en el cual la política social y económica debe ser el resultado de acuerdos negociados entre el Estado, las grandes empresas capitalistas y los sindicatos, con la finalidad de alcanzar una especie de compromiso de clase que permitiese mantener la estabilidad social. Con la caída del capitalismo familiar y la aparición de jóvenes técnicos que, sin posesión de capital, pero con conocimientos empresariales y económicos, dirigían empresas que no iban a heredar, se produjo la movilidad social y el nacimiento de una nueva ideología capitalista que ya no se fundaba en la propiedad privada, sino en que el poder directivo que ahora perte-

603 Cfr., Bottomore, T., "Ciudadanía y clase social, 40 años después", *op.cit.*, pp. 106, 113-118 y 132.

necía a la empresa y no a sus propietarios, siendo su objetivo la realización y el crecimiento de la misma[604]. De este modo, la generación de los años 30 estaba formada por jóvenes y viejos al mismo tiempo; una generación intermedia impulsora de las nuevas ideas y que, al mismo tiempo, las combatía, situando su saber en el pesimismo.

Sin embargo, tras la II Guerra Mundial, las economías nacionales europeas quedaron trastocadas, especialmente la alemana, limitando las posibilidades de un desarrollo socialista[605]. El nacimiento de la conocida como Guerra Frío hizo del Plan Marshall, ejecutado en 1948, un instrumento de una relevante naturaleza política, ya que no trataba sólo de mantener la economía capitalista sino garantizar la hegemonía estadounidense. Pero ayudar a la economía europea y frenar a la expansión soviética no era el reflejo de un conjunto de grupos de poder dentro de los EEUU, sino estimaciones de interés nacional para garantizar su hegemonía[606] y, a través de la misma, poder ejercer mayor influencia sus grupos de presión sobre un mayor ámbito territorial. La clase dominante americana consideraba que la amenaza al capitalismo procedía de la URSS y no veía que, en realidad, procedía de sus conflictos sociales internos[607]. Es decir, ahora existían medios para llevar a cabo políticas socialistas, pero también condicionantes a las mismas, aunque, en 1949, en Gran Bretaña existiesen unas políticas socialistas y sociales que la acercaban bastante al socialismo democrático (educación, sanidad pública, políticas de pleno empleo, planificación de la economía...).

Las tendencias igualitarias parecían consecuencias inevitables del avance de la democracia. De esta forma, la clase económica dominante de ambos lados de océano fue consciente de la necesidad de llevar a cabo reformas del sistema capitalista si querían evitar que el comunismo se extendiese por Europa. Por eso el Estado social se presentó como el instrumento ideal para frenar los descontentos sociales que pudieran terminar en revoluciones proletarias, pues respondía a las demandas obreras sin necesidad de renunciar al capitalismo. Por tanto, el Plan Marshall buscaba expandir su influencia por Europa y, al mismo tiempo, evitar la expansión de revoluciones comunistas consecuencia de la precariedad derivada de la posguerra.

Sin embargo, ya en esta época, los conocidos como los chicago boys (Ludwig von Mises, Friedrich Hayek, Joseph Shumpeter, K. Popper y Peter Drucker) van a defender ideas contrarias al Estado interventor por razón de su experiencia, ya que procedían de países de la URSS ocupados por los nazis, culpando a la política interventora del nacimiento y expansión del nazismo[608]. Así, en un inicio, estos

604 Cfr., Bell, D., *El fin de las ideologías... op.cit.*, pp. 50-52.

605 Cfr., Bottomore, T., "Ciudadanía y clase social, 40 años después", *op.cit.*, pp. 88-90.

606 Cfr., Bell, D., *El fin de las ideologías... op.cit.*, p. 81.

607 Cfr., O'Connor, J., "Apéndice..." *op.cit.*, p. 330.

608 Cfr., Judt, T., *Algo va mal*, *op.cit.*, pp. 100-101.

autores fueron rechazados, pero cuando el Estado de Bienestar empezó a sufrir dificultades, obtuvieron pronto reconocimiento, ya que habían predicho que el Estado de Bienestar fracasaría porque los altos impuestos inhiben el crecimiento y la eficacia económica y, además, la regulación gubernamental ahoga la iniciativa y el espíritu empresarial[609].

El contraataque conservador más fuerte contra las políticas keynesianas se dio con el libro de Hayek, siendo su obra aclamada por la comunidad de los negocios[610]. Según este ensayo, toda política que reforzaba el poder del Estado negaba al tiempo el liberalismo, y aunque Bell dijera que Hayek era una de las minorías que criticaban, por razones ideológicas liberales, al consenso existente en torno al Estado social, aceptado tanto por la izquierda como por la derecha, y que la intervención del Estado en la economía no reducía las libertades democráticas, pues los socialistas ya conocían los peligros del Estado demasiado peligroso[611], puede verse como su pensamiento terminó por imponerse en Occidente. Así, en palabras de Bell, "Son pocos los liberales "clásicos" que insisten en la absoluta no intervención del Estado en la economía, y pocos los conservadores serios, al menos en Inglaterra y en el continente, que creen que el Estado social sea un "camino de servidumbre[612]". De este modo, el pensamiento de Hayek, que no era un adversario convincente contra el pensamiento keynesiano[613], comenzó a serlo.

Así, a partir de 1950, la doctrina encabezada por Forsthoff empezó a defender que el Estado social es un compromiso formal que no puede ser susceptible de interpretación y que carece de relevancia jurídica, por lo que entiende que su contenido se limita a una mínima intervención del Estado en la vida económica, con pequeñas correcciones del mercado. Por ello, su noción no vincula jurídicamente al legislador a la hora de elaborar Derecho ordinario. Y esta tesis apenas encontró resistencia. De este modo, se abandonó la idea de sociabilización y la necesidad de modificar la estructura económica hacia modelos más equitativos. Por ello, Abendroth cuestiona que Alemania sea un verdadero Estado social, ya que sus políticas sociales no siguen un plan sistemático de desarrollo social, sino que su ejecución se limita a la prestación de los servicios sociales para lograr el triunfo electoral en los siguientes comicios[614]. Así, en palabras del autor, "La ley fundamental [alemana], por el contrario, unió estos dos aspectos [Estado de Derecho democrático y social] de modo muy consciente para expresar que la noción del Estado social no solamente encierra exigencias concretas del particular frente al

609 Cfr., *Ibidem*, p. 104.

610 Cfr., Bell, D., *El fin de las ideologías... op.cit.*, p. 88.

611 Cfr., Bell, D., "Epílogo de 1988: ...", *op.cit.*, p. 465.

612 Bell, D., *El fin de las ideologías... op.cit.*, cit., p. 449.

613 Cfr., *Ibidem*, p. 89.

614 Cfr., Abendroth, W., "El Estado de Derecho democrático y social como proyecto político", *op. cit.*, pp. 29-34.

poder público, sino que tiene sentido pleno cuando pone de manifiesto que una democracia sólo puede funcionar si ésta se extiende a la sociedad y ofrece a todas las clases sociales las mismas oportunidades en el proceso económico. Esta consideración perdió toda importancia a partir de entonces [de la tesis de Forsthoff[615]]". Así, se fue desdibujando, poco a poco, el contenido con el que el Consejo parlamentario había dotado al Estado social[616]. Por tanto, la primera batalla que ganó el neoliberalismo fue en los ámbitos académicos.

Posteriormente, en la década de los 80, comienza en Europa a germinar un pensamiento político crítico frente al Estado social. Va a calar la idea de que el Estado era indiferente a las necesidades de quien representaba, por lo que se defiende reducirlo a funciones tan escasas como el mantenimiento del orden público y la seguridad, aunque aumentando su poder (vigilancia, policía, espionaje...), lo que abrió una gran brecha social, al desproteger a las clases más desfavorecidas de las consecuencias ocasionadas por el libre mercado. Ello tuvo lugar cuando, por un lado, la izquierda comenzó a hacerse más individualista y a abandonar la acción colectiva, criticando la intervención del Estado y defendiendo antes la libertad sexual que la explotación de los trabajadores[617], al tiempo que la derecha, por otro lado, que tras la guerra había aceptado la intervención del Estado, comenzó a defender progresivamente la reducción del poder del Estado y del libre mercado, pues al principio estas ideas eran rechazadas.

La derecha, como Thatcher en Reino Unido o Reagan en EEUU, supuso un ataque al Estado de Bienestar y al consenso alcanzado en torno al mismo, al pretender ahora prescindir de la intervención estatal, a pesar de que el mercado ya no era el del siglo XIX, pues se enfrenta a un universo monopolista y a un proletariado keynesiano, lo que dificulta llevar a cabo reducciones sociales en la actualidad[618]. Así, tanto las izquierdas como las derechas van a asumir la mundialización como un proceso irremediable, imparable (en tanto que el capital obtiene grandes ventajas del mismo) e irreversible (mientras sea rentable desde el punto de vista económico)[619]. Es la posición hiperglobalista de la globalización (entendiendo por ésta la liberalización de los mercados a gran escala[620]) la que defiende que la globalización produce cambios cuantitativos y cualitativos irrevocables en las relaciones internacionales nunca antes vistos en la Historia. Modifica las estructuras e instituciones de los sistemas políticos para siempre. De este modo, la segunda batalla que ganó el neoliberalismo fue en instancias políticas, incluso dentro de la propia izquierda.

615 *Ibidem*, cit., p. 30.

616 Cfr., *Ibidem*, p. 30.

617 Cfr., Judt, T., *Algo va mal*, *op.cit.*, pp. 87-102.

618 Cfr., Murillo Ferrol, F., "Prólogo", *op.cit.*, p. 17.

619 Cfr., Ruipérez Alamillo, J., *El constitucionalismo democrático ...op.cit*, pp. 146-147.

620 Cfr., Zimmerling, R., "Globalización y Democracia: un marco para la discusión", *Quórum:Revista de pensamiento iberoamericano*, 2003, p. 67.

De esta forma, el neoliberalismo político va a considerar, a partir de entonces, que el Estado constitucional, democrático y social está condenado, ya que no responde ni a las finalidades (no es eficaz) ni a los medios económicos a través de los cuales realiza sus actividades[621]. Sin duda alguna, la característica política de esta época es la apología por la libertad económica[622].

Por eso, la caída del Muro de Berlín, en 1989, lejos de suponer una victoria para la consolidación de los sistemas democráticos[623], conllevó una fuerte erosión de los mismos, ya que una vez desaparecido el comunismo, como afirmó la Primera Ministra británica, el Estado del Bienestar era un lujo innecesario[624]. Irónicamente, se produjo, de este modo, la crisis del Estado social en el momento en el que, al menos en apariencia, éste triunfa y se consolida. Por tanto, cuando desaparece el Estado comunista, con la caída del Muro de Berlín, el Estado social, el más perfecto y acabado instrumento de liberación del Hombre, como señala Heller[625], pierde su razón de ser[626]. Por eso no fue la caída del Muro lo que supuso la caída de la ideología del socialismo, sino la erosión de esta ideología fue lo que supuso su destrucción. De este modo, la tercera batalla ganada por el neoliberalismo fue en el ámbito social.

Será, en este momento, cuando empiece a considerarse que el crecimiento económico basado en un gasto social mínimo, reducido a aquellos servicios que los ciudadanos no pudieran costearse por sí solos, es la base del bienestar social[627]. Todo ello derivaba de la conocida como "doctrina Washington", que defendía la desregulación del mercado, el Estado mínimo y la baja tributación. De esta forma, se abandonan las ideas que permitieron salir a la economía de la crisis pasada y se abrazaron las que la hicieron caer en el abismo[628]. Así, el problema estribaba en eliminar esos derechos que la clase trabajadora ya había conquistado o, al menos, evitar que se expandieran[629]. Así, esta época se caracteriza, en ambos lados del océano, como una apología de la libertad económica y del rechazo del socialismo democrático[630].

---

621 Cfr., Ruipérez Alamillo, J., *La Constitución del Estado de las Autonomías...op.cit.*, p. 355 y *El constitucionalismo democrático ...op.cit*, pp. 145-154.

622 Cfr., Judt, T., *Algo va mal, op.cit.*, pp. 105-106.

623 Cfr., Offe, C., *Contradicciones en el Estado de Bienestar*, Alianza Universidad, 1994, pp. 136-137.

624 Thatcher famosamente declaro -en su primera reunión con los que serían sus ministros de oposición- "Esto es lo que creemos" al mismo tiempo que puso sobre la mesa una copia de la famosa obra de Hayek "Camino de servidumbre".

625 Vid., Heller, H., *La soberanía..., op.cit.,* p.166.

626 Cfr., Ruipérez Alamillo, J., *La Constitución del Estado de las Autonomías...op.cit.*, p. 352 y *El constitucionalismo democrático ...op.cit*,pp. 86-124.

627 Cfr., Bottomore, T., "Ciudadanía y clase social, 40 años después", *op.cit.*, pp. 91-92.

628 Cfr., Judt, T., *Algo va mal, op.cit.*, pp. 21 y 99.

629 Cfr., O'Connor, J., "Apéndice..." *op.cit.*, p. 329.

630 Cfr., Judt, T., *Algo va mal, op.cit.*, pp. 105-106.

Por ello, el pensamiento conservador neoliberal no atacó sólo al Estado de Bienestar, sino a cualquier tipo de Estado[631], defendiendo su desaparición, como organización política moderna que concentra el poder público y lo impone frente al poder privado. Pero no defienden la desaparición del poder político, sino sólo la del Estado; volver a privatizar el poder político en diversos feudos económicos. La idea de Estado constitucional democrático y social se empieza, en ese momento, a considerar obsoleta y se propone su substitución por la idea de aldea global[632]. Pero, en palabras de Ruipérez, "Con la disculpa de edificar un sistema político global, lo que en realidad se está construyendo es un mercado mundial[633]". Por tanto, otra característica del neoliberalismo tecnocrático es la defensa de la anarquía de la *Lex Mercatoria*[634], es decir, la desregulación de la economía.

Desde sus postulados, la sociedad debe regirse por las leyes del mercado, lo que proporcionaría, supuestamente, un mundo feliz. Así, en 1970, se apostó por los privilegios privados, la indiferencia pública y la desregulación del mercado[635]. De esta forma, se sostendrá que para que el mercado mundial funcione de una forma eficiente, éste debe quedar excluido de toda regulación que no provenga del mismo. Por dicha razón, los flujos de capital internacional se deberán regular internacionalmente a través del propio mercado, pero las condiciones laborales deben normarse en el ámbito estatal[636]. Así, se busca desregular los derechos sociales al tiempo que se reclama la regulación constitucional de toda la actuación presupuestaria[637]. Y de sus consecuencias se derivó la liberalización de la economía, pero también el aumento de la pobreza, la desigualdad y el cinismo político, lo que no fue mejor que el autoritarismo anterior al que estaban sometidos algunos países del Este.

Sin embargo, el sistema neoliberal, al igual que sucedía con el régimen liberal, lejos de lograr el bienestar de todos los ciudadanos, acentuó las desigualdades sociales. Por ello, los únicos beneficiados de este sistema serán los titulares del gran capital, pues dichas políticas dan lugar a la deslocalización de empresas y de trabajadores, inmigración masiva y pobreza, lo que frustra al individuo, el cual va a orientar sus problemas a temas personales, por lo que termina por radicalizarse políticamente. Esto lleva a los ciudadanos a situaciones desesperadas que los conducen, como vimos, a la militancia en grupos fascistas o antisistema, contribuyendo, así, a destruir la democracia. Y esto se aleja bastante de un idílico mundo de felicidad[638].

---

631 Cfr., De Vega García, P., "Estado social y Estado de partidos...", *op.cit.*, pp. 390-391.

632 Cfr., Ruipérez Alamillo, J., *El constitucionalismo democrático ...op.cit*, pp. 135-136 y "Estado social *versus* aldea global", *Anuario da Facultade de Dereito da Universidade da Coruña*, nº8 (2004), p. 779.

633 Ruipérez Alamillo, J., *El constitucionalismo democrático ...op.cit*, cit., pp. 171-172.

634 Cfr., Ruipérez Alamillo, J., "El derecho constitucional a la vivienda...", *op.cit.*, p. 176.

635 Cfr., Judt, T., *Algo va mal, op.cit.*, pp. 27 y 143-144.

636 Cfr., *Ibidem*, p. 185.

637 Cfr., De Vega García, P., "En torno al concepto político de Constitución", *op.cit.* p. 719.

638 Cfr., Ruipérez Alamillo, J., *El constitucionalismo democrático ...op.cit*, pp. 169-174.

Así, a diferencia del Estado social, que busca acabar con las desigualdades sociales (pero no lograr la homogeneidad social, lo cual se aproximaría más al comunismo), el neoliberalismo busca, como único fin, el sueño inalcanzable de la eficiencia, su mito, por el que será legítimo sacrificar cualquier valor moral para su consecución. De esta forma, se va a apostar ya no sólo por volver a privatizar completamente la economía, sino también el poder público[639]. "El gobierno ya no era la solución, sino el problema[640]", en palabras de Tony Judt. Por ello, los adversarios de todo Estado social son tanto el neoliberalismo, que busca influir en toda intervención estatal y entregar la suerte de los desfavorecidos a los mecanismos del mercado, erosionando su base jurídica, como los populistas, que ofrecen beneficios y ventajas que exceden las posibilidades financieras del país[641]. De este modo, el capitalismo y el neoliberalismo se hicieron inseparables para sobrevivir ante el avance del socialismo[642].

En definitiva, la Caída del Muro de Berlín no dio lugar a una tranquilidad idílica donde reinaba la Democracia, sino que supuso la ruptura de la izquierda al perder el idealismo[643]. Desde este momento, se va a apostar por un sistema que buscó reducir la participación ciudadana y la redistribución de riqueza, a través del mecanismo de liberalización de la economía, privatizando sectores y reduciendo la carga impositiva, lo que imposibilitaría el mantenimiento de cualquier sistema que quiera llevar a cabo prestaciones sociales[644], dando lugar a un aumento de la desigualdad y de la pobreza[645]. Se va a denunciar el consenso social y la intervención del Estado en asuntos sociales y económicos, salvo cuando lo requieran las exigencias del mercado, como realizar acciones militares en protección de los intereses económicos del país o para rescatar determinados sectores económicos estratégicos, en cuyo caso dicha intervención será vista como legítima.

---

639 En el feudalismo, el Poder político estaba compartido por el Rey y los señores feudales, siendo el poder estatal, a la vez, público y privado, al pertenecer también a los particulares. Con el absolutismo y el Liberalismo, el Poder político se centralizó, aunque se mantuvo en manos monárquicas u oligárquicas. Por ello, fue con el Estado social cuando el Poder estatal se consolidó como completamente público, en su máxima expresión. Cfr., HELLER, H., *Teoría del Estado, op.cit.,* pp. 55-86.

640 JUDT, T., *Algo va mal, op.cit.*, cit., p. 99.

641 Cfr., VILLAR BORDA, L., "Estado de Derecho y Estado social de Derecho", *op.cit.*, pp. 84 y 90.

642 Cfr., JUDT, T., *Algo va mal, op.cit.*, p. 55.

643 Cfr., *Ibidem*, pp. 135-139.

644 Cfr., VÁZQUEZ BARQUERO, A., con SEISDEDOS, G., y CRUZ LACALLE, M., *Las regiones policéntricas, territorio estratégico del desarrollo económico*, Centro de Estudios en Desarrollo de la Universidad Autónoma de Madrid, Xunta de Galicia, 2009, pp. 163 y 169. En contra de llevar a cabo estas medidas por ser opuestas al Estado social, Cfr., RUIPÉREZ ALAMILLO, J., *El constitucionalismo democrático ...op.cit*, p. 220.

645 Cfr., JUDT, T., *Algo va mal, op.cit.*, pp. 143-144.

3.1.1.1. La privatización de los servicios sociales

De esta forma, se rechazaba la empresa estatal, salvo cuando los negocios privados dejaban de ser rentables[646]. Las fuerzas políticas democráticas y socialistas han ido aceptando la falsa idea de que los egoísmos privados generan beneficios públicos[647]. Las empresas estatales se ocupan de los sectores con bajas tasas de beneficios para evitar que invadan el territorio del sector privado más rentable y continuar con el mito de que el Estado es incompetente para administrar el capital directamente productivo. Con ello, se defiende que los servicios públicos pasen a empresas privadas o se impide que los beneficios del capital vayan a parar a manos del Estado[648]. Por ende, la privatización de los servicios sociales o su gestión no ha supuesto un alivio fiscal[649], ya que se nacionalizan los servicios más rentables y continúan en manos del Estado los menos rentables, y "Como nunca podrían permitirse que esos servicios nacionales quebraran, los nuevos dueños podían correr riesgos, malgastar o hacer un uso indebido de fondos, sabedores de que el gobierno acudiría al rescate[650]" en expresión de Tony Judt. Así, se defiende que hay servicios que deben ser del Estado, por mala que sea su gestión, y no de los particulares[651].

Sin embargo, aunque, la privatización contribuyó al crecimiento moderado de la economía, al tiempo, supuso una redistribución regresiva de los contribuyentes, como afirma Tony Judt, bajo el entendimiento de que la gestión privada es eficaz, al perseguir ánimo de lucro, mientras que la gestión pública no lo es[652]. Pero, como defiende Ruipérez, poner a los poderes privados a gestionar los servicios de los poderes públicos, "externalizando" la tarea, sería "como poner al lobo a cuidar de las ovejas que aspira a devorar[653]". Así, comienzan a privatizarse materias que antes eran de responsabilidad pública, sin que ello suponga una ventaja colectiva, lo que genera ganancias para los compradores privados y pérdidas para los ciudadanos[654].

Por ello, cabe plantearse cuál es la extensión de los derechos sociales que puede permitirse el sector privado de la economía, aunque el pensamiento socialista no se lo plantearía así: buscaría orientar la producción hacia la consecución del bienestar general[655]. En la posguerra, los ciudadanos de la URSS y los países del Este

646 Cfr., O'Connor, J., *La Crisis fiscal del Estado*, *op.cit.*, p. 225.

647 Cfr., Ruipérez Alamillo, J., "El derecho constitucional a la vivienda...", *op.cit.*, p. 47.

648 Cfr., O'Connor, J., *La Crisis fiscal del Estado*, *op.cit.*, pp. 221-223.

649 Cfr., O'Connor, J., "Apéndice..." *op.cit.*, p. 332.

650 Judt, T., *Algo va mal*, *op.cit.*, cit., p.113.

651 Cfr., *Ibidem*, p. 115.

652 Cfr., Judt, T., *Algo va mal*, *op.cit.*, pp. 108-111.

653 Ruipérez Alamillo, J., "El derecho constitucional a la vivienda...", *op.cit.*, cit., pp. 180-181.

654 Cfr., Judt, T., *Algo va mal*, *op.cit.*, pp. 110-114.

655 Cfr., Bottomore, T., "Ciudadanía y clase social, 40 años después", *op.cit.*, p. 94.

disfrutaron de una política social de vivienda a bajo coste, transporte público, ocio y sanidad, complementada por una política societal[656] que reestructuraba la economía para fomentar la industrialización, el crecimiento económico, seguridad en el empleo y, en algunos casos, participación de los trabajadores en la gestión de la producción, disfrutando de unos derechos sociales que se han ido reduciendo desde 1989. Ahora bien, el problema de la URSS fue que el nivel de los servicios asistenciales dependía del crecimiento económico, apareció una élite compuesta por altos cargos del partido y una burocracia estatal que dominaba el proceso de producción social, distribuyendo los productos en su provecho y en perjuicio de los productores y consumidores. Además, se prescindió de los derechos civiles y políticos, a pesar de que los sociales estaban muy desarrollados, lo cual provocó su caída. No obstante, es preciso tener en cuenta que las restricciones en derechos civiles y políticos se debe a la escasa tradición democrática que existía en esos países[657].

Las fuertes relaciones del Estado con los ciudadanos contribuyen a reforzar el sentido de ciudadanía, por lo que la desintegración del sector público da lugar a la atomización de los individuos[658]. Las privatizaciones conducen a un aumento de las ganancias del sector privado y, por el elevado coste derivado de las mismas, sólo podrán acceder a sus servicios las personas de las clases más favorecidas, lo que es contrario a la idea del Estado social, democrático de Derecho, como Estado igualador de los ciudadanos[659]. Y al reducir los servicios públicos del Estado, éste debilita su posición social, quedando la autoridad y la obediencia incondicional a su poder como la única vinculación del ciudadano con el Estado, ya que al carecer éste de compensaciones sociales para hacerse obedecer, el Estado puede volverse fácilmente autoritario[660], ya que, como sostiene Tony Judt, "Entregar la propiedad [pública] a los empresarios permite al Estado desatenderse de sus obligaciones morales[661]". De este modo, los ciudadanos irán desligándose poco a poco del poder público en la medida en la que éste no responda a los principios legitimadores colectivos, "Y una vez que dejemos de valorar más lo público que lo privado, seguramente estemos abocados a no entender por qué hemos de valorar más la ley (el bien público por excelencia) que la fuerza", en palabras del autor[662]. Así, el Estado de Bienestar se va desmoronando en beneficio de unos pocos[663].

---

656 La política societal se refiere a la implementación de políticas planificadoras de las relaciones sociales inherentes a la organización social del trabajo. Cfr., Bottomore, T., "Ciudadanía y clase social, 40 años después", *op.cit.*, p. 95.

657 Cfr., Bottomore, T., "Ciudadanía y clase social, 40 años después", *op.cit.*, pp. 95-98.

658 Cfr., Judt, T., *Algo va mal*, *op.cit.*, pp. 120-121.

659 Cfr., Ruipérez Alamillo, J., "El derecho constitucional a la vivienda...", *op.cit.*, p. 161.

660 Cfr., Judt, T., *Algo va mal*, *op.cit.*, p. 119.

661 *Ibidem*, cit., p. 114.

662 *Ibidem*, cit., pp. 128-129.

663 Cfr., *Ibidem*, pp. 114-115.

De esta forma, el Estado social no es un elemento esencial del Estado, como es evidente, pero sí que es un elemento que permite legitimar el poder y el sistema capitalista. Por ello, O´Connor defiende que, actualmente, EEUU no puede prescindir de los gastos sociales y volver a convertirse en no intervencionista, salvo a través de alguna forma de fascismo[664]. Pero como vimos, este sistema también necesita de los derechos sociales, para legitimarse frente a las masas, aunque éstos no sean eficaces. Tendría que tratarse de un sistema autoritario de otro carácter, mucho más fuerte y opresor. De esta forma, en la actualidad, los ciudadanos sólo consienten que sus esferas privadas se vean afectadas si, a cambio, se ven recompensados con seguridad económica y social. La prosperidad económica no es el medio para mantener la estabilidad de las instituciones democráticas, pues la mayoría no elegiría vivir en una Nación próspera que dejase de ser democrática[665]. Y es que "Es mejor ser libre que vivir en un Estado eficiente de cualquier color político, si la eficiencia tiene ese precio [la desigualdad][666]", en palabras de Tony Judt.

Para Höffe, el Estado debe velar por ofrecer condiciones ventajosas a los empresarios y por hacer eficiente la competencia, interviniendo en el mercado para evitar monopolios y oligopolios, ya que la competencia hace crecer y mejorar a las naciones mientras que la seguridad y el bienestar las socava. En su opinión, tres son los factores que erosionan la democracia actual: el incremento de la política partidista y profesional, la intromisión del Estado en cada vez más ámbitos y su burocratización. Además, considera que el Estado también debe restringir su influencia en el ámbito de las remuneraciones. La excesiva burocratización reprime el sentido comunitario, debiendo ser sustituida por la cooperación privada entre los ciudadanos. De esta forma, defiende al Estado, pero sólo como mantenedor del orden público. Por ello, la sociedad cívica, para Höffe, debe asumir responsabilidades políticas y el control de los políticos. Sin una sociedad cívica desarrollada, la democratización no puede hacerse desde abajo, ya que la misma rompe el monopolio estatal de la esfera de lo público y pone en marcha la idea de democracia participativa. La sociedad cívica estaría formada por asociaciones y corporaciones. Es parte Estado, pero no se le puede exigir responsabilidades[667]. De esta forma, la teoría de la sociedad civil remite, inevitablemente, a la idea del Estado corporativista que luego estudiaremos.

Por ello, el neoliberalismo lo que busca, en realidad, es rescatar al Estado abstencionista[668]. Decía Jellinek de los nihilistas y anarquistas que "Tan poco convencidos éstos del valor del Estado, como el que esté decidido al suicidio, del valor de la vida[669]". Y lo mismo cabe decir del neoliberalismo del valor que le dan al Estado. De este modo,

664 Cfr., O´Connor, J., "Apéndice..." *op.cit.*, p. 329.

665 Cfr., Nussbaum, M. C, *Sin fines de lucro..., op.cit.*, p. 30.

666 Judt, T., *Algo va mal, op.cit.*, cit., p. 189.

667 Cfr., Höffe, O., *Ciudadano económico, ciudadano del Estado, ciudadano del mundo...op.cit.*, pp. 37-39 y 82-108.

668 Cfr., De Vega García, P., "Estado social y Estado de partidos...", *op.cit.*, p. 392.

669 Jellinek, G., *Teoría General del Estado, op.cit.,* cit., p. 227.

este pensamiento defiende que la sociedad es natural y el reino de la bondad mientras que el Estado es artificial y el reino de la maldad y la arbitrariedad, por lo que sostienen que debe separarse lo político de lo económico para poder someter el Estado a la economía, reduciendo el primero a ser un mero vigilante nocturno[670]. Pero ello lo busca no porque esté obsoleto, sino porque supone un obstáculo a sus ambiciones. Así, según De Vega, aunque los neoliberales quieren volver al Estado abstencionista, éste es una farsa, pues el Estado liberal sólo se ha abstenido selectivamente, pues en otras áreas llevo a cabo una gran actividad, como crear imperios, guerras, represión de protestas...actos todos ellos que favorecían a los intereses burgueses y que requería de un amplio potencial estatal[671].

Usando los mismos argumentos deslegitimadores que usaron los liberales contra el Estado absolutista, en el cual se prescindía de la participación de sus intereses, critican al Estado social cuando sus ambiciones entran en conflicto con los intereses de las clases obreras. Y, como es sabido, en ninguno de los casos buscaban la destrucción del Estado, sino primar sus intereses sobre aquellos que, según el criterio legitimador de cada momento, ejercían el poder. Así, en palabras de Forsthoff, "El socialista afirmará el Estado social para mantenerlo; el liberal lo aceptará con la esperanza de que el libre juego de las fuerzas sociales lo terminará absorbiendo; el conservador lo admitirá con el propósito de superarlo[672]".

El conservadurismo defiende que la crisis del Estado no se debe a la crisis del capitalismo, sino que ésta se debe a la acción desbordante del Estado de bienestar, aunque no se renuncia, sin embargo, a la intervención de los bancos para salvarlos de la bancarrota[673], por lo que el Estado moderno se ha mostrado con frecuencia impotente ante los cárteles. Y es que la fuerza política del director económico es tan peligrosa como anónima e irresponsable, y la democracia moderna ofrece medios para que produzca la ilusión de que es la opinión pública la que ejerce el control político[674]" en palabras de Heller. Por ello, el mercado necesita del Estado para regular y controlar a los ciudadanos[675], por lo que el neoliberalismo sólo mantiene al Estado para el desarrollo del capitalismo, pero no se puede permitir el lujo de destruirlo[676]. De esta forma, incapacita al Estado para hacer frente a las crisis, privatizando los sectores públicos y reduciendo los impuestos[677]. Para este pensamiento, el poder público es un muerto viviente que sólo despierta para proteger el orden capitalista establecido, pero que no puede mantenerse en pie ni defenderse de los ataques de

---

670 Cfr., Ruipérez Alamillo, J., *La Constitución del Estado de las Autonomías...op.cit.*, p. 351.

671 Cfr., De Vega García, P., "En torno a la crisis de las ideas de representación...", *op.cit.*, pp. 29-30.

672 Forsthoff, E., "Problemas constitucionales del Estado social", *op.cit.*, cit., p. 67.

673 Cfr., Ruipérez Alamillo, J., "El derecho constitucional a la vivienda...", *op.cit.*, p. 105.

674 Heller, H., *Las ideas políticas contemporáneas, op.cit.*, cit., p. 138.

675 Cfr., De Vega García, P., "Estado social y Estado de partidos...", *op.cit.*, p. 392.

676 Cfr., Ruipérez Alamillo, J., *El constitucionalismo democrático ...op.cit*, pp. 207-209.

677 Cfr., *Ibidem*, pp. 207-220.

los poderes privados, destruyéndose a sí mismo con la pérdida de parte de su poder, como consecuencia del abandono de los servicios públicos. Un ejemplo de ello nos lo ofrece Höffe, para quien el interés del propio empresario repercute en el interés de la propia comunidad[678]. Pero cuando existe un conflicto entre el interés personal o el interés de lucrarse, la culpa para este autor reside en la política, por no fomentar el empleo[679]. De esta forma, el Estado no sólo sirve para suplir las carencias del capitalismo, sino también como chivo expiatorio de sus propias carencias.

Y no sólo se trata de volver al Estado abstencionista, sino que el neoliberalismo busca volver a reducir la participación democrática a los mismos parámetros que imperaban en la Europa decimonónica[680], como se ha ido haciendo paulatinamente[681]. Así, la nueva derecha neoliberal se opone al concepto de ciudadanía, como un cuerpo de derechos que trascienden y modifican las relaciones del mercado y que sólo sirven para hacer creer a la gente que no son súbditos sino también personas dotadas de derechos[682]. Sin embargo, los propios neoliberales son conscientes de que no es posible volver al sufragio censitario ya que ello supondría atentar contra los principios que legitiman el poder en el actual Estado. Por ello, los dirigentes de la economía, amenazados siempre por las decisiones democráticas, buscan controlar el poder político[683]. Más adelante estudiaremos sus mecanismos.

De este modo, el neoliberalismo tecnocrático defiende prescindir del Pueblo para elaborar y aprobar una Constitución, siempre que en ella exista división de poderes y declaración de derechos, especialmente si la misma contiene cuestiones técnicas que los ciudadanos no pueden comprender y que sólo sirven para ponerlos nervioso[684]. Así, en palabras de Tony Judt, "Detrás de cada cínico (o simplemente incompetente) ejecutivo, bancario o inversor hay un economista que le asegura (y a nosotros) desde una posición de autoridad intelectual indiscutida, que sus actos son útiles socialmente y que, en todo caso, no deben ser sometidos a escrutinio público[685]". Por ello, recurren a fórmulas subrepticias que permitan a los grandes poseedores de capital a recuperar el monopolio del poder político, el cual no es ejercido haciendo alarde de una relativa virtud política sino de un claro egoísmo particular.

---

678 Cfr., Höffe, O., *Ciudadano económico, ciudadano del Estado, ciudadano del mundo...op.cit.*, pp. 36-37.

679 Cfr., *Ibidem*, pp. 51-52.

680 Cfr., Ruipérez Alamillo, J., *Reforma vs. Revolución. op.cit*, p. 49.

681 Cfr., Judt, T., *Algo va mal, op.cit.*, p. 131,

682 Cfr., Moore, R., "Prefacio", en Marshall, T. H., *Ciudadanía y clase social*, Alianza Editorial, 1998, pp. 9-10.

683 Cfr., Heller, H., *Teoría del Estado, op.cit.,* p. 154.

684 Cfr., Ruipérez Alamillo, J., *El constitucionalismo democrático ...op.cit*, pp. 185-190.

685 Judt, T., *Algo va mal, op.cit.*, cit., pp. 106-107.

Se ha formado un holding de capital internacional que se impone a los Estados con la finalidad de evitar sostenerlos mediante la fuga de capitales y el secreto bancario, lo cual pone en peligro la existencia misma de las naciones[686]. De esta forma, los grandes detentadores del poder económico se convierten también en los grandes detentadores del poder político. Por esta razón, Ruipérez sostiene que los poderes privados son más peligrosos para la libertad que los poderes públicos, pues existen sujetos que no actúan en la vida social como iguales sino en condiciones de superioridad[687], ya que la mayoría de las violaciones de derechos proceden de los poderes privados[688]. Los neoliberales defienden la destrucción del Estado cuando entra en contradicción con el mercado, aprovechándose de la crisis de representación y legitimidad, pero el mercado y los poderes privados necesitan del Estado para legitimarse[689], así como para imponer el orden y defender su propiedad privada.

Y al haberse verificado el hecho de que el gran capital ha ocupado el poder político, de forma directa o indirecta, y que lejos de actuar según el principio de la virtud política, el gran capital lo hace siguiendo la máxima capitalista de aumentar los beneficios y reducir los costes, se puede afirmar que la soberanía nacional se encuentra claramente socavada[690]. Así, la crisis de representación y la crisis de legitimidad llevan irremediablemente a una crisis del Estado. De esta forma, el Estado de Derecho es erosionado a través de una fórmula tan antigua como antidemocrática: el miedo inminente a la pérdida de la seguridad personal y patrimonial. En lugar de intentar hacer frente a los poderes fácticos, los poderes políticos se pliegan a sus designios, por lo que afirma Tony Judt que "Convencidos de que hay poco que pueden hacer [los políticos actuales], hacen poco[691]". Por ello, no es de extrañar que este autor afirme que "Políticamente, la nuestra es una época de pigmeos[692]".

3.1.1.2. La exclusión política de los ciudadanos

Por todo ello, los ciudadanos quedan excluidos de la toma de decisiones, lo que explica que renuncien voluntariamente al ejercicio del sufragio, convencidos de que se trata de una farsa que intenta ocultar un sistema oligárquico tras una apariencia democrática. De este modo, nos hayamos sometidos a un conjunto de normas y reglas de cuestionable configuración democrática que prevalecen, en caso de contradicción, sobre las Leyes del Estado[693]. Y ello lo hacen redu-

686 Cfr., Heller, H., "Socialismo y Nación", *op.cit.*, p. 215.

687 Cfr., Ruipérez Alamillo, J., *El constitucionalismo democrático ...op.cit*, p. 184.

688 Cfr., Ruipérez Alamillo, J., *Libertad civil e ideología democrática, op.cit.*, p. 99.

689 Cfr., De Vega García, P., "En torno a la crisis de las ideas de representación...", *op.cit.*, pp. 34-41.

690 Cfr., Ruipérez Alamillo, J., "El derecho constitucional a la vivienda...", *op.cit.*, pp. 133-134.

691 Judt, T., *Algo va mal, op.cit.*, cit., p. 133.

692 *Ibidem*, cit., p. 159.

693 Cfr., De Vega García, P., "La Democracia como proceso. ...", *op.cit.*, p. 497.

ciendo el papel del Estado en la vida social, sosteniendo que, de este modo, se logrará una mayor libertad de los ciudadanos. Así, se niega el principio liberal con el pretexto de que los ciudadanos del mundo alcancen cuotas inimaginables de libertad. Y en nombre de una libertad económica, que beneficia a unos pocos, se renuncia a una libertad política, que beneficia a todos, pasando, de esta manera, de ser ciudadanos libres a consumidores o súbditos de las empresas trasnacionales, los cuales acaban convertidos en los nuevos soberanos[694], ya que como sostiene Tony Judt, "Lo único peor que demasiado gobierno, es demasiado poco[695]". De esta forma, los neoliberales usan un concepto interesado de Libertad, para legitimar sus intereses[696]. Y al convertirse unos Hombres en meros instrumentos de las ambiciones de otros, no se hace más que consagrar lo que Aristóteles consideraba como la esencia misma de la esclavitud[697]. Así, el neoliberalismo defiende la libertad en lo privado, aunque le es indiferente si esa libertad se da en el ámbito público, "pero el ciudadano que es libre en lo público, no podrá ser esclavo en lo privado[698]".

Y es que, como afirma Bottomore, "La derecha ha criticado la cultura de la dependencia (los derechos sociales) y ha defendido la cultura de la empresa, en la que los individuos aseguran su bienestar por su propio esfuerzo, y el Estado (o la caridad privada) se limita a proporcionar alguna ayuda que no pueden conseguir por sí mismos. Ello ha fomentado la idea de que los derechos sociales son atributos de la ciudadanía, y ha fomentado la sustitución de los derechos sociales por actividades privadas, tratando a los beneficiarios de servicios como pobres y desgraciados, relegándolos a ciudadanos de segunda. Además, ello provoca una reducción de sus derechos civiles y políticos, al no ejercerlos (aumentando la abstención en las zonas más marginadas) o permitir que se violen sus derechos (existiendo una mayor desatención en las zonas más deprimidas)[699]". Esto supone un atentado contra la igualdad ante la Ley de los ciudadanos y del sufragio universal, ya que altera el principio democrático, lo que refuerza la idea de que la protección de los derechos sociales contribuye a hacer eficaces los derechos democráticos. Además, la búsqueda de un Estado débil sirve para eliminar la soberanía de los Estados y convertirlos en comunidades políticas reguladas por los poderes económicos. Con ello, se busca sustituir a los ciudadanos de los Estados democráticos por súbditos de los diferentes feudos económicos. Pero, como defendía Aristóteles, mandar sobre Hombres libres es más virtuoso que mandar sobre esclavos[700].

---

694 Cfr., Ruipérez Alamillo, J., *El constitucionalismo democrático ...op.cit*, p. 174 y *La Constitución europea ..., op.cit.*, p. 170.

695 Judt, T., *Algo va mal, op.cit.*, cit., p. 141.

696 Cfr., De Vega García, P., "En torno a la crisis de las ideas de representación...", *op.cit.*, p. 40.

697 Cfr., De Vega García, P., "La Democracia como proceso. ...", *op.cit.*, p. 491.

698 Ruipérez Alamillo, J., *El constitucionalismo democrático ...op.cit*, cit., p.175.

699 Bottomore, T., "Ciudadanía y clase social, 40 años después", *op.cit.*, cit., pp. 107-108.

700 Cfr., Aristóteles, *Política*, *op.cit.*, pp. 168-169.

Sin embargo, todavía seguimos siendo ciudadanos de un Estado democrático constitucional. Por eso, cuando se habla de la crisis del Estado, se defiende la desaparición del concepto de ciudadanía y la sustitución de la lógica política por la racionalidad tecnocrática. Así, al residir la esencia del poder soberano del Estado en la expresión de la voluntad del Pueblo, su aniquilación supone la eliminación de los principios que sustentan el *vívere libere*[701]. La renuncia a la soberanía política, al Estado soberano, el cual nunca ha logrado someter a los titulares de poder económico a su poder político, implica el sometimiento de los ciudadanos a la soberanía de las grandes empresas. Y es que es un error reducir el papel del Estado en un mundo presidido por la acción poderosa de las corporaciones privadas y permitir que el poder público sea colonizado por el poder privado[702]. Por ello, para Ruipérez, es necesario mantener, como hicieron los demócratas y socialistas del periodo de entreguerras, el Estado como forma política. Y es que la libertad en la sociedad, sin un Estado que proteja a los débiles, lleva a que los grandes propietarios dominen sobre aquellos que apenas tienen[703]. Es decir, de la libertad de muchos, que es política, pasamos a la libertad de unos pocos, que es la económica. Y como afirma Tajadura, "sometido el Estado a un proceso de acoso y derribo, puede acabar sucumbiendo[704]". Además, someter al Estado a la racionalidad instrumental del mercado acabará generando que la actividad gubernamental se limite a cuestiones técnicas, reduciendo el Estado a los fines y metas de la realidad económica, por lo que dejarán de tener sentido las cuestiones valorativas políticas[705].

3.1.1.3. La eficiencia como nuevo mito del neoliberalismo

Así, en la actualidad, se busca que el poder ya no esté legitimado en opciones valorativas, sino que se le quiere legitimar a través de la eficacia, lo cual afectará, como es obvio, a la legitimidad de origen, al confrontarse poderes públicos y privados. Así, al igual que el fascismo necesitaba de la Nación para legitimar sus actos, como afirmaba Heller "un subjetivismo irracionalista tiene que arrojarse en los brazos del primer dogma con que tropieza[706]" que, en el caso del neoliberalismo, es el mito de la eficiencia. Y la usará como un fin legitimador que justifique prescindir de la moral y de la ética a la hora de llevarla a cabo. Pues, en palabras de Pérez Serrano, "al progreso de la técnica no ha acompañado un adecuado refinamiento de nuestra ética[707]". Además, sólo podría legitimarse el Estado a través de la eficacia si éste fuese perfecto[708].

701 Cfr., De Vega García, P., "La Democracia como proceso. ...", *op.cit.*, pp. 445-447.

702 Cfr., De Vega García, P., "Estado social y Estado de partidos...", *op.cit.*, p. 393.

703 Cfr., Ruipérez Alamillo, J., "El derecho constitucional a la vivienda...", *op.cit.*, pp. 55 y 58-59.

704 Tajadura Tejada, J., "El principio de solidaridad en el Estado autonómico", *op.cit.*, cit., p. 73.

705 Cfr., De Vega García, P., "Estado social y Estado de partidos...", *op.cit.*, p. 392.

706 Heller, H., *Europa y el fascismo*, *op.cit.*, cit., p. 43.

707 Pérez Serrano, N., "Cien años de Derecho político", *op.cit.*, cit., p. 913.

708 Cfr., De Vega García, P., "En torno a la crisis de las ideas de representación...", *op.cit.*, pp. 36 y 41.

Pero el socialismo también buscaba una producción eficiente[709]. De esta forma, mientras que éste perseguía organizar todos los recursos existentes en una sociedad para usarlos de forma eficiente, con el fin de que fuesen útiles y duraderos, aunque sin una asignación eficiente, proporcionando un mayor bienestar a los ciudadanos, el neoliberalismo busca un constante despilfarro de los recursos para permitir el continuo crecimiento del mercado, a costa del medioambiente y de las rentas de sus trabajadores, con la finalidad de lograr el bienestar de las empresas. Por ello, se va a ir sustituyendo la razón política por la razón técnica, y se van creando administraciones regidas por la eficiencia, independientes de motivaciones políticas. Y al imponer la razón instrumental de los poderes privados (eficiencia) a la razón valorativa de los ciudadanos (ideología), se aleja a los ciudadanos de la política, y con ello se pierde legitimidad.

Para Höffe, por su parte, la racionalidad económica, en el manejo eficiente de la mano de obra y de los recursos, es un principio que debe globalizarse, pues ello permite el bienestar y acabará con el hambre en el mundo[710]. Sin embargo, en nuestra opinión, siempre sometida a mejor criterio, no podemos estar de acuerdo con esta idea, pues es la racionalidad social, entendida como la asignación eficiente de los recursos para evitar profundas fisuras sociales que comprometan la unidad del Estado, la que debería globalizarse, y no la racionalidad económica, que supone asignarlos teniendo en cuenta como obtener el mayor beneficio económico al menor coste posible. De esta forma, existirían motivos para expandir tanto la racionalidad económica como la social.

Además, decidir sobre si se prefiere que los productos sean más costosos y que el trabajador tenga mayor bienestar o si se prefiere que éstos sean más baratos y que el trabajador tenga un menor bienestar, es decidir entre el bienestar del trabajador o la eficiencia, es decir, o los costes recaen sobre el trabajador o sobre el consumidor. Y esto, en realidad, supone una única opción: hacerlo recaer sobre las clases más desfavorecidas, que son los trabajadores y los consumidores más débiles. Así, según el concepto de eficiencia presente en la economía de mercado, es el trabajador el que debe soportar el coste[711]. Aunque otra posibilidad sería reducir los beneficios de los empresarios haciendo que los costes recaigan sobre éste, lo cual trataremos más adelante. Por ello, según Tony Judt, no se puede usar la eficiencia para justificar la desigualdad y la conformidad[712]. De esta forma, el concepto de eficacia como concepto legitimador muestra su inoperatividad como concepto político cuando se producen conflictos sociales derivados del funcionamiento del mercado, que es incapaz de resolverlos por sí mismo, por lo que el neoliberalismo necesita recurrir al Estado tanto como instrumento opresor para que resuelva los conflictos sociales y evitarlos, así como instrumento de legitimidad[713].

709 Cfr., Bell, D., *El fin de las ideologías... op.cit.*, pp. 288-289.

710 Cfr., Höffe, O., *Ciudadano económico, ciudadano del Estado, ciudadano del mundo...op.cit.*, p. 197.

711 Cfr., Bell, D., *El fin de las ideologías... op.cit.*, p. 292.

712 Cfr., Judt, T., *Algo va mal, op.cit.*, p. 189.

713 Cfr., De Vega García, P., "En torno a la crisis de las ideas de representación...", *op.cit.*, pp. 41-42.

Así, mientras que en casi toda Europa se mantuvieron sistemas de Bienestar, en Gran Bretaña, la crisis económica de los años 70 y el envejecimiento de la población requerían un aumento de los servicios sociales, pero en su lugar se hizo todo lo contrario, dejando a la economía británica en condiciones lamentables. Por ello, Bottomore defiende que Gran Bretaña es el país de Europa en el que más se han atacado los derechos sociales debido a los cambios políticos y fiscales y sobre todo al desempleo, lo que llevó a una reducción de los gastos sociales, provocando un aumento de la pobreza.

La mala imagen que produjeron los totalitarismos socialistas en la fama del socialismo occidental, a pesar de su oposición a esos regímenes, así como el nacimiento de un nuevo capitalismo gestionado que dio lugar a un crecimiento económico, dificultó la expansión de los derechos sociales, salvo en Suecia, donde se produjo un aumento de la educación superior en los años 60, con los gobiernos socialistas. La experiencia sueca y austriaca de 1970, en la cual se hizo frente a la crisis potenciando las políticas sociales, demuestra que el sistema del Estado social logra conservar un alto grado de prosperidad material, bajo desempleo y baja inflación. Por ello, Tony Judt considera que las medidas socialistas son las más adecuadas para salir de esa crisis[714]. Sin embargo, en palabras del autor, "Los años que van de 1989 a 2009 fueron devorados por las langostas[715]".

3.1.1.4. La crítica a la redistribución de la riqueza

De este modo, actualmente se ha vuelto a la idea de que el crecimiento es bueno y que la globalización es imparable, lo que ayuda a mejorar las condiciones de un país. Pero, en realidad, la globalización no garantiza ni desarrollo ni libertad política[716]. Así, los neoliberales entienden, al igual que en su momento hicieron los liberales, que el interés general procede de la transformación de los beneficios privados en beneficios públicos, a través de una extraña fórmula metafísica, por lo que defendían que el interés general no podía ser producto del Pueblo, ya que el fundamento del Estado es la Libertad, no el interés común[717]. Así, Hayek defiende que no se debe redistribuir la riqueza sino buscar el aumento de los ingresos[718], al igual que Doehring, para quien la distribución social de la riqueza sólo puede entenderse como consecuencia de la bonanza económica de las empresas[719]. Por ello, se defiende que la competitividad da lugar al bienestar social[720].

---

714 Cfr., Bottomore, T., "Ciudadanía y clase social, 40 años después", *op.cit.*, pp. 90 y 107-122.

715 Judt, T., *Algo va mal*, *op.cit.*, cit., p. 136.

716 Cfr., *Ibidem*, pp. 182-183.

717 Cfr., De Vega García, P., "La Democracia como proceso. ...", *op.cit.*, p. 489.

718 Cfr., Hayek, F.A., *Camino de servidumbre*, *op.cit.*, p. 310.

719 Cfr., Doehring, "Estado social, Estado de Derecho y orden democrático", *op.cit.*, p. 201.

720 Cfr., Vázquez Barquero, A. con Seisdedos, G. y Cruz Lacalle, M., *Las regiones policéntricas...*, *op.cit.*, p. 11.

De esta forma, sólo es posible explicar cómo el crecimiento de la riqueza de un país genera un crecimiento generalizado a través de una fórmula metafísica, ya que cuanto mayor sean los ingresos generalizados de la población, mayor es la inflación, lo cual no repercute precisamente en la mejora de las condiciones de vida de los ciudadanos más pobres, que verán reducida su capacidad adquisitiva. Sin interés general y condenando al Estado a perecer, sólo quedan los egoísmos individuales y los intereses particulares para resolver estos problemas. Y se ha vuelto a la idea de "Si los trabajadores no están desempleados, ¿Por qué van a trabajar[721]?". Así, se considera que la única manera de lograr la eficiencia económica y el pleno empleo es mediante una reducción generalizada de los salarios, especialmente en época de crisis[722]. Por tanto, no existe ningún mecanismo que garantice que dicho crecimiento de la economía redunde en beneficio de todos los ciudadanos si no existe un instrumento de redistribución de la riqueza.

Por ello, no podemos sino rechazar el argumento anterior por falaz, ya que, si un empresario necesita un determinado número de trabajadores para el funcionamiento de su empresa, no va a contratar más por beneficencia, pues "Ningún empresario privado contrata a nadie como acto de caridad[723]", como sostiene Tony Judt, ya que la finalidad de todo empresario es obtener el máximo beneficio, ni tampoco dejará de poner en marcha su empresa por no poder pagar a los empleados si puede hacerlo a costa de reducir sus propios beneficios, siempre que el saldo no se vuelva negativo y se le condene a la quiebra. Así, ante la inminente pérdida de puestos de trabajo, es el miedo de los trabajadores a perder el suyo propio lo que permite bajadas generalizadas de salarios, bajo la premisa de las altas instituciones de que es el único camino para salir de la crisis. Por esta razón, en la actualidad, se prefieren trabajos precarios a trabajos estables[724]. Pero está demostrado que reducir los salarios en épocas de recesión perjudica a la economía, porque reduce la actividad económica, ya que el aumento de la productividad no supone necesariamente el aumento del empleo[725].

Especialmente, con el desarrollo tecnológico, la situación de crisis sanitaria y el consecuente aumento de la productividad, siendo necesarios menos operarios, se producirá un inevitable desempleo masivo que no es posible atajar mediante una reducción de salario. Por tanto, la bajada de sueldos sólo servirá para aumentar los beneficios del empresario y perjudicar al trabajador. Así, el desempleo masivo parece que empieza a ser una patología endémica de las economías más avanzadas[726]. Por todo ello, Heller, tachará al empresario que contrata trabajadores más baratos, por razones de competitividad, como un traidor a la patria, ya que el

721 JUDT, T., *Algo va mal*, *op.cit.*, cit., p. 39.

722 Cfr., DE VEGA GARCÍA, P., "La Democracia como proceso. ...", *op.cit.*, p. 490.

723 JUDT, T., *Algo va mal*, *op.cit.*, cit., p. 170.

724 Cfr., *Ibidem*, pp. 81-82.

725 Cfr., O'CONNOR, J., *La Crisis fiscal del Estado*, *op.cit.*, pp. 47 y 52.

726 Cfr., JUDT, T., *Algo va mal*, *op.cit.*, p. 169.

verdadero patriotismo es hacer acciones que favorezcan a la Nación, sin buscar el provecho propio[727]. Y es que, como sostenía Cicerón, no hay justicia vinculada al interés, pues si las cosas se hacen por interés, ya no hay virtud[728].

Sin embargo, para Höffe, la globalización contribuye a que disminuya el concepto de justicia compensatoria, como el derecho a recibir un salario mínimo. Defiende, en los albores de la industrialización, la bajada de salarios para lograr el pleno empleo y la eliminación de la asistencia social para reducir la ociosidad. Así, para él, la obtención de una retribución igual no está relacionada con la justicia social, sino con la búsqueda de igualdad de oportunidades. Las grandes desigualdades de salario no deben suponer una humillación a los más débiles, pues ello obedece a la envidia, desde sus propias concepciones. Por ello, critica usar el concepto de justicia social para atacar políticas que ya no atienden a intereses particulares, ya que la igualdad es un concepto pobre en contenido[729]. La verdadera humillación se produce cuando las condiciones sociales y económicas no permiten encontrar trabajo o vivir decorosamente, a pesar de tener formación y aplicación, al existir escasas oportunidades, lo que afecta a su autoestima. Sin embargo, debemos considerar esta posición contraria a los derechos fundamentales, al hacer depender la dignidad de la formación y de la aplicación del trabajador, y no directamente de la condición de ser humano.

Así, para él, el empresario debe respetar los derechos y la estima propia de los trabajadores pues ello hará que trabajen mejor, obteniendo, de esta forma, una mayor ganancia. Curiosamente no defiende que ello deba hacerse por ser conforme al deber moral kantiano de no tratar a nadie como instrumento de otro o por su derecho a la dignidad, sino sólo por el propio beneficio del empresario. Además, se opone al subsidio por jubilación pues considera que con él se rompe la justicia intergeneracional cuando, debido a la elevación de los costes sociales, cuyas deudas se pagarán en el futuro, las generaciones actuales viven a costa de las futuras. Entiende también que las prestaciones sociales por desempleo rompen la democratización del trabajo, pues unos pasan a ser mantenidos por otros. Por tanto, sostiene que es preciso evitar que la garantía social degenerase en asistencia tutelar, ya que se puede terminar pidiendo a cambio de nada. Si el Estado social quiere ser justo, entiende, debe dejar de ser un Estado de Bienestar y de Seguridad Social para ser un Estado de intervención social[730], sin entrar a explicar en qué consiste dicha diferencia.

El subsidio de paro y el salario mínimo han hecho, en su opinión, que el trabajador se niegue a reducir su salario para permitir que otro también lo tenga, en

727 Cfr., Heller, H., "Socialismo y Nación", *op.cit.*, pp. 198-199.

728 Cfr., Cicerón, M.T., *Las Leyes*, *op.cit.*, pp. 91 y 95-97.

729 Cfr., Höffe, O., *Ciudadano económico, ciudadano del Estado, ciudadano del mundo...op.cit.*, pp. 58-82.

730 Cfr., *Ibidem*, pp. 26 y 50-82.

opinión de Hayek. El problema del paro se debe a la adopción de medidas para acrecentar la seguridad, garantizando una remuneración mínima a personas de un sector que ya no funciona. Así, la seguridad de un grupo supone la inseguridad de otro, el cual carece de trabajo. Se debe asegurar así un mínimo uniforme a todos, pero prescindiendo de una seguridad privilegiada de un grupo que excluya al resto de las ganancias. De este modo, en las sociedades capitalistas, el paro se soluciona con la bajada de salarios, mientras que, en las socialistas, se enfrenta con la recolocación coercitiva[731].

Doehring, en una línea similar, se opone a que exista edad de jubilación, al aumento de los salarios y al aumento de las cargas impositivas de las clases medias para asumir las depresiones económicas y la planificación estatal. También rechaza la igualdad de oportunidades para el acceso a la universidad, a través de ayudas económicas, ya que al estar éstas masificadas, los alumnos reciben peor enseñanza, provocando más revueltas estudiantiles y, además, se distorsiona el mercado, al crear profesionales en áreas que no tienen demanda en lugar de en aquellas que, aunque gozan de menor prestigio, tienen más demanda, lo que crea ineficiencia laboral. Por ello, defiende bajar los sueldos para que haya más trabajo, lo cual considera una medida más social que las reivindicaciones sindicales de subida de salarios, considerando que la prestación por desempleo debe ser merecida, pues defiende que sólo debe tenerse este derecho cuando exista una contraprestación por parte del parado, siempre que no disfrute de ésta en lugar de buscar empleo[732]. Por esta razón, considera que "El denominado paro estructural es aceptado como un mal irremediable[733]".

También defiende dar subsidios a las familias, fomentando la construcción de viviendas, colegios y geriátricos, así como la prestación de asistencia sanitaria y educativa, siempre de forma auxiliar a la oferta privada, para fomentar que el individuo se la pague por sí mismo. Es partidario, igualmente, de volver al proteccionismo económico y privatizar muchas prestaciones sociales para mejorar la eficacia, por lo que el Estado sólo debe actuar de forma subsidiaria. Además, defiende favorecer a la clase media, ya que es quien mejor puede garantizar el libre desarrollo de sus capacidades personales[734].

Además, Marshall considera que los que reciben becas o subsidios, al considerar que se encuentran en una situación desfavorable, van a verse favorecidos también en otros aspectos por ostentar dicha consideración, como para obtener nuevos beneficios, por ejemplo, privilegiando a los encasillados en una determinada categoría a obtener diferentes ayudas y perjudicando a aquellos que no entran

---

731 Cfr., HAYEK, F.A., *Camino de servidumbre*, *op.cit.*, pp. 206-311.

732 Cfr., DOEHRING, "Estado social, Estado de Derecho y orden democrático", *op.cit.*, pp. 173-176 y 183-205.

733 *Ibidem*, cit., p. 203.

734 Cfr., *Ibidem*, pp. 185-187 y 195-197.

dentro de dicha consideración, lo que provoca desigualdad de estatus. Así, no debe buscarse la igualdad de rentas sino de estatus[735], a través de los servicios sociales públicos y no a través de los salarios, pues ello estratificará a la población trabajadora entre los que pudieran permitirse pagar los servicios sociales y los que no, alterando el compromiso social, el cual no durará mucho tiempo, lo que provocaría malestares sociales[736]. Por ello, este autor no critica, desde una perspectiva neoliberal, la redistribución de la riqueza a través de prestaciones sociales, siempre que ello implique dividir a la clase obrera en categorías enfrentadas: los beneficiados de ayudas y los desfavorecidos de ellas.

3.1.1.5. El modelo territorial neoliberal

Y en este contexto, la globalización y las nuevas formas de organización territorial han dado lugar a la pérdida de respeto por las fronteras políticas y administrativas, por lo que los límites de los municipios, provincias, regiones y naciones se van a ver desbordadas por estas nuevas formas de organización territorial que derivan de la economía globalizada. Por ello, la división territorial decimonónica será vista por algunos autores como obsoleta, defendiéndose un modelo que ha de adaptarse al ritmo de las compañías multinacionales, por lo que el Estado debe funcionar como una empresa. Así, las ciudades han de pasar de prestar servicios a los ciudadanos a prestar servicios a las compañías multinacionales, ya que éstas van a buscan mejorar el territorio en el que se encuentran, a través de la gobernanza.

Pero es cuestionable que las empresas busquen mejorar la ciudad cuando ello colisione con la obtención de su mayor beneficio. Además, esta elección implica el abandono de las políticas de redistribución espacial, tanto de la renta como del empleo y su dirección hacia el progreso económico empresarial. De este modo, la globalización ha provocado que los territorios más ricos e integrados mejorasen su economía frente a la situación de los más pobres y menos integrados, la cual se ha visto perjudicada, como resultado de las exigencias del capitalismo. Por tanto, las tendencias globalizadoras, tecnocráticas o neoliberales van a ver el territorio no como algo homogéneo, plano, sino con forma de sierra, donde existen territorios prósperos y territorios estancados, para, finalmente, centrar toda la atención económica en los primeros. De esta forma, se ha pasado de un modelo centro-periferia a un modelo policentrista, en el que se apuesta por una flexibilización del territorio, por la descentralización de las decisiones políticas y por una menor participación democrática, ya que ésta retrasa las decisiones y no supone ninguna eficacia política . Así, ante la crisis actual, se defiende que es preciso pensar en términos de eficiencia y eficacia industrial y económica, prescindiendo de modelos territoriales y políticos ineficaces y obsoletos, como puede ser una organización territorial basada en una distribución equitativa de la población o un modelo de excesiva participación democrática.

---

735 Cfr., MARSHALL, T. H., *Ciudadanía y clase social*, *op.cit.*, pp. 60-63.

736 Cfr., *Ibidem*, pp. 72 y 81.

Al mismo tiempo, los ciudadanos no deben sentirse identificados por un orgullo de pertenencia a un territorio o a una cultura, sino que su unión debe radicar en lazos que permitan expandir las ciudades hacia potenciales mercados. Este sería el argumento de la incongruencia de la globalización, el cual sostiene que las instituciones democráticas actuales ya no son legítimas por no existir congruencia entre los límites jurisdiccionales actuales y los requeridos para una regulación eficaz de los asuntos económicos. Así, las soluciones nacionales a determinados problemas que requieren una respuesta global son irrelevantes e ineficaces, por lo que deben crearse modelos territoriales más amplios y flexibles. Además, como los actores económicos pueden condicionar esas decisiones políticas, la soberanía estatal se ha visto debilitada. Por ello, el Estado Nación debe desaparecer.

Como afirma Pérez Serrano, "A todo movimiento revolucionario de signo avanzado sucede una etapa de reacción de signo contrario[737]". De esta forma, al igual que tras la revolución de 1848 surgió la Restauración, tras la caída del Muro de Berlín, el Estado social fue abandonado y comenzó a defenderse su sustitución por un Estado más neoliberal. Así, ya no se busca la estabilidad social, sino que "La estabilidad se refiere a las expectativas de los mercados y de las inversiones, nunca a las expectativas de las personas[738]", como sostiene Pisarello. Y aquella generación de los años 60, que fuera el exitoso resultado del Estado de Bienestar, se volvió en su contra[739].

3.1.2. El tumultuoso nacimiento del Estado social español

Y es en este preciso momento que acabamos de describir, cuando tiene su aparición en la Historia la Constitución española de 1978. Es la primera en nuestra Historia en definirse abiertamente como social, ya que la republicana de 1931, aunque no se definía como tal, lo era, amén de ser una de las más democráticas de nuestro constitucionalismo. Sin embargo, el nacimiento de la vigente estuvo marcado, como suele suceder en todas las Constituciones, por el momento de su nacimiento. Así, como si de astrología se tratase, el carácter de una Constitución se verá condicionado de manera relevante por el lugar y el tiempo en que tienen su origen. De esta forma, como consecuencia de la política de apertura internacional del franquismo, gracias a la políticamente costosa ayuda estadounidense, el proceso constituyente español de 1977-1978 estuvo condicionado por un especial apoyo al Estado social, como principio, para evitar la propagación y apoyo del comunismo en nuestro país. De este modo, el nacimiento de la Constitución

737 Pérez Serrano, N., "La crisis política de 1848: Aspecto político", *op.cit.*, cit., pp. 411-412.

738 Pisarello, G., "Constitución y Gobernabilidad: Razones de una democracia de baja intensidad", *Las sombras del sistema constitucional español*, Coor. por J. R. Capella, Editorial Trotta, Madrid, 2003, cit., p. 132.

739 Cfr., Judt, T., *Algo va mal*, *op.cit.*, p. 93.

española tiene lugar a finales de la Guerra Fría, poco antes de su término definitivo, por lo que mientras que la Norma suprema española proclama triunfante el tan ansiado Estado social, la coyuntura internacional comienza a combatirlo progresivamente. Ironías de la Historia, lo cierto es que la crisis del Estado social se produjo con el asentamiento definitivo de los derechos de libertad. Pero esta crisis se debe, en realidad, al extrañamiento constitucional, al no acabarse de hacer efectivo el principio democrático[740]. Por tanto, el Estado español nació en plena crisis del principio del Estado social. Apenas naciera y ya querían destruirlo. En definitiva, en palabras de Hessel, "Son los cimientos de las conquistas sociales de la Resistencia lo que hoy se pone en tela de juicio[741]".

Ruipérez critica que las administraciones españolas olvidaron los medios que establece la Constitución de 1978 para llevar a cabo medidas correctoras del capitalismo. Los gobernantes españoles, en lugar de promover las condiciones necesarias para hacer reales y efectivos los derechos sociales, han favorecido los intereses de la parte económicamente más poderosa, lo que derivó en la liberalización del mercado y en la privatización de muchos servicios sociales[742], muy en contra de lo que opina Vergara, para quien el sistema económico español es un régimen de intervencionismo generalizado que imposibilita la libertad de mercado, la libertad de empresa y la libertad del individuo. Así, en su opinión, en España, "La burocracia es comparable en ineficacia con la de los países socialistas[743]".

Debido al liberalismo globalizador tecnocrático, las ideas de engrosar el patrimonio público no se dan actualmente en España, sino que se opta por las privatizaciones (o eufemísticamente "externalizaciones") del patrimonio público y de las empresas públicas, las cuales se presentan a los ciudadanos como exigencias de la Unión Europea, lo que luego contribuye a agravar la crisis económicas y sanitarias como las derivadas del Covid-19. Sin embargo, la Unión Europea no impide que el Estado sea titular de los medios de producción, sino que no lo sea, al igual que no pueden serlo los particulares, en régimen de monopolio[744]. Y retomando las ideas de Aristóteles, el cual ya era consciente en su momento de la necesidad de un Estado fuerte afirmando que "El legislador se ha equivocado completamente en lo relativo al interés general, al hacer al Estado muy pobre y a los particulares desmesuradamente codiciosos[745]". Por ello, en su opinión, parece que se han verificado en España aquellos supuestos en los que, si el gobernante incumple la Ley y busca el interés personal o el de unos pocos particulares, y no la del conjunto de ciudadanos, surge el derecho de resistencia del Pueblo al tirano[746].

740 Cfr., De Vega García, P., "En torno al concepto político de Constitución", *op.cit.* pp. 718-719.

741 Hessel, S., *Indignaos*, Ed. Destino, Barcelona, 2011, cit., p. 24.

742 Cfr., Ruipérez Alamillo, J., "El derecho constitucional a la vivienda...", *op.cit.*, pp. 67 y 177.

743 Vergara, J., "Nota de autor", *op.cit.*, cit., 2011, p. 23.

744 Cfr., Ruipérez Alamillo, J., "El derecho constitucional a la vivienda...", *op.cit.*, p. 133.

745 Aristóteles, *Política*, *op.cit.*, cit., p. 92.

746 Cfr., Ruipérez Alamillo, J., "El derecho constitucional a la vivienda...", *op.cit.*, p. 52.

"El pequeño crac de 2008 fue un recordatorio de que el capitalismo no regulado es el peor enemigo de sí mismo: más pronto o más tarde está abocado a ser presa de sus propios excesos y a volver a acudir al Estado para que lo rescate[747]", en palabras de Tony Judt. Transformó el proceso globalizador, reforzando los mercados financieros a través del uso de las políticas públicas en su favor, lo que supuso una reestructuración de la globalización, así como a una nueva división internacional del trabajo, con el protagonismo de países emergentes, lo que hará surgir nuevas formas internacionales de organización territorial hacia modelos más policéntricos[748], como ya vimos. Sin embargo, si esta crisis ya había reforzado la importancia del papel interventor del Estado, la derivada de la crisis sanitaria cuyas consecuencias aún atravesamos permite volver a contemplar la imprescindibilidad del mismo, a pesar de los recortes que ha sufrido a lo largo de las últimas décadas. Por eso, para Tony Judt, la vuelta a la teoría de Keynes que está teniendo lugar es otra retirada táctica del capitalismo[749].

Así, son precisamente esos recortes los que han servido para poner de manifiesto la importancia del Estado social para hacer frente a situaciones como las ocasionadas por una pandemia, elevándolo como uno de los elementos esenciales del poder en el Estado moderno, ya que el neoliberalismo se ha mostrado impotente para dar respuesta a semejante situación. Y es que ambas crisis pusieron de manifiesto que el capitalismo no puede subsistir sin un Estado interventor que lo libere de sí mismo, ya que, en palabras de Tony Judt, "Con el tiempo, el mercado es el peor enemigo de sí mismo[750]". Para este autor, el mercado desregulado y los extremos excesivos de riqueza y pobreza ponen en peligro la sociedad[751], ya que "La desigualdad es corrosiva. Corrompe a las sociedades desde dentro[752]".

3.1.3. El positivismo jurídico como ideología neoliberal

Pero es que, además, el neoliberalismo se pertrecha en una concepción constitucional propia que le sirve de instrumento legitimador de sus intereses: el positivismo jurídico, el cual implica la sustitución de la "ideología del constitucionalismo" por la "ideología de la Constitución", al deificar las Normas Fundamentales, pasando de hacer reales y efectivos los valores de Democracia, Libertad e Igualdad a preocuparse por mantener a toda costa la literalidad de la Constitución[753]. Así, mientas

747 Judt, T., *Algo va mal, op.cit.*, cit., p. 18.

748 Cfr., Vázquez Barquero, A. con Seisdedos, G. y Cruz Lacalle, M., *Las regiones policéntricas..., op.cit.*, pp. 34-40.

749 Cfr., Judt, T., *Algo va mal, op.cit.*, p. 22.

750 *Ibidem*, cit., p. 192.

751 Cfr., *Ibidem*, p. 49.

752 *Ibidem*, cit., p. 34.

753 Cfr., Ruipérez Alamillo, J., *La Constitución del Estado de las Autonomías... op.cit.*, p. 118, *Reforma vs. Revolución. op.cit*, p. 95 y *El constitucionalismo democrático ... op.cit*, pp. 63-64.

que la ideología del constitucionalismo defiende no sólo la necesidad de reformar el sistema, sino incluso de sustituirlo por otro, siempre y cuando exista una amplia mayoría de la población que no se identifique con los valores establecidos en la misma[754], la ideología de la Constitución sostiene, por su parte, la defensa a ultranza de las normas de la Constitución vigente, al tiempo que la despoja de sus principios y valores. Ello es causa de la crisis del Estado constitucional, pues con ella se pretenden ocultar los poderes que actúan en el mercado mundial[755]. De este modo, el neoliberalismo busca hacer que la Constitución se convierta en un fetiche mágico-mítico irreformable que impida sacar al descubierto el sistema de poderes efectivos que actúan en el marco mundial, haciendo que el mismo sea incomprensible para los ciudadanos[756]. Así, ensalza los principios del constitucionalismo democrático de palabra, pero los niega de forma encubierta[757].

En España, Ruipérez afirma que las fuerzas mayoritarias niegan tanto la legitimidad de los principios y valores en los que se basa la Constitución como el proceso por el que se llevó a cabo, al tiempo que se presentan como sus mayores defensores, pero no de sus principios, sino sólo de su legalidad, es decir, de sus artículos concretos y procedimientos, pero no de sus mandatos. Prestan un absoluto respeto a los concretos procedimientos y artículos establecido en la misma, pero no al conjunto de sus contenidos. Se respeta el principio de legalidad, pero no de legitimidad. Y si no es posible llegar a acuerdos, se deslegitima su existencia, sosteniendo que los principios existentes en la sociedad no se corresponden con los establecidos por la Constitución de 1978. Pero, aunque eso fuera así, que no creemos que así lo sea, al igual que Ruipérez[758], no se puede justificar la violación de la Constitución porque ya no sea legítima, sino que, en todo caso, ésta debe respetarse hasta que se lleve a cabo un nuevo proceso constituyente que apruebe una nueva Constitución más acorde[759]. De no hacerse, la Constitución vigente debe respetarse jurídicamente como legítima, pudiendo discutirse su vigencia en planos políticos. Sin embargo, en España los gobernantes buscan que pierda fuerza normativa ya que los debates planteados por los mercados hacen cuestionar si es preciso abrir un nuevo proceso Constituyente[760].

De esta forma, los neoliberales usan la ideología de la Constitución para legitimarse y justificar sus acciones, al hacer que ésta pierda su sentido histórico y se aleje del principio democrático y de los valores que la caracterizan, interpretándola

754 Cfr., Ruipérez Alamillo, J., *Reforma vs. Revolución. op.cit*, p. 95.

755 Cfr., Ruipérez Alamillo, J., *La Constitución del Estado de las Autonomías...op.cit.*, pp. 354-355.

756 Cfr., Ruipérez Alamillo, J., *Reforma vs. Revolución. op.cit*, p. 57 y *El constitucionalismo democrático ...op.cit*, pp. 190-195.

757 Cfr., *Idem*.

758 Cfr., Ruipérez Alamillo, J., "El derecho constitucional a la vivienda...", *op.cit.*, p. 77.

759 Cfr., Ruipérez Alamillo, J., "La Constitución y su estudio...", *op.cit.*, pp. 734-735.

760 Cfr., Ruipérez Alamillo, J., *Reforma vs. Revolución. op.cit*, p. 184.

de tal forma que sirva para llevar a cabo acciones que no tienen cabida en el marco constitucional, haciéndole decir a la Normal Superior cosas contrarias a sus principios, tanto a través del falseamiento como del fraude constitucional[761].Y cuando se la reforma, lo que en realidad se lleva acabo es un acto soberano contrario a la soberanía popular, a través de los procedimientos establecidos en la misma, al usar éstos para ir en contra de sus propios principios y valores, lo que supone, en palabras de Ruipérez, "gobernar con la Constitución contra la Constitución[762]". Así, se va a usar, aprovechando su fuerza vinculante, para imponer a la sociedad la razón económica frente a la razón política democrática[763]. De esta forma, aquellos que se creen superadores de la democracia, acaban justificando, una vez más, sus postulados en ideas centrales de la misma[764].

Las fuerzas antidemócratas aceptan los principios y valores que definen la realidad constitucional, que consagran como eterna, aniquilando, de esta manera, los principios del constitucionalismo. "Pero si esto es así [que se está destruyendo el Estado constitucional] no puede ignorarse que no es menos cierto que, con los cada vez más generalizados brotes de violencia irracional y mística, por un lado, y la verificación de un proceso de globalización que, condicionado por el neoliberalismo tecnocrático, viene a negar la idea de democracia y se sitúa al margen de la libertad, por otro, el moderno Estado constitucional democrático está siendo sometido a unos embates que, como ocurrió en Weimar, ponen en peligro su propia subsistencia", como sostiene Ruipérez[765].

Por tanto, como sostiene Ruipérez, se debe defender la Constitución y la Democracia como valores esenciales del constitucionalismo frente a las ideas neoliberales, que defienden abandonar el principio democrático, dejando a los técnicos la toma de las decisiones económicas que son, en realidad, de relevancia política[766]. De esta forma, se trata de someter, una vez más la economía, regida de forma oligárquica, a la política, regida de forma democrática, para impedir que ningún particular pueda imponerse por encima de sus iguales. Por ello, según Heller, lo necesario para la renovación cultural es lograr someter la economía a la política[767]. Y "Cuanto más expuesta esté la sociedad, más débil sea el Estado y más fe injustificada se ponga en el "mercado", mayor será la probabilidad de un retroceso político[768]" como afirma Tony Judt. Sin embargo, a pesar de los devastadores efectos que se han ido repitiendo a lo largo de los siglos por causa de una desregulación mundial de la econo-

761 Cfr., *Ibidem*, pp. 95-96.

762 *Ibidem*, cit., p. 161.

763 Cfr., De Vega García, P., "En torno al concepto político de Constitución", *op.cit.* p. 719.

764 Cfr., Heller, H., *Las ideas políticas contemporáneas, op.cit.*, p. 70.

765 Ruipérez Alamillo, J., "La Constitución y su estudio...", *op.cit.*, cit., p. 910.

766 Cfr., Ruipérez Alamillo, J., *El constitucionalismo democrático ...op.cit*, p. 226 y "El derecho constitucional a la vivienda...", *op.cit.*, p. 160.

767 Cfr., Heller, H., "¿Estado de Derecho o dictadura?", *op.cit.*, p. 301.

768 Judt, T., *Algo va mal, op.cit.*, cit., p. 205.

mía, por mantener a los ciudadanos en una constante inseguridad y por mantener al Estado en una debilidad endémica, hemos vuelto a errar. Y es que, como defiende Tony Judt, no tiene sentido volver a cometer los errores del pasado[769], pues "Hoy es como si el siglo XX no hubiera ocurrido nunca[770]". Por ello, junto con él, debemos cuestionarnos: "¿Por qué nos hemos apresurado tanto en derribar los diques que tan laboriosamente levantaron nuestros predecesores? ¿Tan seguros estamos de que no se avecinan inundaciones[771]?" Pues, como vimos, han vuelto.

3.1.4. Consecuencias del abandono del Estado social

Así, los tiempos que se avecinan se van a caracterizar por una incertidumbre generalizada en todos los ámbitos sociales. "Cuando en los siglos venideros se proceda al estudio de la dinámica política de los últimos años de 1900 y los primeros de 2000, una singular circunstancia se apreciará (...). Y ésta no será otra que el más que sobresaliente nivel de confusión e inseguridad que (...) define las relaciones políticas en este periodo histórico[772]", en palabras de Ruipérez, que escribía esto mucho antes de la crisis sanitaria que acabamos de atravesar. Nuestra era se caracteriza por la inseguridad y el temor (al paro, a no poder dirigir nuestras vidas, a pandemias, a expectativas frustradas, a pérdidas inversoras, a cambios inesperados...). Así, lo único previsible del futuro es la gran inseguridad económica, social y política que nos espera. Y un Estado que no pueda dar seguridad, llevará a preferir el Orden que la Democracia, arrojando a nuestros modelos democráticos a sistemas autoritarios[773].

El desempleo no sólo aumenta el gasto público, sino que produce efectos desmoralizantes a una parte de la población expuesta a la pérdida efectiva de sus derechos como ciudadanos[774]. Y así lo explica Tony Judt: "Las consecuencias están claras: La movilidad intergeneracional se ha interrumpido: al contrario que sus padres y abuelos, en Estados Unidos y el Reino Unido los niños tienen muy pocas expectativas de mejorar la condición en la que nacieron. Los pobres siguen siendo pobres. La desventaja económica para la gran mayoría se traduce en mala salud, oportunidades educacionales perdidas y –cada vez más–, los síntomas habituales de la depresión: alcoholismo, obesidad, juegos y delitos menores. Los desempleados o subempleados pierden las habilidades que hubieran adquirido y se vuelven superfluos crónicamente para la economía. Las consecuencias con frecuencia son la angustia y el estrés, por no mencionar las enfermedades y la

769 Cfr., *Ibidem*, p. 204.

770 *Ibidem*, cit., p. 182.

771 *Ibidem*, cit., p. 210.

772 Ruipérez Alamillo, J., *La Constitución del Estado de las Autonomías...op.cit.*, cit., p. 344.

773 Cfr., Judt, T., *Algo va mal*, *op.cit.*, pp. 203-208.

774 Cfr., Bottomore, T., "Ciudadanía y clase social, 40 años después", *op.cit.*, p. 123.

muerte prematura[775]". Y es que, como sostiene este autor, "Es fácil comprender y describir los privilegios privados. Lo que resulta más difícil es transmitir el abismo de miseria pública en que hemos caído[776]".

Y es que en épocas de problemas económicos se producen conflictos de clase y en las épocas prósperas se producen problemas de estatus, es decir, unos nuevos ricos buscan ascender frente a los viejos, que buscan defender violentamente los principios sobre los que se basa su poder. Por ello, Bell llama "lucha de clases desorganizada" a los crímenes que comenten las clases bajas, especialmente los negros, contra los miembros de las clases altas, como un acto de violencia contra una persona que tiene más[777]. En ella, los individuos de las clases más desfavorecidas se rebelan contra el rol social asignado mediante el incumplimiento de la Ley, a los cuales Marx designaba como lumpenproletariado, cometiendo todo tipo de crímenes, pero sin poner en cuestión el sistema económico o político al que se enfrentan, ya que aspiran a ascender a las capas más altas de la sociedad, como en el caso del narcotráfico. No rechazan el sistema, sino sólo el rol que se les ha asignado.

Por tanto, a nadie debe extrañar que el abandono de políticas sociales suponga un aumento de la criminalidad, en la medida en la que cualquier construcción social implica un criterio moral, que puede ser compartido o no por sus miembros. "Los deseos ilícitos pueden existir siempre, pero la definición de lo que es ilícito y lo que no es ilícito cambia con el carácter moral y las costumbres de la sociedad. El problema del crimen no descansa sobre lugares comunes acerca de la naturaleza humana, sino en los procedimientos de cómo se organizan los métodos para asegurar la ganancia[778]", en palabras de Bell. Por tanto, es tan cuestionable considerar moral aquel acto que priva a una familia de techo o subsistencia, aunque sea legal, como considerar inmoral aquel que delinque para dar a su familia aquello que necesitaban para ser felices. Y ello es más habitual cuanto mayor es la diferencia entre ricos y pobre, como sucede hoy en día[779].

Para Tony Judt, la consecuencia de esta era de incertidumbre ante la pérdida de trabajo será la vuelta a la dependencia del Estado, lo que, unido a la internacionalización de la economía, supondrá una reforma de éste[780]. Pero según las decisiones políticas que se adopten, este reforzamiento del Estado podrá servir para liberar al ciudadano de los poderes económicos o para someterlo de nuevo, mediante ideologías autoritarias. El miedo a la inseguridad y la desatención de los derechos sociales de los ciudadanos puede dar lugar a que surjan los fascismos[781],

775 Judt, T., *Algo va mal*, *op.cit.*, cit., pp. 28-29.

776 *Ibidem*, cit., p. 25.

777 Cfr., Bell, D., *El fin de las ideologías... op.cit.*, pp. 123-124 y 171-172.

778 Bell, D., *El fin de las ideologías... op.cit.*, cit., p. 187.

779 Cfr., Judt, T., *Algo va mal*, *op.cit.*, p. 25.

780 Cfr., *Ibidem*, pp. 169-170 y 186-187.

781 Cfr., Ruipérez Alamillo, J., "El derecho constitucional a la vivienda...", *op.cit.*, pp. 31-32.

ya que las reducciones de las prestaciones sociales parecen ir acompañadas de radicalización y polarización de la ciudadanía[782]. Por ello, el verdadero peligro del Estado actual es que, al igual que la frustración de los ciudadanos alemanes ante el incumplimiento de las expectativas de mejora vital plasmadas en la Constitución de Weimar determinó su caída[783], hoy pueda suceder lo mismo. Y es que las soluciones políticas contribuyen a una situación de conformismo de los ciudadanos al tiempo que los gobernantes demuestran una incapacidad manifiesta para resolver sus problemas sociales, lo que produce la insatisfacción del individuo y lo conduce a movimientos antisistema[784]. Por tanto, como afirma Tony Judt, "El legado de creación de riqueza no regulada es en efecto amargo[785]".

Es curioso, además, como aquellas ideologías que eran perseguidas hace menos de un siglo en toda Europa por considerarse revolucionarias, actualmente son calificadas por el neoliberalismo como obsoletas e inservibles, pues como defiende Bell, "Las ideologías más nuevas pueden pasar de moda y exigir revisiones mucho antes de que hayan tenido tiempo de ser ampliamente comprometidas y aceptadas[786]". Pero al igual que el fascismo tachaba de obsoletos los principios liberales en su momento porque eran contrarios a la desregularización del poder, los neoliberales, en la actualidad, buscan desvalorizar los principios del Estado social porque son incompatibles con sus principios de mercado desregulado. Así, el neoliberalismo, amparándose en visos de modernidad y eficacia, y legitimándose como un sistema novedoso adaptado a las circunstancias políticas actuales, oculta el regreso a ideologías pasadas. Y fue precisamente, el fascismo, el que puso en jaque a los sistemas democráticos de entreguerras, anteponiendo la eficacia del gobierno a la Libertad. Por tanto, es importante destacar que los fines perseguidos por el neoliberalismo son abiertamente contrarios a los perseguidos por el Estado social. De hecho, el neoliberalismo político es contrario al liberalismo político. Así, los recortes en servicios sociales son contrarios a la idea liberal que impulsó la Constitución de 1812 (educación, sanidad...), pues muchas materias son necesarias para el desarrollo del país[787]. Y su afán de alejar a los ciudadanos de la política, se contrapone a los principios que sustentaron al liberalismo revolucionario.

Pero tampoco tiene sentido que el Estado se pliegue a los caprichos del mercado, interviniendo sólo para suplir sus carencias cuando éste no pueda salir por si

782 Cfr., O'CONNOR, J., "Apéndice..." *op.cit.*, p. 333.

783 Cfr., RUIPÉREZ ALAMILLO, J., "El derecho constitucional a la vivienda...", *op.cit.*, pp. 31-32.

784 Cfr., RUIPÉREZ ALAMILLO, J., "La Constitución y su estudio...", *op.cit.*, p. 832.

785 JUDT, T., *Algo va mal*, *op.cit.*, cit., p. 34.

786 BELL, D., *El fin de las ideologías... op.cit.*, cit., p. 103.

787 Cfr., CANO RUBIO, M.D., "Cómo el liberalismo económico influye en la regulación socio-económica de un país: El papel de las Diputaciones provinciales", *Sobre un hito jurídico, La Constitución de 1812. Reflexiones actuales, estados de la cuestión, debates historiográficos*, Universidad de Jaén, Jaén, 2012, p. 587.

sólo de sus crisis cíclicas, pues "si todo lo que hacemos es recoger los pedazos y seguir como antes, nos aguardan crisis mayores durante los años venideros[788]", en palabras de Tony Judt. La renuncia del Estado a intervenir en la economía lo priva de instrumentos para someter a los poderes privados, haciendo que los derechos sociales carezcan de eficacia[789]. Pues la solución no pasa por eliminar el Estado social, sino adaptarlo a las condiciones sociales de un país[790]. Sólo se podrá salir de la crisis económica y sanitarias que atravesamos, y que tendremos que superar en un futuro, abandonando la lógica económica o instrumental propia del neoliberalismo tecnocrático y globalizador, y volviendo a la lógica de la teoría democrática y social[791]. Pues, como defiende Heller, "el futuro de la cultura occidental no está amenazado por la ley o por la extensión de ésta a la economía, sino por la anarquía política y la anarquía capitalista[792]".

Sin embargo, no podemos sostener, como tampoco hemos hecho a lo largo de todo este trabajo, que el Estado social carezca de vigencia en la actualidad, en la medida en que éste no se ha aplicado correctamente. Así, como sostiene Marshall, el Estado de Bienestar fracasó porque no era un nuevo orden social, sino un principio vago, que a veces se redujo a políticas sociales[793]. La crisis del Estado social se debe a que su reconocimiento generalizado no ha tenido un adecuado desarrollo jurídico y legislativo, no llevándose sus postulados a la realidad[794], como ya hemos tenido la ocasión de desarrollar. Pero además examinaremos como otro de los problemas de su aplicación es la educación, los partidos políticos o el sistema fiscal. De esta forma, al igual que Cicerón afirmaba que "Por nuestros vicios [alejamiento de las antiguas costumbres], no por el azar, nos queda de la República sólo el nombre, pues la realidad ya hace tiempo que la perdimos[795]", lo mismo cabe decir del Estado social español.

3.2. El papel de la educación en el Estado social

Desde la ilustración hasta nuestros días, la educación fue vista como un instrumento de progreso social, tanto individual como colectivamente. Pero, además, ante el peligro constante de que la falacia, las mentiras o las noticias falsas de algunos medios o sujetos sometan a sus intereses la voluntad de los ciudadanos, una educación de calidad que permita crear una conciencia crítica los alumnos

788 Judt, T., *Algo va mal*, *op.cit.*, cit., p. 18.

789 Cfr., Ruipérez Alamillo, J., "El derecho constitucional a la vivienda...", *op.cit.*, p. 31.

790 Cfr., Villar Borda, L., "Estado de Derecho y Estado social de Derecho", *op.cit.*, p. 91.

791 Cfr., Ruipérez Alamillo, J., "La Constitución y su estudio...", *op.cit.*, p. 892.

792 Heller, H., "¿Estado de Derecho o dictadura?", *op.cit.*, cit., p. 301.

793 Cfr., Bottomore, T., "Ciudadanía y clase social, 40 años después", *op.cit.*, p. 92.

794 Cfr., De Vega García, P., "Estado social y Estado de partidos...", *op.cit.*, p. 393.

795 Cicerón, M. T., *Sobre la República*, *op.cit.*, cit., p. 119.

con la que combatir todos aquellos argumentos que pretenden persuadirlos capciosamente, se alza como la mejor protección con la que hacerles frente, al tiempo que la misma será un elemento esencial, no sólo para la existencia de una Democracia, sino también para su mantenimiento, ya que en la medida en que unos individuos pueden ser fácilmente persuadidos por otros con la finalidad de engrosar los apoyos a sus intereses, aunque no coincidan o incluso se opongan a los de los persuadidos, esta Democracia se transformará en una demagogia.

De este modo, la educación democrática deberá tener por finalidad, entre otras muchas cosas, y por lo que a nosotros nos interesa, el fomento de la Virtud política, como el conocimiento y ejercicio de todas aquellas acciones y omisiones que buscan el interés general de la comunidad política, aún a riesgo de no obtener reconocimiento social, o incluso rechazo, por ello. La palabra *Virtud* procede de fuerza; la fuerza es la base de toda virtud. Pero debemos interpretar por fuerza no la fuerza física, sino la fuerza de ánimo, de mantener con convicción unos ideales frente a las adversidades que nos rodean. Supone anteponer el interés general al particular. De esta forma, al igual que en el individuo debe existir Virtud, como la fuerza de ánimo de no dejarse avasallar por sus semejantes, el Estado debe gozar también de esta fuerza para no dejarse someter ni por otros Estados ni por los particulares. Y el Estado social, cuya misión es asegurar la libertad e igualdad de todos sus ciudadanos y ciudadanas, debe hacer valer su voluntad frente a cualquiera que quiera someterla. Por tanto, el Estado social es, por definición, un Estado virtuoso.

Un Estado democrático necesita una educación de calidad que permita a los ciudadanos conocerse a sí mismos y a sus pasiones (γνῶθι σεαυτόν, en griego, la inscripción que aparecía en el oráculo de Delfos, significa "conócete a ti mismo"), pues sólo de este modo se evitará que los individuos puedan sucumbir con facilidad ante unas pasiones internas que desconocen y ser falsamente persuadidos por la publicidad, con el fin de hacerles invertir su tiempo o dinero en actividades perjudiciales para su salud o economía. No cabe duda de que el capitalismo desregulado requiere una educación técnica que se limite a formar operarios que ejecuten sus decisiones sin ponerlas en cuestión, al carecer de capacidad crítica para ello, por lo que pueden ser fácilmente persuadidos por las corporaciones comerciales de que la satisfacción de sus necesidades se encuentra en los productos que se les ofrecen, aunque incluso les perjudique. Sin embargo, un Estado social, cuya economía se encuentra moderada mediante una regulación que busca el gasto eficaz de los recursos y no el derroche de los mismos, deberá proporcionar a los ciudadanos los medios educativos necesarios para conocer los fines y los medios que cada uno precisa para realizarse a sí mismo y lograr la felicidad, en una verdadera libertad individual. De esta forma, el Estado social requiere formar ciudadanos libres para poder subsistir como tal mientras que el capitalismo desregulado necesita sumisos técnicos y consumidores.

Por ello, es importante comenzar hablando de la educación como un reto actual al que se enfrenta el Estado social en la medida en que, en los últimos años, y tras los últimos acontecimientos, se ha olvidado su relevancia en las teorías políticas como el pilar fundamental de la Democracia que es, más allá de ser un mero derecho del individuo. Si en los últimos años, la educación y la investigación habían centrado su atención en el manejo de las nuevas tecnologías, hoy lo hacen en éstas combinadas con la ciencia, por la coyuntural relevancia de ser pioneros ante otra posible crisis sanitaria. Sin embargo, tras la derrota que Napoleón le causó a Prusia, ésta decidió invertir la mayor parte de su presupuesto en educación, lo que le sirvió para potenciar la ciencia y crear una floreciente industria, convirtiéndose en una potencia europea[796], no sólo científica, sino también en las artes y las humanidades.

Y es que, son las enseñanzas humanitarias las que se han ido abandonando por los escasos beneficios económicos que, en apariencia, proporcionan al Estado. Desde autores como Aristóteles, Cicerón, Rousseau o Montesquieu, no se ha vuelto a retomar la vinculación de la educación a las diferentes formas de gobierno, especialmente, por el tema que tratamos, la vinculación de la educación crítica al modelo democrático. Y por considerar que, como toda forma de gobierno requiere un determinado modelo educativo, será necesario examinar en que consiste dicho método y como está actualmente afectado, ya que, en palabras de Heller, "La filosofía de la Historia propia de la Democracia ha de basarse en la creencia en el progreso y en la educación, únicos medios de acabar con las esclavitudes y desigualdades históricas[797]".

3.2.1. La educación como instrumento liberador a lo largo de la Historia

Aristóteles defendía que la educación debe ser pública e igual para todos[798]. Así, en su opinión, "dondequiera que la educación ha sido desatendida, el Estado ha recibido un golpe funesto[799]". No obstante, la educación debe adecuarse al principio de cada régimen político, caracterizándose la Democracia por tener una educación común. Por ello, considera que lo que es comunitario, como las normas sociales, debe ser objeto de enseñanza común, por lo que defiende que la educación debe ser una e igual para todos los miembros de la comunidad, siendo tutelada por el Estado y no por los particulares. Para ello, la educación debe moderar las pasiones de los ciudadanos, canalizando sus pasiones para que éstos no quieran enriquecerse, frenando, de este modo, la acumulación de grandes fortunas. Así, el Estado perfecto sería aquel en el que todos los ciudadanos fuesen virtuosos, entendiéndose como tal aquellos individuos que sólo necesitan lo estrictamente necesario para vivir. Por eso, en este tipo de gobierno, los ciudadanos deben ser

796 Cfr., Höffe, O., *Ciudadano económico, ciudadano del Estado, ciudadano del mundo...op.cit.*, p. 296.

797 Heller, H., *Las ideas políticas contemporáneas, op.cit.*, p. 52.

798 Cfr., Aristóteles, *Política, op.cit.*, pp. 79-80.

799 *Ibidem*, cit., p. 179.

educados en que la obediencia a la ley no es esclavitud, sino una forma de protección mutua y un medio de alcanzar la felicidad[800].

Cicerón, por su parte, considera que sólo será virtuoso aquel individuo que conozca lo que es el Bien y que sea autosuficiente, al conocer perfectamente cuáles son sus necesidades, por lo que evitará someterse a otras nuevas externas, que le vengan impuestas. Sin embargo, critica la educación pública e igual para todos de Grecia[801], por lo que la reduce a los hijos de los *optimates*. Pero, además, la Virtud se aleja del lujo. Por tanto, no es virtuoso aquel que no hace algo por miedo a un castigo o a la desaprobación social[802] o aquel que lo hace para obtener riqueza u honores, sino el que hace el Bien por el mero acto virtuoso.

Entre los monarcómanos del medievo, Althusio también considera que la educación es uno de los elementos esenciales para el mantenimiento de un Estado, "Pues la honesta educación de la juventud se dice con razón fundamento y seminario de una buena república[803]". De esta forma, "Hay que tener razón de educar a los hijos. Pues cuales los hijos se educan, tales ciudadanos y ministros públicos ha de tener la república[804]". Por tanto, defiende la Virtud política como uno de los elementos necesarios en toda Comunidad Política, "Pues las cosas privadas siempre fueron obstáculo y lo serán a los consejos públicos[805]". Por tanto, es consciente de que, si se abordan las decisiones públicas desde los intereses particulares de cada facción, sin llegar a un consenso, sino haciéndolos primar en función de los fines que se busquen en cada momento, el Estado caminará hacia su ruina. Y De la Boëtie destaca por entender que es la educación el instrumento que conduce a los ciudadanos a su libertad o a su esclavitud[806].

Entre los Ilustrados, debemos destacar a Montesquieu, para quien la Democracia se asienta sobre la Virtud, al igual que la Aristocracia, aunque, en este último caso en menor medida, pues en este tipo de gobiernos sólo los aristócratas deben ser virtuosos, aunque con moderación, ya que una virtud excesiva les conduciría a sentirse iguales al Pueblo y una virtud escasa les haría sentirse muy superiores al Pueblo. En relación a la monarquía, sólo el monarca debe ser virtuoso, pues ésta se asienta en el principio del honor[807]. Por tanto, no cabe duda de que, para este autor, cuanta mayor libertad política existe en el Estado, mayor grado de Virtud será necesaria entre sus ciudadanos.

---

800 Cfr., *Ibidem*, pp. 79-81, 164-180, 200 y 279-280.

801 Cfr., Cicerón, M. T., *Sobre la República*, *op.cit.*, p. 111.

802 Cfr., *Ibidem*, pp. 99 y 141.

803 Althusius, J., *La política metódicamente concebida e ilustrada... op.cit.*, cit., p. 101.

804 *Ibidem*, cit., p. 473.

805 *Ibidem*, cit., p. 367.

806 Cfr., De La Boëtie, E., *Discurso de la servidumbre voluntaria o el contra Uno, op. cit.*, pp. 24-25.

807 Cfr., Montesquieu, *Del espíritu de las leyes*, *op.cit.*, pp. 13-19.

Para Rousseau, en cambio, no es necesario ser sabio para ser bueno, sino que la bondad procede de la naturaleza propia del ser humano, no de la razón[808]. En palabras del autor, "Virtud, ciencia sublime de las almas simples[809]". De esta forma, este autor admite que no es necesaria una educación intelectual que enseñe lo que es la Virtud, sino que la misma se encuentra en el interior de cada individuo. Son los instintos benevolentes del ser humano los que permiten conocer lo que es justo y lo que es injusto. Es una certeza innata, no aprendida. Por tanto, la educación deberá dirigirse a extraer y permitir que el ser humano pueda desarrollar toda su bondad, ya que "El medio más corto y más seguro para hacer dichosos a los Hombres no es adornar sus ciudades, ni siquiera enriquecerlos, sino hacerlos buenos[810]". Sin embargo, critica a Montesquieu, para quien la Virtud sólo se da en la democracia, ya que, para el ginebrino, como la Virtud debe darse en el Pueblo, y el Pueblo es siempre el soberano, la Virtud debe darse en todas las formas de Estado[811].

Así, el ginebrino defiende que exista una educación pública, ya que para mandar sobre ciudadanos es necesario formar ciudadanos. La virtud es necesaria para que las voluntades particulares se correspondan con la voluntad general[812]. Hay que enseñar a los hijos a respetar las Máximas del Estado y la voluntad general, educándolos en la igualdad. "La patria no puede subsistir sin libertad ni la virtud sin ciudadanos: lo conseguiréis todo si formáis ciudadanos; sino, sólo tendréis malos esclavos, comenzando por los Jefes de Estado[813]", en palabras del ginebrino. Por ello, la educación de los hijos no debe corresponder sólo a los padres, sino también al Estado[814], pues "En cuanto alguien dice de los asuntos del Estado: "¿Y a mí que me importa?", hay que considerar que el Estado está perdido[815]". Solo el amor, para este autor, es el mayor bien en este mundo, pues no puede comprarse con dinero. El amor a la patria da ciudadanos y soldados, pues sin ella sólo hay súbditos y mercenarios, al igual que no hay amistad o relación amorosa si sólo se basa en el interés. Pero sólo puede existir amor a la patria, que es artificial, si existe amor a la familia, que es natural. Sólo se puede ser un buen ciudadano si se es un buen padre, un buen hijo y una buena pareja[816]. Por tanto, una buena educación pública y de carácter universal es, para este autor, fundamental para el mantenimiento del Estado democrático.

Así, el orden social se basa en la diferente forma de educar a los niños, según los que van a mandar (a los cuales se les conceden sus caprichos) y los que van a obe-

808 Cfr., ROUSSEAU, J.J., *El contrato social, (1762)*, Ediciones P. P. P., Madrid, 1985, pp. 52-135.

809 ROUSSEAU, J.J., *Discurso sobre el origen y los fundamentos de la desigualdad ...op.cit.*, cit., p.36.

810 *Ibidem*, cit., p. 81.

811 Cfr., ROUSSEAU, J.J., *El contrato social, op.cit.*, p. 107.

812 Cfr., ROUSSEAU, J.J., *Discurso sobre la economía política, op.cit.*, pp. 19-33.

813 *Ibidem*, cit., p. 29.

814 Cfr., *Ibidem*, pp. 29-31.

815 ROUSSEAU, J.J., *El contrato social, op.cit.*, cit., p. 132.

816 Cfr., ROUSSEAU, J.J., *Emilio o de la educación, op.cit.*, p. 418.

decer (a los que se les coarta su voluntad mediante amenazas)[817]. De esta forma, se le ha de enseñar al niño a cumplir la palabra dada, pero no se le puede obligar a prometer aquello que no quiere cumplir, pues ello le hará mentiroso de adulto. Además, decirle a un niño que algo se hace por su bien, al no conocer el niño ese bien, facilitará que, en el futuro, sea engañado por otros con el mismo pretexto[818]. Por tanto, engañar a un niño, sirve para crear adultos mentirosos.

Y el pasó de una educación memorística medieval a un modelo de educación basada en el autogobierno, con autores como Rousseau, que buscaban crear alumnos que pudieran funcionar en un gobierno tan exigente como es el democrático, a través de una nueva libertad crítica y un nuevo sentido de la responsabilidad personal, sentó los pilares elementales que deben proceder a toda revolución: una mentalidad afín al nuevo sistema. Por ello, la educación gratuita era uno de los principios del liberalismo y de la Ilustración[819]. Todos los ilustrados y liberales eran conscientes de que sólo a través de la misma, el individuo podría liberarse de los misticismos, la tradición o la superstición y desechar sus temores al progreso, para aceptar, sin miedos, los derechos y libertades que la sociedad burguesa le ofrecía. Todos ellos eran conscientes de la necesidad de que era necesario democratizar primero a la sociedad, mediante la educación, para poder luego democratizar el derecho político, pues sólo aquella permite transformar la mentalidad de la población, pasando de pensar como meros súbditos a adquirir la mentalidad de auténticos ciudadanos, pues sin el desarrollo de la libertad de pensamiento carece de sentido la libertad política.

No obstante, es lícito que el Estado cree una fe civil, como amor a las leyes y a la justicia, que sirva para oponerse al escepticismo, en el que no hay valores absolutos, pues ello saca el freno a las pasiones de los ricos y poderosos. Así, cuando los gobernantes se preocupan más por "hablar bien y no por hacer bien, carecen de toda virtud", justificados en que no existe el Bien ni la Justicia, y se limiten a legitimar sus acciones en que es lo más beneficioso para el Estado, lo que en realidad buscan es sucumbir a sus propias pasiones. Saben que, sin educación, los ciudadanos acaban sometidos a la voluntad de quien sepa aprovecharse de sus miedos y pasiones, lo que les priva de la tan necesaria libertad del individuo. Además, en estas circunstancias, será fácilmente manipulado por la publicidad para llevar a cabo un consumo conspicuo ya que, como sostenía Rousseau, "es desconocer a los Hombres el creer que tras haberse dejado seducir por el lujo podrán renunciar a él; antes renunciarían cien veces a lo necesario y preferirían morir de hambre que de vergüenza".

Por ello, Nussbaum considera que la preparación para el ejercicio de la ciudadanía durante la infancia está en muy mal estado a nivel mundial, pues ésta se

817 Cfr., *Ibidem*, pp. 70-73.

818 Cfr., *Ibidem*, pp. 109-111 y 203-204.

819 Cfr., CANO RUBIO, M.D., "Cómo el liberalismo económico influye en la regulación socio-económica ...", *op.cit.,* pp. 576-577.

centra más en disciplinas destinadas al mercado global. Además, los exámenes y materiales están más destinados a la memorización que a evaluar y fomentar la imaginación y las aptitudes críticas de los niños[820]. En Europa se siguió, en las últimas décadas, el *Emilio* de Rousseau, para llevar a cabo la reforma educativa, que buscaba que el niño resolviera sus problemas sin acudir a la autoridad, lo cual era necesario para que el adulto pudiera convivir con otras personas en condiciones de igualdad, sin necesidad de esclavizarlos. Dicho método rousseauniano se basaba en el método socrático, consistente en que los alumnos argumentasen y reflexionasen por sí mismos, lo cual era considerado por Sócrates como un valor en sí mismo para la Democracia. La educación socrática supone respetar la individualidad del niño y fomentar que sea inquisitivo, sin importar su clase social. Sin embargo, dicho método se encuentra actualmente en peligro por la búsqueda de un resultado educativo comerciable. Por ello, examinaremos a continuación las razones por las que se están abandonando los métodos rousseaunianos para volver a metodologías que resultaban incompatibles con una verdadera educación ciudadana.

3.2.2. La necesidad de la ética en la valoración de las decisiones políticas

Aunque en 1970 el debate político de crítica perdiera gran parte de su significado, la distinción entre derechas e izquierdas era útil. Sin embargo, hoy en día carece de significado[821]. A finales de los años 50 se había introducido en el diálogo político estadounidense un lenguaje excesivamente moral, pero centrado en el moralismo puritano sobre educación, sexo, arte...etc., que rara vez se refería a las depredaciones de los negocios o a la corrupción política[822]. Hablaban de la vida de los que mantenían la discusión, pero no de sus ideas y argumentos. Es decir, en lugar de respetar a la persona y criticar su argumento, siguiendo en método ilustrado, se procedía a la inversa, criticando a la persona, sus gustos y pasiones, pero respetando su argumento. De esta forma, invirtiendo los valores propios de la libertad de expresión, el debate político se reducía al vulgar ataque personal de los contendientes. Y es que, como defiende Bell, rara vez se triunfa en política atacando a un sistema, pero si a los actos de personas concretas[823].

Por ello, con la caída del muro de Berlín, se buscó cambiar dicho lenguaje político moralista y sustituirlo por uno más técnico que rechazase todo discurso basado en la moral y lo ético, pero no sólo respecto a la persona debatiente, sino también a sus argumentos. Ahora se va a respetar a la persona y a su argumento, siempre y

820 Cfr., Nussbaum, M. C, *Sin fines de lucro..., op.cit.*, pp. 91 y 177-179.

821 Judt, T., *Algo va mal, op.cit.*, cit., p. 18.

822 Cfr., Bell, D., *El fin de las ideologías... op.cit.*, p. 127.

823 Cfr., *Ibidem*, p. 129.

cuando su discurso se base en números y en intereses particulares y/o utilitaristas. De lo contrario se le tachará de demagógico y moralista, y será rechazado por el auditorio por falta de objetividad, aunque todos estuviesen convencidos de sus conclusiones. Así, no importaban las falacias usadas por los miembros del debate, siempre que sus argumentos fuesen objetivos y ejecutores. Así, a través de ello, Bell busca superar el lenguaje ideológico mediante un debate público razonado y una investigación desinteresada de la vida pública[824], defendiendo que ya no se puede debatir en términos de "izquierdas" y "derechas[825]".

Por ello, como defiende Ruipérez[826], en dicha época, se produjo una asimilación de la terminología neoliberal por los partidos de la izquierda, comenzándose a defender que el debate político debe hacerse en términos objetivos y económicos, buscando la mayor rentabilidad y eliminando, en lo posible, cualquier contenido político, ético o ideológico[827]. Así, se comienza a proponer la sustitución de la lógica política democrática por la lógica económica de la globalización[828]. Por dicha razón, actualmente las cuestiones de apoyo a una política se limitan a cuestiones de beneficio y pérdida[829]. En palabras de Tony Judt, "Hemos introducido subrepticiamente un vocabulario pretendidamente "ético" para reforzar nuestros argumentos económicos, lo que aporta un barniz autosatisfecho a unos cálculos descaradamente utilitarios. Cuando imponen recortes en las prestaciones sociales, se enorgullecen de haber sido capaces de tomar "decisiones difíciles[830]"".

Los tecnócratas hablan de cuestiones técnicas para enmascarar actos que serían contrarios a la moral colectiva. Se pretende defender que la ética separa y enfrenta a los ciudadanos por ideologías e impide tomar decisiones que requieren de fortaleza espiritual en lugar de permitir adoptar una posición objetiva que busque el mayor bien para el mayor número. Pero son los intereses éticos y políticos, sin embargo, los que sirven para unir a los ciudadanos[831], mientras que los intereses económicos son los que separan, como defiende Heller, los que llevan a ciudadano a crear corporaciones. Y es que ya Hayek defendía que no habría mundo más irracional e indeseable que aquel en el que se permitiese a los especialistas de cada campo llevar a cabo sus ideales[832]. Así, se va a entender que todo lo que está

824 Cfr., Bell, D., "Epílogo de 1988: ...", *op.cit.*, pp. 490-491.

825 Cfr., Bell, D., *El fin de las ideologías... op.cit.*, p. 453.

826 Cfr., Ruipérez Alamillo, J., *La Constitución del Estado de las Autonomías...op.cit.*, pp. 352-353 y "El derecho constitucional a la vivienda...", *op.cit.*, p. 106.

827 Cfr., Ruipérez Alamillo, J., *El constitucionalismo democrático ...op.cit*, p. 168 y *La Constitución europea ..., op.cit.*, p. 42.

828 Cfr., Ruipérez Alamillo, J., *El constitucionalismo democrático ...op.cit*, p. 147.

829 Cfr., Judt, T., *Algo va mal, op.cit.*, p. 46.

830 *Ibidem*, cit., p. 47.

831 Cfr., Heller, H., *Europa y el fascismo, op.cit.*, p. 16.

832 Cfr., Hayek, F.A., *Camino de servidumbre, op.cit.,* p. 110.

legalmente permitido es moralmente justo y, de este modo, confundimos la Justicia con el Derecho, entendiendo que algo es justo si es legal, lo que no le sucedía a los griegos e ilustrados[833].

Por ello, Tony Judt va a defender que "En primer lugar, no podemos seguir evaluando nuestro mundo y las decisiones que tomamos en el vacío moral[834]", pues dicho método busca, en realidad, oscurecer y ocultar al ciudadano las verdaderas razones por las que se adoptan las decisiones políticas en el seno de una democracia, lo que la acerca, de esta forma, a la más ignominiosa de las oligarquías citadas por Aristóteles. Y es que, como afirma el estadounidense, "Los privilegiados no quieren que se recuerden sus privilegios –si estos tienen connotaciones moralmente dudosas–[835]". De este modo, para dicho autor, los ciudadanos dejan a los expertos las cuestiones económicas, que no entienden debido a su complejidad, por lo que se defiende que el lenguaje económico debe ser elitista, debiendo entenderlo sólo algunas personas, mientras que el resto debe resignarse a tener fe ciega en sus decisiones[836].

Pero, como defiende este autor, no se es duro por saber imponer condiciones difíciles a los demás sino no queriendo imponer a los demás las condiciones que no se quieren para uno mismo[837]. "Para convencer a los otros de que algo es correcto o erróneo, necesitamos un lenguaje de fines, no de medios[838]" en sus palabras. Por tanto, el autor propone que "Como mejor se puede expresar gran parte de lo que anda mal en el mundo es mediante el lenguaje del pensamiento político clásico: estamos intuitivamente familiarizados con los problemas de la injusticia, la falta de equidad, la desigualdad y la inmoralidad –sólo hemos olvidado como hablar sobre ello–. La socialdemocracia articuló esas cuestiones en el pasado, hasta que también perdió el rumbo[839]". Por tanto, debemos comenzar a pensar el Estado socialmente, pues como afirma Tony Judt, "Pensar *económicamente* como llevamos haciendo treinta años, no es algo intrínseco a los seres humanos. Hubo un tiempo en que organizábamos nuestras vidas de otra forma[840]". Además, no se puede sostener que un argumento no es legítimo sino se respalda en cifras, ya que, como afirmaba Orwell en su famoso libre 1984, "la cordura no es estadística[841]". Por tanto, la cuestión social debe tratar acerca de lo que debe hacer el Estado para que las personas puedan vivir decentemente y no sólo por encima de su bienestar.

---

833 Cfr., JUDT, T., *Algo va mal*, *op.cit.*, pp. 173-174.

834 *Ibidem*, cit., p. 48.

835 *Ibidem*, cit., p. 177.

836 Cfr., *Ibidem*, pp. 155-156.

837 Cfr., *Ibidem,* pp. 47-48.

838 *Ibidem*, cit., p. 172.

839 *Ibidem*, cit., p. 217.

840 *Ibidem*, cit., p. 50.

841 ORWELL, G., *1984*, *op.cit.*, cit., p. 230.

Así, según De Vega, los políticos complican la política dolosamente para que sea incomprensible para la mayoría de los mortales y poder así justificar sus conductas oscuras y repudiables[842]. Por tanto, cuando se busca interpretar la política en términos económicos, se pretende que ésta sólo pueda ser entendida por una élite de técnicos economistas fisiócratas que busquen la mayor libertad de mercado, ya que el lenguaje ético es claramente democrático. De esta forma, como defiende Tony Judt, el lenguaje se ha vaciado de contenido, por lo que defiende que el discurso político no debe hacerse en términos de utilidad material, sino en términos morales, pues lo que es justo y bueno se conoce intuitivamente por cada ser humano, aunque no se pueda definir[843]. Así, al eliminar las cuestiones valorativas de los debates políticos, se elimina a los ciudadanos del proceso político, lo que implica una pérdida de legitimidad democrática por parte del Estado[844].

Por tanto, siguiendo el pensamiento rousseauniano, consideramos que las cuestiones de Justicia social se conocen a través de la equidad, del sentimiento natural que nos impulsa a actuar de forma comunitaria. Todo ser humano es, por naturaleza, gregario, por lo que es necesario en toda organización animal de este tipo un sentimiento de bien común grupal, que es instintivo. Sin embargo, los seres humanos, al haber perdido parte de nuestros instintos, los posemos de forma más difusa. Dicho en otros términos, poseemos un concepto de bien común que se va adquiriendo con el aprendizaje social y cultural de cada tiempo y lugar[845]. Todo el mundo conoce lo que es ser justo, aunque el aprendizaje filosófico y político enseñe a serlo.

Por tanto, surge la imperiosa necesidad de educar ciudadanos que cuenten con instrumentos suficientes para detectar y combatir las pretendidas falacias que se inserten en cualquier discurso que busque manipular su voluntad. En la medida en que el ciudadano de un Estado social busca participar en la vida política para decidir los servicios que han de ser prestados por el Estado y de qué modo, éste deberá gozar de un conocimiento que le permita evaluar dichas políticas no tanto desde una eficacia económica, sino desde una eficacia social, ya que, como afirma Tony Judt, "las Repúblicas y las democracias sólo existen en virtud del compromiso de sus ciudadanos en la gestión de los asuntos públicos[846]". De este modo, sabrá elegir si es mejor optar por una política económicamente costosa pero socialmente eficaz, si es mejor lo contrario o si lo más conveniente es buscar combinar ambas.

---

842 Cfr., De Vega García, P., "En torno a la crisis de las ideas de representación…", *op.cit.*, pp. 13-14.

843 Cfr., Judt, T., *Algo va mal*, *op.cit.*, pp. 172-173 y 180.

844 Cfr., De Vega García, P., "Estado social y Estado de partidos…", *op.cit.*, p. 392.

845 En contra de esta opinión, Cfr., Henrich, J., Ensminger, J., Mcelreath, R., Abigail Barr, Barrett, C., Bolyanatz, A., Camilo Cardenas, J., Gurven, M., Gwako, E., Henrich, N., Lesorogol, C., Marlowe, F., Tracer, D., Ziker, J., "Markets, Religion, Community Size, and the Evolution of Fairness and Punishment", *Science,* 2010,

846 Judt, T., *Algo va mal*, *op.cit.*, cit., p. 158.

Además, si encerramos a los ciudadanos a pensar en unos márgenes muy estrechos, estaremos no sólo eliminando la libertad de expresión, sino que, además, "Una democracia de consenso permanente no será una democracia durante mucho tiempo[847]", como afirma Tony Judt, pues si el margen de disconformidad es pequeño, hay estabilidad, pero la sociedad no logrará avanzar ni sabrá hacer frente a los nuevos desafíos con imaginación[848]. De esta forma, estaremos creando súbditos de un sistema, que, ante circunstancias políticas, sociales, culturales o económicas caóticas o adversas, prefieran optar por fórmulas autocráticas en lugar de intentar llegar a consensos democráticos, pues ello es mucho más simple que establecer mecanismos para salvaguardar la libertad política, en constante peligro de perderla desde el momento en que se posee. Y ello no se consigue planteando las cuestiones en términos técnicos, que sólo manejan unos pocos, sino que sólo se puede conseguir discutiendo en términos morales, de los cuales todos gozamos. El lenguaje técnico convierte a la política en una oligarquía mientras que el lenguaje moral la convierte en una democracia.

Por tanto, toda sociedad democrática necesita de forma irrenunciable a las ciencias humanas. No basta con hacer llegar información a los ciudadanos de forma libre y amplia, sino que éstos necesitan de capacidad para adjudicar valor y ordenar esa información, es decir, un ciudadano democrático necesita gozar de buen juicio[849]. Así, en opinión de Nussbaum, "Ninguna democracia puede ser estable si no cuenta con el apoyo de ciudadanos educados para ese fin (...). Utilizar la capacidad de reflexión y pensamiento crítico es fundamental para mantener la democracia con vida y en estado de alerta[850]". Y como el Estado social es un Estado virtuoso, también necesita ciudadanos virtuosos para su defensa. Es un ser valioso para la democracia aquel que mantiene su propio criterio en su fuero interno, aunque sus pares ejerzan presión en contrario, prefiriendo no decir algo falso a tomar una decisión apresurada[851]. Para ello, este ciudadano deberá alzar la voz, haciendo gala de su virtud política, frente a cualquiera que pretenda engañar a sus ciudadanos con falsos argumentos o premisas económicas pretendidamente utilitarias, ya que, como afirma Tony Judt, "El valor moral necesario para mantener una opinión distinta y defenderla ante unos lectores irritados o una audiencia adversa sigue escaseando en todas partes[852]", por lo que "Necesitamos personas que hagan una virtud de oponerse a la opinión mayoritaria[853]".

---

847 *Ibidem*, cit., p. 151.

848 Cfr., *Ibidem*, pp. 152-153.

849 Cfr., Höffe, O., *Ciudadano económico, ciudadano del Estado, ciudadano del mundo...op.cit.*, pp. 289-290.

850 Nussbaum, M. C, *Sin fines de lucro..., op.cit.*, cit., p. 29.

851 Cfr., *Ibidem*, p. 79.

852 Judt, T., *Algo va mal, op.cit.*, cit., p. 115.

853 *Ibidem*, cit., p. 151.

3.2.3. La necesidad democrática de la educación

Es característico de la Ilustración el juicio propio y crítico contra las dudosas actuaciones políticas de los gobernantes. Por ello, es necesario retomar su espíritu y educar a los ciudadanos en la virtud cívica para saber combatir la actuación del político práctico que sea contraria a la Ley y denunciar las injusticias que de ello se deriven, aun a riesgo de sufrir represalias[854]. Y esto depende de la educación, ya que cuanta más elevada sea ésta, los individuos difieren más en principios y en valores elevados y, sin embargo, cuanto menor es, solo comparten los bajos y primitivos[855]. Y aunque no obstante esta afirmación está impregnada de cierto elitismo al vincular lo primitivo a las clases más bajas, lo cierto es que, siguiendo el pensamiento rousseauniano, frente a los embates de la sociedad contra la bondad del ser humano, sólo la educación puede salvarlo de sí mismo.

Además, es tarea propia del humanismo salir de la propia cultura y conocer lo ajeno, lo que permite surgir la apertura y la tolerancia en el seno de la sociedad. Y ello sólo se puede lograr a través del conocimiento[856]. El estudio de las ciencias humanas ayuda a superar el egocentrismo cultural, espacial y temporal. Así, la capacidad de juicio debe luchar contra los prejuicios propios de cada cultura y de cada época, así como también de las ideologías. Por ello, la capacidad crítica permite conocer otras culturas, así como estimular el pensamiento y los debates. Su objetivo debe ser criticar cualquier dogma científico o cultural, relativizar, reconociendo en otros su diversidad, en lugar de aferrarse a la propia cultura, lo que favorece la apertura cultural y la tolerancia. Ello permite entenderse mejor, al comprender las diferencias con los demás y lo que tenemos en común. De este modo, debe educarse en un dialogo multicultural para aprender a vivir internacionalmente, para lo cual es preciso conocer la Historia y las características de los diversos grupos culturales. Por ello, deben formarse personas capaces de participar en un dialogo internacional respetuoso y cooperativo, con el que pensar sobre el futuro de la humanidad. Pues no es posible formar ciudadanos del mundo si se prescinde de la educación humanística en todas las formaciones académicas. Por ello, también es preciso enseñar a los alumnos cómo funciona la economía global y como se imponen las condiciones de trabajo a determinados países[857].

Un factor que dio lugar a la I Guerra Mundial es que las naciones enseñaron a sus niños que la dominación era mejor que la comprensión mutua y la reciprocidad[858]. Aunque contemplar la política a nivel de reconciliación de intereses

---

854 Cfr., Höffe, O., *Ciudadano económico, ciudadano del Estado, ciudadano del mundo... op.cit.*, pp. 91-92 y 295.

855 Cfr., Hayek, F.A., *Camino de servidumbre*, *op.cit.*, p. 218.

856 Cfr., Höffe, O., *Ciudadano económico, ciudadano del Estado, ciudadano del mundo...op.cit.*, p. 295.

857 Cfr., Nussbaum, M. C, *Sin fines de lucro...*, *op.cit.*, pp. 114-129.

858 Cfr., *Ibidem*, p. 118.

diversos puede parecer ingenuo, esa ha sido la experiencia británica y norteamericana[859]. De esta forma, la educación no es sólo un vehículo de desarrollo personal del individuo o un instrumento de la economía para formar profesionales, sino que es el instrumento del Estado que permite lograr tanto el consenso y la paz en el interior del Estado, como también de formar conciencia social capaz de empatizar con otros Pueblos y naciones. Por ello, deben llevarse a cabo sistemas educativos que busquen prevalecer la democracia sobre los sistemas de jerarquías en los que unos buscan imponerse por encima de otros[860]. Por tanto, debemos rechazar la opinión de Hayek, para quien las virtudes morales sólo pueden florecer en sociedades individualistas y comerciales[861]. Sólo a través de la educación es posible lograr la *fraternité*, tanto nacional como internacional. Y ello también es necesario para una ciudadanía mundial[862].

Además, las ciencias humanas crean sensibilidad, dan sentido a la vida y permiten resolver los problemas sociales y políticos[863]. Por ello, según Nussbaum, es preciso desarrollar una educación que refuerce en la ciudadanía el sentido de la responsabilidad, interdependencia y ayuda mutua, haciéndonos conscientes de nuestra debilidad, en lugar de en el individualismo, que produce frustración cuando el sujeto no tiene un control absoluto sobre su vida. También debe ayudar al individuo a ver a los demás como iguales, con los mismos derechos y obligaciones, sin estigmatizaciones[864]. "Y la generación que sabe que ha de ser "moral" y "responsable" es una generación destinada a quedarse en casa[865]", en palabras de Bell. La democracia necesita que se eduque en la comprensión, en pensar cómo sería estar en el lugar de otra persona, en sus sentimientos, deseos y expectativas. Pero, además, para gozar de estabilidad, la democracia necesita fomentar una cultura de disenso que promueva la responsabilidad y evite el sometimiento a la autoridad. De este modo, Naussbaum considera que también es una cuestión fundamental para la salud democrática poseer una imagen sana de lo que es un hombre verdadero y como se relaciona con las mujeres y con otros hombres. Se ha de enseñar que la virilidad no requiere una agresividad belicosa contra otras naciones ni dominación, tanto política como sexual, contra otras personas o grupos, bajo el sincero respeto de la dignidad humana[866].

Por ello, Nussbaum critica que actualmente se están descartando aptitudes de los sistemas de educación que fomentan la creatividad y el pensamiento crítico,

---

859 Cfr., Bell, D., *El fin de las ideologías... op.cit.*, p. 343.

860 Cfr., Nussbaum, M. C, *Sin fines de lucro..., op.cit.*, p. 52.

861 Cfr., Hayek, F.A., *Camino de servidumbre, op.cit.,* p. 232.

862 Cfr., Nussbaum, M. C, *Sin fines de lucro..., op.cit.*, p. 132.

863 Cfr., Höffe, O., *Ciudadano económico, ciudadano del Estado, ciudadano del mundo...op.cit.*, pp. 299-310.

864 Cfr., Nussbaum, M. C, *Sin fines de lucro..., op.cit.*, pp. 67 y 72-73.

865 Bell, D., *El fin de las ideologías... op.cit.*, cit., p. 336.

866 Cfr., Nussbaum, M. C, *Sin fines de lucro..., op.cit.*, pp. 83 y 150-151.

como la capacidad de aceptación de los logros y sufrimientos ajenos, necesarias para la Democracia, mientras se fomentan aptitudes utilitarias, necesarias para competir en el mercado global. Pero las personas que no aprender a reflexionar, como dijimos, van a ser demasiado influenciables, lo cual supone un peligro de demagogia. Sin capacidad crítica, el alumno podría ser engañado por sus gobernantes o por estereotipos ignorantes y peligrosos. La capacidad para detectar la falacia es uno de los elementos que contribuyen a una vida democrática decente. Un ejemplo de ello se dio en Atenas, cuando los atenienses mandaron una nave a conquistar una ciudad influidos por un orador de la *polis* para, posteriormente, detenerla y traerla de vuelta, cuando otro orador les convenció de lo contrario, con los costes que ello supuso. Por ello, la Democracia no puede sobrevivir sin que sus ciudadanos sean seres activos en estado de alerta, manteniéndose firmemente sometidos a lo que dicen los dictados de su lógica y razón. No deben limitarse a escuchar, sino que deben reflexionar[867].

Por ello, la Democracia necesita que sus ciudadanos posean visiones relativistas de la filosofía política, ya que éstas, basadas en el escepticismo, sostienen la doctrina empírica de que la realidad existe solamente dentro de los límites del conocimiento humano y que es relativa al sujeto cognoscente. Este sistema político sólo se puede consolidar cuando los miembros del Estado cuentan con instrumentos suficientes que les impidan asumir ciertas creencias como dogmas, respetando al que sostenga una opinión contraria, en lugar de enfrentarlo como adversario o enemigo. Por ello, esta concepción filosófica defiende la libertad de conocimientos (autodeterminación) y que todos los sujetos son iguales en capacidades para alcanzar la verdad, lo que se concreta en la libertad y la igualdad democráticas[868]. Así, la Democracia supone discusión en la formación de la voluntad del Estado, por lo que ésta puede ser el resultado de un compromiso, garantizando, con ello, la paz interna del Estado[869]. Así, el poder de la mayoría, basada en el relativismo, es la Democracia, en la que dicha mayoría no busca la Verdad absoluta, sino el consenso[870]. La política ha de ser un dar y tomar pragmático, buscando el acuerdo, y no una guerra a muerte[871]. Y es que, los defensores de la filosofía relativista, a lo largo de la Historia, fueron defensores de la Democracia, mientras que los defensores de la filosofía absolutista defendían la autocracia[872].

El absolutismo filosófico va más allá de la experiencia humana, aspirando a una realidad incognoscible por la limitación homínida. Consiste en una opinión metafísica que sostiene la existencia de una realidad absoluta independientemente del

867 Cfr., *Ibidem*, pp. 20, 78-97, 108, 130 y 188.

868 Cfr., Kelsen, H., *Teoría General del Estado*, *op.cit.*, pp. 603-604 y 227-230.

869 Cfr., Kelsen, H., "Los fundamentos de la democracia", *op.cit.*, p. 243.

870 Cfr., Kelsen, H., "Teoría política del socialismo", *op.cit.*, pp. 83-84.

871 Cfr., Bell, D., *El fin de las ideologías... op.cit.*, p. 135.

872 Cfr., Kelsen, H., "Los fundamentos de la democracia", *op.cit.*, p. 253.

conocimiento humano, más allá del tiempo y del espacio. Quienes aceptan la ética de la responsabilidad aceptan también los compromisos y los acuerdos, repudiando los absolutos, al entender que no existe un solo modelo de sociedad aceptable. No obstante, el rechazo a otras formas de sociedad y de democracia constituye en sí un absoluto, ya que, si determinados intereses carecen de representación o quedan excluidos, se pone en peligro el orden civil[873]. Y es que es, precisamente, cuando se sostiene una posición absolutista de la filosofía política, resultante de la absolutización dogmática de unas creencias y la irreflexión, cuando se adoptan posiciones autocráticas. Por tanto, la dictadura se hace necesaria, para Kelsen, cuando se cree que se posee el bien absoluto, la Verdad[874]. Para esta concepción, un juicio sobre lo que es justo o injusto puede ser tan absoluto como sobre lo que es verdadero y lo que es falso[875]. El ideólogo (comunista, existencialista o religionario), el "verdadero creyente", acepta la ética de los últimos fines, sus creencias, a través de la cual todos los medios son válidos para lograrlos. Da por supuesto que conoce como debe ser el modelo de sociedad[876]. Pero esta opción filosófica de la política no depende de la voluntad del individuo, no es una simple posición ideológica, sino que, como sostiene Kelsen, el alma humana no siempre obedece a la lógica. Existen fuerzas internas y externas al ser humano (circunstancias pasajeras, emocionales, personales...) que pueden cambiar la conexión entre política y filosofía, por lo que se defenderá el relativismo o el absolutismo filosófico según los estados de ánimo[877]. Por esta razón, los investigadores de ciencias naturales nacionalsocialistas defendían prescindir de las humanidades en la enseñanza, ya que el problema de estas materias es que conducen a la tolerancia[878].

Ejemplo de ello lo encontramos en el estado de Gujarat (India), donde quedó demostrado como la desaparición del pensamiento crítico en las escuelas públicas y la generalización de la formación técnica de la población puede transformar a un conjunto de ingenieros dóciles en una fuerza asesina capaz de implementar las políticas más racistas y antidemocráticas, cuando en 2002, incitados por los contenidos panfletarios que se transmitían en las escuelas y desde los libros de Historia, donde se mostraba a Hitler como un héroe, los grupos violentos de la derecha hindú masacraron a unos 2000 ciudadanos musulmanes en un ataque genocida condenado por toda la comunidad internacional[879].

Por esta razón, una de las demandas de las asociaciones obreras que dieron paso al Estado social fue el fomento de una educación pública, gratuita y de cali-

873 Cfr., Bell, D., *El fin de las ideologías... op.cit.*, pp. 135-136 y 336.

874 Cfr., Kelsen, H., "Teoría política del socialismo", *op.cit.*, pp. 83-84.

875 Cfr., Kelsen, H., "Los fundamentos de la democracia", *op.cit.*, pp. 227-228.

876 Cfr., Bell, D., *El fin de las ideologías... op.cit.*, p. 336.

877 Cfr., Kelsen, H., "Los fundamentos de la democracia", *op.cit.*, pp. 226-227.

878 Cfr., Hayek, F.A., *Camino de servidumbre, op.cit.*, pp. 285-288.

879 Cfr., Nussbaum, M. C, *Sin fines de lucro..., op.cit.*, p. 188.

dad en todos los niveles educativos. El aumento de la educación elemental durante el siglo XIX fue el paso decisivo para el reconocimiento de los derechos sociales de ciudadanía. Así, la enseñanza forma parte ya de los temas modernos que se incluyeron de forma imprescindible en las modernas Constituciones sociales de esa época. Por esta razón, quien defiende que la educación debe destinarse al desarrollo económico no tiene en cuenta que esta orientación educativa no busca el pensamiento crítico, pues éste no es un componente necesario para el desarrollo económico, ya que podría provocar desobediencia en la élite de técnicos. Sólo se busca invertir en educación para alfabetizar a los ciudadanos y crear una élite de técnicos. Así, el modelo de educación para el progreso económico no coincide con los fines que busca la Democracia[880].

El sistema capitalista busca dar a los trabajadores un nivel de formación necesario para el desarrollo económico y para que éstos puedan obtener su propia subsistencia, por lo que cuando el Estado aumenta el presupuesto en educación, es importante analizar si está potenciando el desarrollo de la economía o el desarrollo individual del ciudadano crítico[881]. Y es que, en palabras de Abendroth, "El problema educativo está en íntima conexión con la estructura económica de la sociedad[882]". Por tanto, en su opinión, la educación, en lugar de acabar con las desigualdades, las perpetúa, al formarse en y para un determinado orden social[883]. De este modo, el sistema educativo capitalista no se orienta a ofrecer formación en función de la capacidad ni de las aptitudes, ni busca que todos los que tengan capacidad estudien, sino que la misma les permita obtener un empleo[884]. De este modo, el sistema educativo está cada vez más decantado por dar un conocimiento práctico que permita encontrar empleo rápidamente, formando subordinados cualificados y enseñando a los educadores más a adiestrar capital humano que educar a seres humanos. Y es que el capital necesita que sea el Estado, mediante la educación pública, el que se encargue de la formación de profesionales, ya que, a las empresas, por sí solas, no les compensa ofrecer tal formación para que luego puedan marcharse, lo que provocará que el Estado soporte un gasto social cada vez más elevado[885].

Por ello, O´Connor defiende que se aumenten las tasas universitarias y que las escuelas y universidades deben abandonar los programas tradicionales de artes liberales (excepto en las escuelas de clases altas) y sustituirlos por las enseñanzas de carreras, pues de este modo el joven dispondrá de una habilidad vendible cuando decida acabar los estudios. No obstante, cuando afirma esto lo hace

880 Cfr., *Ibidem*, pp. 42-47.

881 Cfr., Abendroth, W., "El Estado de Derecho democrático y social como proyecto político", *op.cit.*, pp. 38 y 40.

882 *Ibidem*, cit., p. 39.

883 Cfr., O´Connor, J., *La Crisis fiscal del Estado*, *op.cit.*, pp. 146-147.

884 Cfr., Marshall, T. H., *Ciudadanía y clase social*, *op.cit.*, p. 65.

885 Cfr., O´Connor, J., *La Crisis fiscal del Estado*, *op.cit.*, pp. 150-151 y 298.

teniendo en cuenta que esta es la única alternativa que tiene el Estado para hacer frente su crisis fiscal, pues entiende que la otra solución es el socialismo[886]. Höffe, por su parte, aunque defiende que la universidad se organice como una empresa, denuncia al mismo tiempo que las universidades están cada vez más teñidas de mercantilismo, exigiéndose que las investigaciones sean rentables, lo que dificulta su justificación cuando se trata de las ciencias humanas y las sociales[887]. La presión por el crecimiento económico ha llevado a muchos líderes políticos de Europa a reformar la totalidad de la educación universitaria en términos orientados hacia el crecimiento, indagando en como contribuye a la economía cada disciplina académica y cada uno de los investigadores. Así, por ejemplo, en Reino Unido, desde la época de Thatcher, se obliga a los docentes a justificar su aporte a los objetivos económicos de la Nación con la finalidad de recibir parte de los presupuestos para sus investigaciones. Si no los pueden demostrar, se reduce el presupuesto[888].

De esta forma, centrados en la búsqueda de riquezas, se olvida la necesidad de formar ciudadanos reflexivos, necesarios para el mantenimiento de la sociedad democrática, optándose por formar individuos capacitados para el mercado. Pero la educación orientada al mercado mundial produce un grado de codicia obtusa y de docilidad capacitada que pone en peligro la vida misma de la Democracia, además de impedir una cultural mundial digna. Y si continua esta tendencia, tendremos naciones enteras con personas con formación técnica, pero sin la menor capacidad para criticar a la autoridad; generadores de renta con la imaginación atrofiada[889]. Además, dada la dependencia de las subvenciones públicas de los proyectos nacionales de investigación por parte de los investigadores, ésta se convierte en una forma de obstaculizar la libertad de expresión, pues sólo se potenciarán aquellas investigaciones sociales o humanísticas que resulten rentables, es decir, que persigan un resultado favorable al neoliberalismo o que, al menos, no se opongan al mismo. Por el contrario, aquellas investigaciones que critiquen los fines del mismo serán rechazadas por carecer de utilidad práctica y sus defensores se verán condenados al oprobio que siempre ha supuesto el ejercicio de la virtud académica.

3.2.4. La educación como instrumento de selección social

Así, en la medida en la que todos los individuos pueden acceder en igualdad de oportunidades educativas a todos los niveles de estudio y a todas las salidas profesionales, gracias a su reconocimientos como derechos en la Constitución, en función de sus capacidades, habilidades y preferencias, y con independencia de

886 Cfr., *Ibidem*, pp. 154 y 271.

887 Cfr., Höffe, O., *Ciudadano económico, ciudadano del Estado, ciudadano del mundo...op.cit.*, pp. 52-53 y 289.

888 Cfr., Nussbaum, M. C, *Sin fines de lucro..., op.cit.*, p. 169.

889 Cfr., *Ibidem*, pp. 187-188.

su nivel económico o el de sus progenitores, lo que es característico de un Estado social, la sociedad permite seleccionar a sus individuos más capaces para los cargos profesionales que mejor desempeñen o a través de los que se sientan más desarrollados, pues actualmente no siempre se buscan ventajas retributivas si el empleo no proporciona, precisamente, dicha evolución personal. De este modo, la educación actúa como instrumento de estratificación social[890], siendo el nivel de estudios el que produce una desigualdad de oportunidades para aspirar a los diferentes puestos de trabajo y creando, así, una clasificación social. Pero el ascenso social rara vez se consigue en vida, sino a través de los propios hijos[891].

Ahí reside, precisamente, la importancia de la educación como instrumento de igualdad social. Por ello, para Marshall, la educación se relaciona con el derecho de ciudadanía, ya que cuando el Estado presta educación, está pensando en formar ciudadanos en potencia, por lo que los niños no son del todo ajenos a los derechos de ciudadanía. No se trata del derecho del niño a ir a la escuela sino del ciudadano adulto a haber recibido educación[892]. Ello permitirá seleccionar, de una forma mucho más eficaz y racional, los diversos recursos humanos existentes en el Estado, lo que hará que la Nación gane en competitividad y desarrollo tecnológico y humanístico. Asimismo, se deben fomentar por igual las distintas vías de investigación, sin distinción de ninguna clase, especialmente en relación a la búsqueda de fines económicos, como sucede en las ciencias de I+D+I, donde se fomentan las ciencias naturales y se marginan a las sociales y humanísticas, pues un sistema educativo configurado de forma jerárquica limita a amplias capas de la población el acceso a la cultura, creando un sistema educativo jerarquizado[893].

Sin embargo, cuando dicha educación no responde a esos criterios de igualdad, haciendo que la misma dependa del origen social o de los ingresos familiares, se acentuarán más las clases sociales, perdiendo importancia la sociedad de estatus. Ya no se tratará de ejercer un trabajo por su consideración social o por que contribuya a la realización personal de un individuo, sino que se realizará únicamente por la remuneración que implique. Además, producirá frustración en aquellos individuos que no puedan acceder a la educación por motivos económicos, pues siempre sentirán que no se les dio la oportunidad de realizarse personalmente, lo que erosionará la cohesión social y, con ello, la unidad del Estado. Y si no se le concede a todo el mundo la oportunidad de estudiar, en el futuro estarán resentidos con su trabajo[894] y, como vimos, con el sistema.

---

890 Cfr., Marshall, T. H., *Ciudadanía y clase social*, *op.cit.*, p. 68.

891 Cfr., Bell, D., *El fin de las ideologías... op.cit.*, p. 285.

892 Cfr., Marshall, T. H., *Ciudadanía y clase social*, *op.cit.*, p. 34.

893 Cfr., Abendroth, W., "El Estado de Derecho democrático y social como proyecto político", *op. cit.*, pp. 39-41.

894 Cfr., Marshall, T. H., *Ciudadanía y clase social*, *op.cit.*, pp. 65-67.

Por tanto, sin una educación pública de calidad, que no haga depender la misma de la retribución familiar, el Estado estaría destinando a puestos directivos o de responsabilidad a aquellos individuos que nacieron en una clase social determinada cuyos familiares pudieron permitirse darle acceso educativo, mientras que se estaría excluyendo a todos aquellos individuos cuyos familiares no pudieron permitirse dicho gasto, aunque por capacidad, habilidad y preferencias fuesen potencialmente más aptos que algunos de los que accedieron a esos puestos, pues dicha circunstancia siempre permanecerá en la ignorancia del Estado y será una incógnita que siempre rondará la cabeza del individuo. De esta forma, el Estado seleccionaría sus recursos humanos de forma ineficaz y poco racional, limitándose a cribar a la mayoría de aquellos individuos cuyas capacidades no pudieron ser desarrolladas para determinados puestos de trabajo. Esto facilitará que el individuo, frustrado, adopte posiciones antisistema, entendiendo por éstas aquellas posturas políticas que se basan en la mera oposición política a un sistema económico o político en el cual personaliza la fuente de todos sus males, dada su escasa capacidad crítica, pero sin ser capaz de proponer un sistema viable en su lugar.

Por ello, el Estado social debe orientar una gran parte del gasto público hacia fines educativos, para que en el futuro la juventud pueda participar con responsabilidad propia en las decisiones democráticas del Estado. Su deber fundamental en este campo es destinar gran parte de los recursos a la educación, con la finalidad de conferir a todos los ciudadanos las mismas oportunidades[895]. Además, como sostiene Marshall, "el derecho de libertad carece de sustancia cuando, por falta de educación, no se puede decir nada que merezca la pena o no se tienen medios para hacerse oír[896]". Y es que, si un individuo no posee los medios para poder criticar determinadas decisiones y si carece de los instrumentos para informarse debidamente, esto es, cuando recibe una educación absolutamente técnica y práctica, la libertad de expresión carece de significado para él. Sin una educación que enseñe al individuo la importancia del ejercicio de la virtud política, tendremos una Democracia de esclavos, en la cual existirán individuos que poseen libertades políticas pero que carecen de capacidades para ejercerlas libremente. Y una Democracia de esclavos supondría un oxímoron, es decir, la relación de dos expresiones que significan totalmente lo contrario. Por ello, se trataría de una tiranía encubierta, en la cual todos son súbditos de las convicciones impuestas, con mayor o menos sutileza, por otro u otros. Por ello, para Marshall, "La educación es el requisito imprescindible de la libertad civil[897]". Cabe concluir, por tanto, que, sin una educación pública, de calidad y crítica, el Estado social no puede subsistir por mucho tiempo.

895 Cfr., Abendroth, W., "El Estado de Derecho democrático y social como proyecto político", *op. cit.*, pp. 37-38.

896 Marshall, T. H., *Ciudadanía y clase social*, *op.cit.*, cit., p. 42.

897 *Ibidem*, cit., p. 35.

3.3. La política fiscal en el Estado social

En el Estado social, las clases dominadas, los trabajadores, pueden convertirse en dominantes, a través del ascenso social derivado de la educación, como ya hemos visto, por lo que el Estado tiene que hacerse cargo permanentemente de los costes sociales derivados de la acumulación para mantener el orden social y evitar que esto nunca llegue realmente a suceder[898]. Pero es un contenido básico del Estado democrático y social el que la política fiscal se convierta en un instrumento de igualación de los ciudadanos[899]. Así, ante la necesidad de volver a depender del Estado como consecuencia de las constantes crisis que éste ha ido atravesando y del aumento de los gastos en derechos sociales, como la educación, es necesario ver cuál es la posición fiscal del Estado social español actual para conocer los medios de los que dispone para hacer frente a la situación presente. Para ello es conveniente analizar cómo el Estado social se ha ido convirtiendo en uno de los pilares fundamentales de la economía a lo largo de la Historia. Pues el aumento del consumo social, entendido como el conjunto de socorros y ayudas, se debe a que las familias campesinas del siglo XIX, que en un inicio autoabastecían sus propias necesidades a través de los lazos comunitarios y sociales, los cuales constituían una especie de protección social, pronto empezaron a verse mermados con la aparición de las medidas liberales. Así la privatización de tierras comunales y feudales privó a los campesinos de los medios propios para sobrevivir, obligándolos a emigrar a la ciudad, lejos de su comunidad. Ello sustituyó la solidaridad comunitaria por solidaridad de clase. De este modo, los obreros, acinados en lúgubres y sórdidos espacios urbanos, comenzaron a afianzar lazos para proteger sus propios intereses.

Por ello, en la actualidad, la dependencia de las familias de los trabajadores del Estado para satisfacer sus necesidades sociales y para recibir la formación profesional necesaria para la ejecución de determinados puestos de trabajo, así como la tendencia a vivir fuera de las ciudades, la propiedad privada de los medios de producción y la ausencia de una planificación social global, dan lugar a un despilfarro económico del Estado[900]. La expansión de la seguridad social deriva del aumento del desempleo tecnológico y cíclico que acompaña al crecimiento del capitalismo, pues la seguridad social contribuye a la estabilidad del sistema, pero sobre todo a la seguridad económica de los trabajadores, reforzando, de este modo, su disciplina[901]. Así, las contradicciones inherentes al capitalismo hacen que el Estado social sea imprescindible para su mantenimiento, especialmente en época de crisis, cuando el mercado más necesita evitar las revueltas sociales que podrían destruir el sistema de libre mercado.

---

898 Cfr., O´Connor, J., "Apéndice..." *op.cit.*, p. 321.

899 Cfr., Ruipérez Alamillo, J., "El derecho constitucional a la vivienda...", *op.cit.*, p. 140.

900 Cfr., O´Connor, J., *La Crisis fiscal del Estado*, *op.cit.*, p. 156.

901 Cfr., *Ibidem*, p. 176.

3.3.1. El nacimiento de la fiscalidad social

De esta forma, la tributación se dirige a la acumulación de capital y a la sociabilización de los costes privados, evitando, de este modo, perjudicar a los incentivos del capital. La finalidad de los sistemas tributarios es la protección y enriquecimiento de algunas clases a expensas de otras. Así, el Estado debe establecer sistemas fiscales equitativos que disimulen la injusticia de la clase explotadora a través del sistema tributario, pues si éste tratase a todos por igual reforzaría las desigualdades. Y es que la Historia ha demostrado que cuando el Estado ya no es capaz de disimular la explotación fiscal o de justificarla ideológicamente, hay peligro tanto de que se produzca una revuelta fiscal (como evasión de impuestos), y, por tanto, revuelta de clases, como de que se identifiquen los problemas fiscales, sociales y políticos del Estado. Por ello, las clases dominantes necesitan justificar ideológicamente los sistemas tributarios si quieren evitar revueltas fiscales[902].

Para lograr esta integración social se requiere en la población una ideología a favor de la expansión de los beneficios, junto con los recursos materiales para ello, especialmente en periodo de crisis, con el fin de mantener la legitimidad[903]. Así, en palabras de O´Connor, "El dominio económico otorga también a la clase que lo detenta el dominio ideológico, es decir, todo el sistema legal está basado en los intereses del capital monopolista[904]". Y la ideología del capital monopolista sostiene que cada ciudadano pague impuestos de acuerdo a su renta, defendiendo criterios de progresividad impositiva, siempre que esto no perjudique a las inversiones del capital, aunque en la práctica, los capitalistas repercutan sus impuestos en la clase trabajadora[905]. Como sostiene Bell, "La ideología sirve como cemento social para mantener a la clase empresarial[906]".

De este modo, es importante comprobar como uno de los principios legitimadores del poder recaudatorio de la comunidad política siempre ha residido, a lo largo de la Historia, en que el mismo redundara en beneficio de la colectividad, pues como sostenía ya Junius Brutus, "La finalidad de todo esto [pagar impuestos]es el bien público, de tal modo que quien lo convierte en el suyo privado es enteramente indigno del nombre de rey[907]". En una línea similar, Althusio sostenía que todo gasto a cargo de la república que no se destine al sostenimiento de la misma, a su administración o a la ejecución de la Ley por parte del magistrado, es un lujo y un abuso hacia el Pueblo[908]. Además, para él, los tributos deben estar igualados

902 Cfr., *Ibidem*, pp. 249-253.

903 Cfr., *Ibidem*, p. 322.

904 *Ibidem*, cit., p. 223.

905 Cfr., O´Connor, J., *La Crisis fiscal del Estado*, *op.cit.*, pp. 251-252.

906 Bell, D., *El fin de las ideologías... op.cit.*, cit., p. 98.

907 Brutus J. S., *Vindiciae contra Tyrannos*, *op.cit.*, cit., p. 133.

908 Cfr., Althusius, J., *La política metódicamente concebida e ilustrada... op.cit.*, p. 138.

en función de la capacidad de cada súbdito y de las necesidades de la república, debiendo perjudicar lo menos posible a los pobres, y evitando gravar los alimentos, pues ya en la China Imperial los productos de primera necesidad estaban exentos de impuestos[909]. Otra opción que propone sería gravar con fuerza los bienes de lujo, pues ellos corrompen a los ciudadanos[910]. Por ello, Montesquieu consideraba que, en las Repúblicas, el ciudadano es consciente de que paga impuestos para sí mismo, por eso en ellas, éstos pueden aumentar con facilidad. En el despotismo, sin embargo, al aumentar los impuestos, aumenta la esclavitud[911]. En palabras de este autor, "La regla general es que cuanto mayor sea la libertad de que disfrutan los súbditos, podrán imponerse tributos más fuertes[912]".

También Rousseau defendía, influenciado por Althusio, la redistribución de la riqueza a través de una política fiscal directa y progresiva, que ha de gravar con más fuerza los bienes de lujo y los más superfluos, mientras que debe dejar exentos de tributación los bienes de primera necesidad[913]. De este modo, los impuestos no son gravosos por la cantidad pagada sino porque lo que se pague no redunde en beneficio del Pueblo[914]. Además, para él, las prestaciones personales son más conformes a la libertad que los impuestos, criticando de este modo a Montesquieu[915], quien los considera propios de la servidumbre, por lo que Charles de Secondant prefiere los impuestos reales[916]. Así, el Estado debe establecer una política fiscal que contribuya a equilibrar las fortunas al término medio. Si se logran reducir los gastos en lujos, el fisco se enriquece mediante el gasto que ahorra en mantener esas desigualdades derivadas de los lujos. Y si no se reducen los lujos, esos impuestos sirven para pagar los gastos ocasionados en dicha desigualdad[917].

Por ello, el buen administrador, cuando quiere encontrar dinero para atender una necesidad presente, debe buscar su causa remota, previniendo que no se perpetúen esas escaseces en el futuro, en lugar de aumentar las rentas para cubrir dichas necesidades, pues ello dará lugar a otras nuevas, lo que conllevará al endeudamiento de la Nación, obligando al Estado a oprimir al Pueblo con más impuestos, con la consecuente pérdida de vigor por parte del gobierno. De esta forma, Rousseau defiende llevar a cabo políticas fiscales redistributivas, evitando que los impuestos recaigan en las clases más necesitadas, por lo que es importante evitar

909 Cfr., ROUSSEAU, J.J., *Discurso sobre la economía política, op.cit.*, p. 53.

910 Cfr., ALTHUSIUS, J., *La política metódicamente concebida e ilustrada... op.cit.*, pp. 139-142.

911 Cfr., MONTESQUIEU, *Del espíritu de las leyes, op.cit.*, p. 150.

912 *Ibidem*, cit., p. 149.

913 Cfr., ROUSSEAU, J.J., *Discurso sobre la economía política, op.cit.*, pp. 46-53.

914 Cfr., ROUSSEAU, J.J., *El contrato social, op.cit.*, p. 117.

915 Cfr., MONTESQUIEU, *Del espíritu de las leyes, op.cit.*, p. 150.

916 Cfr., ROUSSEAU, J.J., *Discurso sobre la economía política, op.cit.*, p. 46 y *El contrato social, op.cit.*, p. 131.

917 Cfr., *Ibidem*, pp. 55 y 131.

que los mismos generen nuevas necesidades sociales, lo cual será tenido también en cuenta por O´Connor, como veremos. Además, para el ginebrino, la economía política debe regirse por la voluntad general, al igual que el gobierno. Defiende que los impuestos deben de ser acordados por la voluntad general de todo el Pueblo, en razón de una tarifa proporcional y no arbitraria, lo que es necesario para que dicho impuesto sea legítimo. Así, divide la economía pública en popular, cuando busca el interés del Pueblo, o tiránica, cuando busca intereses particulares[918].

En la época feudal, la propiedad pública era una forma de propiedad privada, perteneciente a los grupos dirigentes. Se justificaba la inmunidad fiscal de la nobleza por su aparente contribución al bienestar social. Pero con el desarrollo del capitalismo mercantilista, la propiedad pública fue progresivamente dividiéndose de la privada, hasta separarse por completo de ésta en el siglo XIX. Por ello, en el liberalismo, en el que todos los ciudadanos estaban sometidos a tributación, o al menos aquellos con participación política, el sistema fiscal se basaba en los impuestos indirectos, con la finalidad de ocultar la explotación fiscal a través de una recaudación socialmente desigual y evitar que el Estado conociera los verdaderos ingresos de los ciudadanos. La actuación del Estado, por su parte, se basaba en el desembolso de un gasto mínimo, para evitar su expansión. Además, se buscaba mantener el equilibrio presupuestario de forma escrupulosa[919]. Pero el desarrollo del capitalismo del Estado, que no debe entenderse como algo transitorio sino como característico de los tiempos modernos, y de la industria monopolística, condujo a la sustitución de los impuestos indirectos por los directos y el abandono de los presupuestos equilibrados por unos cuyos gastos sociales excedían de los ingresos, lo que llevará a aumentar la intervención del Estado y, con ello, al aumento de los impuestos[920].

3.3.2. Estado y fiscalidad social

Para ello, el Estado necesita contar con fondos suficientes para llevar a cabo su actividad, lo cual supone que debe aumentar constantemente su tamaño a través del patrimonio público y no tanto a través de la imposición fiscal[921]. Así, el Estado social requiere de una base económica suficiente y recursos financieros bastantes para atender la sostenibilidad de los derechos sociales o, de lo contrario, se estaría haciendo populismo constitucional, acentuando el carácter ideológico de la Constitución, que se pondría de manifiesto en el desfase entre normas, los derechos sociales, y realidad, la imposibilidad de llevarlos a cabo. El acceso a los derechos sociales conlleva la obligación de pagar impuestos y vivir como un buen ciuda-

918 Cfr., *Ibidem*, pp. 12-13 y 39-45.

919 Cfr., O´Connor, J., *La Crisis fiscal del Estado*, *op.cit.*, pp. 100-101 y 250-251.

920 Cfr., *Ibidem*, p. 101.

921 Cfr., *Ibidem*, p. 132.

dano que busca aumentar el bienestar de su comunidad[922]. Ello se soluciona con la distribución de la riqueza[923], que es el principio al que responde el Estado social. Así, el art. 134 de la Constitución de Weimar establecía que todos los ciudadanos sin excepción debían contribuir, en proporción a su patrimonio, al mantenimiento del Estado, lo que impedía edificar un sistema fiscal sobre la base de la tributación indirecta. Pero en España, en opinión de Ruipérez, los impuestos no se ven como un deber inexcusable de todo buen ciudadano en donde el hecho de pagar muchos impuestos es debido al disfrute de una saneada situación económica, sino que los ciudadanos buscan evadir impuestos[924], posiblemente por una conciencia social heredada del pasado que ve al Estado como algo ajeno a los intereses de la ciudadanía.

Según Tony Judt, uno de los daños que sufrió el Estado de Bienestar fue la realización de proyectos sociales ineficaces para los grupos sociales más perjudicados por la economía capitalista. Cuando ello sucede, los ciudadanos sienten que se hayan sometidos a una pérdida de capital a la que se ven obligados de forma coactiva, por lo que los impuestos se consideran como una pérdida de dinero individual en lugar de como una aportación de bienes sociales, destinada a cubrir el mantenimiento de intereses colectivos que los individuos aislados no podrían permitirse nunca por sí mismos. Por tanto, podemos afirmar, junto con este autor, que, en un Estado fallido, las personas sufren tanta opresión como en los autoritarismos[925].

Sin embargo, para Forsthoff, el Estado de Derecho, se caracteriza, para la recaudación de impuestos, por distinguir entre propiedad privada y soberanía del Estado, lo cual permite invasiones estatales en el patrimonio y en la renta de los particulares, ya que, sin esa distinción, los bienes tendrían que expropiarse, lo que atentaría contra el derecho de propiedad y el Estado social carecería de fundamento, convirtiéndose en autoritario[926]. De esta forma, este autor equipara el sistema fiscal del Estado social al del Estado de Derecho, sin tener en cuenta que en este último no se busca necesariamente la redistribución de la riqueza. Por ello, para Doehring, el sistema tributario del Estado social no tiene como misión proporcionar los medios necesarios para costear la ayuda social, sino que debe contribuir a que la misma se haga innecesaria, no debiendo suponer la imposición de una carga fiscal a la iniciativa privada, sino orientándola a garantizar autonomía de las personas privadas, usando los medios públicos para costear el aparato administrativo estatal, el cual permita llevar a cabo la recuperación económica.

---

922 Cfr., Marshall, T. H., *Ciudadanía y clase social*, *op.cit.*, p. 77.

923 Cfr., Villar Borda, L., "Estado de Derecho y Estado social de Derecho", *op.cit.*, p. 93.

924 Cfr., Ruipérez Alamillo, J., "El derecho constitucional a la vivienda...", *op.cit.*, pp. 141-143 y, *La necesidad de constitucionalizar... op.cit.*, pp. 300-307.

925 Cfr., Judt, T., *Algo va mal*, *op.cit.*, pp. 43, 86 y 141.

926 Cfr., Forsthoff, E., "Concepto y esencia del Estado social de Derecho", *op.cit.*, p. 105.

Así, el Estado social sólo puede mantenerse con cargas fiscales que aseguren la libre economía de mercado, pues una imposición fiscal elevada sobre el ciudadano equivale a una expropiación confiscatoria de sus bienes, lo cual atentaría contra su derecho de propiedad. Por ello, en opinión de Doehring, los medios tributarios deben usarse únicamente para redistribuir la riqueza sólo en caso extremo, no debiendo subvencionar nunca a empresas públicas, sino sólo empresas privadas ya que, para él, la propiedad pública no es de nadie[927]. Sin embargo, debemos rechazar tajantemente esta opinión tan generalizada en la medida en que contribuye a destruir la virtud política, permitiendo que sean los particulares más poderosos de la sociedad los que hagan un uso de la propiedad estatal en su propio beneficio.

Sin embargo, el cambio de paradigma del Estado derivado de la prestación de servicios sociales y su uso en favor de políticas de expansión comercial dio lugar a una serie de consecuencias que es importante no perder de vista, como es lo que O´Connor acertó en llamar "Crisis fiscal del Estado". Esta crisis consiste en la tendencia del gasto público a aumentar por encima de los ingresos. Sin embargo, la capacidad de pago de los impuestos por los ciudadanos es limitada mientras que el aumento de las necesidades sociales es ilimitado. Así, cada clase o grupo social y económico quiere que el Gobierno gaste crecientes sumas de dinero en un número cada vez mayor de servicios sociales que le redunde beneficio, pero ninguno quiere pagar nuevos impuestos ni aumentar los viejos, sino todo lo contrario. De esta forma, los conflictos sociales y económicos se ponen de manifiesto cuando se determina como debe distribuirse el gasto social y las cargas fiscales[928].

La sociabilización de los beneficios consiste en la redistribución de la riqueza a través del Estado y la confiscación del patrimonio de las clases dominantes por la clase trabajadora. Pero esta redistribución es manipulada a través de los mecanismos políticos[929], por lo que el sistema fiscal favorece a los monopolistas, ya que les permite aumentar sus riquezas, al centrarse en apropiación del capital de las pequeñas empresas y de la clase trabajadora con el fin de destinarlo a sufragar los costes del capital social, que abarca el gasto social del sector público. Con ello, se obliga al trabajador a seguir siéndolo, imposibilitando el ahorro líquido, lo que le impide dejar de depender del Estado[930].

3.3.3. La crisis fiscal del Estado

Y esta crisis fiscal se agrava por una apropiación privada del poder estatal para fines particulares. Así, el Estado sociabiliza los costes sociales, pero privatiza los beneficios sociales, de los cuales se beneficia únicamente el sector privado, lo que provoca que el Estado no pueda financiar sus propios gastos, debido al desequilibrio

927 Cfr., Doehring, "Estado social, Estado de Derecho y orden democrático", *op.cit.*, pp. 145 y 199-202.

928 Cfr., O´Connor, J., *La Crisis fiscal del Estado*, *op.cit.*, pp. 19-22 y 277.

929 Cfr., *Ibidem*, p. 30.

930 Cfr., Murillo Ferrol, F., "Prólogo", O´Connor, J., *op.cit.*, pp. 12-13.

presupuestario que ello provoca. Los costes sociales (planificación, construcción y modernización del capital físico, como autopistas, escuelas...) se sociabilizan porque son necesarias para que las empresas aumenten sus beneficios, pero las compañías involucradas no las pueden costear por sí solas. Y muchos de los beneficios producidos por el Estado, como el desarrollo tecnológico, conducen al desempleo de una parte de la población, beneficiando sólo a unos pocos particulares, pero los costes de ese desarrollo son públicos, lo que conduce a que los trabajadores se vayan paulatinamente empobreciendo, lo que ocasiona un aumento del gasto estatal, ya que se crean mayores situaciones de dependencia social. La mejora de la técnica permite sustituir al Hombre por la máquina, lo que reduce el trabajo y aumenta la especialización, obligando al Estado a ofertar la formación especializada que permita dar respuestas educacionales técnicas a las nuevas demandas del mercado, a la que normalmente no todos los ciudadanos pueden acceder, logrando, de este modo, legitimarse, a costa del aumento del gasto estatal[931].

Pero este incremento de los gastos sociales lleva aparejado también un aumento de los impuestos, lo que reduce la capacidad adquisitiva de los trabajadores, agravando aún más la crisis fiscal, la cual se empeora por la gestión privada de los sectores públicos. El incremento tributario y dicha gestión privada contribuyen a aumentar el precio de los bienes y servicios, lo que perjudica a las economías domésticas. La erosión del nivel de vida provocada por el aumento de los precios obliga a los trabajadores a exigir salarios más elevados, lo que a su vez genera mayor presión inflacionaria. Así, el crecimiento del Estado conduce, a la larga, a un aumento de los costes de vida, por lo que los trabajadores necesitarán sueldos más elevados para poder mantenerse y mayores prestaciones estatales. Los empresarios, por su parte, repercuten ese aumento salarial en el coste de los productos o servicios, y al encarecerse la vida, aumenta, de nuevo, la dependencia de los ciudadanos respecto al Estado. De esta forma, los trabajadores estadounidenses de las industrias competitivas no pueden, por ejemplo, ahorrar para pagar sus seguros por desempleo, sanidad o jubilación, por lo que se ven obligados a depender del Estado. De este modo, los gastos sociales de la producción total del sistema capitalista tienden a incrementarse con el paso del tiempo, por lo que el Estado se ve obligado a sociabilizar dichos gastos. Y al dependen cada vez más gente del Estado, éste tiene dificultades para cubrir las necesidades de sus ciudadanos[932].

Además, la expansión incontrolada de la producción de capital obliga al Estado a asumir los gastos sociales para reparar el medio ambiente, ya que el capital privado es reacio a asumir los costes derivados de su contaminación. De este modo, el crecimiento económico afecta tanto a los derechos sociales como a la naturaleza. Por ello, el Estado se ve obligado a asumir la planificación medioambiental y sus costes, ya que para las empresas ello supondría costosísimos gas-

---

931 Cfr., O´Connor, J., *La Crisis fiscal del Estado*, *op.cit.*, pp. 29-30 y 50-55, 132 y 152.

932 Cfr., *Ibidem*, pp. 37, 65, 187 y 300.

tos financieros[933]. Por tanto, el crecimiento de la actividad del Estado va unida a la expansión del capital monopolista, por lo que ambas son causa y efecto de ese crecimiento. Así, el sector monopolista necesita del Estado para ampliar y controlar los mercados, a través de su política exterior. De esta forma, EEUU hace frente al excedente de población a través de medidas militares, mientras que Suecia, por ejemplo, la hace a través de gastos de bienestar social[934].

Ello provoca la necesidad de aumentar, nuevamente, los impuestos para solucionar la crisis fiscal, lo que empeora las condiciones de vida de los trabajadores, produciéndose, de este modo, una crisis social, lo cual hace necesarias nuevas asistencias estatales, que deberán ser sufragadas con posteriores impuestos. De este modo, la estabilidad ha hecho necesaria una inflación permanente que desemboca en una crisis fiscal permanente. Y la causa de la crisis es la contradicción capitalista de que la producción es social mientras que los medios de producción son propiedad privada. Se sociabilizan los costes sociales derivados de la producción, pero los beneficios siguen siendo privados[935].

El empresario prefiere el impuesto sobre sociedades porque puede repercutir dicha cantidad en los precios de los productos y en la bajada de salarios, mientras que la contribución a la seguridad social es asumida, también, por el trabajador, pues el empresario se la transfiere a éste al pagarle menos salario en compensación por esa cantidad destinada al pago de su cuota social. También los propietarios de los pisos de alquiler suelen trasladar el impuesto de la propiedad a los inquilinos, la mayoría de los cuales son trabajadores. De esta forma, es la clase trabajadora la que soporta la mayor carga fiscal del Estado y, al mismo tiempo, la que necesita cada vez más del gasto social. Pues gravar sólo la renta y no la riqueza beneficia al capitalista y perjudica al trabajador[936].

Este deterioro del nivel de vida de los trabajadores y de la crisis de legitimidad que atraviesa el Estado ha llevado a los ciudadanos a optar por reclamar más asistencia social, a través de movimientos sociales, lo que produce un aumento del gasto social. Pero el Estado se niega a aumentar los costes asistenciales ante la situación de crisis fiscal, lo que incrementa el descontento de los ciudadanos. Por ello, para paliarlo, el Estado se ve obligado a emitir deuda pública estatal, la cual contribuye al mantenimiento del sistema financiero y permite una mayor planificación monetaria y fiscal, aunque refuerza el control del capital sobre el Estado. Por tanto, el capital está interesado en que el Estado emita deuda pública para que éste dependa de los intereses corporativistas de bancos y mercados. De este

933 Cfr., Da Sousa Santos, B., "Undécima carta a las izquierdas. ¿Ecología o extractivismo?", *Diario Público*, 12/12/2013, http://blogs.publico.es/espejos-extranos/2013/12/12/undecima-carta-a-las-izquierdas-ecologia-o-extractivismo/ (16/09/2016).

934 Cfr., O´Connor, J., *La Crisis fiscal del Estado*, *op.cit.*, pp. 28, 55-57, 215-216 y 219

935 Cfr., *Ibidem*, p. 63.

936 Cfr., *Ibidem*, pp. 253-259.

modo, la crisis social es, en realidad, una crisis fiscal[937]. Y dicha crisis fiscal provoca una crisis de legitimidad del propio Estado social y del Estado democrático.

3.3.4. La posible solución a la crisis fiscal del Estado

El sistema tributario permite, por tanto, al capital monopolista aumentar su poder y apropiarse del capital de los trabajadores y del de las pequeñas empresas, impidiéndoles así acumular ahorros líquidos, por lo que nunca podrán cambiar su condición de trabajadores. De este modo, el sistema capitalista caerá cuando el poder del Estado haya quedado exhausto[938]. Así, en palabras de O' Connor, "La crisis fiscal del Estado es la consecuencia inevitable del desgaste estructural entre los gastos y los ingresos estatales. Nosotros sostenemos que la única solución duradera a la crisis descansa en el socialismo[939]".

Pero, O´Connor defiende, como alternativa a lo anterior, que el orden económico necesita una élite con conciencia de clase capitalista que coordine la economía, para lo que propone una recesión controlada de la economía como una solución a esta crisis fiscal del Estado, llevando a cabo controles de precios y salarios y creando un complejo socio-industrial para mejorar la productividad del sector monopolístico, con presupuestos estatales y aumento de los fondos para costear los gastos sociales. De esta forma, se produciría un vínculo entre el Estado y el sector monopolista, permitiendo a las empresas participar en las decisiones políticas del Estado. Al mismo tiempo, las ganancias obtenidas por el sector privado deberán redistribuirse entre los trabajadores de todos los sectores, aumentando, de este modo, los salarios de los trabajadores[940].

Así las cosas, actualmente la revuelta fiscal se da porque la carga fiscal recae sobre la población proletarizada, la cual la siente como injusta, bien porque considera que sus impuestos son demasiado altos mientras que los de otras personas son demasiado bajos, o bien porque entienden que la administración gasta demasiado en unas personas y demasiado poco en otras. Pero si la resistencia fiscal no es abiertamente política, fracasará. Así, votar en contra de los derrochadores o negarse a pagar impuestos son actos de conciencia política como modalidad de desobediencia fiscal. El problema es que, al igual que lo que vimos con el debate actual, los presupuestos ya no tienen un carácter político, eliminándose las luchas partidistas, sino que su decisión adquiere un talante burocrático de carácter meramente técnico. Por tanto, la lucha contra la explotación tributaria, para O´Connor, es la única forma de revuelta fiscal que tiene sentido[941].

937 Cfr., *Ibidem*, pp. 70-71, 205-207 y 234-237.

938 Cfr., *Ibidem*, pp. 262 y 317.

939 *Ibidem*, cit., p. 271.

940 Cfr., *Ibidem*, pp. 84-88 y 97.

941 Cfr., *Ibidem*, pp. 106 y 280-281.

Así, no es posible ejercer influencia de forma significativa en la distribución de la carga impositiva (y, por tanto, en la distribución de la riqueza y del poder), como querían hacer en el pasado los movimientos populistas, si no se cuestionan, a la vez, las prioridades del gasto estatal y del gasto privado. Por ello, actualmente, los movimientos sociales reivindican intereses conjuntos de diferentes clases de trabajadores (parados, minorías, consumidores y usuarios, y funcionarios), reivindicando pretensiones de clase trabajadora unida[942]. La lucha de la izquierda y de los trabajadores contra el aumento de los impuestos es una lucha contra sí mismos, pues sin los tributos no es posible cubrir los gastos sociales[943]. Por ello, defiende una perspectiva socialista que redefina las necesidades en términos colectivos, en lugar de que los diferentes estratos de la clase trabajadora se relacionen entre sí en términos políticos. En definitiva, sólo se puede evitar la crisis fiscal si se redefine la inversión y el consumo, tanto social como individual[944]. En definitiva, la crisis se soluciona reestructurando los gastos de capital social[945].

Si se grava a las empresas y no a los particulares, las grandes multinacionales se irán a otros países con mayores ventajas productivas, repercutiendo la inflación derivada del aumento generalizado de los precios en los trabajadores, lo que perjudicará más a aquellos cuyos sueldos no se hayan subido acorde al IPC (Índice General de Precios al Consumo), haciéndose necesario el aumento de los gastos sociales y, por tanto, un incremento de los impuestos. Sin embargo, en nuestra opinión, siempre digna de crítica, si se gravan especialmente las rentas de las personas privadas, con criterios progresivos, especialmente las grandes fortunas, en lugar de a las empresas, ya que estas últimas pueden deslocalizarse con relativa facilidad en un mundo globalizado, lo que no pueden hacer las personas privadas, las cuales vivirán en aquel Estado que les proporcione seguridad, bienestar y un entorno agradable, se evitará la huida empresarial del país. Sin embargo, estas positivas cualidades estatales, como vimos, necesitan ser mantenidas, por lo que todos aquellos ciudadanos que se quieran beneficiar de sus ventajas deberán también tener que soportar sus inconvenientes, como es la fuerte carga fiscal que requiere su mantenimiento. Aunque, no obstante, para el verdadero ciudadano virtuoso, contribuir al bienestar de su país, lejos de ser un acto gravoso, es un acto de absoluto patriotismo. Y para ello, es necesario que se persiga el fraude fiscal, pues de lo contrario, ninguna de estas medidas, innecesario es ponerlo de manifiesto, sería efectiva.

Además, otra medida que consideramos complementaria a la anterior, aunque no necesaria, para una correcta redistribución de la riqueza, es la adaptación de los salarios al IPC y la reducción de la jornada laboral, como medidas destinadas a elevar el consumo y a la compensación de la apropiación privada de los beneficios sociales, ya que la única medida que permite compatibilizar la propiedad privada

942 Cfr., *Ibidem*, pp. 290-302.

943 Cfr., O'Connor, J., "Apéndice..." *op.cit.*, p. 332.

944 Cfr., O'Connor, J., *La Crisis fiscal del Estado*, *op.cit.*, p. 317.

945 Cfr., O'Connor, J., "Apéndice..." *op.cit.*, pp. 327-328.

de los medios de producción y la sustitución de la mano de obra humana por la mecanización tecnológica es la distribución de la renta a través del gasto social, lo que favorece directamente a los pobres e indirectamente a los capitalistas[946].

Por último, un salario mínimo elevado hará que parte de la subsistencia de los trabajadores recaiga en las empresas, reduciendo su dependencia respecto del Estado y aliviando así sus cargas estatales. Sin embargo, ello deberá ser compatible con la igualdad de sometimiento fiscal de todas las rentas del Estado, por lo que sólo se podrá optar por la asistencia social privada destinando parte del salario bruto, pero no del neto, a la misma. Al destinar las cotizaciones sociales a la Seguridad Social de los trabajadores de salarios más elevados a seguros privados hace que se resientan los ingresos del sistema social público, deteriorando su calidad[947]. El problema es que los trabajadores de rentas más altas optan por destinar su contribución social al seguro privado, lo que deteriora la calidad de los servicios asistenciales de los trabajadores con rentas más bajas, al financiarse con un presupuesto más reducido por cada usuario. Un sistema que obligase a todas las rentas a tributar a la seguridad social mejoraría la calidad del servicio y no distinguiría a los ciudadanos en dos clases en función de la calidad del servicio asistencial. Y como propuesta accesoria, para garantizar la calidad de los mismos, los representantes políticos deberían de contar con sistemas sociales públicos, porque deberán someterse a las mismas reglas, procedimientos y reajustes presupuestales que se establecen para la asistencia social, por lo que toda persona pública debería quedar obligada a contribuir y acudir a la asistencia social pública sin ningún tipo de privilegio.

Sin embargo, todas estas medidas se verían truncadas por lo que O´Connor llama el "Sistema del reparto del botín", el cual existe en aquellos Estados en los que se el reparto fiscal obedece a razones de clientela política, por lo que la distribución de los recursos del Estados entre los diferentes actores privados se da a través de compromisos y conflictos entre ellos y con el sector público. En este contexto, las políticas fiscales del Estado se perciben como distribuciones de premios desprovistas de toda coherencia, por lo que no fomentan ni la acumulación del capital ni el consenso[948]. La clientelización y burocratización del Estado y de las empresas públicas encargadas de las tareas prestacionales, así como los fenómenos de corrupción, han contribuido al decaimiento del Estado social y al desconocimiento de los derechos como fundamentales e inseparables[949]. Ya Rousseau consideraba, en su momento, que cuando la corrupción está generalizada, los Hombres poderosos se vuelven más viles y usan a los jefes para repartirse el botín de sus infracciones. Y en esos casos, el Pueblo considera que el gobierno es el origen de todos sus males[950].

---

946 Cfr., O´Connor, J., *La Crisis fiscal del Estado*, *op.cit.*, p. 252.

947 Cfr., *Ibidem*, p. 180.

948 Cfr., O´Connor, J., "Apéndice..." *op.cit.*, p. 324.

949 Cfr., Villar Borda, L., "Estado de Derecho y Estado social de Derecho", *op.cit.*, p. 85.

950 Cfr., Rousseau, J.J., *Discurso sobre la economía política, op.cit.*, p. 21.

Por tanto, el problema no reside en las personas que reciben ayudas sin merecerlas, sino en la actuación cómplice de los empresarios y de las administraciones públicas con la finalidad de aprovecharse de los beneficios proporcionados por las subvenciones públicas, como derivaciones del servicio público de sanidad a médicos privados innecesariamente, a costa del erario público, casas de protección oficial de mala calidad que terminan en manos privadas, como los conocidos como "fondos buitre" ...etc[951]. Por tanto, el problema del Estado social no es tanto un problema de ineficacia inherente al mismo, sino que radica, única y exclusivamente, en el funcionamiento actual del sistema político. Por ello, ya Montesquieu era consciente de que en los Estados despóticos son más bajos los impuestos y más permisivos con el fraude fiscal, como compensación por la escasa seguridad que dan a los ciudadanos[952]. Sin embargo, como veremos, no es tanto un problema del sistema democrático, el cual continúa plenamente vigente, sino de los partidos políticos. Y es que, como sostiene Tony Judt, "En gran medida, los dilemas y deficiencias del Estado de Bienestar son consecuencia de la pusilanimidad política más que de la incoherencia económica[953]". Y ningún sistema político y económico podrá funcionar bien mientras no se ponga remedio a dicho infortunio.

3.4. Los partidos políticos en el Estado social español

Así, bajo la premisa de que los peligros que acechan al Estado social no residen en el sistema democrático en sí sino en el modelo de formación de la voluntad estatal, será preciso abordar esta problemática para comprender su complejidad y dar, si es posible, una eventual solución. Y es que, como vimos, la temática del Estado social se conecta, inevitablemente, con la temática de los partidos políticos, ya que el proceso de sociabilización del Estado vino acompañado de un proceso de estatalización de la sociedad[954]. Además, como sostiene De Vega, es en el Parlamento en donde se producen las mayores contradicciones entre la Constitución y la realidad política[955], especialmente en el ámbito de los derechos sociales. De esta forma, será preciso analizar tanto si los partidos políticos ejercen una auténtica representación de los ciudadanos como también en qué medida éstos se ven condicionados por las nuevas formas de representación de los intereses particulares, desde la premisa de que, sin una verdadera representación ciudadana, no es posible consolidar un auténtico Estado social. Por otro lado, tampoco perderemos de vista los instrumentos con los que cuentan los ciudadanos para obligar a los partidos políticos a desarrollar las obligaciones que se desprenden de la cláusula del Estado social ni los nuevos instrumentos con los que cuenta el poder económico para ejercer su poder político.

951 Cfr., O'CONNOR, J., *La Crisis fiscal del Estado*, *op.cit.*, pp. 209-210.

952 Cfr., MONTESQUIEU, *Del espíritu de las leyes*, *op.cit.*, p. 149.

953 JUDT, T., *Algo va mal*, *op.cit.*, cit., p. 146.

954 Cfr., DE VEGA GARCÍA, P., "Estado social y Estado de partidos...", *op.cit.*, pp. 396-397.

955 Cfr., DE VEGA GARCÍA, P., "Supuestos históricos, bases sociales y...", *op.cit.*, p. 719.

Los partidos políticos se han convertido en los verdaderos protagonistas de la mecánica electoral, pues son quienes eligen las listas electorales y las candidaturas[956], por lo que no pueden quedar al margen del control constitucional. Con ello se busca evitar que estas organizaciones, cuya constitucionalización caracteriza a los ordenamientos democráticos, violen principios democráticos de forma encubierta. De esta forma, cuando la democracia partidista no funciona y los partidos no responden a las necesidades de los ciudadanos, estos "se convierten en muros de separación entre los electores y los elegidos. [Los] elegidos, en lugar de expresar la voluntad popular, lo que acaban expresando es la voluntad de las burocracias y de los aparatos[957]" como sostiene este autor. Así, en palabras de De Vega, "Porque en la praxis electoral y política los que únicamente cuentan son los partidos; la única teoría realista de la representación sólo puede elaborarse desde ellos[958]".

Por tanto, podemos definir, siguiendo a Jellinek, que "Los partidos políticos son, por su naturaleza, grupos que mediante convicciones comunes relativas a ciertos fines del Estado tratan de realizar estos fines concretos[959]". Ahora bien, los partidos políticos democráticos, entendidos éstos por darse en un sistema que permite la libre competencia política y electoral, se caracterizan por la multiplicidad de relaciones que mantienen entre ellos con el propio sistema político. Así, los demócratas consideran que los partidos políticos permiten liberar la fuerza social de la acción política, transformándose en Pueblo. Con ello se hace posible la crítica, por lo que la revolución deviene en innecesaria, al ser posible deliberar todos los asuntos de la sociedad[960]. El parlamentarismo parte de una concepción del mundo relativista, entendiendo que no pueden conocerse verdades absolutas[961].

Esta característica permite diferenciar los partidos parlamentarios de los de la dictadura. Los primeros tienen un carácter marcadamente institucional, ajeno al Estado, mientras que el partido de la dictadura se incorpora institucionalmente al Estado, por lo que los actos del partido son también actos del Estado. Ahora bien, el partido dictatorial es un partido dictado, pues su voluntad procede del dictador[962]. En palabras de Heller, "La función del partido parlamentario es restablecer la unidad de la voluntad política en la pluralidad de voluntades, primero dentro de sus propias filas, y luego, parlamentando, con los demás partidos. La función del partido de la dictadura es imponer su propia opinión, que no concede

---

956 Cfr., De Vega García, P., "La crisis de la representación política ...", *op.cit.*, p. 194 y Ruipérez Alamillo, J., "Montesquieu en el Estado de Partidos", *op.cit.*, pp. 115-124.

957 De Vega García, P., "Supuestos históricos, bases sociales y...", *op.cit.*, cit., p. 728.

958 De Vega García, P., "La crisis de la representación política ...", *op.cit.*, cit., p. 204.

959 Jellinek, G., *Teoría General del Estado*, *op.cit.*, cit., p. 141.

960 Cfr., Hernández Bravo De Laguna, J., "Partidos políticos, Estado y Derecho: de la hostilidad a la teoría", *Anales de la facultad de Derecho*, N°9, 2002, pp. 85-90.

961 Cfr., Kelsen, H., "El problema del parlamentarismo", *Escritos sobre la democracia y el socialismo*, Editorial Debate, Madrid, 1988, p. 103.

962 Cfr., Heller, H., *Europa y el fascismo*, *op.cit.*, pp. 85-86.

al adversario ni la más pequeña base de discusión. (...). Un partido democrático se retira si le falta el consentimiento; el partido de la dictadura sigue con o sin el consentimiento[963]". De este modo, el partido parlamentario tiene una serie de funciones: la manifestación del conflicto social y su racionalización (realizando un papel de intermediación entre la sociedad y el Estado), participación en la solución del conflicto (posibilitando institucionalizar todas las opciones sociales al problema) y buscar la propia solución al conflicto social (satisfaciendo las demandas sociales a través de su conversión en decisiones de gobierno[964]).

3.4.1. El nacimiento y crisis del parlamentarismo

Aunque siempre ha existido la división política, los partidos políticos no se consolidaron hasta el liberalismo. La estasiología es la teoría actual desde la que se analizan los partidos políticos, basada en el estudio de una teoría general que estudia su estructura, funcionamiento interno, tipologías y sus relaciones con las ideologías y con el Estado[965]. Sin embargo, nos centraremos en analizar la evolución de las teorías políticas en relación a la representación de los gobernados. Estudiaremos, por tanto, aquellos autores cuyas teorías sirvieron de base al Estado de Derecho, quedando excluidas aquellas otras que suponen *la traslatio imperii*, según la cual el príncipe tendría todo el poder sobre el Pueblo, mientras que las que parten de la *concesio imperii*, en las que el Pueblo puede destruir al príncipe[966], serán la base de nuestro desarrollo.

No obstante, desde la Antigüedad, el término "partido" ya tenía connotaciones negativas[967]. De este modo, primero se habló de *facciones* y luego es cuando nacieron los *partidos*, aunque en la práctica no hay diferencias. Así, los partidos políticos, a lo largo de la Historia, pasaron de ser ignorados, para luego ser legalizados y, finalmente, tener un reconocimiento expreso. Por ello, no se puede reducir el término "partido" a los procesos parlamentarios, pues existen partidos dentro y fuera de los Parlamentos[968], aunque la democracia de tipo parlamentario es por naturaleza un Estado de partidos[969]. Es decir, pueden existir partidos políticos más allá del Parlamento, pero no puede existir Parlamento sin partidos políticos. Éstos se dan en toda sociedad políticamente organizada, democrática o no, que goza de un determinado grado modernización política[970].

963 *Ibidem*, cit., pp. 80-81.

964 Cfr., HERNÁNDEZ BRAVO DE LAGUNA, J., "Partidos políticos, Estado y Derecho...", *op.cit.*, p. 85.

965 Cfr., *Ibidem*, pp. 75 y 91.

966 Cfr., DE VEGA GARCÍA, P., "Supuestos históricos, bases sociales y...", *op.cit.*, p. 719.

967 Cfr., HERNÁNDEZ BRAVO DE LAGUNA, J., "Partidos políticos, Estado y Derecho...", *op.cit.*, p. 76.

968 Cfr., HERNÁNDEZ BRAVO DE LAGUNA, J., "Partidos políticos, Estado y Derecho...", *op.cit.*, pp. 75-81.

969 Cfr., KELSEN, H., *Teoría General del Estado*, *op.cit.*, p. 592.

970 Cfr., HERNÁNDEZ BRAVO DE LAGUNA, J., "Partidos políticos, Estado y Derecho...", *op.cit.*, p. 91.

Por esta razón, para Aristóteles debe existir un senado en aquella democracia en la que no todos los ciudadanos puedan acudir a la Asamblea[971]. Aunque se opone a las listas cerradas, porque, en su opinión, "tiene peligros el escoger los magistrados en una lista de candidatos elegidos. Basta entonces que algunos ciudadanos, aunque sean pocos, quieran concertarse para que puedan constantemente disponer de las elecciones[972]". En relación a los magistrados, Cicerón considera que éstos deben ser siempre obedecidos y que su única finalidad es gobernar a los ciudadanos a través del cumplimiento de la Ley, la búsqueda del bien común y la salvación del Pueblo, no debiendo ser perpetuos en su cargo, sino que deben ejercerlo sabiendo que algún día dejarán de mandar y tendrán que obedecer, debiendo dar cuentas de sus actos tras la finalización del mismo, para no quedar impunes ante la Ley[973]. Por ello, entiende que "puede decirse en verdad que el magistrado es una ley con voz, y la ley un magistrado sin ella[974]".

Siguiendo esta corriente, ya en la Edad Media, para De Salisbury, los que gobiernan pueden ser ricos, pero no avaros[975]. Junius Brutus, por su parte, entiende que ser un buen rey es más una carga que un privilegio, pues no se ejerce el cargo por orgullo o por dominar, sino para proteger a sus semejantes[976]. "Así pues, gobernar no es sino velar por el bien ajeno; y el único fin del poder es el bien del Pueblo[977]", en palabras de este autor. Además, los representantes del reino se dan como consecuencia de la ampliación de los reinos y de la imposibilidad de reunirse todo el Pueblo. Por ello, no es posible la democracia directa, pero si la representativa, según Althusio, en conexión con el pensamiento de Aristóteles, ya que en el gobierno democrático siempre hay facciones, por lo que se puede deducir que la existencia de los partidos políticos es inevitable en una democracia. Por ello, defiende que el senado debe estar formado por los varones prudentes de la ciudad que hayan sido elegidos, los cuales representan a todos los habitantes de la misma y la administran, aconsejan al rey sobre sus decisiones y sus resoluciones obligan a toda la universidad (Reino), aunque discrepe alguno de los senadores de la resolución tomada. No está hablando, por tanto, de un verdadero Parlamento sino de un consejo del Rey. Además, según su parecer, los cargos públicos no deben otorgarse por votación, suerte, fuerza o riqueza, sino en función de la virtud, por lo que defiende un gobierno de elección aristocrática, en cuyo seno los elegidos deben perseguir únicamente el bien común de

971 Cfr., Aristóteles, *Política*, *op.cit.*, p. 238.

972 Aristóteles, *Política*, *op.cit.*, cit., pp. 77-78.

973 Cfr., Cicerón, M.T., *Las Leyes*, *op.cit.*, pp. 193- 212.

974 *Ibidem*, cit., pp. 193-195.

975 Cfr., De Salisbury, J. *Policraticus, op.cit.*, p. 222.

976 Cfr., Brutus J.S., *Vindiciae contra Tyrannos*, *op.cit.*, pp. 106-107.

977 *Ibidem*, cit., p. 107

los ciudadanos, no el propio, orientando las funciones privadas a las funciones públicas, pero impidiendo que la gente de clase baja pueda ser elegida[978].

Montesquieu va a defender que el poder ejecutivo sea del monarca y el legislativo de los nobles, elegidos por el Pueblo[979], porque en ese momento no se planteaba como posibilidad práctica que el jefe del Gobierno no fuese un monarca, sentando las bases teóricas de la monarquía constitucional. Así, en palabras de Charles de Secondant, "Puesto que, en un Estado libre, todo Hombre, considerado como poseedor de un alma libre, debe gobernarse por sí mismo, sería preciso que el Pueblo en cuerpo desempeñara el poder legislativo. Pero como esto es imposible en los grandes Estados, y como está sujeto a mil inconvenientes en los pequeños, el Pueblo deberá realizar por medio de sus representantes lo que no puede hacer por sí mismo[980]". Y esos magistrados no deben proceder del Pueblo, sino que deben ser aristócratas. Además, los magistrados de una democracia no deben tener excesivo poder, lo que contribuye a evitar el cambio de gobierno[981]. De este modo, continúa la línea teórica que sostiene la democracia representativa de una aristocracia sometida a la Ley.

Rousseau, por su parte, defiende que a medida que aumenta el tamaño del Estado, debe aumentar también su actividad represora, ya que con ello adquieren mayor fuerza las voluntades particulares y, por tanto, las desobediencias. Así, un gobierno puede degenerar o bien porque se concentre su poder cada vez en menos manos o bien cuando se extiende tanto el gobierno que, si no se fortalece, el Estado se disolvería. Por tanto, cuanto más se extiende el gobierno, más debe fortalecerse. Y cuando se disuelve el Estado, se produce la anarquía[982].

El fortalecimiento del Gobierno debe llevar aparejado un aumento del control del soberano, es decir, el Pueblo, sobre el gobierno[983], entendiendo por tal "Un cuerpo intermedio establecido entre los súbditos y el soberano para su mutua correspondencia, encargado de la ejecución de las leyes y del mantenimiento de la libertad, tanto civil como política. [Es el] ejercicio legítimo del poder ejecutivo[984]" en palabras del ginebrino. Pues, si el gobierno es más fuerte que el Pueblo soberano, al que debe someterse, se disolverá el cuerpo político. Sin embargo, el gobierno necesita medios y fuerza pública para conservar el Estado[985]. Ello descarta, por tanto, cualquier interpretación de su teoría como autoritaria, pues

---

978 Cfr., ALTHUSIUS, J., *La política metódicamente concebida e ilustrada... op.cit.*, pp. 51-54, 78-91, 194-206 y 625.

979 Cfr., MONTESQUIEU, *Del espíritu de las leyes*, *op.cit.*, pp. 109-110.

980 *Ibidem*, cit., p. 109

981 Cfr., *Ibidem*, p. 14.

982 Cfr., ROUSSEAU, J.J., *El contrato social*, *op.cit.*, pp. 124-125.

983 Cfr., ROUSSEAU, J.J., *Emilio o de la educación*, *op.cit.*, pp. 99-100.

984 ROUSSEAU, J.J., *El contrato social*, *op.cit.*, p. 98.

985 Cfr., *Ibidem*, p. 101.

ningún poder buscaría someterse a la fiscalización del Pueblo. Por tanto, los ciudadanos individualmente deben obedecer al gobierno, órgano del que sólo forman parte una minoría, y éste al soberano, órgano del que forman parte todos los ciudadanos en conjunto. Si éstos no obedecen al gobierno, como individuos, se produce el caos y la anarquía pero si el gobierno no obedece al soberano, se produce la tiranía[986].

Por ello, los magistrados o depositarios del poder ejecutivo son comisionarios del soberano, a los cuales se les encarga la función de ejercer un poder en nombre del soberano, el cual puede modificar, limitar o recuperar ese poder cuando lo desee[987]. La elección de los magistrados no supone la delegación de la soberanía[988]; son oficiales del Pueblo, no sus amos, por lo que no pueden contratar con éste, sino obedecer, pudiendo el Pueblo nombrarlos y destituirlos cuando lo desee. De esta forma, rechaza las teorías del contractualismo monarcómano según las cuales la ley es un acuerdo entre el Rey y el Pueblo, además de con Dios. Para él, los diputados no son representantes del Pueblo, sino sus delegados, por lo que no pueden acordar nada de forma definitiva[989]. Por ello, como entiende Ruipérez, Rousseau lleva a cabo la defensa de un control directo de los representados sobre los representantes, en cualquiera de las formas de gobierno, para que no se corrompa la virtud política de los ciudadanos, lo cual exige el ejercicio directo de la política de estos últimos[990]. Por tanto, el Gobierno sólo puede hablar en nombre del Pueblo para el Pueblo[991].

En relación a las formas de Gobierno, para el ginebrino, la elección es conveniente en aristocracia, no en democracia, donde se hace por sorteo, por ser todos iguales en talentos y fortunas. Además, la forma en que se elige al gobierno debe establecerse en una ley, pero el acto de nombrar gobierno es un acto particular. De esta forma, el ginebrino deja claro que la elección de la forma de gobierno es un acto soberano pero el acto de escoger a ese gobierno en particular supone un acto particular, sometido a esa ley; en definitiva, la elección de representantes es un poder constituido. Por ello defiende la aristocracia electiva, formada por pocos magistrados, donde los sabios gobiernan a la multitud en provecho común, no en el suyo particular, primando los méritos a la riqueza[992]. Por tanto, Rousseau no se opone totalmente a las elecciones para llevar a cabo el gobierno, sino a las celebradas para elaborar el contrato social. Se opone al sistema representativo en el Poder Constituyente pero no en los poderes constituidos. Admite, por tanto, la

986 Cfr., ROUSSEAU, J.J., *Emilio o de la educación, op.cit.*, p. 535.

987 Cfr., ROUSSEAU, J.J., *El contrato social, op.cit.*, p. 98.

988 Cfr., ROUSSEAU, J.J., *Emilio o de la educación, op.cit.*, p. 534.

989 Cfr., ROUSSEAU, J.J., *El contrato social, op.cit.*, pp. 132 y 137.

990 Cfr., RUIPÉREZ ALAMILLO, J., *Libertad civil e ideología democrática, op.cit.*, p. 38.

991 Cfr., *Ibidem*, p. 108.

992 Cfr., ROUSSEAU, J.J., *El contrato social, op.cit.*, pp. 109, 136 y 146-147.

representación en el desarrollo del contrato social, que él llama Ejecutivo, pero que podemos traducir como poderes constituidos. Y cuando habla de Poder legislativo, lo usa para denominar al Poder Constituyente, que supone el poder soberano que puede elaborar la Constitución o el pacto social[993]. Así, en palabras de Rousseau, "cuando el Pueblo tiene jefes que gobiernan por él, sea el que fuere el nombre que llevan esos jefes, siempre es una aristocracia[994]".

Además, este autor considera que sería un error otorgar la voluntad general, la soberanía, en definitiva, a un solo magistrado, dejando la magistratura, el gobierno ordinario, a todos los ciudadanos, pues las leyes serían el resultado de una voluntad particular y los ciudadanos, sometidos a dicha ley, deberán deliberar sobre cuestiones técnicas que requieren acción y celeridad, lo que se ve dificultado a medida que el número de magistrados aumenta. Entiende, por tanto, que un gobierno en el que todos los ciudadanos participan al mismo tiempo en el Poder legislativo y en el Poder ejecutivo es un gobierno sin gobierno, no es deseable, pues considera que nunca se dio una democracia plena, en la que la mayoría de ciudadanos gobiernen sobre el menor número, ya que ésta es contrario al orden natural[995], pues, en su opinión, "Para ser legítimo, no es preciso que el gobierno se confunda con el soberano, sino que sea su ministro[996]".

Defiende, por tanto, que el Pueblo es mejor que el príncipe para elegir a los primeros cargos[997]. Sin embargo, considera que "El Pueblo, de por sí, siempre quiere el bien; pero no siempre lo ve[998]". Esta idea, de que el Pueblo es bueno para elegir magistrados, pero no para gobernar por sí mismo, también es defendida por Montesquieu[999], de quien el autor posiblemente tomase inspiración. Así, este último defenderá que "Del mismo modo que la mayoría de los que tienen suficiencia para elegir no la tienen para ser elegidos, el Pueblo, que tiene capacidad suficiente para darse de cuenta de la gestión de los demás no está capacitado para llevar la gestión por sí mismo[1000]". No obstante, podemos apreciar una visión más optimista del Pueblo por parte del ginebrino cuando afirma que se desprecia al Pueblo porque es auténtico mientras que las altas personalidades se ocultan como son en realidad cuando afirma que "el Pueblo se muestra tal y como es, y esto no es estimable, pero es muy necesario que las gentes del mundo se disfracen; si se presentaran tales como son, causarían horror[1001]".

993 Cfr., *Ibidem*, p. 133.

994 *Ibidem*, cit., p. 125.

995 Cfr., *Ibidem*, pp. 103-106.

996 *Ibidem,* cit., pp. 81-82.

997 Cfr., *Ibidem*, p. 112.

998 *Ibidem*, cit., 82.

999 Cfr., Montesquieu, *Del espíritu de las leyes*, *op.cit.*, p. 12.

1000 *Ibidem*, cit., p. 13.

1001 Rousseau, J.J., *Emilio o de la educación*, *op.cit.*, cit., p. 258.

De esta forma, siguiendo la opinión de De Vega[1002], entendemos que Rousseau se acaba dando cuenta de que en la democracia representativa el criterio legitimador de la voluntad general sirve como legitimación teórica de la voluntad particular de los representantes. Así, para el ginebrino, la representación política será el mecanismo jurídico a través del cual el representado comisiona al representante para que actúe en su nombre y se limite a expresar su voluntad. Pero esto puede ocasionar que se confunda la representación con la legitimidad, equiparando la voz de los ciudadanos con la voz del gobernante. Además, hace especial hincapié en que cuando el Pueblo se preocupa más por el reposo que por la libertad, del dinero que de su persona, la fuerza del gobierno se impone y el Estado se acerca a su ruina[1003]. Así, en palabras del ginebrino, "A fuerza de pereza y dinero terminaron teniendo (...) representantes que la vendan [la patria]. Dad dinero y pronto tendréis cadenas[1004]". Con ello, Rousseau se opone radicalmente a que la magistratura pueda ser remunerada de alguna manera.

Por otro lado, merece la pena destacar como todos estos autores toman buena conciencia sobre el abuso del poder que los gobernantes pueden llegar a hacer en beneficio propio. Y es que, con razón Montesquieu afirmaba que "Cuando en un Estado popular las leyes dejan de cumplirse, el Estado ya está perdido, puesto que sólo ocurre como consecuencia de la corrupción de la república[1005]". De esta forma, todos estos autores fueron conscientes de que la causa de que la corrupción fuese permitida por sus ciudadanos se debía a que la misma se había extendido por toda la población. Por ello, Cicerón sabía que la mejor manera de conocer a una ciudad es por el comportamiento de sus nobles. Los senadores, dueños de la voluntad pública, deben gobernar al resto de clases y tener autoridad, siendo ejemplo de conducta para los ciudadanos. Así, los nobles viciosos, al corromper a la ciudad, "dañan más con el ejemplo que con la falta[1006]", en palabras del romano. Sólo el ejemplo de los gobernantes puede acabar con la corrupción colectiva, pues como sostiene Montesquieu, "Es muy difícil que no siendo honrados la mayor parte de los ciudadanos principales de un Estado, los inferiores sean Hombres de bien; que aquellos engañen y estos se conformen con ser engañados[1007]".

De esta forma, los cargos públicos dejarán de ser vistos como un acto gravoso de servicio a la comunidad a entenderse como un instrumento de imposición de una clase de ciudadanos sobre las demás. Dicho dominio no se usa para perdonar a aquellos miserables que cometieron un delito por razones de necesidad, sino para ayudar a que los actos de relevante gravosidad contra el Estado come-

1002 Cfr., De Vega García, P., "En torno a la crisis de las ideas de representación...", *op.cit.*, p. 17.

1003 Cfr., Rousseau, J.J., *El contrato social, op.cit.*, p. 131.

1004 *Ibidem*, cit., p. 131.

1005 Montesquieu, *Del espíritu de las leyes, op.cit.*, cit., p. 19.

1006 Cicerón, M.T., *Las Leyes, op.cit.,* cit., pp. 225-227.

1007 Montesquieu, *Del espiritu de las leyes, op. cit.,* cit., p. 23.

tidos contra aquellos que se encuentran cerca del poder queden impunes, pues, como defiende Junius Brutus, sólo los tiranos absuelven a aquellos que la ley condena[1008]. Y esto se logra siempre cometiendo delitos sólo accesibles a las clases más adineradas, ya que, como defendía Rousseau, "sólo se precisa con frecuencia agrandar la falta para escapar al castigo[1009]".

Y es que como defiende Aristóteles, "Es muy natural que los que han comprado sus cargos se habitúen a indemnizarse cuando a fuerza de dinero han alcanzado el poder. Lo absurdo es suponer que un pobre, pero que es Hombre de bien, puede querer enriquecerse, y que un Hombre depravado, que ha pagado caramente su empleo, no lo quiera[1010]". De esta forma, son los ciudadanos carentes de poder los que deberán hacer frente a los desfalcos cometidos por aquellos que sí lo poseen, al verse privados injustificadamente de beneficios que antes recibían, por lo que les conducirá a delinquir, fiscalmente, para poder sobrevivir pues, como sostiene Rousseau, "Si existe algún miserable estado en el mundo en donde cada uno no pueda vivir sin hacer mal y en donde los ciudadanos sean pícaros por necesidad, no es al malhechor al que hay que colgar, sino al que fuerza a serlo[1011]". Por tanto, todo gobernante que usa su poder para escapar de los castigos que le impone la Ley por sus faltas, tanto como persona privada como pública, debe considerarse tirano, debiéndole caer las respectivas consecuencias que tal conduzca merezca. Sin embargo, mientras que, para Rousseau, un Pueblo corrupto necesita eliminar la corrupción antes que establecer buenas leyes[1012], Montesquieu sostiene que, en un gobierno corrompido, no se puede eliminar la corrupción, sino que lo que debe hacerse es cambiar la forma de gobierno[1013].

Además, entiende Rousseau que, si se forman asociaciones políticas parciales de ciudadanos, cada una sería una voluntad particular que hace a la voluntad del Pueblo menos general. Si esta asociación es mayoritaria, ya no habría voluntad general. Así, se opone a que este tipo de organizaciones existan dentro de cada Estado para que cada ciudadano se represente y opine libremente por sí mismo. No obstante, finalmente entiende que si no hubiera más remedio de que éstas existiesen, deben de ser muy numerosas para evitar la desigualdad[1014]. Así, acepta la idea de representación política con límites, sometiéndola al mandato imperativo de los electores. Sin embargo, cuando habla de asociaciones parciales se refiere a las asociaciones profesionales o grupos de interés, los cuales todavía siguen

---

1008 Cfr., BRUTUS J. S., *Vindiciae contra Tyrannos*, *op.cit.*, p. 122.

1009 ROUSSEAU, J.J., *Emilio o de la educación*, *op.cit.*, cit., p. 307.

1010 ARISTÓTELES, *Política*, *op.cit.*, cit., p. 97.

1011 ROUSSEAU, J.J., *Emilio o de la educación*, *op.cit.*, cit., p. 222.

1012 Cfr., ROUSSEAU, J.J., *El contrato social*, *op.cit.*, p. 66.

1013 Cfr., MONTESQUIEU, *Del espíritu de las leyes*, *op.cit.*, p. 85.

1014 Cfr., ROUSSEAU, J.J., *El contrato social*, *op.cit.*, p. 73.

haciendo prevalecer intereses particulares sobre los generales[1015], lo cual supone más una crítica al Estado corporativista que a los partidos políticos.

De este modo, la representación política moderna tiene como verdadero sentido la ritualización y expresión de unos valores e intereses que constituyen la unidad de la Nación, del Pueblo, el cual se mantenía como concepto por la creencia en la existencia en unos valores comunes y, aunque era jurídicamente inconsistente, políticamente era muy práctico. De esta forma, cuando se cree en la unidad de la Nación y en la representación de esa unidad, se defiende el voto como una función y no como un derecho, ya que se entendía que cada ciudadano estaba representado en los diputados electos, aunque no pudiese participar políticamente en su elección, es decir, aunque no eligiese a sus representantes, éstos lo representaban también a él, porque representaban a la Nación, al igual que sucedía con la representación de los vasallos por el señor feudal.

Según la concepción revolucionaria francesa, la Nación es un ente abstracto que sólo puede expresar su voluntad a través de los representantes, los cuales la representan en su conjunto y no sólo al grupo que los elige[1016]. Se deduce, por tanto, que todos están representados socialmente, al representar a la Nación[1017]. El liberalismo se basaba en la creencia de que el Parlamento, formado por los mejores Hombres, elegidos a través del sufragio censitario, debía ser quien tomase las decisiones más adecuadas para la sociedad, mediante la discusión[1018]. Así, la burguesía se atribuía el derecho de representación, basado en la propiedad que ostentaban y en la mejor educación recibida en comparación al resto de la ciudadanía. Por tanto, mientras que los Estamentos fundamentaban su representación en el linaje y en la sangre, los burgueses lo hacían basándose en ideas racionales y universales de igualdad[1019]. De este modo, el parlamentarismo sirvió para la emancipación de la burguesía en relación a la nobleza y del proletariado en relación a la burguesía[1020]. Por esta razón afirma Kelsen, "La lucha por el parlamentarismo fue la lucha por la libertad política[1021]".

En el parlamentarismo clásico, el interés general procede de la transformación de los beneficios privados en beneficios públicos, a través de una desconocida fórmula metafísica, por lo que entendían que el interés general no podía ser producto del Pueblo, ya que el fundamento del Estado es la libertad, no el interés común[1022].

1015 Cfr., Rousseau, J.J., *Discurso sobre la economía política, op.cit.*, pp. 10-11.

1016 Cfr., De Vega García, P., "La crisis de la representación política ...", *op.cit.*, p. 185.

1017 Cfr., De Vega García, P., "En torno a la crisis de las ideas de representación...", *op.cit.*, p. 21.

1018 Cfr., De Vega García, P., "Estado social y Estado de partidos...", *op.cit.*, p. 401.

1019 Cfr., Heller, H., *Las ideas políticas contemporáneas, op.cit.*, pp. 63-64.

1020 Cfr., Kelsen, H., "El problema del parlamentarismo", *op.cit.*, p. 85.

1021 *Ibidem*, cit., p. 86.

1022 Cfr., De Vega García, P., "La Democracia como proceso. ...", *op.cit.*, pp. 487-488.

Por tanto, las leyes no eran la voluntad de unos individuos concretos, sino de la Razón (ratio), la cual surge a través del debate[1023]. Pero sólo pudieron mantener el concepto de interés general, –el cual, según De Vega, es un producto de la voluntad humana expresada, no a través de prácticas metafísicas, sino democráticas, que aportan legitimidad a todo poder democrático, pues la libertad, sin interés general, está vacía de contenido–, mientras mantuvieron el sufragio restringido[1024].

Así, según De Vega, para los liberales, la representación es un mecanismo político por el cual los representantes asumen la función de ser la expresión de la sociedad. Representan así a la Nación o al Pueblo, pero no al representado. Y al entender que es la sociedad y sus leyes las que deben regir al Estado, el cual debe ser abstencionista, defienden que el Parlamento es la única instancia legitimadora del poder político del orden liberal[1025]. Pero esa representación supone una ficción, ya que toda representación implica de por sí dos voluntades (representante y representado) y la Nación carece de voluntad por sí misma, por lo que se pasa de una ficción jurídica (el Parlamento representa a la Nación), a una ficción política (la voluntad de los diputados es la voluntad de la Nación)[1026].

La ficción en Derecho público es una mentira inocente que no engaña a nadie ya que, apartándose conscientemente de la realidad, es útil para mantener instituciones y evitar innovaciones que podrían ser perturbadoras para la misma, facilitando, de este modo, la aceptación de nuevas reglas jurídicas. Se caracteriza por las notas de irrealidad, invención consciente y de ser bien intencionada. De esta forma, se da efectividad a novedades útiles y prácticas, dejando intacta a la antigua doctrina. Sin embargo, Pérez Serrano nos advierte de que no se debe confundir fraude con ficción, ya que en el primer concepto es el mismísimo autor de la norma el que establece la ficción, mientras que en el segundo es el destinatario de la norma quien busca dejarla sin eficacia[1027], aunque para De Vega, las ficciones son políticamente peligrosas[1028]. Sin embargo, no podemos sostener la opinión de Pérez Serrano, ya que, si el autor de la norma es el Pueblo, y éste quiere ejercer una verdadera participación a través de sus representados, pero, en su lugar, éstos actúan de espaldas a los ciudadanos, entonces no se trata de una ficción, sino directamente de un fraude.

El Parlamento no representa al Pueblo ni es su voluntad, sino que canaliza democráticamente todas las tendencias políticas, evitando excesos de democracia. Así, en palabras de Kelsen, "El parlamentarismo es *construcción de la voluntad normativa del Estado a través de un órgano colegiado elegido por el Pueblo en base al derecho de*

1023 Cfr., Forsthoff, E., "Problemas constitucionales del Estado social", *op.cit.*, p. 56.

1024 Cfr., De Vega García, P., "La Democracia como proceso. ...", *op.cit.*, pp. 487-489.

1025 Cfr., De Vega García, P., "En torno a la crisis de las ideas de representación...", *op.cit.*, pp. 17-19.

1026 Cfr., De Vega García, P., "La crisis de la representación política ...", *op.cit.*, pp. 185-186.

1027 Cfr., Pérez Serrano, N., "Las ficciones en el Derecho constitucional", *Escritos de Derecho Político I*, Instituto de estudios de Administración Local, Madrid, 1984, pp. 323-336.

1028 Cfr., De Vega García, P., "Estado social y Estado de partidos...", *op.cit.*, p. 398.

sufragio universal e igual, por tanto, según el principio de la mayoría[1029]". El Pueblo sólo elige a los miembros del Parlamento, los cuales determinan la voluntad estatal[1030]. En él, deben estar representados todos los grupos políticos, en función de su fuerza, para que se representen en el Parlamento el Estado real de intereses sociales[1031].

El Parlamento podría considerarse órgano del Pueblo si así lo establece el Derecho, sin acudir a ficciones[1032]. El hecho de que la voluntad de un órgano valga como la voluntad de otro no es un hecho, sino que depende de que el Derecho positivo haga esa imputación[1033]. La influencia al que se ve sometido el elector puede ser un hecho, pero no es una realidad jurídica[1034], ya que "La idea de representación es meramente jurídica[1035]", en palabras de Jellinek. En una línea similar, Schneider defiende que el hecho de que el Parlamento represente al Pueblo es un hecho político, pero no jurídico[1036]. La representación no produce la ficción de que la voluntad de uno valga como la voluntad de otro, sino que la voluntad de uno produjese una consecuencia jurídica en otro, sin realizar dicha ficción[1037]. Así, para Kelsen, cuando se afirma que el Parlamento, que es un órgano secundario, que representa al Pueblo, esa afirmación no se basa en el Derecho positivo sino en el dogma de la soberanía popular, la cual afirma que el legislativo corresponde por naturaleza únicamente al Pueblo, por lo que la atribución al Parlamento de la competencia legislativa es una limitación de la regla general.

Los órganos primarios necesitan a los órganos secundarios para exteriorizar su voluntad, siendo la voluntad del órgano secundario la voluntad del órgano primario. Así, los Parlamentos son órganos inmediatos, pero secundarios, porque son elegidos por el Pueblo, siendo su voluntad la del órgano que representan. De este modo, los órganos primarios ponen en marcha a los secundarios, pero no les pueden ordenar nada, porque son independientes de éstos. Así, el Pueblo elige al Parlamento, pero el Pueblo no lo obliga materialmente. Los actos del órgano secundario aparecen como actos del primario, al igual que una ley votada por la Asamblea es válida como si lo fuese de todo el Pueblo. Pero también es posible que el primario tenga un privilegio sobre el secundario, como cuando el Pueblo puede aprobar o rechazar modificaciones constitucionales. Así, el órgano primario, el Pueblo, es un órgano permanente, mientras que el secundario, el Parlamento, es intermitente[1038].

1029 Kelsen, H., "El problema del parlamentarismo", *op.cit.*, cit., p. 85.

1030 Cfr., *Ibidem*, p. 87.

1031 Cfr., Kelsen, H., "El problema del parlamentarismo", *op.cit.*, p. 100.

1032 Cfr., Kelsen, H., *Teoría General del Estado*, *op.cit.*, pp. 511-512.

1033 Cfr., *Ibidem*, p. 507.

1034 Cfr., Kelsen, H., *Teoría General del Estado*, *op.cit.*, p. 517.

1035 Jellinek, G., *Teoría General del Estado*, *op.cit.*, cit., p. 506.

1036 Cfr., Schneider, H. P., "Soberano sin poder...", *op.cit.*, p. 253

1037 Cfr., Kelsen, H., *Teoría General del Estado*, *op.cit.*, p. 509.

1038 Cfr., Jellinek, G., *Teoría General del Estado*, *op.cit.*, pp. 490-497 y 524.

El Pueblo es un órgano primario cuando elige a sus representantes. Pero la función del Pueblo no es exclusivamente la de ser un órgano de creación cuya función se agota al elegirlos, sino que entre representantes y ciudadanos existe una relación jurídica, y aunque jurídicamente los representantes son independientes de los representados, deben rendir cuentas de sus actos ante ellos. Por tanto, cuando unos representantes dejen de actuar de acuerdo a la voluntad del Pueblo, aunque ello no los aparte jurídicamente de la representación, terminarán por perder su autoridad[1039]. Por ello, una de las características del parlamentarismo es la transparencia de los debates políticos, lo cual permite que los mismos puedan ser continuados en la calle, por la opinión pública. Así, la publicidad de las sesiones parlamentarias tiene un efecto más controlador que creador, por parte de la ciudadanía, constituyendo un principio fundamental de la Democracia[1040]. Sin embargo, como veremos, en el actual sistema de partidos no siempre funciona este mecanismo.

Por tanto, el Pueblo o cuerpo electoral es un órgano de creación de otro órgano, pero derivar de ello una representación es una ficción. Por ello, el dogma de la soberanía popular es una ficción, en opinión de Kelsen, porque ese dogma político está en contra de la realidad jurídica[1041]. La ficción de la soberanía popular busca hacer creer a los electores que están representados por los parlamentarios, y que ellos, los electores, determinan la voluntad del Estado. Esta ficción sirve para legitimar la función del Parlamento, el cual se justifica por su carácter técnico social[1042]. Así, en primer lugar, el Pueblo nunca es tal, sino que es un sector más o menos amplio de los electores. Y por otro, el Pueblo no expresa ninguna voluntad, ya que se limita a elegir la composición del Parlamento. Así, cuanto más se independiza el Parlamento del Pueblo, más se aferra a la soberanía popular, pasando de la representación del Pueblo a identificar a éste con el Parlamento. De esta forma, el Parlamento expresa el dogma de la soberanía popular que él mismo afirma. Y considerar que el Parlamento es el Pueblo organizado, como hace Jellinek, parte de identificar el Pueblo como el Estado. Por tanto, en opinión de Kelsen, la ficción del dogma de la soberanía popular sirvió tanto de freno a la evolución democrática, la cual encuentra su comienzo y su fin en el parlamentarismo, como para consolidar y legitimar el poder de los autócratas, como ejecutores de la voluntad popular, impidiendo que el Pueblo pudiera expresar su verdadera voluntad[1043].

También para Pérez Serrano el sufragio supone una ficción, ya que se estima que la voluntad nacional se forma a través de la suma de voluntades de los distritos y circunscripciones, en una geografía electoral que más bien tiende a disimular el sentir del país, ya que se computan también conformes con el resultado los electores abstenidos, los votos en blanco y los votos del partido no elegido, cuando lo lógico

---

1039 Cfr., *Ibidem,*, *op.cit.,* p. 521.

1040 Cfr., Kelsen, H., *Teoría General del Estado*, *op.cit.*, p. 572.

1041 Cfr., *Ibidem*, pp. 512-514.

1042 Cfr., Kelsen, H., "El problema del parlamentarismo", *op.cit.*, pp. 88-89.

1043 Cfr., Kelsen, H., *Teoría General del Estado*, *op.cit.*, pp. 513-518.

sería pensar que no están conformes con ninguno de los candidatos o que carecen de interés en el asunto. Así, equiparar una mayoría parlamentaria con la mayoría de la Nación o entender que es ésta la que da la confianza al Gobierno, cuando en realidad es el jefe del partido mayoritario en el Parlamento el que puede ejercer una dictadura sobre la Cámara que, en teoría, le depositó su confianza, supone una ficción[1044]. La elección supone el momento de adecuación entre el criterio de los representantes y el criterio de los representados, pero a medida que transcurre el tiempo, esa identificación pasa de real a presunta, pues ambos criterios se van distanciando, siendo insostenible mantener esa representación si falta el apoyo popular que le da valor[1045]. Por tanto, suponer que el Parlamento representa al electorado, contando con su confianza, hasta las siguientes elecciones, es una presunción[1046].

El parlamentarismo actual supone, por tanto, el procedimiento por el que se transforma la decisión mayoritaria de los partidos políticos en voluntad estatal[1047]. Por tanto, como sostiene Jellinek, aunque el Pueblo estuviese formado por un grupo social en su mayoría, sus decisiones, desde el punto de vista jurídico, serían de todo el Pueblo, como unidad. Así, las resoluciones del Parlamento serán jurídicamente decisiones de la voluntad popular, con independencia de su contenido, aunque éste sea contrario a la voluntad o a los intereses del Pueblo. Pero este autor considera, sin embargo, errónea la teoría según la cual los electores delegan en sus elegidos facultades decisorias irreversibles, quedando éstos excluidos de cualquier responsabilidad[1048].

De esta forma, en un inicio, el Parlamento se mostraba como una instancia homogeneizadora, pero ante los patentes antagonismos sociales, pasó a convertirse en una instancia mediadora de intereses, lo que supuso una transformación del concepto de Estado de Derecho hacia su concepción material[1049]. Así, el problema de la representación liberal se produce cuando se ve que la Nación o el Pueblo son conceptos ideológicos, una ficción, como el concepto de opinión pública. Y cuando con ello quieren justificar la restricción del voto, aumentan las contradicciones sociales. Por tanto, debido a lo palpables que se volvieron estas contradicciones, surgió el sufragio universal, donde los partidos cobran gran interés. Por ello, éstos no destruyen el sistema liberal, sino que surgen precisamente debido a sus contradicciones[1050].

De este modo, aunque el parlamentarismo burgués fue criticado ya desde sus inicios, como lo fue en la Asamblea nacional francesa de 1789[1051], sus contradic-

---

1044 Cfr., Pérez Serrano, N., "Las ficciones en el Derecho constitucional", *op.cit.*, 1984, p. 362.

1045 Cfr., Pérez Serrano, N., "Prólogo al libro de G. Bayón Chacón: El derecho de disolución del Parlamento", *Escritos de Derecho Político I*, Instituto de estudios de Administración Local, Madrid, 1984, pp. 199-200.

1046 Cfr., Pérez Serrano, N., "Las ficciones en el Derecho constitucional", *op.cit.*, p. 333.

1047 Cfr., Forsthoff, E., "Problemas constitucionales del Estado social", *op.cit.*, p. 56.

1048 Cfr., Jellinek, G., *Teoría General del Estado*, *op.cit.*, p. 517.

1049 Cfr., Monereo Pérez, J. L., "Estudio preliminar", *op.cit.*, p. CXL.

1050 Cfr., De Vega García, P., "En torno a la crisis de las ideas de representación…", *op.cit.*, pp. 24-26.

1051 Cfr., Kelsen, H., "El problema del parlamentarismo", *op.cit.*, p. 88.

ciones se volverán más palpables cuando la sociedad dejó de ser vista como un todo homogéneo, lo que dio lugar a los conflictos sociales y las desigualdades, obligándoles a extender el derecho de sufragio a todos los ciudadanos, pues ya no había razones que justificaran el privar a nadie de la representación. La ficción empieza a verse socialmente como fraude, ya que negar que una sociedad está formada por diferentes intereses que se contraponen entre sí es, en realidad, primar unos intereses sobre otros[1052]. Así, las demandas democratizadoras surgieron por el distanciamiento entre los representantes y los grupos sociales que representaban, ya que éstos sólo se hacían eco de los intereses de un grupo social: la burguesía. De esta forma, surgen los primeros partidos políticos y los sindicatos[1053].

Las organizaciones partidistas nacieron y se consolidaron como una respuesta de las clases populares a una democracia de sufragio restringido que las excluía de sus derechos políticos. Así, éstas, entendidas como partidos de masas y no como meras agrupaciones de notables, fueron una creación de los movimientos de izquierda para hacerse eco de las aspiraciones frustradas de la generalidad de la población, marginada del proceso político. Además, supusieron un cambio en el modelo de representación, pues ya no se trataba tanto de elegir a un representante concreto, sino a un determinado programa político, a un conjunto de valores o intereses o a un grupo de personas. Así, con esta nueva forma de elección, ya no se votan individuos, sino programas, líderes o logotipos. De esta forma, los partidos se convirtieron en los únicos protagonistas de la mecánica electoral del sistema representativo[1054].

Pero los que defendieron a los partidos políticos como un recurso de la democracia fueron de influencia anglosajona, por las experiencias de sus partidos políticos, en opinión de Masari, mientras que quienes los consideran un peligro para la democracia proceden de Europa y de la experiencia de los partidos de masas extraparlamentarias. Así, ambas posiciones reflejan dos situaciones distintas entre instituciones democráticas y partidos políticos. Por un lado, en el mundo anglosajón, los partidos políticos nacen después de los Parlamentos, por lo que los primeros se adaptan a aquellos, lo que explica que nunca cayese el sistema democrático o aparecieran partidos antisistema. Mientras, en los países de tradición continental, los partidos políticos nacen antes que las instituciones representativas liberal-democráticas, de forma extraparlamentaria, lo que provoca el surgimiento de fracturas sociales[1055]. Sin embargo, siguiendo a Hernández Bravo de Laguna, no podemos sostener esta opinión ya que los partidos políticos, como facciones, tanto entendidos como partidos de masas o como agrupaciones de notables, y tanto en sistemas de parlamentarismo liberal como feudal, existen antes que cualquier Parlamento, incluso fuera de las democracias, y, además, es falso que en

1052 Cfr., Judt, T., *Algo va mal*, *op.cit.*, p. 162.

1053 Cfr., De Vega García, P., "La crisis de la representación política ...", *op.cit.*, pp. 188-193.

1054 Cfr., De Vega García, P., "Estado social y Estado de partidos...", *op.cit.*, p. 402.

1055 Cfr., Massari, O., "Democracia y Partidos: el caso italiano desde una perspectiva comparativa", *Política y Sociedad*, vol. 47, N°1, 2010, pp. 177-178.

Europa los partidos políticos naciesen después que los Parlamentos, pues éstos existieron mucho antes que los partidos políticos. Y, por último, en Inglaterra sí que han existido y existen partidos antisistema que, como tal, son extraparlamentarios.

Los partidos políticos nacieron unidos al liberalismo y se positivizaron vinculados a la consolidación del Estado social, como consecuencia de las reivindicaciones de los derechos de representación de los trabajadores, ante las limitaciones prácticas derivadas de la política liberal[1056], aunque en un inicio tuvieron problemas de aceptación, por el rechazo a cualquier gremio, corporación o asociación que el liberalismo profesaba. Así, el pensamiento revolucionario francés, condicionado por los componentes individualistas, racionalistas y rousseaunianos, consideraban a los partidos políticos contrarios a la libertad de los Hombres[1057]. En palabras del autor, Hernández Bravo de Laguna, "los partidos no dejaban de ser cuerpos extraños insertados en el Estado[1058]". Sin embargo, pronto los autores decimonónicos vieron a los partidos políticos como un mal necesario, distinto de lo faccioso; como algo político, socialmente inevitable[1059]. Así, la ignorancia de los partidos políticos suponía una ficción[1060], al igual que ahora lo supone la ignorancia de los lobbies por el Derecho constitucional. De este modo, no fue hasta los años 30 del siglo XX cuando se produjo su legalización, durante la posguerra de la I Guerra Mundial[1061], mientras que su constitucionalización comenzó a extenderse tras la II Guerra Mundial. Por tanto, no cabe duda de que los partidos existieron siempre, cobraron protagonismo durante el liberalismo y comenzaron a ser aceptados en el siglo XX[1062].

Y nuestra vigente Constitución de 1978 no podía ser una excepción. Así, en su art. 6, se establece que "Los partidos políticos expresan el pluralismo político, concurren a la formación y manifestación de la voluntad popular y son instrumento fundamental para la participación política. Su creación y el ejercicio de su actividad son libres dentro del respeto a la Constitución y a la ley. Su estructura interna y funcionamiento deberán ser democráticos". Sin embargo, la constitucionalización de los partidos políticos ha llevado a una contradicción, a nivel constitucional, entre la democracia parlamentaria representativa y la democracia de masas, de connotaciones plebiscitarias. Esta contradicción plantea la posible obsolescencia de ciertas instituciones medulares del Estado liberal, como el mandato representativo. Y ponerle solución a dicha problemática es uno de los retos del Derecho constitucional[1063].

1056 Cfr., De Vega García, P., "Estado social y Estado de partidos...", *op.cit.*, p. 405.

1057 Cfr., Hernández Bravo de Laguna, J., "Partidos políticos, Estado y Derecho...", *op.cit.*, pp. 76-79.

1058 *Ibidem*, cit., p. 79.

1059 Cfr., *Ibidem*, p. 80.

1060 Cfr., Pérez Serrano, N., "Las ficciones en el Derecho constitucional", *op.cit.*, p. 350.

1061 Cfr., De Vega García, P., "Estado social y Estado de partidos...", *op.cit.*, p. 400.

1062 Cfr., Hernández Bravo de Laguna, J., "Partidos políticos, Estado y Derecho...", *op.cit.*, p. 79.

1063 Cfr., De Vega García, P., "Estado social y Estado de partidos...", *op.cit.*, p. 403.

3.4.2. El mandato representativo frente al mandato imperativo y la partidocracia

Por esta razón, De Vega entiende que sostener actualmente que los representantes representan a la Nación y no a los partidos políticos forma parte de la "arqueología constitucional[1064]. Así, estas organizaciones actúan a la vez como representantes de los intereses sociales y de sus simpatizantes, y como representados, eligiendo sus propios logotipos, listas electorales, etc. Las listas cerradas y bloqueadas caracterizan a la formación de candidaturas, salvo excepciones[1065], y dan un mayor poder a los partidos políticos, al elegir el orden de colocación de los candidatos y, por tanto, de adjudicación de escaños. En las listas cerradas, los electores sólo pueden elegir entre una u otra lista, previamente confeccionada por el partido político, por lo que en lugar de existir una relación entre representante y representado, se da una relación entre elector y partido. De este modo, los partidos políticos han degenerado en cárteles de captación y conservación del poder[1066], formulando escasos programas para luego ir en busca de la mayoría que los apoye, prefiriendo hacer sondeos para conocer aquello que puede ser apoyado por la mayoría y luego diseñar, con dicha información, su oferta de cara al electorado[1067] que mantenerse fieles a los principios que los definen. Además, apenas existe democracia interna dentro de los partidos españoles[1068], ya que la Ley Orgánica 6/2002, de 27 de junio, de Partidos Políticos permite un tamaño grado de autonomía a la directiva partidista que puede anular por completo el papel de su militancia[1069]. Y todo ello exige una férrea disciplina de partido.

En la época feudal, los señores, las ciudades y los gremios elegían a sus mandatarios para que velasen por los intereses del representado –que en el primer caso coincidía con los intereses personales del propietario de la tierra y en los dos restantes con el acuerdo de los miembros de la corporación–, por lo que éstos no podían salirse de los márgenes establecidos por aquel, so pena de ser destituidos de su

1064 Cfr., De Vega García, P., "En torno a la crisis de las ideas de representación...", *op.cit.*, p. 26, "La crisis de la representación política ...", *op.cit.*, p. 144 y "Supuestos históricos, bases sociales y...", *op.cit.*, p. 723.

1065 La representación a través de listas de candidatos que obliguen a incluir a hombres y a mujeres favorece el principio de igualdad jurídica. Cfr., Ferrajoli, L., "Igualdad y diferencia", *op.cit.*, p. 89.

1066 Cfr., Garrido López, C., "Los partidos políticos en el sistema electoral de las Diputaciones Provinciales", *Teoría y Realidad Constitucional*, UNED, N°6, 2° semestre, 2000, p. 191.

1067 Cfr., Höffe, O., *Ciudadano económico, ciudadano del Estado, ciudadano del mundo...op.cit.*, p. 114.

1068 Cfr., Ramiro, L., "Del privilegio constitucional de los partidos a la promoción del multipartidismo moderado. Constitución, sistema electoral y financiación de los partidos políticos en España", Las *sombras del sistema constitucional español*, Coor. por J. R. Capella, Editorial Trotta, Madrid, 2003, p. 111.

1069 Cfr., Cabanas Veiga, M., "El papel de la militancia juvenil en el sistema democrático español", *Juventud y constitución: un estudio de la Constitución española por los jóvenes en su cuarenta aniversario*, coord. por Andrés Iván Dueñas Castrillo, Daniel Fernández Cañueto, Gabriel Moreno González, 2018, ISBN 9788494620140, pp. 235-264.

cargo. Sin embargo, este sistema empezó a plantear problemas por la dificultad que encontraban los mandatarios para tener el fluido debate que permite alcanzar un consenso, ante el deber de mantener con obediencia obstinada la voluntad de sus representados, aun cuando eran conscientes de lo poco convenientes que sus planteamientos eran para el interés general del reino, por lo que este sistema pronto empezó a verse como obsoleto. Aunque fueron las revoluciones liberales los que erigieron como característico el mandato representativo, lo cierto es que ya tanto en la Francia como en la Inglaterra monárquica comenzaron a desplazar el uso del imperativo, en el cual el representante lo es de todos los ciudadanos de toda la Nación o de todo el Pueblo, no pudiendo ser revocado, salvo mediante nuevas elecciones y pudiendo debatir libremente, sin tener unos presupuestos preestablecidos. Los liberales, por tanto, como con total acierto expone De Vega, justifican la exclusión del mandato imperativo como el medio idóneo para poder debatir con total libertad[1070]. Así, Montesquieu se opone al él porque haría a los diputados propiedad de los elegidos, y los limitaría mucho[1071], rechazando así la idea de partido[1072].

Pero el mandato imperativo volvió a resurgir, esta vez como reacción al mandato representativo, coincidiendo con el nacimiento de los partidos políticos[1073], cuando el mandato representativo empieza a perder vigor, ya que la dinámica de las organizaciones partidistas, a través del mandato imperativo, busca que los representantes cumplan eficazmente su función para con los representados[1074]. De hecho, fueron los partidos obreros quienes potenciaron el uso de las dimisiones en blanco, aunque esta práctica era algo habitual ya en la Francia del siglo XIX.

A diferencia de otros sistemas políticos, cuando se extingue el mandato de un diputado por cualquiera de las circunstancias previstas (fallecimiento, renuncia...), no se producen elecciones parciales en su circunscripción, sino que, en el sistema de listas cerradas, el escaño que un diputado deja vacante se atribuye al sucesivo en la lista. Pero dicha vacante no siempre será voluntaria, pues el partido puede obligar al diputado molesto a abandonar el escaño mediante la dimisión en blanco, que consiste en la entrega de un documento de renuncia firmado sin fechar por el representante electo a la dirección del partido en cuyas listas presentó su candidatura, en el momento mismo de tomar posesión de su cargo. El diputado puede dejar de ser conveniente para el partido por múltiples razones, que pueden ir desde escándalos personales que afecten a la imagen del partido como a través de purgas internas de facciones disidentes que amenacen la composición actual del Comité del partido. Así, en la práctica, el mandato de los diputados es otorgado por los partidos políticos, no por el Pueblo, siendo los

1070 Cfr., De Vega García, P., "En torno a la crisis de las ideas de representación...", *op.cit.*, p. 21.

1071 Cfr., Montesquieu, *Del espíritu de las leyes*, *op.cit.*, p. 109.

1072 Cfr., Hernández Bravo de Laguna, J., "Partidos políticos, Estado y Derecho...", *op.cit.*, p. 79.

1073 Cfr., Kelsen, H., *Teoría General del Estado*, *op.cit.*, p. 557.

1074 Cfr., De Vega García, P., "En torno a la crisis de las ideas de representación...", *op.cit.*, pp. 27-28.

primeros a quienes corresponde el ejercicio efectivo de su titularidad y los que determinan la conducta de los diputados[1075]. Por tanto, las actuaciones del representante están sometidas a la disciplina del partido, para evitar que la composición personal del grupo parlamentario y la composición política de su electorado se alteren. Pero en la realidad sirve para mantener una férrea jerarquía partidista. Así, serán los Comités de partido los que tomen verdaderamente las decisiones políticas en las instancias representativas y no los representantes electos, influidos, como veremos, por los grupos de presión.

Sin embargo, el art. 67 de la Constitución española prohíbe la aplicación del mandato imperativo a los representantes del parlamento central, aunque el Tribunal Constitucional (TC) lo amplía a todo cargo representativo, por lo que la aplicación de hecho del mandato imperativo por los partidos políticos sobre sus candidatos contradice el precepto constitucional que lo condena. Por tanto, aunque en la actualidad se sigue defendiendo el sistema representativo, los diputados están sometidos al mandato de su partido, por lo que carecen de la libertad que sí tenían durante la vigencia real, que no formal, del mandato representativo. Por tanto, forma parte de la democracia de partidos el eliminar la independencia del diputado. Pero la disciplina de partido no trata de hacer prevalecer la voluntad de la organización partidista a la del diputado, sino apartar al incómodo a través de sanciones, multas o de la dimisión en blanco[1076].

Así, jurídicamente, el diputado es el titular del escaño y goza de absoluta libertad según la Constitución, pero políticamente no ocurre eso. "Es entonces cuando el mandato representativo del diputado protegido constitucionalmente se convierte *de facto* en un mandato imperativo condicionado por las órdenes del partido al que pertenezca[1077]", en palabras de De Vega, lo que supondría un fraude de ley, que distorsionaría el mandato representativo establecido en la Constitución. Pero esa prevalencia de la realidad política sobre la jurídica, por la que el mandato imperativo sustituye al representativo, no supone, en realidad, una violación o ruptura constitucional, sino una mutación, ya que es un fenómeno explicable políticamente que crea una situación divergente a la prevista en la norma constitucional. Pero dicha mutación no es imputable a los partidos políticos, pues los diputados son jurídicamente libres y si se someten a los mandatos del comité, es ejerciendo esa libertad[1078].

La declaración de voluntad de renuncia es del diputado, no del partido. Si el diputado se niega a renunciar, ejerciendo sus facultades constitucionales, aunque haya firmado una renuncia al principio, la cual es válida, debe siempre prevalecer, frente a la disciplina de partido, la voluntad del diputado, en el momento de la

1075 Cfr., De Vega García, P., "La crisis de la representación política ...", *op.cit.*, pp. 196-199.

1076 Cfr., *Ibidem*, *op.cit.*, pp. 193-198.

1077 *Ibidem*, cit., p. 197.

1078 Cfr., *Ibidem*, pp. 196-198.

renuncia, pues de lo contrario se estaría violando el precepto constitucional[1079]. De esta forma, un contrato por el cual un diputado se obliga con el partido a firmar la renuncia cuando así lo requiera el partido político al que pertenece no es válido, por ser un contrato de causa ilícita, por lo que éste no produce efectos vinculantes frente al representante en cuanto a la titularidad de su escaño, al ser contrario a la prohibición del mandato imperativo[1080], pero sí que puede aplicarse en todos los demás extremos del contrato sobre el diputado o senador (multa por incumplimiento, depósito de una cantidad...). Así, la dimisión en blanco es una ficción, pues a través de ésta el diputado insumiso o indócil es destituido por el Comité de partido, pero en cualquier caso depende de que esta renuncia sea aceptada por el diputado, ya que, si éste se rebela, pues el mandato es suyo, no tendrá ningún efecto[1081]. Por tanto, el diputado expulsado de un partido no está jurídicamente obligado a renunciar a su acta de diputado, sino que únicamente tiene una obligación moral de renuncia para con el partido. Se trata de un acto de corrección constitucional sin vinculación jurídica[1082]. En cualquier caso, la prohibición del mandato imperativo es una mera ficción[1083].

Sin embargo, es muy poco probable que, dado el escaso hincapié educativo en la virtud política, un parlamentario decida mantener el escaño o incumplir el mandato de su Comité de partido a sabiendas de las gravosas cargas que ello le va a ocasionar, a pesar de lo inmoral o incoherente de la decisión, pues como defendía el ciudadano de Ginebra, "Vemos con facilidad como se explican (...) las aparentes contradicciones propias de tantos Hombres colmados de tantos escrúpulos y honor (...) que desprecian los deberes más sagrados y son fieles hasta la muerte a compromisos con frecuencia ilegítimos[1084]".

Además, a esto se añade que la clase política española ve con malos ojos no sólo no ejercer el mandato imperativo para homogeneizar las decisiones y opiniones de los representantes de un partido político en una misma cámara parlamentaria, sino incluso si no se ejerce sobre los que se encuentran en otras instancias territoriales. Ejemplo de ello tuvo lugar durante el último debate sobre la polémica cuestión sobre el enclave de Treviño[1085]. Así, en él, una de las críticas más habituales es que un partido, en lugar de votar en bloque en todas y cada una de las Cámaras en las que se encuentra representado al mismo tiempo (en ese caso, Cortes Generales, Parlamento

1079 Así, de acuerdo con la STC 5/1983 o la STC 298/2006, de 23 de octubre, el art. 23 de la Constitución supone que toda persona tiene derecho a permanecer en un cargo, aunque sea expulsada del partido político.

1080 Cfr., *Ibidem*, pp. 198-201.

1081 Cfr., PÉREZ SERRANO, N., "Las ficciones en el Derecho constitucional", *op.cit.*, p. 356.

1082 Cfr., DE VEGA GARCÍA, P., "La crisis de la representación política ...", *op.cit.*, p. 201.

1083 Cfr., DE VEGA GARCÍA, P., "Estado social y Estado de partidos...", *op.cit.*, p. 397.

1084 ROUSSEAU, J.J., *Discurso sobre la economía política, op.cit.*, cit., p. 12.

1085 Diario de Sesiones del Congreso de los Diputados. Pleno y Diputación, Año 2014, X Legislatura, núm. 240, Sesión Plenaria núm. 225, celebrada el martes 18 de noviembre de 2014.

vasco, Parlamento de Castilla y León y los municipios de dicho enclave), haciendo gala de una férrea disciplina de partido, votase en función de los intereses de los ciudadanos a los que representa según la instancia política en la que se encuentre. Así, al parecer, que los parlamentarios vascos y castellano-leoneses defiendan los intereses de su comunidad y no los de su partido, y que los parlamentarios centrales, en lugar de representar los intereses de la provincia que los elija, representen al Pueblo español en su conjunto, es algo que repugna a muchos políticos. Por tanto, no cabe hablar de una crisis o una ignorancia del principio de representatividad[1086], sino de una esquizofrenia representativa-imperativa de los representantes.

Por tanto, los parlamentarios han perdido independencia política por la disciplina interna que imponen los partidos[1087]. De esta forma, la evolución de los sistemas electorales se puede relacionar con las diferentes clases de oligarquías mencionadas por Aristóteles. El parlamentarismo comenzó siendo una oligarquía que el fundador de la Stoa consideraría del primer tipo, pues era censitaria. Posteriormente pasó a ser del segundo tipo, cuando las Asambleas en las que se encontraba la oligarquía se otorgaban el poder soberano. Y actualmente, sin embargo, nos encontramos con la del tercer tipo, en la cual los magistrados de la propia oligarquía eligen a sus propios miembros[1088]. Por esta razón, Kelsen defiende que el ordenamiento debe velar porque, dentro de cada partido, impere el control democrático, limitando, en lo posible, las dictaduras de los comités de partido y de los líderes[1089]. Y es que, realmente, la ausencia de una verdadera democracia interna en los propios partidos, garantizada por la propia Constitución, como un elemento esencial del Estado democrático, puede llevar aparejado el riesgo de que se produzca una mutación hacia formas de gobierno menos democráticas, lo cual llevó a nuestro constituyente, a través de una propuesta de Tierno Galván, a constitucionalizar este principio en su artículo 6[1090].

Sin embargo, Kelsen va a defender el mandato imperativo de los diputados al partido como medida de control, pues de esta forma se reduce su impunidad e irresponsabilidad, ya que los privilegios parlamentarios sólo tenían sentido para evitar los abusos del monarca durante los periodos de monarquías constitucionales, pero, en su opinión, actualmente se encuentran obsoletos[1091]. Dichos privilegios nacieron para proteger a los parlamentarios de los obstáculos que podía poner el monarca en su actividad legisladora, pero, a día de hoy, al ser independiente la justicia y estar el Gobierno sometido al Parlamento, dichos privilegios carecen de sentido[1092]. De

1086 Cfr., RUIPÉREZ ALAMILLO, J., "Montesquieu en el Estado de Partidos", *op.cit.*, p. 125.

1087 Cfr., DE VEGA GARCÍA, P., "Estado social y Estado de partidos...", *op.cit.*, p. 402.

1088 Cfr., ARISTÓTELES, Política, *op.cit.*, pp. 208-211 y 271.

1089 Cfr., KELSEN, H., *Teoría General del Estado*, *op.cit.*, p. 568.

1090 Cfr., FLORES GIMENEZ, F., *La democracia interna de los partidos políticos*, Congreso de los Diputados, Madrid, 1998, p. 59.

1091 Cfr., KELSEN, H., "El problema del parlamentarismo", *op.cit.*, p. 91.

1092 Cfr., KELSEN, H., *Teoría General del Estado*, *op.cit.*, p. 574.

esta forma, las inmunidades parlamentarias no deben suponer una ventaja personal para sus titulares, por lo que no deben ser usadas para protegerse en su condición de ciudadanos sino como legisladores, con la finalidad de garantizar una protección objetiva para el cumplimiento de su cargo[1093]. Es más, el uso de dichos privilegios contribuye, muchas veces, a prevalerse de la aplicación de las leyes sobre sus propias personas pues, en palabras de Jellinek, "la Historia ha demostrado que la arbitrariedad y la corrupción parlamentaria pueden producir la destrucción del Derecho en mayor grado que la omnipotencia del príncipe y la burocracia[1094]".

De este modo, en opinión de Kelsen, la prohibición del mandato imperativo en las Constituciones modernas, haciendo jurídicamente independientes las resoluciones del Parlamento de la voluntad del Pueblo, convierten a la representación popular de la cámara en una mera ficción[1095]. Por ello, defiende otorgar a los partidos el derecho de revocación de los parlamentarios[1096]. Sin embargo, no podemos sostener la idea de Kelsen sobre la ficción de la soberanía popular, ya que como el propio autor dijo, el Parlamento se legitima por su carácter técnico-social, permitiendo a la ciudadanía elegir a unos representantes que adopten las decisiones de gobierno más generales, desarrolladas por el ejecutivo y sometidas a la Constitución. Por tanto, cuando elige periódicamente al Parlamento, el Pueblo actúa como órgano del Estado, en forma de cuerpo electoral, pero no como soberano, cuya función realiza al dotarse de una Constitución.

Así las cosas, Kelsen propuso, como alternativa para renovar el Parlamento, ante esta situación, en lugar de mandar al mismo un número de parlamentarios establecidos individualmente que deban decidir las diferentes cuestiones que se planteasen, permitir que los partidos delegasen a los expertos que tuvieran a su disposición, según las necesidades, a deliberar las distintas leyes, usando el número de votos que recibió cada partido para determinar su influencia en la decisión final, según la proporcionalidad[1097], buscando una técnica parlamentaria que haga la representación más eficaz, lo que es útil en las comisiones parlamentarias.

Y de esta forma nace la *partidocracia*, que se da como consecuencia del dominio de las oligarquías directivas, tanto hacia el interior como hacia el exterior del partido, lo que eleva el protagonismo político de los partidos y produce una disfunción de la democracia[1098]. Tiene lugar cuando se produce la penetración de cualquier ambiente social en el plano político; la ausencia de un control real en los comportamientos de la clase política y sus privilegios; y la longevidad de los partidos políticos, tanto internos, cuando no se renuevan los representantes, como

1093 Cfr., PÉREZ SERRANO, N., "La Constitución francesa de 5 de octubre de 1958", *op.cit.*, p. 1004.

1094 JELLINEK, G., *Teoría General del Estado*, *op.cit.,* cit., p. 679.

1095 Cfr., KELSEN, H., *Teoría General del Estado*, *op.cit.*, pp. 512-513.

1096 Cfr., KELSEN, H., "El problema del parlamentarismo", *op.cit.*, p. 93.

1097 Cfr., *Ibidem*, p. 93.

1098 Cfr., HERNÁNDEZ BRAVO DE LAGUNA, J., "Partidos políticos, Estado y Derecho...", *op.cit.*, p. 92.

externos, cuando siempre son los mismos partidos los que se turnan la oposición y el gobierno[1099]. Así, en palabras Hernández Bravo De Laguna, la partidocracia es "el gobierno no sólo *por y desde* los partidos, sino *para* los partidos[1100]".

Actualmente, éstos, debido al descenso afiliación, han perdido financiación y la sociedad ya no se encuentra tan vinculada a los mismos, lo que los ha llevado a aumentar sus relaciones con el Estado, de quien obtienen gran parte de su financiación. Así, se favorecen a sí mismos a través de las instituciones públicas[1101], las cuales ocupan, pues "esta interpenetración entre los partidos y el Estado puede favorecer la aparición de pautas de colusión y cooperación entre los partidos basados en su mutuo interés por garantizar su supervivencia organizativa[1102]", como sostiene Ramiro. Esto conduce a una separación entre la realidad política y la realidad constitucional, ya que supone cierto distanciamiento democrático, ocasionando, en la actualidad, una crisis de los principios y valores liberales, lo cual no es imputable a los partidos políticos sino al propio funcionamiento de la política moderna[1103].

Para Massari, el sistema que prima en las democracias continentales es el modelo de partido anglosajón, es decir, un sistema donde se dan partidos con vocación mayoritaria, lo que se conoce como sistema bipartidista, en donde los partidos se remiten a los electores primarios. Así, los partidos mayoritarios se caracterizan por tener una fuerte estructura interna; una gran centralidad; liderazgo indiscutible; una identificación mayoritaria del electorado; usar medidas de marketing para comunicar con facilidad y fluidez decisiones que son el resultado de complejos y técnicos debates políticos y académicos; tener estructuras y procesos de decisión democráticos y transparentes; ser responsables con el electorado y en el comportamiento de cada uno de los dirigentes; la existencia de una verdadera selección y competición de los representantes; así como contar con una espesa red de apoyo territorial, pues no sólo se ganan las elecciones en los medios, sino también en las relaciones humanas, como militantes, activistas, etc. De esta forma, la democracia mayoritaria no es una democracia directa ni tampoco es el gobierno del primer ministro, sino el gobierno del partido, pues, entiende el autor que sólo los partidos mayoritarios funcionan bien[1104].

En España, los actores que dieron lugar a la Constitución buscaban un modelo más gobernable que democrático, dándole un mayor protagonismo a los partidos políticos y restringiendo la participación ciudadana (iniciativa, referéndum...)[1105].

1099 Cfr., Massari, O., "Democracia y Partidos...", *op.cit.*, p. 180.

1100 Hernández Bravo de Laguna, J., "Partidos políticos, Estado y Derecho...", *op.cit.*, cit., p. 92.

1101 Cfr., Ramiro, L., "Del privilegio constitucional de los partidos...", *op.cit.*, pp. 107-108.

1102 *Ibidem*, p. 109.

1103 Cfr., De Vega García, P., "Estado social y Estado de partidos...", *op.cit.*, pp. 397-399.

1104 Cfr., Massari, O., "Democracia y Partidos...", *op.cit.*, pp. 110, 178 y 185-186.

1105 Cfr., Pisarello, G., "Constitución y Gobernabilidad...", *op.cit.*, p. 133.

Por tanto, como destaca Ramiro, tanto la Constitución española como las leyes que hacían referencia a los partidos políticos buscaban asegurar la supervivencia de los existentes en el momento de inicio de la democracia y dificultar la aparición de nuevos competidores[1106]. Además, tuvieron también un papel destacado en la consolidación de nuestro Estado de las Autonomías, pues sin sus acuerdos no se podrían superar las mayorías agravadas necesarias para la realización del procedimiento autonómico. Así, los acuerdos tomados por los partidos políticos en las llamadas "noches blancas" de la Moncloa no son inconstitucionales, sino que responden a su propio funcionamiento[1107].

La financiación de los partidos políticos (ayudas, subvenciones...), perjudicial para los partidos minoritarios y extraparlamentarios, evita el exceso de nuevos competidores en el sistema de partidos aunque, como muestra la situación actual, no la imposibilita. Así, el sistema electoral y financiero favorece a los partidos mayoritarios, lo que explica su resistencia a modificar ambos sistemas[1108]. Schneider defiende una financiación de los partidos en parte pública (pero no completa, para evitar el alejamiento de los afiliados y la dependencia que supondría el correspondiente control de los fondos por el partido del poder) y en parte privada (pero regulada, para evitar el apoyo económico que recibió Hitler de la industria alemana o los casos de corrupción que suele llevar aparejada este tipo de financiación[1109]). Y es que, si sólo se reconoce como minoría al segundo partido parlamentario, no existe proporcionalidad en el sistema representativo[1110].

De este modo, el sistema electoral español puede caracterizarse, para Ramiro, como un sistema, por un lado, mayoritario, ya que se manufacturan mayorías estables con una representación desproporcionada a los votos, y por otro lado, cerrado, al dificultar la entrada y mantenimiento de nuevos partidos pequeños. Así, en palabras del autor, "la conjunción del sistema electoral y de la financiación incentiva la congelación del sistema de partidos en un modelo multipartidista moderado[1111]". Es lo que llama un "multipartidismo moderado", en el que los grandes partidos acumulan una elevada mayoría de votos. Se trata de crear un cartel electoral para evitar la entrada de nuevos competidores, aunque el autor aclara que, al menos cuando el PP y el PSOE competían por la hegemonía parlamentaria, no existe dicho cártel, pero si una posición de privilegio y ciertas características de cártel. Y actualmente, con la aparición de los nuevos partidos en la escena política y la necesidad de llegar a coaliciones parlamentarias para formar gobierno, el cártel político se ha hecho mucho más lejano, aunque el sistema siempre encauza la

1106 Cfr., Ramiro, L., "Del privilegio constitucional de los partidos...", *op.cit.*, p. 109.

1107 Cfr., Ruipérez Alamillo, J., *Formación y determinación de las Comunidades Autónomas en el ordenamiento constitucional español,* Tecnos, Madrid, 1996, pp. 203 y 230.

1108 Cfr., Ramiro, L., "Del privilegio constitucional de los partidos...", *op.cit.*, pp. 112-121.

1109 Cfr., Schneider, H. P., "Soberano sin poder...", *op.cit.*, pp. 274-287.

1110 Cfr., Kelsen, H., *Teoría General del Estado*, *op.cit.*, p. 565.

1111 Ramiro, L., "Del privilegio constitucional de los partidos...", *op.cit.*, cit., p. 126.

dinámica electoral hacia un bipartidismo. Y es que el efecto psicológico del voto útil hace que, a pesar de tener otras preferencias políticas, el ciudadano vote a los partidos mayoritarios por miedo a que su voto sea inútil electoralmente[1112].

Por tanto, no se puede hablar de "carterización" del sistema electoral español por la competitividad y enfrentamiento que existe entre los partidos, como adversarios políticos[1113]. Por ello, podemos decir que la democracia española es una "democracia procedimental" como conjunto de reglas para la formación y renovación de los gobiernos representativos[1114], aunque, no obstante, para Ramiro, hoy en día la partidocracia está lejos de darse en España[1115].Y como afirma Heller, "Un Pueblo y un sistema electoral que crea un Parlamento inepto elige a su vez a un ejecutivo inútil[1116]".

En cuanto al reparto territorial de escaños, para Kelsen, una desigualdad de sufragio se da cuando los diputados se eligen en cada circunscripción en número igual, si esas circunscripciones tienen un número desigual de electores, lo que puede llegar a anular por completo la universalidad del sufragio, al ampliar la influencia de amplias zonas de votantes sobre otras. Esto puede dar lugar a que el partido con más votos se convierta en el partido minoritario. Así, defiende que si se eliminan las circunscripciones y todo el territorio del Estado se constituye como una sola, la auténtica mayoría será la que gane. Por ello, entiende, debe primar el principio de las mayorías[1117]. No obstante, Ramiro admite que una reforma constitucional que aumente la proporcionalidad en el reparto de escaños dará lugar a una mayor fragmentación parlamentaria e inestabilidad política[1118]. Sin embargo, esta tendencia está cambiando últimamente con el actual reparto de los escaños en los cuatro partidos principales sin que se produzca lo señalado por este último autor de una forma tan acentuada.

En relación al caso español, en opinión de Ramiro, falta proporcionalidad, ya que las provincias menos pobladas (las rurales) están sobrerrepresentadas[1119]. "Mientras que el principio de representación proporcional pretende que la representación parlamentaria refleje de una manera lo más ajustada posible las preferencias electorales expresadas por los votantes, el principio de representación mayoritario persigue garantizar la formación de mayorías parlamentarias que faciliten gobiernos estables[1120]", en palabras de autor. Esto entra en conflicto con el art. 68.3 de

---

1112 Cfr., Ramiro, L., "Del privilegio constitucional de los partidos...", *op.cit.*, p. 115.

1113 Cfr., *Ibidem*, pp. 109-117 y 126.

1114 Cfr., Pisarello, G., "Constitución y Gobernabilidad...", *op.cit.*, p. 134.

1115 Cfr., Ramiro, L., "Del privilegio constitucional de los partidos...", *op.cit.*, pp. 126-127.

1116 Heller, H., *Europa y el fascismo*, *op.cit.*, cit., p. 56.

1117 Cfr., Kelsen, H., *Teoría General del Estado*, *op.cit.*, pp. 558-561.

1118 Cfr., Ramiro, L., "Del privilegio constitucional de los partidos...", *op.cit.*, pp. 118-119.

1119 Cfr., *Ibidem*, pp. 113-115 y Pisarello, G., "Constitución y Gobernabilidad...", *op.cit.*, p. 136.

1120 Ramiro, L., "Del privilegio constitucional de los partidos...", *op.cit.*, cit., pp. 117-118.

la Constitución española, que establece la representación proporcional por circunscripción, si se interpreta según el principio de representación, pero no será un incumplimiento si se interpreta como una referencia a la traducción de los votos en escaños[1121]. Además, la elección por circunscripciones contribuye a aumentar la ficción de que el Pueblo esté realmente representado en el Parlamento, al estar compuesto por distintos cuerpos electorales de distinta composición.

De esta forma, actualmente se proclama la soberanía popular como dogma indiscutible, pero al mismo tiempo se la intenta convertir en una realidad abstracta, siendo los partidos políticos, en lugar del Pueblo, los titulares efectivos del Poder Constituyente. Así, los neoliberales apelan a la atribución del ejercicio de la soberanía al Parlamento porque es más fácil presionar a los parlamentarios para llevar a cabo determinadas decisiones políticas que manipular y convencer a la ciudadanía, bajo la legitimación de la representación popular, aunque, eso sí, proclamando que el titular de la soberanía es el Pueblo, lo que supone una reminiscencia a postulados burgueses[1122]. Además, ya no existe separación de poderes entre las clásicas titularidades legislativa, ejecutivas y judiciales, por la actuación de los partidos políticos, ya que es el partido mayoritario quien forma gobierno, lo que suprime la separación entre el poder legislativo y el poder ejecutivo. Sin embargo, la división se garantiza, como defiende Ruipérez[1123], y nosotros con él, por la existencia de competencia electoral entre los partidos políticos y a través del pluripartidismo. De esta forma, ya que no es el Parlamento sino las organizaciones partidistas las que impulsan la vida de las Cámaras parlamentarias, donde los turnos de palabra están ordenados, a diferencia de en el liberalismo tradicional, donde la intervención era espontanea. Y ni siquiera se toman los acuerdos desde las bases de los partidos políticos, sino que son adoptados por sus comités ejecutivos, siendo rara vez ratificados por la militancia.

Por todo ello, defiende De Vega que la representación clásica ha perdido tanto el concepto jurídico que poseía, pues ya no se representa a la pluralidad de ciudadanos sino sólo a oligarquías partidistas, como el concepto político, ya que sólo se puede hablar en la actualidad de representación si se realiza un control efectivo sobre las tendencias oligárquicas de los partidos políticos, y no a través de su negación. Se hace necesario, por tanto, adaptar la representación a los requerimientos de la Historia y a la realidad para que no se convierta en un ideal de la unidad política, sino que la misma se extienda a sectores sociales más concretos y a intereses más limitados[1124]. Por tanto, o se reconoce que una serie de instituciones y principios de Derecho constitucional clásico han perdido definitivamente su valor, siendo necesaria una nueva organización del Estado y unas nuevas instituciones, o se sigue

1121 Cfr., *Ibidem*, p. 117.

1122 Cfr., De Vega García, P., *La reforma constitucional y la problemática ...op.cit.*, pp. 233-234.

1123 Cfr., Ruipérez Alamillo, J., *El constitucionalismo democrático ...op.cit*, pp. 180-182 y "Montesquieu en el Estado de Partidos", *op.cit.*, pp. 124-128.

1124 Cfr., De Vega García, P., "La crisis de la representación política ...", *op.cit.*, pp. 203-204.

sosteniendo que esos principios o instituciones siguen siendo válidos, por lo que habría que reconsiderar la situación de los partidos políticos[1125], estableciendo nuevos mecanismos de control por la ciudadanía. Por ello, afirma De Vega que, en la democracia representativa, el poder ha de estar controlado por la Ley[1126].

De esta forma, y siguiendo a Ruíz Manero, debe elegirse entre afirmar que la idealidad democrática no es real en los regímenes actuales, por lo que estos regímenes deben ser criticados por la Ciencia Constitucional (teoría normativa de la democracia) o considerar que tal idealidad es irrealizable, debiendo entender que los términos usualmente considerados democráticos, efectivamente lo son, por las ventajas que presenta (teoría descriptiva de la democracia). Ante ello, Kelsen defiende, y nosotros nos sumamos a esta idea, la primera, ya que la segunda supone someter el Deber Ser (como debería de funcionar la democracia), al Ser (cómo funciona en la actualidad) anteponiendo así la facticidad al sentido ideal del proceso democrático [1127]. Por ello, será preciso analizar si las formas alternativas de representación contribuyen a hacer más efectiva la participación ciudadana.

Así, los partidos políticos seguirán existiendo en el futuro porque la política es y será hecha desde y por los partidos[1128]. Pero éstos no son el problema en sí, como mecanismos intermedios entre el Estado y los ciudadanos, sino sólo cuando éstos se convierten en muros de separación entre electores y elegidos[1129]. Y es que "El peligro de déficit democrático siempre está presente en los sistemas de representación indirecta[1130]", en palabras de Tony Judt. El sistema de representación está en riesgo por las deficiencias del sistema de partidos y no por los déficits en el proceso de toma de decisiones en el Parlamento[1131]. No obstante, aunque es verdad que en ocasiones los partidos políticos dañaron los principios y mecanismos de la democracia política, ellos son los creadores de la democracia social[1132]. En palabras de De Vega, "O se acepta la democracia representativa o muy probablemente hay que renunciar a cualquier tipo de democracia[1133]".

Así, aunque Pérez Serrano critica que en el Parlamento se producen grandes despilfarros debido a que, al repartirse la responsabilidad entre varios individuos,

---

1125 Cfr., De Vega García, P., "Estado social y Estado de partidos...", *op.cit.*, pp. 398-399.

1126 Cfr., De Vega García, P., "La reforma constitucional como defensa de la Constitución y la Democracia", *Ponencia presentada a las II Jornadas de Derecho Constitucional: "Reforma de la Constitución",* Fundación Jiménez Abad de Estudios Parlamentarios y del Estado Autonómico y Centro Asociado de la UNED de Barbastro, Huesca, 27 y 28 octubre 2006, pp. 18-19.

1127 Cfr., Ruíz Manero, J., "Presentación: ...", *op.cit.*, pp. 36-37.

1128 Cfr., Hernández Bravo de Laguna, J., "Partidos políticos, Estado y Derecho...", *op.cit.*, p. 91.

1129 Cfr., De Vega García, P., "En torno a la crisis de las ideas de representación...", *op.cit.*, p. 31.

1130 Judt, T., *Algo va mal*, *op.cit.*, cit., p. 131.

1131 Cfr., Schneider, H. P., "Soberano sin poder...", *op.cit.*, p. 255.

1132 Cfr., De Vega García, P., "La crisis de la representación política ...", *op.cit.*, p. 203.

1133 *Ibidem*, cit., p. 203.

sienten que ésta es menor, lo que da lugar a un excesivo gasto público, al abuso de las inmunidades y al abandono por el mismo de los intereses generales[1134], sigue siendo un elemento indispensable en un Estado democrático, aunque se encuentre en crisis. Si los partidos políticos traducen los intereses de la población en políticas concretas, la política plebiscitaria será menos necesaria. Sin embargo, en caso contrario, será necesario reforzar el mandato de los diputados frente a los partidos políticos, dotándolos de mayor autonomía, democratizando el otorgamiento de las candidaturas en el derecho electoral y ampliando los derechos internos de las minorías[1135].

De este modo, los partidos políticos deberían adaptar su actuación a las exigencias y requerimientos de la democracia representativa, evitando sacrificar ésta a la democracia de partido pues, como afirma De Vega, "Quizás sea éste el único mecanismo inteligente para que, colaborando a la salvación del Estado (sometido a otros y no menos peligrosos embates), los partidos políticos puedan, a su vez, salvarse a sí mismos[1136]". Por todo ello, De Carreras defiende que es necesario llevar a cabo una reforma constitucional para reformar el sistema electoral, hacer a los partidos políticos más democráticos y evitar que monopolicen el poder[1137]. Y es que la el sistema democrático correrá un serio peligro mientras no exista una regulación de la democracia interna y de la financiación de los partidos políticos más gravosa, pues la actual no impide que un grupo de presión controle la directiva de un partido político a través de su financiación, ya que los miembros del comité de partido, habiendo adquirido un puesto de trabajo bien remunerado, difícilmente querrán prescindir de él, ya que la ley les permite dotarse de medios adecuados para jerarquizar su organización política. Ello supone un peligro democrático importante, ya que permite a organizaciones de estructura castrense controlar las instituciones representativas.

El Parlamento ha perdido incidencia política y significación institucional porque no cumple su papel conciliador de los intereses sociales, delega muchas funciones al Ejecutivo debido a la saturación que produce el Estado intervencionista y la omnipresente presencia de los partidos políticos hace que el control del Gobierno por el Parlamento pierda su significado[1138]. Los Parlamentos manifiestan déficits notables de representación democrática, pues no suponen un reflejo de la estratificación social, ya que en su composición hay una minoría de obreros, lo cual no se solucionó, como se puede comprobar, ni con el sufragio universal ni con un sueldo funcionarial[1139]. Los partidos políticos no son suficientes para instaurar una socie-

---

1134 Cfr., Pérez Serrano, N., "El proyecto de Constitución portuguesa", *op.cit.*, pp. 59-60.

1135 Cfr., Schneider, H. P., "Soberano sin poder...", *op.cit.*, pp. 256 y 258.

1136 De Vega García, P., "Estado social y Estado de partidos...", *op.cit.*, cit., p. 407.

1137 Vid., De Carreras, F., "¿Debe reformarse la Constitución?", *El País*, 2013.

1138 Cfr., De Vega García, P., "Supuestos históricos, bases sociales y...", *op.cit.*, p. 724.

1139 Cfr., Schneider, H. P., "Soberano sin poder...", *op.cit.*, p. 256.

dad democrática de un gobierno por el Pueblo, pero si necesarios como medios de participación política, sobre todo en las democracias, ya que sólo la forma democrático-parlamentaria representa los verdaderos intereses de la sociedad[1140].

Así, en la actualidad, las Constituciones reconocen a los partidos políticos como los instrumentos para transformar la voluntad de la mayoría de los ciudadanos en voluntad del Estado, los cuales no defienden unos intereses concretos sino unos principios ideológicos generales. Pero junto a ellos están los grupos de interés, que tienen un fin claro y concreto, siendo capaces de conseguir fácilmente, con una mejor organización, financiación y especialistas mejor preparados que el que poseen los partidos políticos, sus objetivos. Así, el capital se organiza a través de grupos de presión, que se van apropiando de cada vez mayor número de parcelas de poder, ejerciendo presión sobre el gobierno, pero sin responsabilidad alguna en su actuar[1141]. De este modo, los partidos políticos, por mucho que defiendan sus principios, no pueden convertirse en grupos organizados en torno a unos intereses concretos, ya que buscan alcanzar un poder político, lo que implica intereses generales. Además, deben realizar un debate interno, contando con defensores y oponentes dentro y fuera de las propias filas, a diferencia de los grupos de interés.

3.4.3. El peligro democrático de los grupos de interés

Así, paralelamente al nacimiento de los partidos políticos, comenzaron a aparecer los grupos de presión como un poder no institucionalizado que buscaba dar un mayor peso político a ciertos intereses económicos y sociales. Es lo que denominaremos como lobby, grupo de presión o grupo de interés. De este modo, cuando se habla de la creación de la voluntad política del Estado, debe diferenciarse entre participes fácticos (entes político-sociales, asociaciones, grupos de presión...) y los partícipes jurídicos (partidos políticos)[1142]. En primer lugar, "lobby", en inglés, como se pueden imaginar, significa pasillo. La raíz etimológica de este concepto hace referencia al conjunto de acciones que llevaban a cabo los representantes de las principales compañías y asociaciones estadounidenses cuando abordaban a los congresistas en los pasillos del Congreso en el camino hacia su despacho, con el fin de presionarlos o intentar convencerlos a favor de sus pretensiones, lo que condujo a denominar a esta actividad como "lobbing" y a las organizaciones especialistas en la misma se les llamó "lobby". De este modo, podemos hablar de grupos de presión ambientalistas, laborales (sindicatos o patronales), sociales (feministas, LGTBI...), económicos (sectores financieros, mineros...) y de muchos más tipos.

Realmente la existencia de los grupos de presión no podemos reducirla al nacimiento del parlamentarismo, ya que todo poder se ha visto, desde siempre, some-

1140 Cfr., Kelsen, H., "El problema del parlamentarismo", *op.cit.*, pp. 97-98.

1141 Cfr., O'Connor, J., *La Crisis fiscal del Estado*, *op.cit.*, pp. 91-95.

1142 Cfr., Doehring, "Estado social, Estado de Derecho y orden democrático", *op.cit.*, p. 181.

tido a presiones de grupos sociales y económicos concretos. Un claro ejemplo sería la Compañía de las Indias Orientales, en Inglaterra, una empresa que llegó a tener tanto poder como un Estado moderno y cuyos intereses eran muy tenidos en cuenta por la corona británica. En cualquier corte europea, las prácticas cortesanas daban buena cuenta de este hecho. Sin embargo, es durante el parlamentarismo cuando esta práctica comienza a proliferar.

Así, a pesar de la prohibición de crear cualquier tipo de asociación política, por mandato de la Ley Chapelier, los intereses económicos hacían uso de los modelos asociativos para expandir su poder al ámbito político. Ante la inexistencia del sufragio universal en Europa, se produjo la aparición de numerosas asociaciones de trabajadores de Inglaterra creadas con el fin de influir en los representantes parlamentarios en un movimiento que se conoce como cartismo y que consistía en enviar cartas al Parlamento (de ahí su nombre) con la intención de informar acerca de los males que aquejaba el pueblo inglés y la propuesta de sus posibles soluciones. Sin embargo, dichas reivindicaciones debían ser planteadas como la suma de intereses individuales y no como el productor de un interés corporativo dentro del Estado, para evitar su rechazo inmediato, por atentar contra los principios liberales. Sin embargo, este movimiento fracasó por su falta de eficacia.

Por la contra, el liberalismo estadounidense nació fuertemente vinculado al sufragio universal y al derecho asociativo. La ciudadanía estadounidense pronto empezó a organizar campañas electorales a través de la agrupación de intereses en torno a determinados colectivos encabezados por destacados referentes. Cabría pensar que todas estas circunstancias permitirían a los ciudadanos estadounidenses prescindir de los grupos de interés, pero, en realidad, su aparición se vio favorecida por la concurrencia de dos factores. En primer lugar, su sistema electoral, basado en circunscripciones uninominales, permite a las asociaciones minoritarias compensar la dificultad de acceso de sus propuestas electorales a las instituciones democráticas, a través de la creación de este tipo de organizaciones como plataformas de sus reivindicaciones hacia los partidos mayoritarios a cambio de prestarles su apoyo electoral, social o económico. En segundo lugar, el partido político estadounidense es un mero instrumento de selección de candidatos para las elecciones, por lo que los parlamentarios gozan de autonomía relativa en sus decisiones, al no existir un comité que les condicione[1143], lo que les otorga a los lobistas un mayor margen de maniobra.

Así, aunque posteriormente el derecho de asociación y el sufragio universal se extendiese a Europa y, con ello, los partidos de masas, los grupos de presión, lejos de extinguirse, se multiplicaron, al convertirse en el instrumento del cual se sirven los poderes económicos para compensar la pérdida de poder político sufrida durante la democratización parlamentaria. Ello se da como consecuencia del Imperialismo, período durante el cual los poderes económicos se sirvieron del Estado para alcanzar sus metas comerciales. Esto también explica que el lobby de

1143 Cfr., BELL, D., *El fin de las ideologías... op.cit.*, pp. 125-139.

las armas adoptase esta forma de organización para asegurar sus intereses, tras la hegemonía alcanzada durante las guerras mundiales. Así, se establece como máxima mundial la expresión de "sin lobby no hay éxito[1144]". Un emprendedor en la creación de los lobbies fue George Henry Evans, líder del partido trabajador de Nueva York en 1829, el cual, tras perder apoyos y sabiendo que se trataba de un partido minoritario que no podría lograr la victoria a través del voto de sus propios adeptos, tomó conciencia de que los representantes políticos apoyarían cualquier medida potenciada por un grupo capaz de desequilibrar la balanza en favor de una de las opciones políticas factibles, lo cual le permitió hacer valer sus medidas de una manera más eficaz que ganando las elecciones[1145].

Un grupo de interés es una táctica más flexible que el partido político, permaneciendo fuera de éste, careciendo de cualquier compromiso y otorgando o recibiendo apoyos sobre la base de la lealtad a una determinada cuestión[1146]. Están más organizados y cuentan con mayores fuerzas que los partidos políticos, por lo que gozan de mejores oportunidades dentro del Estado, ya que, en la actualidad, la formación de la voluntad del Estado se realiza sin un control efectivo de la opinión pública, por lo que pueden lograr el éxito de sus pretensiones, aunque no cuenten con apoyo social necesario para legitimarlas o, directamente, carezcan de argumentos sólidos, lo cual implica un gran peligro para el sistema democrático[1147].

El grupo de presión o lobby se caracteriza por su carácter asociativo en aras de un fin político, lo que permite diferenciarlos de otras asociaciones, pero no de los partidos políticos. Se ha intentado limitar el concepto de este tipo de asociaciones, centrando solamente su influencia en las decisiones políticas más relevantes, pero tanto los partidos políticos como los grupos de presión influyen tanto en leyes centrales como en las autonómicas e, incluso, en ordenanzas municipales; hasta en los propios funcionarios, por lo que esta característica no nos sirve para diferenciarlas. Tampoco nos es útil para realizar esta diferenciación el carácter autónomo de los lobbies con respecto a los partidos, ya que ambos necesitan de la financiación de un agente externo, público o privado, sobre todo si tenemos en cuenta que los grupos de presión persiguen fines lucrativos, aunque la sociedad a favor de la que actúen sea una Fundación o ONG, ya que cobran un determinado honorario u obtienen algún tipo de compensación a cambio de lograr sus metas, mientras que la profesionalización de la política y la configuración de los partidos-empresa, equipara, en ese sentido, los partidos políticos a los grupos de presión.

Además, también se les suele intentar diferenciar en función de la presión directa que pueden ejercer sobre los representantes políticos, pero, aunque éstos se encuentran vinculados formalmente a los partidos políticos y sometidos a su

---

1144 Cfr., Höffe, O., *Ciudadano económico, ciudadano del Estado, ciudadano del mundo...op.cit.*, p. 261.

1145 Cfr., Bell, D., *El fin de las ideologías... op.cit.*, pp. 119-120.

1146 Cfr., *Ídem.*

1147 Cfr., Forsthoff, E., "Problemas constitucionales del Estado social", *op.cit.*, p. 59.

disciplina, una notable influencia fáctica de los grupos de presión sobre ellos los equipara también en este sentido. Además, esta presión no es meramente moral, como puede ser la que puede ejercer un periodista o la que realizaban los cartistas ingleses, sino que es realmente efectiva, llevando a cabo una coacción real sobre sus objetivos. De este modo, ambas organizaciones ejercen un verdadero poder político y sólo distan en sus procedimientos, al actuar los primeros mediante medidas disciplinarias y los segundos mediante dádivas y compensaciones. Tampoco los distingue la amplitud del interés que persiguen, ya que existen partidos políticos que defienden intereses muy concretos y grupos de interés que defienden intereses muy amplios. En ambas organizaciones se defienden y actúan unos determinados intereses económicos, sociales, ambientales... y su preferencia o elección puede variar atendiendo a diferentes circunstancias.

Por ello, la definición que podemos considerar más acertada es aquella que nos ofrece Lucas Verdú[1148] al definir a los grupos de presión como "cualquier formación social, permanente y organizada, que intenta, con éxito o sin él, obtener de los poderes públicos la adopción, derogación o simplemente no adopción de medidas (legislativas, administrativas o judiciales) que favorezcan, o al menos no perjudiquen, sus ideas o intereses, sin que su intento suponga en principio una responsabilidad política del grupo presionante en caso de lograr su pretensión". Y es aquí donde, precisamente, podemos encontrar los elementos fundamentales que permiten diferenciar a los partidos políticos de los grupos de presión: la responsabilidad política. Mientras que los partidos políticos responderán públicamente de sus gestiones en las diferentes instancias de representación, llevándose tanto las críticas como las ovaciones públicas, los grupos de interés no rendirán cuenta alguna por sus actos ante la sociedad civil, ni por sus aciertos ni por sus fallos. De este modo, es posible que un partido político centrado en un único interés (por ejemplo, ambientalista) no hubiese hecho más programa electoral que el centrado en ese tema y no se pronunciase sobre cuestiones económicas, territoriales, etc. Si obtiene escaños, no tendrá otra opción que posicionarse sobre las diferentes cuestiones que se planteen, especialmente si alcanza funciones gubernativas. Sin embargo, un grupo de presión nunca tendrá este problema porque no busca penetrar públicamente en las instituciones democráticas sino simplemente controlarlas desde el anonimato y la impunidad.

Por ello, el segundo elemento imprescindible para diferenciar los grupos de interés de los partidos políticos es su eficacia. Así, mientras que los partidos políticos deben destinar todas sus fuerzas en alcanzar las posturas que mantienen en cuanto a las diferentes cuestiones sociales, económicas, religiosas, territoriales... etc., los grupos de interés pueden concentrar todas sus fuerzas en lograr un único fin, por lo que alcanzar acuerdos en su interior se vuelve una tarea mucho más sencilla, ya que las transacciones se simplifican, cuando no se organizan directa-

1148 Lucas Verdú, P., Principios *de Ciencia Política; Estados contemporáneos y fuerzas normativas*, Tecnos, Madrid, 1971, cit., p. 246.

mente de forma jerárquica. Por esta razón, otro de los elementos característicos de los grupos de presión es su déficit de legitimación democrática. Sus miembros no han sido elegidos democráticamente ni existen mecanismos representativos para afirmar que éstos gocen de apoyo social, a diferencia de lo que ocurre con los partidos políticos, cuyos miembros son elegidos directamente por los ciudadanos, en función de su adscripción política e ideológica. Por tanto, mientras que los partidos políticos deben tener, por mandato constitucional, un funcionamiento democrático en su interior, un lobby puede ser perfectamente una empresa o funcionar como tal, sin contravenir ningún precepto legal. Esto nos muestra un nuevo criterio de diferenciación: la temporalidad de la influencia. Mientras que los partidos políticos mantienen una influencia permanente en las instituciones, los lobbies sólo la ejercen temporalmente cuando es necesario velar por la consecución o el mantenimiento de su reducido abanico de intereses. Pero ello no implica que no deba gozar de una organización estable, lo que permite diferenciarlos de los partidos políticos estadounidenses.

Por ello, un lobby puede ser tanto de una asociación como de una empresa. Sus miembros o empleados deben volcar sus esfuerzos en lograr que el fin para el que se creó su organización salga adelante y tenga, finalmente, una exitosa plasmación política. Para ello, lo que deben lograr, en primer lugar, es obtener suficiente financiación, la cual puede provenir tanto de la misma empresa como de agentes externos. En este último caso, el lobby debe tratar de convencer a sus patrocinadores para que lleven a cabo las donaciones o aportaciones necesarias para que dicha organización pueda llevar a cabo su cometido, desde el entendimiento de que ello favorece también a sus intereses, bien sea económicos, sociales, ambientales, o de cualquier otra índole. Dichos agentes, que pueden ser tanto personas públicas o privadas, como físicas o jurídicas, harán sus aportaciones a dicha organización, bien mediante cuotas o asignaciones presupuestarias, o bien, directamente, mediante donaciones, con la esperanza de que con dichos fondos se pueda alcanzar el fin esperado.

Con ellos, el grupo de interés tendrá los recursos suficientes para la consecución de dichos fines de diversas maneras. En primer lugar, con esa financiación podrá controlar y ejercer influencia a través de los diferentes instrumentos que se encuentran en la sociedad civil, como son las redes sociales y los medios de comunicación, a través de los cuales podrá convencer a la opinión pública sobre el apoyo a su causa y la necesidad de que ésta se alcance. Para ello se dotará de especialistas de marketing, cuyos salarios serán costeados con los fondos obtenidos por el lobby. De esta forma, volviendo de nuevo a los sistemas iniciados por los sofistas, un interés particular se convertirá en un tema de debate colectivo hasta que uno de los partidos políticos se haga eco de ese interés cada vez más extendido en la sociedad y decida darle apoyo para obtener réditos electorales.

Sin embargo, si ningún partido político atendiese los reclamos publicitarios del grupo de presión o si dichos reclamos fuesen desoídos por la población, por ser socialmente impopulares, será necesario pasar directamente a la influencia política, lo cual se puede hacer de dos maneras. La primera es investigando las posturas de los diferentes representantes políticos acerca de la simpatía o antipatía con el objetivo de la organización lobista para conocer los posibles apoyos al mismo y, posteriormente, buscar convencer a aquellos más indecisos a cambio de presiones, promesas o compensaciones, lo cual tiene un límite muy difuso con los delitos relacionados con la corrupción. Esto es más habitual en sistemas como el de EEUU donde los partidos tienen un papel menor durante la legislatura, pero en España resulta mucho más complicado debido al poder que ejercen los comités de los partidos políticos sobre los representantes, por lo que esta posibilidad sólo queda reducida a cuestiones muy concretas de escasa relevancia. En segundo lugar, que suele ser lo más habitual en España, el lobista intenta ejercer su influencia directamente sobre el partido político a través de algún tipo de presión (como una guerra mediática en caso de no ceder), promesas (garantizando puestos de trabajo a la finalización del mandato para alguno de sus miembros relevantes) o compensaciones (donaciones a la campaña electoral) a cambio de que dicho partido político se comprometa a defender la causa mencionada. Si lo consigue, no volverá a actuar hasta que algún partido político ponga el riesgo el interés defendido por el grupo de presión. Si no lo consigue, volverá a iniciarse el proceso.

Sin duda alguna, como se puede comprobar, su regulación es muy necesaria, ya que, aunque se trata de mecanismos importantes de participación política de la ciudadanía, si no se controlan, pueden convertirse en instrumentos efectivos de oligarquización de la política, por lo que su absoluta libertad de actuación puede tener efectos perniciosos para la vida democrática del país. Los grupos de presión permiten contrarrestar los efectos que el funcionamiento partidocrático ocasiona en la vida política, pero esto no siempre es así cuando las actuaciones partidistas responden a intereses muy particulares o a un colectivo muy concreto. Se trata de organizaciones sociales que pueden contar o no con respaldo ciudadano o legislativo y que, con independencia del mismo, logran consumar determinadas reivindicaciones.

En cualquier caso, lo que debemos de tener en cuenta son las dos consecuencias que puede tener un grupo de interés en una Democracia. Así, en primer lugar, este mecanismo permite a los ciudadanos elevar a la palestra intereses o sensibilidades sociales que las regulaciones hasta el momento existentes desconocían o ignoraban, permitiendo establecer un mecanismo adicional de control del poder. Pero detrás de este tipo de asociaciones también se pueden esconder intereses que buscan satisfacer fines egoístas o personales. Cuando se atiende a intereses meramente particulares, la actuación de este tipo de asociaciones implica que unos individuos van a disponer de unos medios adicionales para ejercer su participación política, ya que no sólo la llevarán a cabo en su país a través de sus sistemas electorales, sino en cualquier Estado del globo, incluido el suyo, a través de los grupos de presión, lo que supone que habrá unos determinados intereses que, sin disponer de legitimidad democrática, al no haberse podido fiscalizar que el apoyo a los fines del grupo de interés se encuentran respaldado por su militancia o por el apoyo de la ciudadanía, lograrán imponerse.

Ello servirá para primar unos fines muy concretos sobre otros, más generales, ya que el colectivo que haga uso del lobby contará, por una parte, con los escaños del partido que más se acercaba a su postura y, por otra, con la fuerza ejercida por el grupo de presión. Además, también puede provocar que la directiva de un partido se convierta en el brazo legítimo del lobby, a través de una curiosa simbiosis donde éste obtiene sus fines a nivel político gracias a la actuación del partido, mientras que los otros conservan el poder mediante el apoyo mediático y financiero del grupo de presión, con la finalidad de que ejecute directamente sus órdenes cuando así lo disponga, lo que implicaría que una organización no democrática controlaría una institución democrática. Y en este supuesto se correría un grave peligro de corrupción política y económica de nuestros representantes, así como de transiciones encubiertas hacia modelos autoritarios.

Todo ser humano tiene unos intereses que va a anteponer frente a otros, en función de su posición social y de sus apetencias personales, por lo que es inevitable que se produzca una ponderación desequilibrada de unos intereses frente a otros. De este modo, un sistema basado sólo en grupos de presión debería hallar un modo de medir la influencia de cada uno de los lobbies para decantar las decisiones a favor de una determinada postura, lo cual es extremadamente complejo, como veremos en siguiente apartado, por lo que este tipo de organizaciones siempre necesita de otro órgano político que adopte las decisiones. De este modo, un sistema basado en grupos de presión necesitaría, inevitablemente, una instancia externa que ponderase dicha influencia, que puede ser tanto un Dictador, como un Parlamento. La democracia moderna se caracteriza por realizar elecciones de representantes por distritos y no por grupos profesionales, de interés o de nacimiento[1149], lo cuales nacen frente a la crítica del carácter atomista del Estado[1150].

Por ello, Rousseau no se oponía a la actuación de los partidos políticos sino a la defensa corporativa de intereses particulares, entendiendo que la perniciosa influencia de este tipo de organizaciones sobre la Voluntad General terminaría por quebrarla y llevaría al Estado a romperse, segregado entre los diferentes intereses sociales, económicos y políticos existentes en su sociedad. No rechaza, por tanto, la participación de los partidos políticos en las instancias representativas, sino que fuesen los gremios los que ejerciesen esa labor. Por ello, para Hayek, lo que más contribuye al totalitarismo son los dos grupos de intereses: capital organizado y trabajo organizado, apuntando ambos en la misma dirección, al buscar monopolizar la industria. Se trataría del complejo socio-industrial que acabaría con la libre competencia, bien a favor del socialismo o de los grandes propietarios. Y es que, en su opinión, el sindicalismo solo puede existir en condiciones de monopolio, bien de empresarios o bien de trabajadores, los cuales se pueden poner de acuerdo y perjudicar a los consumidores si no se tienen en cuenta más

1149 Cfr., HELLER, H., *Las ideas políticas contemporáneas, op.cit.*, pp. 58 y 68.

1150 Cfr., HELLER, H., *Europa y el fascismo, op.cit.*, p. 16.

intereses. Así, crearán un sistema corporativo en el que ambos asuman todo el poder, aunque la decisión última corresponderá al Estado. Pero esta tendencia no es inevitable[1151], en opinión de Hayek.

Ello conduce a Bell a admitir que EEUU es una democracia formal donde las decisiones las toma la élite del poder, pero no considera que ello sea algo negativo, ya que entiende necesaria la existencia de instancias cercanas al poder que superen todo el mecanismo burocrático para hacerle llegar, con mayor celeridad y agilidad, determinados intereses más relevantes, ya que considera que ciertas decisiones han de ser tomadas por técnicos, aunque, no obstante, matiza, no existe una verdadera unidad en la élite del poder[1152]. Sin embargo, debemos oponernos a esta opinión en la medida en que dichos grupos de presión actuarán conjuntamente cuando los intereses del mercado o del capitalismo se pongan en peligro, ya que primará lo que les une sobre lo que los diferencia. De este modo, el Estado de partidos ha dado lugar a un Estado de grupos de interés. Éstos, al igual que lo que sucedió con los partidos políticos, no se recogen expresamente en las Constituciones, sino que se funcionan a través de ellos y cada vez van adquiriendo más reconocimiento legal.

Así, actualmente, mientras que en EEUU los lobbies o grupos de interés cuentan con una detallada regulación que les obliga a declarar a los parlamentarios cada una de las reuniones que tienen con los lobistas o, incluso, hasta cuanto se gastan en comida con ellos, en los países de la UE, aunque creciente, su regulación es todavía muy laxa. En 1995, el Congreso de los Estados Unidos aprobó la *Lobbying Disclosure Act* (LDA), que obligaba a las organizaciones dedicadas a hacer lobby a publicar semestralmente un resumen de sus actividades, sus gastos y la lista de los lobistas que tenían empleados. Además, después de destaparse los casos de corrupción y de tráfico de influencias efectuado por el lobista Jack Abramoff, en 2007, el Congreso americano aprobó la *Honest Leadership and Open Government Act* (HLOGA), por la cual se endureció el control sobre los lobistas, exigiéndoles publicar el informe de sus actividades cada 4 meses y a revelar todas las contribuciones que realizan. Además, la ley establece plazos de hasta 2 años para congresistas y sus empleados de más alto nivel durante los cuales tienen prohibido ejercer la actividad de lobby tras abandonar el ámbito público. En la UE, sin embargo, dicha regulación existe, aunque es más parca que la estadounidense, mientras que en España es inexistente, salvo el registro de Grupos de Interés creado por la Comisión Nacional del Mercado de Valores o por la Generalitat de Cataluña. Sin embargo, Pérez Serrano se opone a su reconocimiento legal como una organización en la que se realizan funciones políticas, defendiendo que la política debe llevarse a cabo en lugares que permitan la transparencia y los contrastes[1153].

1151 Cfr., HAYEK, F.A., *Camino de servidumbre, op.cit.,* pp. 139 y 290-291.

1152 Cfr., BELL, D., *El fin de las ideologías... op.cit.*, p. 81.

1153 Cfr., PÉREZ SERRANO, N., "La gran obra política de un gran juez...", *op.cit.*, pp. 819-820.

Así, se pasó de un parlamentarismo liberal, en el que se entendía que la formación del legislativo era producto de la Razón, a un parlamentarismo de partidos, donde la formación de la voluntad del Estado es fruto del consenso de los partidos políticos, para final y actualmente, plantearse la creación de un parlamentarismo corporativista, donde la voluntad general debe entenderse como el resultado de la negociación de los partidos políticos con los grupos de interés[1154]. Por tanto, no podemos entender, como Hernández bravo, que los partidos políticos pongan en peligro a la Democracia,[1155], si no que el peligro lo supone la falta de regulación de sus relaciones con los lobbies. Ahora bien, el funcionamiento de los grupos de interés no permite explicar el funcionamiento de toda la política[1156], por lo que cabe plantearse si la crisis existe en el sistema parlamentario, en el sistema democrático, en el defectuoso sistema político, en el propio funcionamiento de los partidos políticos o en la falta de ética de los representantes políticos.

3.4.4. ¿Crisis del parlamentarismo o de la Democracia?

En opinión de Heller, lo que está en crisis, no es la Democracia, ni como sistema ni como ideología, sino la técnica parlamentaria, derivada de las necesidades de adaptación del Parlamento a las nuevas realidades. La crisis del parlamentarismo se debe a que el Parlamento se ha convertido en una mera cámara de ratificación de unos acuerdos que no son tomados por sus miembros sino por los comités de partido, y muchas veces ni siquiera por éstos, sino por los grupos de presión, cuyas decisiones escapan al conocimiento del electorado. Así, en palabras del autor, "La crisis del parlamentarismo es una crisis de los medios racionalistas de la democracia[1157]". Kelsen, por su parte, sostiene que no existe una crisis de la Democracia sino una crisis del capitalismo[1158]. De este modo, es la mutación empresarial de los sistemas políticos que los poderes económicos han introducido lo que constituye el principal motor de la Democracia[1159]. Por tanto, culpar de nuevo a ésta de los males producidos por el capitalismo conducirá, otra vez, a localizar sus males en lugares abstractos, lo que llevará a posiciones extremistas desvinculadas del régimen democrático.

De este modo, los Estados fascistas exploraron al máximo el concepto de representación de intereses y, aunque en un inicio lo presentaron como solución a la lucha de clases, fascinando con ello a toda Europa, acabaron siendo conscientes de sus efectos nocivos en la vida política y social democrática, cuando se eleva a las máximas con-

1154 Cfr., FORSTHOFF, E., "Problemas constitucionales del Estado social", *op.cit.*, pp. 56-58.

1155 Cfr., HERNÁNDEZ BRAVO DE LAGUNA, J., "Partidos políticos, Estado y Derecho...", *op.cit.*, p. 93.

1156 Cfr., BELL, D., *El fin de las ideologías... op.cit.*, p. 122.

1157 HELLER, H., *Las ideas políticas contemporáneas, op.cit.*, cit., p. 69.

1158 Cfr., KELSEN, H., "Los fundamentos de la democracia", *op.cit.*, p. 306.

1159 Cfr., DE VEGA GARCÍA, P., "En torno a la crisis de las ideas de representación...", *op.cit.*, p. 30.

secuencias[1160]. No es que este método logre conciliar la lucha de clases, sino que con él se terminan imponiendo los intereses económicos sobre los sociales. Así, a través del Estado corporativista, como sostiene Heller, se busca superar la lucha de clases a través de la lucha de gremios, la cual persigue establecer una colaboración entre todas las clases a través del sometimiento al interés nacional, que coincide siempre con el interés de los productores, por lo que se vuelve a las abstracciones liberales como mecanismos para falsear la participación ciudadana. Se trata, por tanto, de una organización vertical de los sindicatos, estando en la cúspide la patronal.

Pero el Estado corporativo, sindical o gremial no es originario del fascismo, sino que éste nace en la Edad Media[1161], cuando en las cortes estamentales no se representaba al Reino o a la nación, sino a los diferentes intereses de clase y los corporativos. El Estado corporativista tiene como protagonistas a los estamentos profesionales, no a los partidos políticos, ya que de otro modo no puede pervivir la dictadura, ya que ésta sustituye la pluralidad de partidos del Estado de Derecho por el partido único. Así, en el Estado fascista no hay ausencia de partidos, sino que un partido parlamentario, el más fuerte, física pero no electoralmente, se identifica con la parte del todo, queriendo agrupar en un solo colectivo los diferentes valores, convicciones y creencias de la sociedad[1162]. Ello recuerda a la abstracción liberal de considerar que una clase social, la alta burguesía, representaba a toda la Nación, prescindiendo del sufragio. De este modo, el Estado corporativista, lejos de ser una novedad, es en realidad una reminiscencia de las épocas reaccionarias de nuestra Historia.

Ejemplos de modelo corporativista lo encontramos en la Constitución portuguesa, de corte cuasi-fascista, de 1932, justificando en su preámbulo que este sistema suponía una superación del parlamentarismo, el cual simulaba representar la voluntad popular cuando en realidad sólo representaba a los partidos políticos y a los grupos de presión. Cita Heller un resumen de las críticas que se le hacen a la democracia desde el fascismo: "El parlamentarismo no eleva al poder a los verdaderamente aptos y entendidos, sino a los aduladores de las masas y a los ignorantes que discursean sobre principios generales[1163]". Pero el sistema corporativista se encuentra con la dificultad de proceder a la elección de los representantes de las uniones estamentales, que serían, en cualquier caso, uniones económicas, sin acudir a la representación democrática, a la que buscaban superar[1164].

Kelsen, por su parte, se opone a la creación de un Parlamento económico o corporativo en el que se representen grupos de interés, pues éstos no pueden sustituir al Parlamento general ni separarse del mismo, ya que las cuestiones políticas

1160 Cfr., Heller, H., *Europa y el fascismo*, *op.cit.*, p. 87 y De Vega García, P., "En torno a la crisis de las ideas de representación...", *op.cit.*, p. 46.

1161 Cfr., Heller, H., *Europa y el fascismo*, *op.cit.*, pp. 87-88.

1162 Cfr., *Ibidem*, *op.cit.*, pp. 79-80.

1163 *Ibidem*, cit., p. 15.

1164 Cfr., Heller, H., "¿Estado de Derecho o dictadura?", *op.cit.*, p. 298.

no pueden escindirse de las económicas. Y como los intereses son muy diversos, la decisión última debe corresponder a una autoridad, sea un Parlamento o un órgano autocrático. Además, no es posible determinar la importancia e influencia de cada grupo, lo que dificultaría el procedimiento para adoptar decisiones en su seno. En realidad, no se está sustituyendo la representación, sino que sólo se está pasando de la de partidos a la de intereses. Así, el Parlamento corporativo nunca puede sustituir a un Parlamento democrático o a un Dictador, sino que debe restringir su función a ser meramente consultiva, ya que, si finalmente, en el Parlamento económico, las decisiones se toman por mayoría, por no poder determinar cómo ponderar el balance del peso de los diferentes intereses, es mucho más conveniente el uso del Parlamento democrático, ya que en él se tienen en cuenta todos los intereses sociales, económicos y políticos.

Y como las cuestiones que puedan plantearse afectan a diferentes intereses, no es posible abarcarlos todos. Al final, este sistema termina convirtiéndose en un dominio de unos grupos sobre otros, especialmente del capital sobre los trabajadores[1165]. Un Parlamento así constituido no estaría formado por los representantes de todos los ciudadanos sino por los representantes de los sindicatos y de las asociaciones de empresarios, donde prima la fuerza de la burguesía sobre la de los proletarios porque, para los fascistas, la ley de la producción debe imponerse. Por tanto, se trata de un "Estado de productores" y de una lucha de clases antiproletaria, ya que se busca hacer prevalecer una jerarquía y una disciplina desde los productores hacia los trabajadores. Así, a través del Estado corporativista, la élite burguesa logra imponer su dominación y autoridad. De este modo, para el fascismo, los sindicatos son un instrumento para dominar a la clase proletaria[1166].

"Ahora bien, en el interior de la dictadura capitalista tiene este último [el corporativismo] la sola y única tarea de encubrir ideológicamente a las organizaciones destinadas a dominar económicamente a las masas, de las que no puede prescindir una moderna dictadura[1167]", en palabras de Heller. De este modo, el Estado corporativo deja libre una administración autónoma que desplace la vida estatal, para evitar, así, que el Estado intervenga en la esfera socioeconómica[1168]. Sin embargo, dado que este sistema necesita de una autoridad que, tras los debates, en función de su valoración de los intereses, dictamine la resolución que considere adecuada, será el partido y, por tanto, al autócrata, el que adoptará la decisión.

De este modo, concluye el autor, "El Estado corporativo no es el Estado en manos de la Corporación, sino la Corporación en manos del Estado[1169]", pues de lo contrario, como admiten los fascistas, ello acabaría con el propio Estado. Si es cierto

1165 Cfr., Kelsen, H., "El problema del parlamentarismo", *op.cit.*, pp. 94-97.

1166 Cfr., *Ibidem*, pp. 297-299.

1167 Heller, H., "¿Estado de Derecho o dictadura?", *op.cit.*, cit., p. 299.

1168 Cfr., Heller, H., *Europa y el fascismo*, *op.cit.*, pp. 131-132.

1169 Heller, H., "¿Estado de Derecho o dictadura?", *op.cit.*, cit., p. 297.

que en los actuales sistemas democráticos son los partidos políticos y los lobbies los que adoptan las decisiones políticas, no es ésta la tendencia deseada en el seno de una verdadera democracia si no que, muy al contrario, el Estado democrático busca reducir esta influencia y aumentar la carga decisoria ciudadana, por lo que la Democracia se incardina hacia el aumento de la participación. Por el contrario, el Estado corporativista, que critica al Estado democrático por la influencia que ejercen los grupos políticos y de presión en su seno, termina dando el poder a los lobbies, por lo que se incardina hacia una oligarquización de la política.

Pero para que el Estado corporativista pueda nacer y mantenerse deben surgir nuevos valores europeos, cosa que Heller duda que haya pasado, por lo que no cree que se haya superado la democracia parlamentaria[1170]. Así, para que ello fuese posible, sería preciso volver a los principios ético-políticos medievales que justificaban el poder de una élite sobre la mayoría de los ciudadanos como medio para evitar la lucha de clases, pues "frente al Estado de Derecho, resuelto a sujetar a su imperio a la economía, la Dictadura no dispone de otro medio que la violencia torpemente enmascarada por ideología[1171]", en acertada expresión de Heller. Por ello, en la medida en que se crea en la capacidad de autodeterminación del Pueblo, se tendrá mayor o menor fe en este sistema democrático o en el sistema corporativista o, como dice este autor, "Según se crea o no se crea en el porvenir de la clase obrera y, por tanto, en el porvenir de Europa, así parecerá el Estado corporativo fascista la forma más reaccionaria o más moderna de gobierno[1172]".

No obstante, Kelsen acepta el parlamentarismo corporativo, formado por profesiones y grupos de interés, siempre y cuando los Parlamentos profesionales sean meramente consultivos, debiendo primar el Parlamento político, pero nunca sustituyéndolo. La democracia parlamentaria puede ser reforzada, pero nunca sustituida por la organización corporativa, pues ésta busca la dominación de unos grupos sobre otros, lo cual encuentra difícil acomodo en una Constitución democrática[1173]. Ello puede servir de legitimación teórica para los modelos de participación ciudadana que se han ido implementando en los diferentes niveles de los sistemas democráticos. Así, para De Vega, la democracia participativa es el resultado de dos frustraciones históricas: la pérdida de la democracia representativa y la incapacidad del mercado para crear por sí mismo unos niveles mínimos de integración social con el que dar soluciones políticas desde intereses concretos (agricultores, militares, etc...). Ello es útil para políticas sectoriales, pero, sin embargo, no lo es para resolver problemas comunes, pues se pierde la perspectiva del interés general[1174].

1170 Cfr., Heller, H., *Europa y el fascismo*, *op.cit.*, p. 17.

1171 *Ibidem*, cit., p. 134.

1172 *Ibidem*, cit., p. 104.

1173 Cfr., Kelsen, H., *Teoría General del Estado*, *op.cit.*, pp. 579-582.

1174 Cfr., De Vega García, P., "En torno a la crisis de las ideas de representación...", *op.cit.*, pp. 42-44.

Por ello, tras la II Guerra Mundial, el modelo corporativo había calado en la burguesía europea como un sistema novedoso para imponer su poder, aunque se quería implantar sin renunciar a los mecanismos representativos de los partidos políticos. Esta defensa residió en que el parlamentarismo democrático volvió a permitir, una vez más, que los intereses de los trabajadores alcanzasen la mayoría de los escaños del Parlamento, amenazando con poner el riesgo los intereses burgueses. Sin embargo, es importante diferenciar el Estado corporativista usado por el fascismo, que sustituía directamente el sistema de representación parlamentario por el de intereses, del sistema de la Democracia participativa y de la gobernanza. El primero de estos modelos ahora señalados busca instrumentalizar esa representación corporativa, relegándola a constituirse como un órgano consultivo, sometido a las decisiones del Parlamento representativo, con la finalidad de conocer los diferentes intereses afectados y legislar con una mayor precisión. Fruto de la democracia participativa son los Consejos económicos y sociales que establece la Constitución española[1175]. Por ello, Pérez Serrano acepta que los grupos sociales colaboren en el gobierno, siempre que éstos no disuelvan al Estado y anulen al individuo[1176]. Sin embargo, De Vega considera que, en la práctica, la Democracia participativa ha fracasado[1177].

En cambio, la segunda, la gobernanza, busca invertir este orden, manteniendo los órganos representativos democráticos como órganos de ratificación democrática, pero sometidos a las decisiones de los grupos de presión que actúan en los comités de los diferentes partidos políticos. Con este sistema no se busca una mayor participación de los ciudadanos, sino que establece otros cauces de participación diferentes a los democráticos. Se busca lograr la integración social, la paz en las relaciones laborales, despolitizando los problemas y desmovilizando las ideologías. De esta forma, la participación sería el instrumento para legitimar y consolidar el orden económico existente, siendo dicha Democracia un mito, una construcción artificiosa[1178], en la cual la participación de todos los ciudadanos se ve sometida a los intereses de las grandes corporaciones. Por ello, Pisarello considera que la Gobernanza es una caricatura de la democracia. En ella existe el peligro de la perversión, de la manipulación, de ser coaptado o de ensalzar la defensa de intereses corporativos[1179]. Por esta razón, De Vega critica que los sectores progresistas defiendan la Gobernanza[1180], ya que la misma es usada por los grupos de presión económicos para legitimar sus medidas como derivadas de la participación ciudadana cuando en realidad lo hacen del diferente poder que cada grupo es capaz de ejercer sobre los órganos participativos.

1175 Cfr. *Idem*.

1176 Cfr., Pérez Serrano, N., "Apogeo del grupo y reivindicación del individuo", *Escritos de Derecho Político I*, Instituto de estudios de Administración Local, Madrid, 1984, p. 546.

1177 Cfr., De Vega García, P., "En torno a la crisis de las ideas de representación...", *op.cit.*, p. 45.

1178 Cfr., *Ibidem.*, pp. 43-46.

1179 Cfr., Pisarello, G., "Constitución y Gobernabilidad...", *op.cit.*, pp. 146-147.

1180 Cfr., De Vega García, P., "En torno a la crisis de las ideas de representación...", *op.cit.*, p. 46.

3.4.5. La gobernanza como alternativa al sistema democrático

De este modo, la idea de gobernabilidad nace en 1970 y comienza a teorizarse sobre ella en 1975 hasta bien entrados los 80. Con ella se buscaba reducir los excesos de participación democrática y de demandas sociales, desmantelando así el Estado social[1181]. Posteriormente, en los años 90, se va a usar el término "gobernanza global" para definir la gestión de la política por las empresas transnacionales y por los órganos carentes de control ciudadano, lo que garantiza acabar con el Estado social a nivel internacional[1182], por lo que podemos afirmar que la gobernanza global ha sido claramente la palabra de moda de la década pasada. No obstante, es preciso detenernos a analizar algunos modelos internacionales de gobernanza que cuentan con un notable reconocimiento.

Así, la región Metropolitana de Stuttgartt cuenta con un Parlamento propio, elegido por sufragio directo, el cuál toma decisiones sobre diversas áreas del territorio metropolitano. De este modo, algunas áreas metropolitanas tienen Parlamento propio y otras se rigen por el gobierno regional (que en España se correspondería con la provincia). Por tanto, se trata de un modelo que combina la democracia con la gobernanza y cuyo presidente sólo rinde cuentas ante el Parlamento, siendo sus decisiones vinculantes y no vagos compromisos, los cuáles se imponen sin necesidad de ceder ante la presión de los alcaldes o gobiernos comarcales, por lo que se trata, sin lugar a dudas, de un gobierno fuerte.

Por otro lado, en Italia, la reforma constitucional del 2005 atribuyó a los gobiernos provinciales la competencia de planificación territorial, lo que hizo posible el nacimiento de la Aglomeración "Torino Internazionale", creada por la participación de una gran cantidad de agentes, sobre todo económicos, pero gobernada a través de la colaboración de los tres niveles de poder (local, regional y central) en cooperación con los socios de dicha aglomeración. Es lo que se conoce como "Gobierno multinivel". Otro modelo similar es la Aglomeración de Basilea, siendo un ejemplo de cooperación económica transfronteriza con una gran fuerza. Cuenta con la participación de cargos políticos municipales, regionales y nacionales de los dos países fronterizos con Suiza (Francia y Alemania). Fue impulsada por actores económicos y sociales, pero su gobierno es ejercido por el poder político. Finalmente, otro importante ejemplo de buena práctica democrática en las áreas metropolitanas es el "Proyecto Ipérbole", el cual se creó en Bolonia como una importante herramienta del área metropolitana para la participación pública de todos los ciudadanos a través de una página Web. En ella, todos los ciudadanos pueden debatir y consultar los asuntos referentes a las iniciativas o funcionamiento de instituciones metropolitanas, siendo res-

1181 Cfr., Pisarello, G., "Constitución y Gobernabilidad...", *op.cit.*, pp. 130-131.

1182 Cfr., *Ibidem*, p. 132.

pondidas rápidamente por sus técnicos. Se trata, por tanto, de una práctica de participación ciudadana internacionalmente reconocida[1183].

De este modo, a pesar de que se ha establecido formalmente la supremacía del Parlamento sobre el gobierno, como defiende la izquierda, se ha optado por un parlamentarismo débil que facilite la gobernanza. Así, las actuales democracias representativas han pasado de la "desafección" ciudadana y de la eliminación del pluralismo político, social y cultural, a una vigencia parcial de la libertad de disenso, así como a una intervención de los controles sociales de poder[1184], haciéndose realidad la afirmación de Hayek según la cual "Cada vez se extiende más la creencia en que, para que las cosas marchen, las autoridades responsables han de verse libres de las trabas del procedimiento democrático[1185]".

La gobernabilidad supone la ausencia de conflicto político en los comicios nacionales y la imposición de decisiones, desde el ámbito internacional, por instituciones y agentes económicos que actúan sin control ciudadano alguno. De esta forma, la democracia sólo es deseable si garantiza la "gobernabilidad" de la economía capitalista, lo que se traduce en estabilidad y seguridad económica. Y esto se logra evitando la redistribución de la riqueza y frenando las demandas sociales, ya que ambos factores impiden la acumulación de capital[1186]. Este sistema parte de la ideología tecnocrática de la lógica, por lo que rechaza la ideología de la ética, defendiendo la estabilidad y el crecimiento y desconfiando de las políticas redistributivas. Es una nueva orientación de la política cuya finalidad es mejorar el bienestar de los ciudadanos mejorando las condiciones de vida de las empresas[1187].

Así, podemos definir la Gobernanza[1188], neocorporativismo o consorciacionismo como un acuerdo de las diferentes fuerzas sociales con el Estado, lo que erosiona el monopolístico poder de los órganos estatales. Se trata de una negociación del sector público con el sector privado (económico y social), buscando alcanzar un consenso, frente a la supuestamente obsoleta imposición jerárquica del poder político[1189]. Se

---

1183 Cfr., Zimmerling, R., "Globalización y Democracia: un marco para la discusión", *op.cit.*, pp. 118-119.

1184 Cfr., Pisarello, G., "Constitución y Gobernabilidad...", *op.cit.*, pp. 136 y 146.

1185 Hayek, F.A., *Camino de servidumbre* (1944), *op.cit.,* cit., p. 125.

1186 Cfr., Pisarello, G., "Constitución y Gobernabilidad...", *op.cit.*, pp. 130-132.

1187 Cfr., Vázquez Barquero, A., con Seisdedos, G., y Cruz Lacalle, M., *Las regiones policéntricas...*, *op.cit.*, pp. 153-182.

1188 El Libro blanco sobre la Gobernanza en Europa de 2001 define la gobernanza como "la capacidad de las sociedades para dotarse de sistemas de representación, de instituciones, de procesos y de cuerpos sociales, como instrumento de control democrático, de participación de las decisiones y de responsabilidad colectiva". Ante semejante definición, cualquier constitucionalista podría entender que, al hablar de ese derecho de los ciudadanos de poder decidir los modos y formas en que quieren ser gobernados, se estaría aludiendo claramente al Poder Constituyente y que la gobernanza equivale, por tanto, a la mismísima soberanía.

1189 Cfr., Farinós Dasí, J., y Vicent Boira Maiques, J., "Escenarios, visións, Estratexias e o debate metropolitano", *Áreas Metropolitanas galegas*, Coordinador X. M. Souto González, Ed. Xunta de Galicia, Capítulo I, 2009, pp. 51 y 64; Marques da Costa, E., "Características xeográficas e trata, pues, de una cooperación multinivel[1190], tanto vertical (entre las diferentes escalas políticas) como horizontal (entre los distintos territorios)[1191] tratando de solucionar el mal funcionamiento del sistema político[1192]. De este modo, se originan monopolios de representación cuyos procesos decisorios carecen de transparencia[1193] con la finalidad de crear una democracia elitista, en donde los ciudadanos se limiten, en el ámbito político, a votar, evitando la participación ciudadana en calles y plazas[1194]. Como se considera que la participación política retrasa la toma de decisiones sin que ello redunde en mayor eficacia política[1195], se defiende prescindir de la misma, por lo que algunos de los problemas de esta forma de gestión es la falta de legitimidad democrática, ya que muchos de sus representantes no son electos[1196]. Así, defienden que "la gobernanza se ha consolidado como uno de los nuevos principios rectores y en parte es la respuesta lógica al exceso de burocracia, a la preeminencia del poder político y al déficit democrático criticado en las viejas fórmulas[1197] pues conecta las formas tradicionales de gobierno con aquellas más modernas[1198]".

La Gobernanza busca sustituir el consenso por la regla de las mayorías, siendo las élites quienes deben comprometer los segmentos de la sociedad que representan. Así, considera que la Democracia sólo es viable cuando

Transformacións recentes das áreas metropolitanas de Lisboa e O Porto", *Áreas Metropolitanas galegas*, Coordinador X. M. Souto González, Ed. Xunta de Galicia, 2009, Capítulo I, pp. 159, 161 y 184 y VÁZQUEZ BARQUERO, A. con SEISDEDOS, G. y CRUZ LACALLE, M., *Las regiones policéntricas...*, *op.cit.*, pp. 11-12.

1190 De acuerdo con este concepto, esta cooperación se da en una dimensión internacional, supranacional e infranacional. Cfr., WEILER, J. H. H., con HALTERN, U. R., y MAYER, F. C., "La Democracia europea y sus críticos...", pp. 67-68.

1191 Cfr., FARINÓS DASÍ, J., y VICENT BOIRA MAIQUES, J., "Escenarios, visións, Estratexias...", *op.cit.*, pp. 58-60, SOUTO GONZÁLEZ, X. M., "Conclusións", Áreas *Metropolitanas galegas*, Coordinador X. M. Souto González, Ed. Xunta de Galicia, 2009, pp. 485-487 y VÁZQUEZ BARQUERO, A. con SEISDEDOS, G. y CRUZ LACALLE, M., *Las regiones policéntricas...*, pp. 151, 159-161 y 182.

1192 Como la corrupción, los favoritismos o los intereses partidistas. Cfr., FARINÓS DASÍ, J., y VICENT BOIRA MAIQUES, J., "Escenarios, visións, Estratexias...", *op.cit.*, pp. 60,63 y 73 y VÁZQUEZ BARQUERO, A. con SEISDEDOS, G. y CRUZ LACALLE, M., *Las regiones policéntricas...*, pp. 49, 90, 109, 152-163. Se considera, incluso, un sistema de gestión que está llamado a sustituir al viejo sistema administrativo por la eficiencia que se obtiene con su aplicación.

1193 Cfr., WEILER, J. H., HALTERN, U. R. y MAYER, F. C., "La Democracia europea y sus críticos: cinco problemas", *op.cit.*, p. 78.

1194 Cfr., PISARELLO, G., "Constitución y Gobernabilidad...", *op.cit.*, p. 129.

1195 Cfr., FARINÓS DASÍ, J., y VICENT BOIRA MAIQUES, J., "Escenarios, visións, Estratexias...", *op.cit.*, pp. 65-66.

1196 Si realmente se trata de una simple gestión no necesitaría de una legitimidad democrática. El problema es que la gobernanza va más allá de una simple gestión. Por tanto, es menos democrática que la Democracia.

1197 Cfr., VÁZQUEZ BARQUERO, A., con SEISDEDOS, G., y CRUZ LACALLE, M., *Las regiones policéntricas...*, *op.cit.*, p.162 y FARINÓS DASÍ, J., y VICENT BOIRA MAIQUES, J., "Escenarios, visións, Estratexias...", *op.cit.*, p. 85.

1198 VÁZQUEZ BARQUERO, A., con SEISDEDOS, G., y CRUZ LACALLE, M., *Las regiones policéntricas...*, *op.cit.*, cit., p. 182.

cuente con una aristocracia que la oriente y dirija, pues de lo contrario, entienden, primaría la cantidad sobre la calidad[1199], idea que remite a connotaciones autoritaritas pretéritas. También impide la aparición de nuevas minorías que no formen parte del cártel, lo que debilita un verdadero gobierno democrático[1200]. Esto sirve como freno a la democratización interna de los partidos políticos, pues debilita a las élites representantes y reduce la transparencia, lo que posibilita que se desarrolle peor la labor de representación. Algunos autores consideran, incluso, que este modelo sustituirá al sistema administrativo y político tradicional[1201].

De este modo, el concepto mismo de Gobernanza podría oponerse frontalmente al de Democracia, en función de cómo se interprete[1202]. Así, la Libertad democrática es la participación de los ciudadanos en la vida política[1203] y el sometimiento de todos a la misma, por lo que una Ley democrática es aquella que responde a la voluntad de los representados y se impone sobre todos ellos[1204]. Por tanto, para la existencia de una verdadera Democracia[1205] ha de existir un aparato estatal fuerte que imponga la voluntad general[1206] sobre cualquier poder económico o social que pretenda hacer prevalecer sus intereses sobre los de la mayoría, en cuya formación han de concurrir la totalidad de los ciudadanos.

1199 Cfr., Pérez Serrano, N., "Cien años de Derecho político", *op.cit.*, p. 916.

1200 Cfr., Weiler, J. H., Haltern, U. R. y Mayer, F. C., "La Democracia europea y sus críticos: cinco problemas", *op.cit.*, pp. 75-76.

1201 Cfr., Souto González, X. M., "Conclusións", *op.cit.*, pp. 488-489 y Vázquez Barquero, A. con Seisdedos, G. y Cruz Lacalle, M., *Las regiones policéntricas..., op.cit.*, pp. 90 y 161.

1202 No obstante, algunos defienden que son conceptos compatibles, pero para éstos la Democracia solo será deseable en la medida en que sirva para garantizar la Gobernanza. Cfr., Pisarello, G., "Constitución y Gobernabilidad...", *op.cit.*, p. 130.

1203 Defendiendo la misma idea, Cfr. Heller, H., *Las ideas políticas contemporáneas, op.cit.*, p. 71.

1204 Así, Aristóteles defendía que el soberano era la Ley, no el Pueblo, para evitar la demagogia y, por tanto, la destrucción misma de la Democracia. Se oponía, de este modo, a que las instituciones y leyes griegas pudieran variar para satisfacer los intereses privados de algunos ciudadanos, generalmente, los más poderosos. La misma idea es defendida por los autores de la Baja Edad Media como Ockhan, Carlyle o Juan de Salisbury. Cfr., Ruipérez Alamillo, J., *Libertad civil e ideología democrática, op.cit.*, pp. 3-18 y De Vega García, P., "La reforma constitucional como defensa de la Constitución y la Democracia", *op.cit.*, p. 23.

1205 Pero, será Maquiavelo quien defienda que, para ser libres, los ciudadanos han de estar sometidos a la Ley (*vívere libero*) o, de lo contrario, al no ser obedecida por todos, unos ciudadanos podrían alterar la libertad pública impunemente y, por otro lado, todos los ciudadanos han de concurrir en la formación de esa Ley (*vívere civile*), ya que de no ser así, unos ciudadanos dominarían sobre otros (Cfr., Ruipérez Alamillo, J., *Libertad civil e ideología democrática, op.cit.*, pp. 23-27), lo que se traduciría en la esencia misma de esclavitud política aristotélica (Cfr. De Vega García, P., "La Democracia como proceso. ...", *op.cit.*, pp. 471-472) y se correría el riesgo de perder la condición de ciudadanos libres. Cfr., Ruipérez Alamillo, J., *El constitucionalismo democrático ...op.cit*, pp. 207-208 y La *Constitución europea ..., op.cit.*, pp. 170-171.

1206 Nos referimos, obviamente, a la voluntad general rousseauniana, la cual es fruto de un proceso de racionalización. Cfr., Ruipérez Alamillo, J., *Libertad civil e ideología democrática, op.cit.*, p. 60.

Sin embargo, la Gobernanza propugna una negociación del Sector Público con el Sector privado, lo que se traduce en que se está privilegiando a unos particulares por encima del cuerpo político en su conjunto, prevaleciendo, de esta forma, los intereses económicos sobre los políticos y, por tanto, sacrificándose la libertad política en beneficio de la libertad económica[1207]. Ello se traduce en dos conclusiones: o bien el poder político no realiza una correcta representación de los ciudadanos o bien no existiría una auténtica Democracia, al imponerse los intereses de la minoría sobre la mayoría. Las decisiones tecnocráticas tienen detrás ideologías que no se someten al escrutinio público, quedando exentos de los cambios de gobierno o las responsabilidades políticas[1208], por lo que, en realidad, se busca, con ello, realizar una gestión sin responsabilidades políticas[1209]; tener derechos sin deberes; gobernar sin ser gobernantes ni tener legitimidad democrática para ello. Y en esto se traduce, precisamente, gobernar sin gobierno o "governing without goverment[1210]", es decir, un gobierno sin partidos[1211]. Por ello, para Sánchez Cuenca, la forma fundamental de control político es el voto[1212] pero, como sabemos, no lo es.

Ahora bien, será una práctica política correcta y aconsejable contar, en lo posible, con la colaboración y el consenso de los actores económicos y sociales en la elaboración normativa, pero jamás negociar con ellos en condiciones de igualdad. Por tanto, como se vio en apartados anteriores, que los partidos políticos actuales funcionen de una forma deficiente y anómala desde el punto de vista democrático, no implica que la ausencia del Poder Público reporte más ventajas que su existencia[1213], lo que hace necesario reformar el modelo representativo, pero no el modelo

1207 Cfr., Ruipérez Alamillo, J., *El constitucionalismo democrático ...op.cit*, pp. 174-175.

1208 Cfr., Weiler, J. H., Haltern, U. R. y Mayer, F. C., "La Democracia europea y sus críticos: cinco problemas", *op.cit.*, p. 78.

1209 Así, adquieren absoluta y total actualidad las palabras de Heller: "La fuerza política del director económico es tan peligrosa cono anónima e irresponsable, y la democracia moderna ofrece medios para que produzca la ilusión de que es la opinión pública la que ejerce el control político" Heller, H., *Las ideas políticas contemporáneas, op.cit.*, cit., p. 138.

1210 Es un principio formal de estética, usado también por los fascistas como "democracia sin jefes". Sin embargo, como señala muy bien el autor alemán, se trata de una excusa para que los ciudadanos no designen directamente a sus representantes. Se busca, por tanto, formar una élite de los más audaces. Cfr., Heller, H., *Europa y el fascismo*, *op.cit.*, pp. 40-41.

1211 La defensa de un gobierno sin partidos se traduce en que, en el gobierno, existe un único partido que excluye al resto. Se trata, en realidad, del rechazo formal de los partidos políticos. Así, el partido único alemán, italiano e, incluso, el Movimiento Nacional español, defensores del partido único como exclusivo representante de los intereses de la Nación, en realidad lo que buscaban era excluir a los demás partidos del gobierno, los cuales existían de forma ilícita en la realidad. Tampoco podemos olvidar que un grupo de presión es también un agente político que opera tanto en condiciones de democracia como de dictadura. Cfr., Heller, H., *Europa y el fascismo*, *op.cit.*, p. 80.

1212 Cfr., Sánchez Cuenca, I., "El déficit democrático de la Unión Europea" en el vol. *Aspectos políticos y sociales de la integración europea*, eds. I. Llamazares y F. Reinares, Valencia, ed. Tirant lo Blanch, 1999, p. 99. En contra de esta opinión, Cfr., Ruipérez Alamillo, J., *La Constitución europea ...*, *op.cit.*, p. 41.

1213 "Lo único peor que demasiado gobierno, es demasiado poco". Judt, T., *Algo va mal*, *op.cit.*, democrático. Así, en la gobernanza se defiende la legitimación *output*, que se da cuando el sistema da buenos resultados, y se quiere prescindir de la legitimación *input*, que es la que se da en un Pueblo bien definido y que elige a sus gobernantes[1214]. Y aunque son necesarias las dos, la legitimación *input* debe primar sobre la *output*. Además, es cuestionable que la participación de las empresas en la toma de decisiones pueda considerarse como una forma de participación democrática, pues cuando una gran empresa resulta perjudicada por una decisión nefasta, la tome ella o no, puede irse a otro país con total libertad, por la especial facilidad que existe a nivel mundial para el traslado de sucursales, pero no sucede lo mismo con la libertad de circulación de las personas, las cuales tendrán que soportar las consecuencias de la decisión perjudicial, tomada muchas veces a espaldas o en contra de su voluntad.

Por otro lado, tampoco quedan claros cuales son los modos y formas por los que se eligen a los representantes del sector privado. Se desconoce si es a través de formas de democracia interna, por sorteo o mediante la vanguardia de los agentes más destacados de un sector, a modo de élite. Recaen, de este modo, en la misma laguna que el fascismo no pudo completar en relación a la elección de los medios corporativos. Si se tiene en cuenta la relevancia social de cada uno de los grupos y empresas, nos hallamos ante dos problemas: por un lado, la subjetividad que decide primar a unos grupos y no a otros, pues es difícil establecer unos principios objetivos que midan la importancia de las diferentes organizaciones, y por otro, que sea el poder fáctico y no el respaldo popular lo que legitime una decisión, pasando de una democracia a una timocracia.

De este modo, la Gobernanza tiene una gran similitud con formas feudales o bajo-medievales, donde el soberano, el Rey, se veía obligado a negociar sus impuestos con los Señores[1215]. Así las cosas, siguiendo a Ruipérez, es preciso defender la Democracia frente a las ideas neoliberales[1216] que buscan terminar con la participación directa de la ciudadanía en las decisiones políticas. El neoliberalismo sostiene que la Sociedad debe imponerse sobre el Estado a través de un modelo corporativista (grupos de presión, de interés...), donde primase el mandato imperativo, y que sustituiría a las instituciones políticas[1217]. De esta forma, se pretende hacer pasar por moderna una burda analogía de los modelos territoriales del medievo. En este sentido, Tony Judt afirma que "detrás de cada cínico (o simplemente incompetente) ejecutivo, bancario o inversor hay un economista que le asegura (y a nosotros), desde una posición de autoridad intelectual indiscutida,

cit., p. 141.

1214 Cfr., ZIMMERLING, R., "Globalización y Democracia: un marco para la discusión", *op.cit*, p. 76.

1215 En estas circunstancias, la nobleza y el clero, a través del voto por estamentos, hacían recaer su pago sobre el Pueblo, siendo el poder real un mero ejecutor de los intereses privilegiados, cuando éstos no decidían directamente imponerse sobre el monarca. De esta forma, al igual que en la gobernanza, una minoría decide la organización política de la mayoría.

1216 Cfr., RUIPÉREZ ALAMILLO, J., *El constitucionalismo democrático ...op.cit*, p. 226.

1217 Cfr., DE VEGA GARCÍA, P., "En torno a la crisis de las ideas de representación...", *op.cit.*, pp. 28-30.

que sus actos son útiles socialmente y que, en todo caso, no deben ser sometidos a escrutinio público[1218]". De esta forma, se quiere que se tenga fe ciega en las decisiones de los economistas.

Sin embargo, el problema del corporativismo moderno o neocorporativismo es que no permite llevar a cabo la división de poderes entre el poder económico y el poder político. Pero si la Gobernanza se reduce a una mera consulta a los diferentes grupos de presión, no se pondrá en peligro la Democracia; pero si aquella prima, la Democracia perecerá. "La experiencia nos enseña que cuando los partidos desparecen, los que les sustituyen son los grupos de presión, los magnates de las finanzas o los demagogos con vocación de dictadores[1219]", como sostiene De Vega. Pero, cuando los grupos de presión no sustituyen a los partidos políticos, no es gobernanza, sino democracia participativa, la cual defiende Schneider como complementaria de la representativa[1220], ya que ésta aumenta el sentido de la colectividad y reduce los excesos autoritarios, en opinión de Tony Judt,[1221].

Y es que, en la realidad, aunque se podría discutir si el modelo corporativo es el modelo de hecho, el plasmado en la realidad, el modelo legal sigue siendo el de la democracia participativa. Se creía que la globalización daría lugar a Estados corporativistas de mercado dominados por poderosas multinacionales, las cuales decidirán sobre la política económica y pondrían coto a los gobiernos. Pero si la crisis de 2008 demostró que no hay tal Estado corporativista y el papel del Estado-Nación vuelve a cobrar fuerza en el ámbito internacional[1222], la crisis sanitaria y económica provocada por el COVID-19 puso de manifiesto la inoperatividad del neoliberalismo para proteger al ciudadano en todas sus esferas vitales, erigiéndose el Estado, de este modo, como el principal defensor de los derechos del individuo. Así, como dice Tony Judt, "Ya deberíamos saber que la política sigue siendo nacional, incluso si la economía no lo es[1223]".

En relación a la democracia asamblearia, ésta no puede funcionar en condiciones de normalidad en los países industrializados, sino únicamente en condiciones de ruptura revolucionaria[1224]. Se trata de una forma de organización provisional que permite llevar a cabo acciones conjuntas sobre las que existe consenso, para realizar movimientos que requieren la entrega total del individuo, por su propia voluntad. Pero en circunstancias normales, la necesidad de adoptar diversas decisiones sobre multitud de complejos temas, hace necesario la existencia de un órgano especializado. Además, en las asambleas no todo el mundo es escuchado

1218 Judt, T., *Algo va mal*, *op.cit.*, cit., pp. 106-107.

1219 De Vega García, P., "En torno a la crisis de las ideas de representación...", *op.cit.*, cit., p. 31.

1220 Cfr., Schneider, H. P., "Soberano sin poder...", *op.cit.*, pp. 264-266.

1221 Cfr., Judt, T., *Algo va mal*, *op.cit.*, p. 131.

1222 Cfr., *Ibidem*, p. 184.

1223 *Ibidem*, cit., p. 186.

1224 Cfr., Schneider, H. P., "Soberano sin poder...", *op.cit.*, p. 260.

y tomado en cuenta en condiciones de igualdad, pues existen individuos que gozan de una mejor técnica oratoria que permite persuadir a los demás con mayor facilidad. Las personas evitan decir lo que piensan si los que le rodean emiten un juicio erróneo[1225]. No se valora el que dice cosas mejores sino el que dice mejor las cosas. De esta forma, el individuo queda, igualmente, sometido a la opinión de sus iguales.

Por todo ello, todas las alternativas propuestas han resultado manifestar errores o lagunas de las que no carece el sistema representativo. De esta forma, sólo la forma democrático-parlamentaria representa los verdaderos intereses de la sociedad, pues no es posible renunciar al parlamentarismo sin renunciar a libertad política, en nuestros días, como sostiene Kelsen[1226]. El reto será actualizar la técnica parlamentaria a los nuevos paradigmas sin descuidar el uso que las nuevas técnicas de las telecomunicaciones pueden ofrecer para mejorar la participación democrática.

Y ello es necesario como consecuencia de la paulatina distancia que ciudadanía ha ido tomando con respecto a las instituciones democráticas debido a su ineficacia representativa, por lo que será necesario no prescindir de las mismas sino buscar que esa representación sea verdadera. De este modo, la erosión de la condición de ciudadano en los sistemas democráticos actuales, agravada por el papel vinculante de las instancias políticas supranacionales, en las que la representación del individuo es menor, explica que el mismo renuncie a la participación activa en la política, a la vista de la inutilidad de sus acciones y de la escasa influencia de su participación en las elecciones. Sin unas garantías jurídicas que obliguen a los representantes políticos a someterse a las decisiones de la ciudadanía, la representación mediante sufragio no dejará de ser una ficción democrática. Y al perder la fe en los políticos, perdemos la fe en las instituciones[1227].

Por tanto, no es que el ciudadano medio renuncie a los derechos políticos por los que en el pasado tanto se ha luchado, sino que se niega a participar en el vergonzoso espectáculo en el que las oligarquías económicas dominantes han transformado los sistemas democráticos. Cuando se busca democratizar el Derecho electoral, no se busca tanto aumentar la participación como aumentar la influencia sobre el representante. Pero este interés, para Kelsen, es fáctico, no jurídico, por lo que carece de interés para la teoría pura[1228]. Sin embargo, como ya se ha demostrado, no se puede afirmar que esa representación sea democrática o, al menos, pueda diferenciarse de la autocrática si no existen mecanismos para garantizar el sometimiento del gobernante a la voluntad popular.

1225 Cfr., Nussbaum, M. C, *Sin fines de lucro..., op.cit.*, p. 70.

1226 Cfr., Kelsen, H., "El problema del parlamentarismo", *op.cit.*, pp. 86 y 97-98.

1227 Cfr., Judt, T., *Algo va mal*, *op.cit.*, p. 133.

1228 Cfr., Kelsen, H., *Teoría General del Estado*, *op.cit.*, pp. 516-517.

4. CONCLUSIONES

Por todo ello, será preciso llegar a la siempre tan dificultosa tarea de poner fin a una obra, en la medida en que, en palabras de nuestro buen ginebrino, "Aquel que dice todo, dice pocas cosas, porque a final de cuentas no se le sigue escuchando[1229]", o en este caso, leyendo. No se ha logrado ni, como se dijo al inicio, tampoco se pretendía, demostrar cuantitativamente la existencia y relevancia de las crisis a las que, actualmente, el Estado social se ha ido enfrentando en los últimos años. Tampoco se buscó probar, a través de las estadísticas, como el Estado social español ha contribuido a mejorar el nivel de vida de los ciudadanos españoles. Lo que en esta obra se buscaba, y esperamos haberlo logrado, es ofrecer una visión global y sistematizada de las diversas dificultades que encuentra el Estado social para consolidarse plenamente, de los diferentes mecanismos constitucionales de los que dispone para llevarlo a cabo y las consecuencias que su abandono acarrea.

Así, debemos comenzar destacando las virtualidades del Estado social como aquella forma de Estado que permite garantizar las adaptaciones de las ideas de Libertad e Igualdad a los tiempos actuales. De este modo, el poder del Estado sólo logra legitimarse frente a sus ciudadanos, en el mundo occidental, si a cambio de la coacción que se ejerce sobre ellos, vela por su cuidado, lo cual legitima el poder de los gobernantes. Así, como hemos tenido la ocasión de demostrar, el Estado social responde a las demandas sociales que exigían de la organización política ser algo más que el mero mantenedor del orden público. Y como ya hemos visto, este sistema permitió crear las condiciones socioeconómicas que dieron lugar, en Europa y parte de América, a una homogeneidad social sin precedentes y que desembocará en una clase media hegemónica y leal al Estado de Derecho. Ello sirvió para reforzar al Estado, pues la reducción de las tensiones sociales, a través de la redistribución de la riqueza, fortalece el país[1230]. Además, permitió una educación pública basada en la crítica racional, posibilitando el ascenso social en función de los méritos. Esta homogeneidad social dio lugar a un consenso social que evitó la extensión de los totalitarismos al resto de Europa. Y ello sólo pudo ser posible

---

1229 ROUSSEAU, J.J., *Emilio o de la educación*, *op.cit.*, cit., p. 285.

1230 Cfr., JUDT, T., *Algo va mal*, *op.cit.*, p. 163.

gracias a un sistema impositivo redistributivo que compensó las desigualdades generadas por el capitalismo a través de los servicios sociales. Así, una de las principales virtualidades del Estado social fue, además de permitir mayores cuotas de libertad, evitar que nacieran, en su seno, movimientos sociales que, debido a la incapacidad del individuo para focalizar en las disfuncionalidades del mercado desregulado el origen de sus problemas, dada la complejidad del mismo, volvieran su rabia contra el régimen político del Estado, lo cual sirve de plataforma a movimientos antisistema y al fascismo.

Ahora bien, entendemos por Estado social a aquel Estado fundado y organizado desde la legitimidad democrática a través de una Constitución rígida en la práctica, que establezca la división de poderes y una declaración de derechos, sociales e individuales, y de libre competencia, mediante la cual se lleve a cabo la prestación de los servicios sociales que respondan a las necesidades de la ciudadanía mediante la participación activa de la misma en su determinación y en la distribución territorial de la renta, buscando la homogeneidad social y creando una capacidad crítica de sus ciudadanos que sirva como criterio de progreso social y fomente la vigilia de la actuación constitucional de sus gobernantes, garantizando su sometimiento a la Constitución. Ello permite diferenciarlo del Estado de beneficencia y del totalitario, en los cuales el gobernante no está sometido a su cumplimiento.

Y es que, mientras que el Estado totalitario puede reconocer en un documento oficial la existencia de un amplio abanico de derechos civiles y sociales, los mismos no vinculan al gobernante, en la medida en que las normas que se recogen en dicho documento no poseen los elementos que caracterizan a una verdadera Constitución y, por tanto, carece de los mecanismos necesarios para poder imponerse. Además, al no existir en su seno un verdadero sistema democrático, no es posible conocer las necesidades de sus ciudadanos, por lo que este sistema no permite adaptar los derechos sociales a las actualizaciones demandadas por los cambios históricos. Por la contra, el Estado de beneficencia si posee una Constitución real y unos derechos, garantizando el funcionamiento de un verdadero sistema democrático. Sin embargo, en la medida en la que los derechos sociales no se encuentran recogidos en la Constitución, quedan al arbitrio del gobernante de turno, que podrá aplicarlos o no sin por ello perder su legitimidad. En este caso, al poseer mecanismos democráticos, si puede conocer las demandas de la población para adaptar mejor la aplicación de los derechos sociales. Pero ello dependerá de su decisión social sobre los mismos. Por tanto, el Estado social presenta como elementos fundamentales la consagración de unos derechos sociales, en una Constitución políticamente rígida que, a través de unos mecanismos efectivos de participación ciudadana, comuniquen al gobernante, con eficacia vinculante, cuáles son las necesidades básicas de la población en cada momento. De esta forma, no deberá ser difícil deducir que, aunque España es un verdadero Estado social, éste no se haya garantizado, lo que implica la necesidad de garantías constitucionales que permitan reaccionar frente a su incumplimiento.

Y ello se debe a la existencia de una serie *de facto*res que no conviene perder de vista. En primer lugar, la imposición del poder económico ha dado lugar a una merma de la participación ciudadana en las decisiones política y a una reducción de las políticas sociales, lo que se conoce como neoliberalismo. Ello ha supuesto que ese poder económico use al poder político como un instrumento al servicio de sus intereses, haciendo que los ciudadanos se conviertan en sus súbditos, lo que aniquila la esencia misma de la Democracia. Por esta razón, el Estado social se presenta como el principal obstáculo a dichas políticas, siendo necesario erosionarlo para poder, posteriormente, justificar su destrucción. Así, comienzan privatizando sus servicios, reduciendo los mecanismos de redistribución de riqueza, excluyendo a los ciudadanos de las decisiones políticas, potenciando la educación meramente técnica y sustituyendo las valoraciones éticas de las decisiones políticas por valoraciones basadas en la eficiencia. Y, como defiende Hessel "Ya es hora de que la preocupación por la ética, por la justicia, por el equilibrio duradero prevalezcan. Puesto que los más graves riesgos nos amenazan. Y pueden llevar a término la aventura humana en un planeta que podría volverse inhabitable para el Hombre"[1231].

Y la Constitución española, nacida durante la etapa de mayor auge del neoliberalismo, surgió como una amalgama de demandas socialistas y neoliberales que han dado lugar a muchas contradicciones que ya se han expuesto a lo largo de esta obra. Sin embargo, esta balanza quedó desequilibrada a favor de las políticas neoliberales a través del positivismo jurídico y la ideología de la Constitución, que primó los procedimientos de creación normativa que la Norma Fundamental contiene sobre los contenidos que la misma recoge, lo que hace que los derechos sociales careciesen de efectiva virtualidad. Para ello, desde 1991, en España, se realiza una aparente redistribución tributaria que se legitima en una mayor onerosidad sobre las grandes fortunas pero que, en realidad, lo que hace es hacer recaer el mantenimiento del Estado con un mayor peso sobre las familias trabajadoras, lo que provoca mayores necesidades sociales que ellos mismos se costean a través de los impuestos que pagan, lo que permite a las grandes fortunas seguir acumulando riqueza, favoreciendo una circulación de mercancías y capitales mucho más desregulada e impide a las clases bajas ascender. Y esto provoca la crisis fiscal del Estado social que sirve a los propios ideólogos del neoliberalismo para justificar su ineficacia.

Además, como nos encontramos en un sistema cada vez más digitalizado, es necesario formar a jóvenes en el manejo de los nuevos avances tecnológicos para que sepan adaptarse a los nuevos métodos de producción, por lo que la educación se enfoca, cada vez menos, en la obtención de habilidades humanísticas que permitan a los futuros ciudadanos asumir las responsabilidades y derechos que su condición les acarrea. De este modo, el abandono de la formación sobre una conciencia crítica que proteja a los ciudadanos contra el tiránico engaño de discursos insidiosos o publicidades peligrosas, combinado con la ausencia de enseñanzas

1231 HESSEL, S., *Indignaos*, *op.cit.*, cit., pp. 45-46.

que permitan colocarse en el lugar del otro para alcanzar acuerdos en las divergencias, así como la desatención, por parte del Estado y de las entidades privadas de la financiación, para las investigaciones en Ciencias Sociales, colocan a las Democracias en una posición débil, ya que se está privando a estos sistemas de los diques que contienen a los totalitarismos. En circunstancias normales pueden mantenerse perfectamente sin los mismos, pero en épocas de grandes lluvias, el totalitarismo comenzará a inundarla y no tendrá medios para achicar ese exceso de dogmatismo visceral, terminando el sistema democrático por perecer en el fondo de un despotismo enmascarado.

Esto conduce, indefectiblemente, a que los partidos políticos, lejos de convertirse en plataformas ciudadanas, acaben sometidos a los mandatos de una directiva interna que imponga una férrea disciplina a sus militantes, los cuales han sido educados en la absorción de dogmas sin crítica. Esta presión también es ejercida sobre los representantes, los cuales no debaten libremente en el Parlamento, sino que ejecutan los mandatos de su partido en instancias democráticas. Pero el mayor peligro se presenta cuando son los grupos de presión los que acaban controlando a los partidos políticos y, por tanto, a las instituciones democráticas, ya que ello da lugar a un falseamiento democrático y a la conversión del sistema en una dictadura oligárquica. Sin embargo, a diferencia de ésta, en su seno es posible que los ciudadanos demanden medidas de control que reduzcan el papel de los lobbies y fortalezca la participación ciudadana, ya que el sistema legítimo y legal sigue siendo el democrático. Por ello, no podemos hablar realmente de una crisis de la Democracia; ni siquiera de una crisis del parlamentarismo. Se trata de una crisis de los propios partidos políticos. Pero no se aboga aquí por su eliminación, sino, muy al contrario, por su democratización. Y ello no se puede complementar con sistemas de participación ciudadana asociativa, ya que implicaría otorgar legitimidad a unos intereses por encima de otros; de valorar utilidad sobre ética, economía sobre política. En definitiva, que no fuese la mayoría ni el interés general el criterio que determinaría la legitimidad de una decisión, sino el ruido mediático que un grupo puede llegar a hacer y la reacción social que éste pueda llegar a despertar.

Pero hay bienes valorados por los humanos que no se pueden cuantificar (bienestar, justicia, igualdad de oportunidades...), por lo que, si no podemos justificar el Estado social por los instintos benevolentes del ser humano, justifiquémoslos por los costes que supondría abandonar su práctica. Así, si tomamos en consideración esos bienes en términos económicos, el Estado de Bienestar sale rentable mientras que el mercado libre se convierte en un coste insoportable[1232]. Y es que una relación equitativa entre ciudadanos es un concepto social, no económico, por lo que éstos no deben estudiarse desde el valor del mercado[1233]. Así, más que la eficiencia, es necesario valorar los costes sociales, medioambientales, humanos, estéticos y culturales que se encuentran en juego a la hora de adoptar una

1232 Cfr., Judt, T., *Algo va mal*, *op.cit.*, pp. 163 y 209.

1233 Cfr., Marshall, T. H., *Ciudadanía y clase social*, *op.cit.*, pp. 72-74.

decisión. Por ello, es preciso replantearse el término "útil" para saber qué es más útil, si un sistema de garantías sociales o una sociedad impulsada por el mercado[1234]. De este modo, el debate debe centrarse en decidir si estamos dispuestos a soportar las consecuencias sociales que acarrea reducir el Estado social, como la inseguridad o la inestabilidad política, ya que destruir el Estado social supondría un conflicto interno dentro del Estado, o si preferimos soportar el elevado coste de un Estado soberano que proteja por igual a todos y cada uno de sus ciudadanos.

La pandemia del COVID-19 nos ha demostrado que el Estado social es una herramienta fundamental para hacer frente a los retos que la globalización nos depara. Así, frente a quienes defendían que la internacionalización de la economía demandaba la desaparición de los Estados, la pandemia ha puesto de manifiesto que, en situaciones de crisis, se hace necesario un poder político fuerte que tenga acceso al control de la economía. Sin embargo, durante todos estos años hemos debilitado los instrumentos sociales de los que disponen los Estados para hacer frente a este tipo de catástrofes. Ello puede hacer cambiar la tendencia y que se extienda una conciencia social favorable a otorgarle un mayor papel al Estado frente a la economía. El problema es que, al haber renunciado a invertir y desarrollar una educación humanista, se corre el peligro de que la sociedad caiga en manos de tendencias totalitarias del signo político que sea. Es ahora cuando se evalúa realmente la salud democrática de todos los sistemas políticos. Y un hipotético suspenso acarrearía la pérdida de libertad de todos los ciudadanos del Estado afectado.

Pero esta desastrosa tendencia no es un abismo en el que nos veamos irremediablemente arrastrados, sino que, como afirma Hayek, las evoluciones de los países no son inevitables y se pueden cambiar si somos conscientes del peligro al que avanzan[1235]. Por ello, es preciso hacer una defensa del Estado social español frente a los albures que lo amenazan, no sólo porque así lo establece el constituyente, sino porque es la única manera de lograr mantener el Estado democrático que tanto hemos deseado. No negaremos, innecesario debería ser ponerlo de manifiesto, que dicha tarea es ardua, pero la virtud política nos obliga a acometer tamaña empresa pues, "lo que más engaña a los incautos y perjudica con mucha frecuencia a la república es esa opinión según la cual se dice que una cosa es verdadera y justa, pero se niega que sea realizable[1236]", en palabras de Cicerón porque, como sostiene Rousseau, "Existen gentes para quienes todo lo que es grande parece quimérico, y que, en su baja y vil razón, no conocerán jamás lo que puede sobre las pasiones humanas la misma locura de la virtud[1237]". Por esta razón, la socialdemocracia ha recuperado su vigencia[1238] pues, aunque la misma

1234 Cfr., JUDT, T., *Algo va mal*, *op.cit.*, pp. 203-204 y 213.

1235 Cfr., HAYEK, F.A., *Camino de servidumbre* (1944), *op.cit.*, p. 43.

1236 CICERÓN, M.T., *Las Leyes*, *op.cit.*, cit., pp. 229-231.

1237 ROUSSEAU, J.J., *Emilio o de la educación*, *op.cit.*, cit., p. 514.

1238 Cfr., JUDT, T., *Algo va mal*, *op.cit.*, p. 216.

"no representa un futuro ideal; ni siquiera representa un pasado ideal, es la mejor de las opciones que tenemos hoy[1239]", en palabras de Tony Judt.

De este modo, sin duda alguna, lo que se busca con esta investigación es hacer nacer en el receptor una conciencia crítica, sea cual sea su opinión para con esta obra y, sobre todo, para con el Estado social, ya que, como sostiene Rousseau, "aun cuando mis ideas fuesen malas, si yo las hago nacer buenas en otros, no habré perdido todo mi tiempo[1240]" pues "Se consigue siempre el resultado cuando sólo se quiere realizar el bien[1241]". Por tanto, siempre nos quedará la esperanza de que este análisis dé sus frutos, haciendo nacer en los lectores criterios y opiniones al respecto, pues no puede existir mayor satisfacción para aquel que se ocupa de las ciencias sociales que su obra no pase indiferente al ojo crítico. En cualquier caso, con mayor o menor acierto, hemos logrado nuestro cometido, a saber: que, si el lector ha llegado a leer el último párrafo de esta conclusión, es que al menos hemos logrado, por muy diversos motivos, captar su atención. Y si, como al igual que nuestro poeta, Ignacio Fornés Olmos (Nach), "¿Crees qué es injusto? ¡Dilo! No eres el único, ¿protestas como un ciudadano o callas como un súbdito?".

1239 *Ibidem*, cit., p. 210.

1240 Rousseau, J.J., *Emilio o de la educación*, *op.cit.*, cit., p. 31.

1241 *Ibidem*, cit., p. 303.

BIBLIOGRAFÍA

Abendroth, W., Forsthoff, E. y Doehring: *El Estado social*, Centro de Estudios Constitucionales, Madrid, 1986.

Althusius, J.: *La política metódicamente concebida e ilustrada con ejemplos sagrados y profanos*, Centro de Estudios Constitucionales, Madrid, 1990.

Aristóteles: *Política*, Editorial Austral, 2011.

Ayllón González, M. E.: *Manual de Derecho constitucional mexicano*, Editorial Porrúa, México, 2014.

Bell, D.: *El fin de las ideologías. Sobre el agotamiento de las ideas políticas en los años cincuenta (1960)*, Ministerio de Trabajo y Seguridad Social, Edición española: Joaquín Abellán, España, 1992.

Bernardi Gil X. y **Galán Galán, A.**: "La garantía constitucional de la provincia a la luz de la jurisprudencia del Tribunal Constitucional. El debate actual sobre las Diputaciones Provinciales: un análisis de las últimas propuestas electorales", *Fundación Democracia y Gobierno Local*, 2009, pp. 31-64.

Brey, G., *Pablo Iglesias, los socialistas y el movimiento obrero en Galicia (1890-1910)*, Palacio Municipal de exposiciones Kiosco Alfonso, Mazaira Grafismo S.L., 2001.

Brutus S. J.: *Vindiciae contra Tyrannos*, Tradución por Piedad García-Escudero, Editorial Tecnos, Madrid, 2008.

Burgoa, I.: *Las garantías individuales* (1944), Editorial Porrúa, México, 2002 (34 Ed).

Cabanas Veiga, M.:

- "Las Diputaciones Provinciales gallegas en la recesión económica actual y la crisis del principio de autonomía local", *AFDUDC*, N° 18, 2014, pp. 107-148.
- "El papel de la militancia juvenil en el sistema democrático español", *Juventud y constitución: un estudio de la Constitución española por los jóvenes en su cuarenta aniversario*, coord. por Andrés Iván Dueñas Castrillo, Daniel Fernández Cañueto, Gabriel Moreno González, 2018, ISBN 9788494620140, pp. 235-264.

Cano Rubio, M.D.: "Cómo el liberalismo económico influye en la regulación socio-económica de un país: El papel de las Diputaciones provinciales", *Sobre un hito jurídico, La Constitución de 1812. Reflexiones actuales, estados de la cuestión, debates historiográficos*, Universidad de Jaén, Jaén, 2012, pp. 573-590.

Carbonell Porras, E.: "La división del territorio en provincias y su evolución", *Sobre un hito jurídico, La Constitución de 1812. Reflexiones actuales, estados de la cuestión, debates historiográficos*, Universidad de Jaén, Jaén, 2012, pp. 537-554.

Cicerón, M.T.:

- *Las Leyes*, Traducción, introducción y notas por Álvaro D' Ors, Instituto de estudios políticos, 1970.
- *Sobre la República*, Editorial Tecnos, 1992.

Constant B.: "Sobre la libertad de los antiguos comparada con la de los modernos", *Revista de estudios públicos*, Nº 59, 1995, pp. 1-20.

Da Sousa Santos, B., "Undécima carta a las izquierdas. ¿Ecología o extractivismo?", *Diario Público*, 12/12/2013, http://blogs.publico.es/espejos-extranos/2013/12/12/undecima-carta-a-las-izquierdas-ecologia-o-extractivismo/ (16/09/2016).

De Carreras, F.: "¿Debe reformarse la Constitución?", *El País*, 2013, http://elpais.com/elpais/2013/11/29/opinion/1385735281_682771.html (07/10/2016).

De la Boëtie, E.: *Discurso de la servidumbre voluntaria o el contra Uno (1576)*, Estudio preliminar y notas de Hernández Rubio, J. M., 3ª Ed., 2007.

De Miguel Bárcena, J.: "Los Derechos sociales en la Unión Europea: Comentarios a la última jurisprudencia del Tribunal de Justicia", *AFDUDC*, Nº12, 2008, pp. 1019-1034.

De Vega García, P.:

- "Ciencia Política e ideología", *Boletín Informativo de Ciencia Política*, 1970, pp. 139-157.
- "El carácter burgués de la ideología nacionalista, *Revista Sistema*, núm 16, Madrid, 1976 y en *Obras escogidas de Pedro de Vega García*, Centro de Estudios Políticos y Constitucionales, Madrid, 2017, pp. 21-33.
- "Supuestos históricos, bases sociales y principios políticos en el derecho constitucional democrático", *Anuario Jurídico*, IX, Memoria del III Congreso Iberoamericano de Derecho Constitucional, 1982, pp. 715-729.
- "Constitución y Democracia", *La Constitución de la Monarquía Parlamentaria*, Ed. A. López Pina, FCE, Madrid, 1983 y en *Obras escogidas de Pedro de Vega García*, Centro de Estudios Políticos y Constitucionales, Madrid, 2017, pp. 211-227.

- "Significado constitucional de la representación política", *Revista de Estudios políticos* (Nueva Época), Número 44, marzo-abril, 1985, pp. 25-45.

- "La crisis de la representación política en la democracia de partidos", *Tendencias contemporáneas del Derecho electoral en el mundo. Memoria del II Congreso internacional de Derecho electoral*, UNAM, México, 1993, pp. 181-204.

- "Estado social y Estado de partidos. La problemática de la legitimidad", *Problemas actuales del derecho constitucional. Estudios en Homenaje a Jorge Carpizo*, Instituto de Investigaciones Jurídicas, México, 1994, pp. 133-144.

- "En torno a la crisis de las ideas de representación y de legitimidad en la democracia actual", *Temas de Derecho Público 42*, Universidad Externado de Colombia, Bogotá, 1996, pp. 11-46.

- "En torno al concepto político de Constitución", *El constitucionalismo en la crisis del Estado social*, coord. por Miguel Angel García Herrera, 1997, pp. 701-719.

- "La Democracia como proceso. Algunas reflexiones desde el presente del republicanismo de Maquiavelo", Eds: A. Guerra y J.F. Y otros. *Alternativas para el siglo XXI. I Encuentro en Salamanca*, Sistema, Madrid, 2003, pp. 7-44.

- "La reforma constitucional como defensa de la Constitución y la Democracia", *Ponencia presentada a las II Jornadas de Derecho Constitucional: "Reforma de la Constitución",* Fundación Jiménez Abad de Estudios Parlamentarios y del Estado Autonómico y Centro Asociado de la UNED de Barbastro, Huesca, 27 y 28 octubre 2006, pp. 1-27.

- *La reforma constitucional y la problemática del Poder Constituyente*, Ed. Tecnos, Madrid, 2011.

De Salisbury, J.: *Policraticus o de las frivolidades de los cortesanos y de los vestigios de los filósofos, Libros I-IV,* Servicio de publicaciones e Intercambio científico, Universidad de Málaga, Málaga, 2008.

Estrada Sánchez, M.: "¿Y para qué queremos las Diputaciones? Una reflexión en torno a los orígenes y la primera evolución de las Diputaciones provinciales", *AFDUDC* Nº12, 2008, pp. 303-320.

Fernández-Miranda Campoamor, A.: "El Estado social", *Revista española de Derecho Constitucional*, Nº 69, 2003.

Ferrajoli, L., *Derechos y garantías de la Ley del más débil*, Prólogo de Perfecto Andrés Ibáñez, Editorial Trotta, Quinta edición, 2006.

Flores Gimenez, F.: *La democracia interna de los partidos políticos*, Congreso de los Diputados, Madrid, 1998.

Garrido López, C.: "Los partidos políticos en el sistema electoral de las Diputaciones Provinciales", *Teoría y Realidad Constitucional*, UNED, Nº6, 2º semestre, 2000, pp. 191-199.

Hayek, F.A.: *Camino de servidumbre* (1944), Alianza Editorial, (3º Ed.), 2011.

Heller, H.:

- *Las ideas políticas contemporáneas,* Editorial Comares, Granada, 2004.
- *Europa y el fascismo*, Editorial Comares, Granada, 2006.
- *La soberanía: contribución a la teoría del Derecho estatal y del Derecho internacional*, Estudio preliminar de Mario de La Cueva, Fondo de Cultura económica, México, 1995.
- *Teoría del Estado (1934)*, Fondo de cultura económica, México, 1985.
- *Escritos políticos*, prólogo y selección de Antonio, López Pina, Alianza editorial, Madrid, 1985.

Henrich, J., Ensminger, J., Mcelreath, R., Abigail Barr, Barrett, C., Bolyanatz, A., Camilo Cardenas, J., Gurven, M., Gwako, E., Henrich, N., Lesorogol, C., Marlowe, F., Tracer, D., Ziker, J., "Markets, Religion, Community Size, and the Evolution of Fairness and Punishment", *Science,* 2010.

Hernández Bravo De Laguna, J.: "Partidos políticos, Estado y Derecho: de la hostilidad a la teoría", *Anales de la facultad de Derecho*, Nº9, 2002, pp. 73-94.

Hessel, S.: *Indignaos*, Ed. Destino, Barcelona, 2011.

Hoffe, O.: *Ciudadano económico, ciudadano del Estado, ciudadano del mundo. Ético Política en la era de la globalización*, Kazt Editores, 2007.

Jellinek, G.: *Teoría General del Estado*, (1911, 2ª Edición), Prólogo de Fernando de los Ríos, Ed. Fondo de Cultura económica, 2000.

Judt, T.: *Algo va mal*, Santillana Ediciones Generales, 2010.

Kelsen, H.:

- *Teoría General del Estado*, Editorial Comares, 2002, Granada.
- *Escritos sobre la democracia y el socialismo*, Editorial Debate, Madrid, 1988.

López Sosa, E.:

- "El derecho a la revolución mexicana", *La Administración Pública en el constitucionalismo*, Editorial Porrúa, México, 2008, pp. 247-256.
- "La revolución mexicana", *La Administración Pública en el constitucionalismo*, Editorial Porrúa, México, 2008, pp. 232-246.

Lucas Verdú, P.: *Principios de Ciencia Política; Estados contemporáneos y fuerzas normativas*, Tecnos, Madrid, 1971.

Maquiavelo, N. De.: *El Príncipe*, Alianza Editorial, 2010.

Marshall, T. H.: *Ciudadanía y clase social*, Alianza Editorial, 1998.

Marx K.: *El 18 brumario de Luis Bonaparte* (1869), Fundación Federico Engels, 2003.

Massari, O.: "Democracia y Partidos: el caso italiano desde una perspectiva comparativa", *Política y Sociedad*, vol. 47, N°1, 2010, pp. 175-188.

Montesquieu: *Del espíritu de las leyes*, (1748), traducido por Pedro De Vega y Mercedes Blázquez Polo, Editorial Tecnos, Madrid, 1985.

Nieto, A.: "Mecanismos jurídicos de control del poder", *Las sombras del sistema constitucional español*, J. R. Capella, Editorial Trotta, Madrid, 2003, pp. 383-400.

Nussbaum, M. C: *Sin fines de lucro, por qué la democracia necesita de las humanidades*, Katz Editores, Primera edición, 2010.

O´Connor, J.: *La Crisis fiscal del Estado*, Ediciones península, 1994.

Offe, C.: *Contradicciones en el Estado de Bienestar*, Alianza Universidad, 1994.

Orwell, G.: *1984*, (fecha de publicación en 1949), Penguin Random House Grupo Editorial España, Madrid, 2013.

Pérez Royo, F. J.:

- "La reforma de la constitución". *Revista de derecho político,* N° 22, 1986, pp. 7-60.
- "Una asignatura pendiente: la reforma de la Constitución". *Revista española de derecho constitucional*, Año n° 23, N° 69, 2003 (Ejemplar dedicado a: XXV Aniversario de la Constitución (I)), pp. 215-235.

Pérez Serrano, N.:

- *Escritos de Derecho Político I*, Instituto de estudios de Administración Local, Madrid, 1984.
- *Escritos de Derecho Político II*, Instituto de estudios de Administración Local, Madrid, 1984.

Pisarello, G.: "Constitución y Gobernabilidad: Razones de una democracia de baja intensidad", *Las sombras del sistema constitucional español*, Coor. por J. R. Capella, Editorial Trotta, Madrid, 2003, pp. 129-150.

Ramiro, L., "Del privilegio constitucional de los partidos a la promoción del multipartidismo moderado. Constitución, sistema electoral y financiación de los partidos políticos en España", *Las sombras del sistema constitucional español*, Coor. por J. R. Capella, Editorial Trotta, Madrid, 2003.

RODRÍGUEZ ÁLVAREZ, J.M.: "Estructura institucional y organización local en España: fragmentación municipal, asociacionismo confuso, grandes ciudades y provincias supervivientes", *Política y Sociedad*, Vol. 47 Núm. 3, 2010, 67-91.

ROUSSEAU, J.J.:

- *Discurso sobre el origen y los fundamentos de la desigualdad entre los hombres y otros escritos, (1753),* Editorial Tecnos, Madrid, 1987.
- *Discurso sobre la economía política (1755)*, Editorial Tecnos, 1985.
- *Emilio o de la educación, (1762),* Editorial EDAF, 1985.
- *El contrato social, (1762)*, Ediciones P. P. P., Madrid, 1985.

RUIPÉREZ ALAMILLO, J.:

- *Formación y determinación de las Comunidades Autónomas en el ordenamiento constitucional español,* Tecnos, Madrid, 1996.
- "Algunas cuestiones sobre el momento estatal de la integración europea: La Unión Europea como forma moderna de Confederación (una primera aproximación)", en M. A. García Herrera (dir.) y otros, *El constitucionalismo en la crisis del Estado Social*, Universidad del País Vasco, Bilbao, 1997, pp. 619-646.
- *La protección constitucional de la autonomía*, Editorial Tecnos, Madrid, 1998.
- *La Constitución europea y la Teoría del Poder Constituyente (Algunas reflexiones críticas desde el Derecho político)*, Biblioteca Nueva S.L., Madrid, 2000.
- *La Constitución del Estado de las Autonomías. Teoría constitucional y práctica política en el "federalising process" español,* Ed. Biblioteca Nueva S. L., Madrid, 2003.
- "Estado social *versus* aldea global", Anuario da Facultade de Dereito da Universidade da Coruña, nº8, 2004, pp. 777-824.
- *El constitucionalismo democrático en los tiempos de la globalización*: *Reflexiones rousseaunianas en defensa del Estado constitucional democrático y social*, Universidad Nacional Autónoma de México, México, 2005.
- *Libertad civil e ideología democrática*, Universidad Nacional Autónoma de México, México, 2008.
- "La Constitución y su estudio. Un episodio en la forja del Derecho Constitucional europeo: Método jurídico y régimen político en la llamada Teoría Constitucional de Weimar", en C. León Bastos y V. A. Wong Meraz (coords.) y otros, *Teoría de la Constitución. Estudios jurídicos en homenaje al Dr. Jorge Carpizo en Madrid*, México, 2010, pp. 255-295.

- *División de competencias y forma territorial del Estado*, Madrid, 2012.
- "La nueva reivindicación de la secesión de Cataluña en el contexto normativo de la Constitución española de 1978 y el Tratado de Lisboa", *Teoría y Realidad Constitucional*, núm. 31, 2013, pp. 89-136.
- *Reforma vs. Revolución. Consideraciones desde la Teoría del Estado y de la Constitución sobre los límites materiales a la revisión constitucional*, Porrúa, México, 2013.
- "El derecho constitucional a la vivienda y la problemática de su arrendamiento en el Estado social (un estudio de Teoría del Estado y de la Constitución como ciencia conceptual y ciencia práctica)", Colina Garea, Rafael (Dir.) y otros, *La protección del arrendador como instrumento para dinamizar el mercado de alquiler de viviendas*, Ed. Thomson Reuters, Pamplona, 2014, pp. 29-183.
- "¿Podría suprimirse el Senado español mediante la técnica de la reforma constitucional? (Una primera aproximación del problema práctico desde las Ciencias Constitucionales)", *Teoría y Realidad Constitucional*, UNED, núm. 34, 2014, pp. 131-170.
- *La necesidad de constitucionalizar como "fundamentales" algunos derechos atinentes a la dignidad de la persona: el derecho a una vivienda digna*, Editorial Andavira, 2017, pp. 129-168.
- *En torno a la reforma constitucional y la fuerza normativa de la Constitución: consideraciones sobre la vigencia del texto de 27 de diciembre de 1978 en su 40 aniversario*, Tirant Lo Blanch, 2018.
- "Montesquieu en el Estado de Partidos", *Poderes tradicionales y órganos constitucionales autónomos*, Universidad Nacional Autónoma de México, México, 2020.

Salvador Crespo, M.: "Las Diputaciones provinciales en la Constitución de Cádiz de 1812", *Sobre un hito jurídico, La Constitución de 1812. Reflexiones actuales, estados de la cuestión, debates historiográficos*, Universidad de Jaén, Jaén, 2012, pp. 555-572.

Sánchez Cuenca, I.: "El déficit democrático de la Unión Europea" en el vol. *Aspectos políticos y sociales de la integración europea*, eds. I. Llamazares y F. Reinares, Valencia, ed. Tirant lo Blanch, 1999, pp. 93-116.

Schneider, H. P.: *Constitución y Democracia*, Centro de Estudios Constitucionales, Madrid, 1991.

Silva Ardanuy, F.: "Estatutos de Autonomía de segunda generación; competencias exclusivas frente al proyecto de ley de racionalización y sostenibilidad de la administración local", *Revista Jurídica de los Derechos Sociales*, Universidad Pablo de Olavide, Vol 4, enero-junio, 2014, pp. 80-105.

Souto González. X. M. (Coor.).: *Áreas Metropolitanas galegas*, Coordinador X. M. Souto González, Ed. Xunta de Galicia, 2009.

Tajadura Tejada, J.: "El principio de solidaridad en el Estado autonómico", *Cuadernos de Derecho Público*, núm. 32 (septiembre-diciembre 2007), pp. 69-102.

Vázquez Barquero, A., Seisdedos, G. y **Cruz Lacalle, M.**: *Las regiones policéntricas, territorio estratégico del desarrollo económico*, Centro de Estudios en Desarrollo de la Universidad Autónoma de Madrid, Xunta de Galicia, 2009.

Villar Borda, L.: "Estado de Derecho y Estado social de Derecho", *Revista de Derecho del Estado*, N° 20, diciembre, 2007, pp. 73-96.

Weiler, J. H., Haltern, U. R. y **Mayer, F. C.**: "La Democracia europea y sus críticos: cinco problemas", *Problemas de legitimación en la Europa de la Unión. Las respuestas del Tratado de Amsterdan*, coordinador T. de la Quadra-Salcedo y A. Estela de Noriega, Universidad Carlos III de Madrid, Boletín Oficial del Estado, Madrid, 2000, pp. 37-86.

Wong Meraz, V. A.:

- *Constitución Mexicana: reforma y mutación*, Editorial Porrúa, México, 2010.
- "Los derechos fundamentales y humanos como límites a la reforma constitucional desde la perspectiva democrática y humanista", *Temas de control de constitucionalidad y convencionalidad en México*, Porrúa, 2013, pp. 60-108.

Zimmerling, R.: "Globalización y Democracia: un marco para la discusión", *Quórum: Revista de pensamiento iberoamericano*, 2003, pp. 62-81.

Legislación

- Constitución española de 1812.
- Constitución española de 1978.
- Ley Orgánica 6/2002, de 27 de junio, de Partidos Políticos.
- Ley 27/2013, de 27 de diciembre, de racionalización y sostenibilidad de la Administración Local.
- Libro Blanco sobre la Gobernanza en Europa E, 2001).

Sesiones parlamentarias

- Diario de Sesiones del Congreso de los Diputados. Pleno y Diputación, Año 2014, X Legislatura, núm. 240, Sesión Plenaria núm. 225, celebrada el martes 18 de noviembre de 2014.

– Diario de Sesiones del Congreso de los Diputados, 1983, II Legislatura, num. 9. Sesión 26 de enero de 1983.

Jurisprudencia

– Sentencia No. C-566/95 de la Corte Constitucional colombiana

Made in the USA
Coppell, TX
05 November 2026

11314450R00136